Johnny Wilkens
Wie man einem Außerirdischen begegnet

Für Nick und Ben

Johnny Wilkens

Wie man einem Außerirdischen begegnet, ein Floß baut und in der Wildnis überlebt

93 Abenteuer für Entdecker und ganze Kerle

BELTZ

Johnny Wilkens wurde 1970 als Johannes Wilkenrad in der Vulkaneifel geboren. In seiner Jugend erforschte er in jeder freien Minute die Wälder rund um sein Heimatdorf. Bei schlechtem Wetter las er sich durch den Bücherschrank seines Großvaters mit naturkundlichen und populärwissenschaftlichen Werken aus der Vorkriegszeit. In den 90er Jahren wanderte er nach Australien aus, wo er unter anderem als Koch, Schafscherer und Krokodilfänger arbeitete. Im März 2008 ist Johnny Wilkens südlich von Emily Springs im Outback verschollen.

In einem Brief an den Verlag hatte er betont: »Das ist das Buch, das ich mir selbst immer gewünscht habe, als ich ein Junge war: Ich wollte draußen sein, ich wollte bauen und basteln, und ich wollte Dinge wissen, die in keinem Schulbuch standen. Für all das *ein* Buch? Das gab es nicht, und deswegen habe ich es jetzt für meine Söhne geschrieben – als Einladung an alle Jungen, mit wachen Augen durch die Welt zu gehen (und dabei ruhig ihre Väter mitzunehmen).«

© 2009 Beltz Verlag • Weinheim und Basel
www.beltz.de

Konzeption und Redaktion: M. Kühlen
Zusätzliche Texte: B. Ullrich, M. Kühlen, F. Elfner, M. Böhmann, I. Voß
Satz: M. Schmitz, Altenberge
Druck: Druck Partner Rübelmann, Hemsbach
Bindung: Druckhaus »Thomas Müntzer«, Bad Langensalza
Umschlaggestaltung: Büro Hamburg
Umschlagabbildung: S. Levers
Printed in Germany

ISBN 978-3-407-25489-4

Inhalt

Das Wichtigste zuerst:
Das richtige Messer

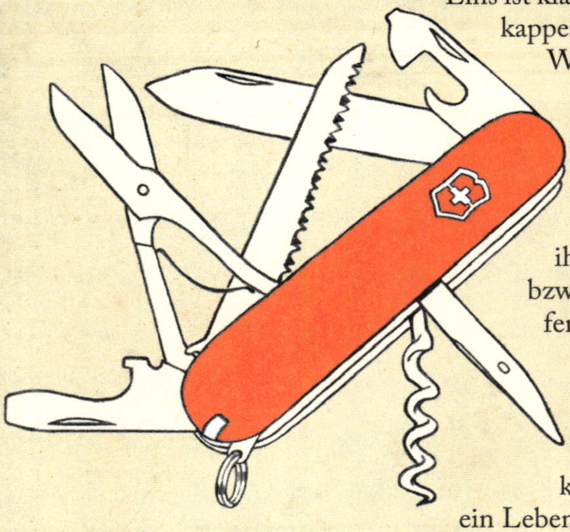

Eins ist klar: Ohne Messer geht es nicht. Pfeile schnitzen, Taue kappen, Dosen öffnen, Löcher bohren – wenn du keinen Werkzeugkasten mit dir herumschleppen möchtest, brauchst du ein »Schweizer Messer«, also ein klappbares Messer, das auch noch andere Werkzeuge im Kleinformat versammelt. Entwickelt wurde das Messer vor mehr als 100 Jahren für die Schweizer Armee – heute gibt es noch zwei Firmen, die ihre Messer »Original Schweizer Offiziersmesser« bzw. »Echtes Schweizer Offiziersmesser« nennen dürfen: Wenger und Victorinox.

Auch wenn du mit Marken wenig am Hut hast (weil du nicht einfach das gut findest, was du gut finden sollst): In diesem Fall solltest du in ein Markenprodukt investieren. Ein gutes Messer kann dich ein Leben lang begleiten (oder du schenkst es später deinem Sohn!), und du kannst ziemlich sicher sein, dass es dich nicht im entscheidenden Moment im Stich lässt. Billige Nachbauten fangen oft schon bei der ersten Belastungsprobe an zu wackeln.

Gib also für das Original ein paar Euro mehr aus – und spare lieber an irgendwelchen neumodischen Schnickschnack-Funktionen, die du nicht im Taschenmesser brauchst, wie Sturmfeuerzeug oder Wecker. Taschenmesser mit zu vielen Funktionen sind auch so dick, dass sie nicht mehr in die Tasche passen. Es gibt ein »Taschenmesser«, das über ein Kilo wiegt!

Ein gutes Taschenmesser kommt mit folgenden Werkzeugen aus:

❖ große Klinge
❖ Holzsäge
❖ Schere
❖ Dosenöffner
❖ Flaschenöffner
❖ Schraubenzieher
❖ Korkenzieher
❖ Ahle (zum Stechen, Bohren, Nähen)
❖ Pinzette

Möglicherweise bekommst du dann unverlangt noch eine kleine Klinge, eine Nagelfeile oder einen Paketträger dazu – aber auch so hast du noch ein handliches, bezahlbares Messer.

Wenn es dir vor allem ums Schneiden geht, ist allerdings ein reines Klappmesser ohne Zusatzwerkzeuge für dich am besten. Hervorragend sind die der französischen Marke Opinel – erfunden im ausgehenden 19. Jahrhundert, fast zeitgleich mit dem Offiziersmesser. Opinels sind in Frankreich so Teil des Alltagslebens geworden, dass der Name gleichbedeutend mit Klappmesser verwendet wird, so wie im Deutschen Tesa (für Klebeband) oder Tempo (für Papiertaschentuch).

Opinels haben einen Buchenholzgriff und eine breite Klinge. Deswegen lassen sich mit einem Opinel auch viel besser Butterbrote schmieren als mit einem Schweizer Messer – und besser sauber halten lässt sich das Opinel auch (siehe Seite 239, »Dein Messer pflegen«). Ein Opinel ist damit das ideale Messer für ein Picknick oder die Küche unterwegs. Auch ein Wildschwein lässt sich damit ausweiden – wenn du je in die Verlegenheit kommen solltest. Am wichtigsten für dich: Als Schnitzmesser ist es dem Schweizer Messer überlegen (mehr zur richtigen Schnitztechnik auf Seite 236).

Opinels gibt es in unterschiedlichen Größen. Größer als No. 10 ist nicht empfehlenswert, weil das Messer dann nicht mehr gut in die Tasche passt, kleiner als No. 6 sollte es nicht sein, da sich bei den kleineren Messern die Klinge nicht mehr verriegeln lässt. Lass dir in einem Waffengeschäft die unterschiedlichen Größen zeigen und entscheide dich dann für das Opinel, das am besten in deiner Hand liegt.

Du solltest dir dabei auf jeden Fall ein Messer aus Carbonstahl kaufen, auch wenn der Verkäufer vielleicht zur rostfreien Inox-Variante rät. Das klassische Opinel, dessen Klinge anlaufen kann, ist um Längen besser: Es ist schärfer und lässt sich deutlich einfacher schärfen – zur Not auch unterwegs an einem Kieselstein. Weil das klassische Opinel rosten kann, muss es nach Kontakt mit Feuchtigkeit oder Säure sofort abgewischt werden. Wenn du kein Taschentuch zur Hand hast, nimmst du einfach den Strumpf, dann fällt niemandem der graue Streifen auf, der dabei entsteht …

Du siehst: Eigentlich brauchst du beides, ein Klappmesser und ein Schweizer Messer.

Zwille bauen

Was viele für eine Schleuder halten, ist gar keine Schleuder, sondern eine Zwille. Eine Schleuder ist ein dickes Seil mit einer Ledertasche, in der das Geschoss liegt. Um es herauszukatapultieren, wird das Seil geschwungen und dann an einem Ende losgelassen – die beschleunigte Munition fliegt auf und davon. Die Schleuder ist eine der ältesten Waffen überhaupt. In der Bibel gibt es die Geschichte von David, der den riesigen Goliath mithilfe einer Schleuder außer Gefecht setzte. Doch schon damals war es extrem schwierig, diese gefährliche Waffe richtig zu benutzen. Die richtige Technik beherrschten nur speziell ausgebildete Schleuderer.

Eine Zwille hingegen besteht aus einer Y-förmigen steifen Halterung und einem Band aus elastischem Material. Einfach zu bauen – und natürlich deutlich einfacher zu bedienen als eine Schleuder.

Egal mit welcher Munition du deine Zwille bestückst (trockene Erbsen, Eicheln, Kastanien, kleine Steine): Niemals auf andere schießen! Eine gut gebaute Zwille ist eine Waffe, du kannst damit Menschen schlimmer verletzen als mit einem Luftgewehr.

Du brauchst

➤➤ Astgabel
➤➤ zerschnittenen Fahrradschlauch oder Einweckgummi
➤➤ Lederstück
➤➤ Zahnseide
➤➤ Taschenmesser

So geht's

1 Suche dir eine Y-Astgabelung und schneide sie mit deinem Taschenmesser in Form. Eine gute Länge sind je 12 cm für den Griff und die beiden Gabelungen, die in einem Winkel von 40 bis 60 Grad zueinander stehen sollten. Das Holz muss nicht flexibel sein – trockenes Holz ist besser als grünes. Gut sind beispielsweise Buche, Eiche und Haselnuss.

2 Jetzt schnitzt du in die oberen Enden der Y-Gabelung die Halterung für das Gummi: Dafür schneidest du eine etwa 1 cm große und umlaufende Einkerbung in das Holz, die später als Nut dient.

3 Um die beiden Gummis an den Einkerbungen zu befestigen, wickelst du sie um die Nut herum und bindest sie mit der Zahnseide fest. Damit es auch gut hält, sichere die Gummis mit einem zweiten Faden aus Zahnseide.

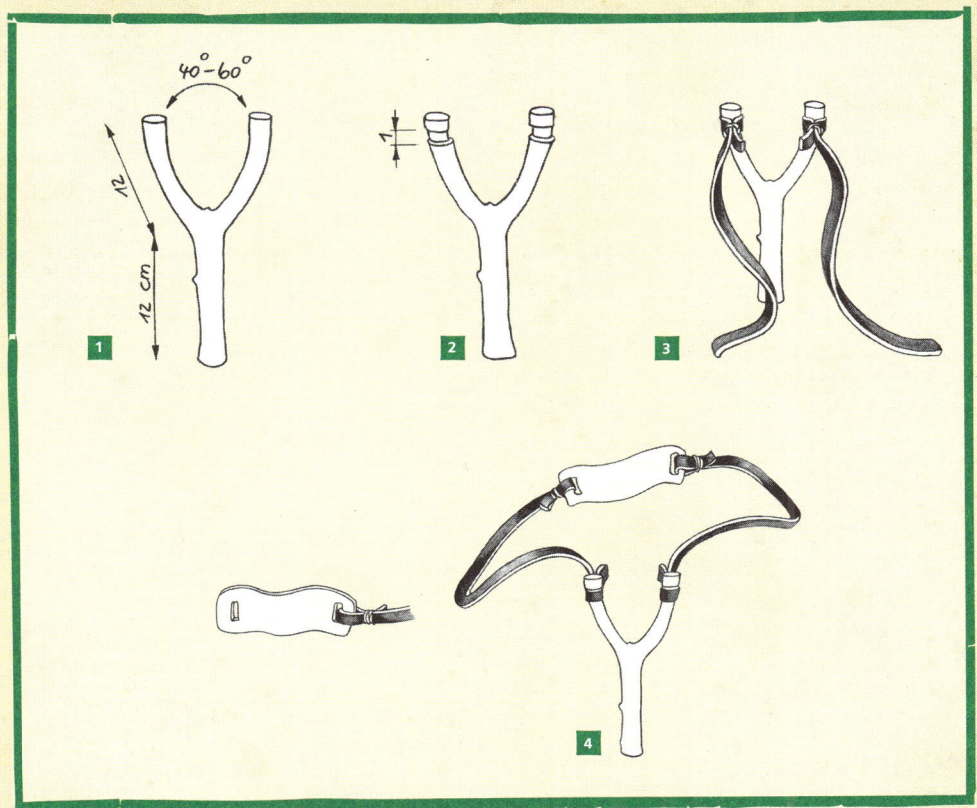

4 Schneide vorsichtig zwei Löcher in die beiden Schmalseiten des Lederstücks. Fädele das eine Ende des Gummis durch eines der Löcher und binde es gut mit Zahnseide fest. Mit dem anderen Gummi machst du es genauso. Das Leder dient als Halterung für die Geschosse.

Die Länge der beiden Gummis hängt von deiner Schusstechnik ab: Je länger die Gummis sind, desto weiter kannst du potenziell schießen. Werden sie aber zu lang, wird die Handhabung der Schleuder schwieriger. Probiere einfach aus, was für dich am besten funktioniert.

Überleben in der Wildnis: Wasser finden

Wasser ist lebensnotwendig. Mehr noch als Nahrung: Ohne zu essen kann ein Mensch mehrere Wochen überleben. Ohne zu trinken dagegen nur wenige Tage. Unser Körper besteht zu fast zwei Dritteln aus Wasser – das braucht er auch, um zu funktionieren. Allerdings verlieren wir ständig Flüssigkeit, indem wir atmen, schwitzen und urinieren. Diesen Flüssigkeitsverlust müssen wir durch Trinken wieder ausgleichen. Normalerweise braucht ein Mensch bei gemäßigtem Klima und wenig körperlicher Anstrengung mindestens zwei Liter Flüssigkeit am Tag.

Die folgenden Tipps zeigen dir, wie du auch abseits der Zivilisation Wasser finden kannst – egal, ob du wild zeltest (und dann wenigstens Topf und Kocher dabeihast) oder dich, sagen wir nach einem Flugzeugabsturz, in der Mitte von nirgendwo wiederfindest, mit nichts als den Kleidern am Leib und natürlich deiner Survival-Dose (siehe Seite 135).

Das Wasser aus Bächen, Seen, Flüssen und Teichen muss erst gefiltert und abgekocht werden, bevor du es trinken kannst. Das Wasser mag auf den ersten Blick sauber erscheinen, doch auch darin können sich gefährliche Bakterien oder Keime befinden.

Also: Zuerst das Wasser durch ein Halstuch oder ein T-Shirt schütten. Damit es keimfrei wird, musst du es anschließend noch abkochen. Generell gilt beim Abkochen: Das Wasser mindestens drei, besser sieben Minuten lang kochen lassen. Am besten in einem Topf mit geschlossenem Deckel, das spart Energie, also wertvollen Brennstoff.

Wenn du Regen sofort auffängst, kannst du das Wasser trinken, ohne es abzukochen. Das gilt auch für frisches und klares Quellwasser. Um Regenwasser aufzufangen, baust du dir am besten ein kleines Auffangbecken: Dafür eine Grube ausheben und mit einer Plastiktüte auslegen. Natürlich kannst du auch saubere Gefäße aufstellen, wenn du welche zur Hand hast. Notfalls sogar deine Schuhe.

Lege vor dem Schlafengehen ein sauberes Tuch oder T-Shirt ins Gras – darin sammelt sich der Morgentau. Wenn du das Tuch auswringst, kannst du das Wasser trinken.

1

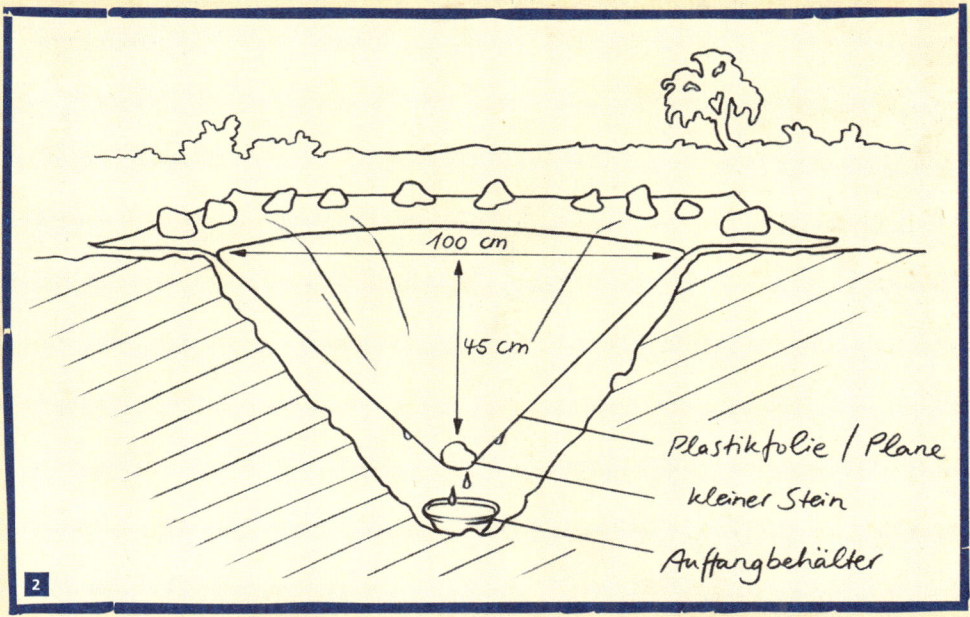

Plastikfolie / Plane

kleiner Stein

Auffangbehälter

Birken anzapfen **1** : Wenn du eine Plastiktüte über einen Birkenzweig mit Blättern stülpst und mit Gummi am Zweig befestigst, sammelt sich darin nach einiger Zeit sauberes und absolut reines Wasser. Das geht an einem heißen Tag recht schnell, weil der Baum dann besonders viel Wasser ausschwitzt. Die Flüssigkeit stammt aus der Erde, wurde von der Birke über ihre Wurzeln aufgenommen und verdunstet nun über die Blätter.

Im Winter lässt sich Wasser aus Schnee gewinnen: Frisch gefallenen Schnee kannst du im Mund oder mit den Händen auftauen und trinken. Für größere Mengen, die du über dem Feuer schmilzt, benutze am besten Eis oder Feuchtschnee. Darin ist mehr Wasser als im luftigen Pulverschnee. Bei einem Schneehügel also nicht die oberste Schicht zur Wassergewinnung nutzen, sondern die darunterliegenden Schneeschichten. Älteren Schnee und Eis solltest du auftauen und abkochen.

Mit einer aus einfachen Mitteln selbst gebauten Destillationsanlage **2** kannst du Wasser aus dem Boden holen – ohne bis zum Grundwasser graben zu müssen. Das geht so: An einer sonnigen Stelle schaufelst du ein rund 60 Zentimeter tiefes Loch mit einem Durchmesser von etwa einem Meter. Das Loch soll nicht überall einen Meter breit sein, sondern sich zum Boden hin verjüngen. Es ähnelt dann einem Trichter.

Am Boden muss nur noch Platz für das Gefäß sein, mit dem du das Wasser auffängst (Eimer, Becher, Dose). Nachdem du das Gefäß aufgestellt hast, deckst du das Loch komplett mit einer größeren Plastikfolie (1,5 × 1,5 Meter) oder Plane ab – die gehört ja zu deiner Survival-Dose (siehe

Seite 135). Die Plane beschwerst du oben möglichst dicht an dicht mit Steinen, um sie zu befestigen. Dann legst du einen weiteren Stein oder einen anderen schweren Gegenstand in die Mitte der Plane, damit sie durchhängt und über dem Gefäß schwebt. Zwischen Erde und Plane muss etwas Abstand sein.

Wenn nun die Sonne auf deine Destillationsanlage scheint, wird es unter der Plane heiß. Das Wasser aus dem Boden verdunstet, bildet Kondenswasser an der Plane und wird in das Auffanggefäß geleitet. Diese Methode ist clever, weil sie sich das Wissen zunutze macht, dass in jedem Boden genug Wasser gespeichert ist, um uns vor dem Verdursten zu bewahren. Allerdings dauert es einen ganzen Tag, bis du auf diese Weise etwas Wasser aus der Erde gezapft hast. Je nach Außentemperatur sind das zwischen einem halben und einem ganzen Liter.

Du steigerst die Ausbeute, wenn du den Standort deiner Destillationsanlage klug wählst: Dort, wo viele und sehr grüne Pflanzen wachsen, ist sehr wahrscheinlich auch Wasser in der Erde zu finden – sonst würde das Grün nicht so üppig sprießen. Das gilt auch für Bäume wie die Weide oder die Erle, die viel Wasser brauchen. Wie du diese durstigen Bäume identifizierst, steht auf Seite 81 und 82.

Am Meer gibt es Wasser in Hülle und Fülle. Doch: Bloß nicht davon trinken! Darin ist Salz enthalten, pro Liter Meerwasser sind das etwa vier gehäufte Teelöffel. Zum Vergleich: In einem Liter Süßwasser steckt dagegen nur eine winzige Prise. Salz entzieht dem Körper Flüssigkeit. Das merkst du daran, dass Salzwasser den Durst nicht löscht. Im Gegenteil, danach hast du sogar noch mehr Durst – so wie nach einem stark gewürzten Essen. Im schlimmsten Fall kannst du austrocknen. Statt Meerwasser zu trinken, solltest du es lieber so machen wie früher die Seefahrer: Die haben selbst auf hoher See das Regenwasser mit einer Plane aufgefangen. Ähnliches gilt übrigens für Urin: Auf keinen Fall trinken, auch Urin enthält zu viel Salz.

Allerdings kannst du Meerwasser und Urin verwenden, um die Ausbeute der Destillationsanlage zu steigern – indem du das Erdreich damit tränkst.

Etwas Überwindung kostet diese Form der Wassergewinnung: das Melken von Fischen. Dafür schneidest du frisch gefangene Fische (siehe Seite 251) in Scheiben und wickelst sie fest in ein Tuch. Wenn du jetzt das Tuch auswringst, läuft Trinkwasser heraus. Dafür eignen sich nicht nur Süß-, sondern auch Salzwasserfische – obwohl sie aus dem salzigen Meer stammen. Denn Fische sind so etwas wie schwimmende Entsalzungsanlagen: Wenn sie Meerwasser schlucken – und das tun sie ständig, sonst würden sie austrocknen – filtern sie mithilfe ihrer Kiemen bereits beim Trinken das Salz aus dem Wasser. Das Salz scheiden sie aus, das Süßwasser speichern sie im Körper.

⚓ So wirst du Brausefabrikant ⚓

Wenn du Sprudel trinkst, prickelt das auf der Zunge. Das liegt am Kohlendioxid im Sprudel, einem Gas, das mit Wasser zu Kohlensäure reagiert – so sagt man auch umgangssprachlich zu dem Gas. Kohlensäure kannst du ganz leicht selbst herstellen und dir so deine eigene Brause anrühren.

Du brauchst

➽ 6 TL Zitronensäurekristalle (aus der Apotheke)
➽ 3 TL Natron (gibt's im Supermarkt im Regal mit den Backzutaten)
➽ 3 EL Puderzucker
➽ eine kleine Schüssel
➽ einen Löffel
➽ Orangensaft

So geht's

1 Vermische die Zitronensäurekristalle und das Natron in einer Schüssel. Zerstampfe die Mischung mit dem Löffel zu einem feinen Pulver. Vielleicht gibt's bei euch in der Küche ja einen Mörser? Damit kannst du die Kristalle leichter pulverisieren. Rühre den Puderzucker dazu. Fertig ist dein Sprudelpulver!

2 Um dir daraus ein sprudeliges Getränk zuzubereiten, gibst du einfach 2 TL deines Pulvers in ein Glas und gießt Orangensaft darauf. Schon hast du Fruchtbrause. Das Ganze funktioniert natürlich auch mit anderen Säften.

3 Jetzt hast du noch immer jede Menge Brausepulver übrig. Das bewahrst du am besten in einem Schraubglas auf, damit es nicht feucht wird.

4 Natürlich kannst du das Brausepulver auch direkt aus der Hand schlecken – dann ist der Kribbeleffekt noch größer. Dafür solltest du aber gut einen Esslöffel Puderzucker mehr nehmen, es sei denn, sauer macht dich sehr lustig.

Was ist passiert?

Wenn du das Sprudelpulver mit Saft vermischst (oder bei der Brause mit deiner Spucke), reagieren Natron und Zitronensäure miteinander: Es entstehen ein Natriumsalz und Kohlensäure, die in Wasser und Kohlendioxid zerfällt. Das kannst du im Getränk an den Bläschen erkennen, im Mund am Prickeln auf der Zunge.

⇥ Das Paletten-Floß ⇤

Flöße gehören zu den ersten Verkehrsmitteln, die Menschen je benutzt haben. Es gibt sie seit fast 9000 Jahren. Damals dienten aufgeblasene Schaf- oder Ziegenhäute als Schwimmkörper. Bis zu 1000 von ihnen wurden zusammengeknotet. Das waren oft sehr wilde Konstruktionen, aber sie funktionierten.

Und die Idee, auf Luft über das Wasser zu gleiten, hat sich bis heute erhalten: Luftmatratzen und Schlauchboote funktionieren ja so ähnlich – auch wenn sie nicht aus Tierhäuten bestehen, sondern aus Kunststoff. Genauso wie dieses Floß aus leeren Kanistern und Plastikflaschen, das du leicht selbst bauen kannst. Am besten, du bittest deinen Vater, dir zu helfen, dann geht es noch einfacher.

Du brauchst
➼ eine Euro-Palette: Euro-Paletten gibt es bei der Warenanlieferung im Supermarkt, auf Baustellen oder bei Speditionen; vielleicht wird dir dort eine geschenkt, wenn du freundlich darum bittest – Paletten ohne das eingebrannte Zeichen EPAL oder EUR sind nämlich pfandfrei und werden als Einwegpaletten nach Benutzung häufig weggeworfen. Notfalls kannst du dir auch gegen eine Pfandgebühr im Baumarkt eine »richtige« Euro-Palette leihen. Der Verkaufspreis für eine gebrauchte Euro-Palette liegt bei ungefähr acht Euro. Bitte deinen Vater, die Palette für dich zu transportieren: Sie wiegt je nach Holzfeuchte 20 bis 24 kg!
➼ acht 10-Liter-Kanister (in dieser Größe passen sie genau in die Zwischenräume der Euro-Palette:

18 × 29 × 22 cm); kannst du im Baumarkt kaufen oder kostenlos auftreiben – frag doch mal den Hausmeister deiner Schule oder eines Krankenhauses nach leeren Putzmittelkanistern
➼ acht 1,5-Liter- und acht 0,5-Liter-PET-Flaschen (aus dem Supermarkt), eine Rolle (50 m) starkes, wasserfestes Klebeband (z. B. »Extra-Power-Klebeband Universal« von Tesa)
➼ zwei dicke Mülltüten oder eine Plane in der Größe der Palette (80 × 120 cm)
➼ Nägel, Schmirgelpapier
➼ für das Paddel außerdem einen alten Besenstiel oder einen etwa armdicken Ast, ein flaches Holzbrett (etwa A4 groß, etwa 1 cm dick), vier Schrauben (5 mm dick), Bohrer (3 mm)
➼ deinen Vater als Hilfskraft

Du musst
➼ unbedingt schwimmen können.

So geht's

1 Schau dir zuerst die Euro-Palette an: Die Seite mit den tiefen Zwischenräumen ist die Rückseite deines Floßes, das andere die Vorderseite, auf der du

16

später hockst. Gibt es scharfe Kanten oder Stellen an der Vorderseite, an denen das Holz gesplittert ist? Die sollten verschwinden, damit du dir daran nicht wehtust. Schleife diese Stellen mit Schmirgelpapier glatt.

2 Stelle die Palette auf der Längsseite vor dich hin. In den Zwischenräumen auf der Rückseite werden später die Schwimmkörper – also die Kanister und PET-Flaschen – mit Klebeband befestigt. Sie sind das Wichtigste bei einem Floß, weil sie für den nötigen Auftrieb sorgen; ohne sie würde es untergehen (zumindest mit dir drauf). Um zu sehen, wie du die Kanister am besten platzierst, kannst du sie schon einmal probeweise in die Zwischenräume legen, dann aber wieder rausnehmen.

3 Mit jeweils zwei Klebestreifen bringst du einen Kanister nach dem anderen an. Bei der Befestigung gibt es einen Trick: Bevor du den Schwimmkörper in den Zwischenraum legst, ziehst du zunächst zwei je etwa 100 cm lange Klebestreifen von der Vorder- zur Rückseite der

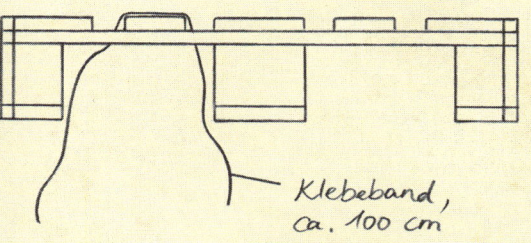

Klebeband, ca. 100 cm

Euro-Palette. Später nämlich, wenn der Kanister erst mal an seinem Platz liegt, kommst du dort mit dem Klebeband nicht mehr durch. Jetzt kommen

dir die Hände deines Vaters zugute, da das Klebeband extrem stark ist und sich leicht verklebt.

4 Wenn du die beiden Klebestreifen mit etwas Abstand zueinander platziert hast, legst du den Kanister in den Zwischenraum auf der Rückseite und klebst ihn unter Zug mit den beiden zurechtgelegten Klebestreifen vorne und hinten an der Palette fest. Dasselbe machst du mit den anderen sieben Kanistern. Stelle sicher, dass deren Deckel allesamt fest verschlossen sind.

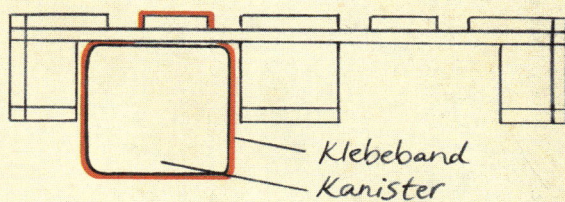

Klebeband
Kanister

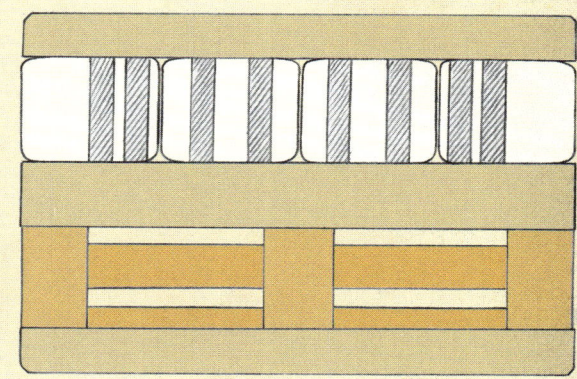

5 Damit deine Schwimmkörper auch gut fixiert sind, wickelst du noch Klebestreifen um das gesamte Floß – um jede Kanisterreihe einen (siehe Skizze auf Seite der nächsten Seite links).

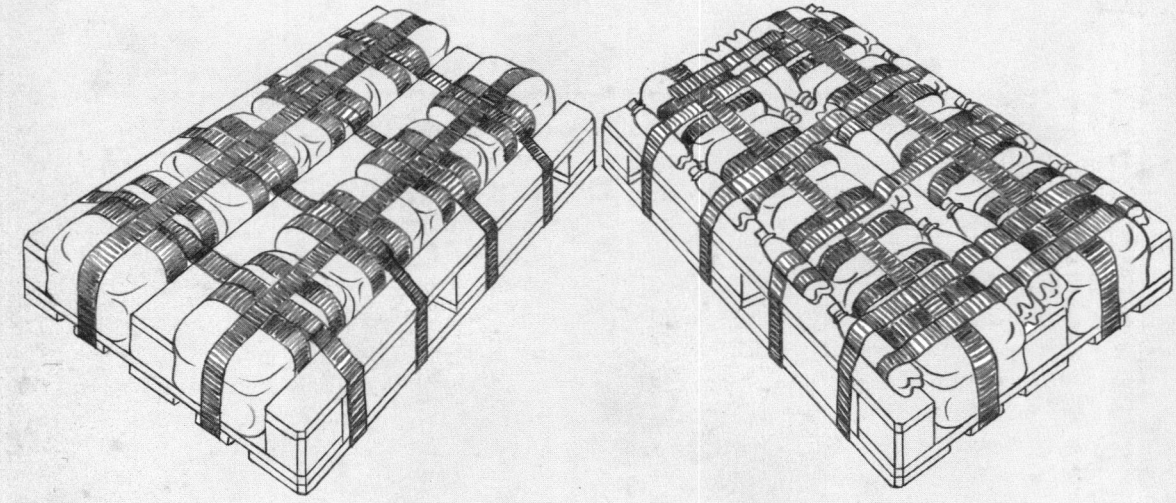

6 An den Außenrändern und in der Mitte zwischen den Kanistern ist jetzt noch Platz für die PET-Flaschen: die kleinen kommen an den Rand, die großen in die Mitte. Die Flaschen kannst du leicht unter die bereits gespannten Klebestreifen legen und, wenn nötig, durch einen zusätzlichen Streifen Klebeband verstärken. Durch die Plastikflaschen erhöhst du nicht nur die Tragkraft deines Floßes, sondern verhinderst auch, dass das Klebeband einreißt. Mit den Flaschen darunter passiert das nicht so schnell (siehe Skizze oben rechts).

7 Jetzt bearbeitest du die Vorderseite deines Floßes: Damit du nicht auf dem blanken Holz hocken musst, legst du dicke Mülltüten oder ein Stück Plane darüber und nagelst sie am Holz fest. Du kannst auch mit anderen, bequemeren Materialien experimentieren, solltest aber daran denken, dass sie sich auf keinen Fall mit Wasser vollsaugen dürfen – sonst bekommst du einen nassen Hintern, und das Floß wird unnötig schwer.

8 Für das Paddel verbindest du Besenstiel und Holzbrett. Bitte deinen Vater, in das Brett in einer Reihe vier Löcher zu bohren. Drehe die Schrauben ins Brett, bis die Spitzen sichtbar werden. Das Brett presst du auf den Besenstiel, sodass die Schraubspitzen kleine Löcher in den Stiel drücken. Die zeichnest du an und bittest deinen Vater, dir hier ebenfalls vier Löcher zu bohren. Empfiehl ihm, den Besenstiel dafür mit Schraubzwingen oder Schraubstock einzuspannen – wegen des runden Profils des Besenstils ist das sonst eine gefährlich-kippelige Angelegenheit. Die Schrauben drehst du durch das Brett in den Besenstil. Maximale Schraubenlänge: Durchmesser des Besenstiels plus die Dicke des Bretts minus 5 mm.

9 Dein Floß ist nun startklar. Die Jungfernfahrt solltest du damit erst einmal in knietiefem Wasser absolvieren, um auszuprobieren, wie es dich trägt. Damit das Floß möglichst lange hält, solltest du es nach den Einsätzen aus dem Wasser ziehen und trocknen lassen. Vor der nächsten Fahrt führst du einen Check-up durch: Du kontrollierst, ob das Klebeband noch überall gut an der Palette haftet. Dort, wo es sich gelöst hat, ersetzt du es durch neues Klebeband und verstärkst diese Stelle zusätzlich, indem du einen Nagel hineinschlägst.

10 Das Floß kannst du leicht vergrößern: Baue dafür einfach auf dieselbe Art und Weise ein zweites Floß. Um beide Flöße miteinander zu verbinden, nagelst du sie auf den Vorderseiten mit ein paar starken Holzleisten (von etwa 3 × 5 cm Stärke) zusammen. Dadurch verdoppelst du nicht nur die Tragkraft, durch die größere Fläche ist das Floß auch nicht ganz so wackelig – obwohl sich natürlich mit wackeligen Flößen besonders gute Wasserschlachten schlagen lassen.

⊰ Zaubertrick: Verzauberte Spielkarten ⊱

Für diesen Trick brauchst du insgesamt vier Spielkarten, und zwar zwei identische Paare, also zum Beispiel zweimal Herz 8 und zweimal Pik 7. Dafür sind also Blätter aus zwei Kartensets nötig. Sie werden zu Zauberkarten präpariert, indem du jeweils ein Herz 8 und ein Pik 7 mit der Rückseite aneinanderklebst. Außerdem brauchst du für diese Zauberei zwei bunte Plastikschüsseln oder Töpfe. Bei der Vorführung legst du die Karten auf den Tisch – rechts beispielsweise liegt Herz 8 oben, links Pik 7. Diese Anordnung zeigst du den Zuschauern, bevor du jede Karte mit einer Schüssel abdeckst.

Um dich zu vergewissern, dass die Karten durch die Schüsseln auch nicht verrutscht sind, hebst du sie noch mal hoch und schaust darunter. Doch das ist nur ein Trick: Du nutzt die Gelegenheit, um flugs und ohne dass es jemand sieht, die Karten umzudrehen – du musst die Schüsseln dafür nur an der dem Publikum abgewandten Seite anheben, mit der anderen Hand die Karten nacheinander hervorholen, kurz dem Publikum zeigen (dabei die Rückseite mit deiner Handfläche gut abschirmen, damit sie niemand sieht) und umdrehen, wenn du sie wieder unter die Schüssel legst. Dann sprichst du deinen Zauberspruch und hebst die Schüsseln hoch: Wie von Geisterhand bewegt, haben die Karten die Plätze getauscht – jetzt liegt Herz 8 links und Pik 7 auf der rechten Seite.

☛ Weitere Zaubertricks findest du auf den Seiten 33, 41, 95, 111, 220, 225, und 277.

Zehn Dinge, die du noch nicht über Fußball wusstest

50 Milliarden für den Fußball

Die teuerste Eintrittskarte, die jemals für ein Fußballspiel in Deutschland bezahlt werden musste? Vielleicht eine Karte für die VIP-Lounge für das Endspiel der WM 2006? Weit gefehlt. Das teuerste Fußballticket in Deutschland kostete 50 Milliarden Mark. Das war 1923. Und das Jahr erklärt auch den enormen Preis: 1923 erreichte die große Inflation in Deutschland ihren Höhepunkt. Deutschland hatte den Ersten Weltkrieg verloren, musste die Kriegsschulden zurückzahlen und den Siegern finanzielle Wiedergutmachung leisten. Das kostete eine Menge Geld, das die Regierung nicht hatte. Sie warf also die Druckerpressen an und druckte immer mehr Geld. Das konnte nicht gut gehen: Die schönen neuen Scheine hatten keinen wirklichen Gegenwert – und waren deswegen immer weniger wert. An-

ders ausgedrückt: Die Preise stiegen und stiegen, jeden Tag mussten die Menschen mehr für die alltäglichsten Dinge bezahlen. Der Preis für ein Hühnerei etwa, das vor der Inflation sieben Pfennig gekostet hatte, stieg 1923 bis in die Milliarden. So gesehen war das Fußballticket mit 50 Milliarden Mark gar nicht sooo teuer – es kostete ungefähr so viel wie damals eine Straßenbahnfahrt.

Sportsgeist

1922 gab es keinen Deutschen Meister – der HSV verzichtete. Er wollte den Titel nicht einfach einstreichen – jedenfalls nicht, ohne ihn auch gewonnen zu haben. Doch ein Sieg war unmöglich. Im Endspiel um den Titel des Deutschen Meisters standen damals der HSV und der 1. FC Nürnberg. Nachdem die Nürnberger nur noch

sieben Spieler auf dem Platz hatten, wurde das Spiel abgebrochen. Der DFB kürte zwar den HSV zum Sieger, doch der verzichtete auf den geschenkten Titel.

Start – Schuss – Tor

Das schnellste Tor einer WM fiel nach 11 Sekunden – bei der WM 2002 in Südkorea und Japan, in der Partie Türkei gegen Korea. Torschütze war der Türke Hakan Sükür. Fast genauso schnell ging das übrigens in der Bundesliga: Nach 11,4 Sekunden sorgte Giovane Elber vom FC Bayern München am 31. Januar 1998 für das 1:0 gegen den HSV. Diese Blitz-Zeit ist noch immer Rekord in der Bundesliga. Das rekordverdächtig schnellste Tor der Fußballgeschichte fiel bereits nach nur 2,5 Sekunden bei einem Amateurspiel: Es gelang dem 25-jährigen Marc Burrows vom englischen Verein Cowes Sports Reserves.

Ein kleiner Hund rettet die Fußball-WM

Ohne den Hund »Pickles« hätte dem Sieger der WM von 1966 in England keine Trophäe überreicht werden können: Der Weltpokal war nämlich vier Monate vorher in London bei einer Ausstellung über die WM gestohlen worden. Die Diebe hatten die 3,8 Kilo schwere Statue aus vergoldetem Sterlingsilber unter einem Busch in einem Vorgarten verbuddelt. Dort fand sie »Pickles« beim Gassigehen. Zum Dank bekamen der Mischlingshund und sein Herrchen Karten für ein Spiel der folgenden WM, 1970 in Mexiko. Doch leider konnte Pickles seinen Finderlohn

nicht mehr einlösen: Kurz vor der Abreise nach Mexiko starb er. Die von ihm gefundene Statue, genannt »Coupe Jules Rimet«, war übrigens der erste Weltpokal in der WM-Geschichte. Er wurde von 1930 bis 1970 vergeben. Und er war begehrtes Diebesgut: 1983 wurde der Weltpokal noch ein zweites Mal gestohlen, in Rio de Janeiro. Da war er aber längst nicht mehr im Einsatz – seit 1974 gibt es den neuen Weltpokal –, sondern befand sich im Besitz des brasilianischen Fußballverbandes. Die Diebe wurden 1994 geschnappt, doch das Original des ersten Weltpokals bleibt wie vom Erdboden verschluckt. Die Polizei vermutet, dass die Diebe die Trophäe eingeschmolzen haben, um sie leichter zu Geld zu machen. Eine Nachbildung des »Coupe Jules Rimet« steht im Tresor des brasilianischen Fußballverbandes.

Nicht mit Gold aufzuwiegen

Der Brasilianer Marcio Amoroso ist der teuerste Bundesligaspieler aller Zeiten: 2001 soll Borussia Dortmund für ihn 25,6 Millionen Euro (damals noch 50 Millionen Deutsche Mark) gezahlt haben. Auf dem internationalen Spielfeld ist dies noch vergleichsweise wenig: Für Zinedine Zidane kassierte Juventus Turin ebenfalls im Jahr 2001 eine Ablösesumme in Höhe von 73,5 Millionen Euro von Real Madrid. Mit diesem Rekordbetrag ist Zidane der teuerste Fußballspieler aller Zeiten.

Früher war alles – brutaler

Bevor 1863 in England die ersten Fußballregeln aufgestellt wurden, war eigentlich alles erlaubt. Nicht selten arteten Fußball-

spiele in wilde Massenschlägereien aus. Jeder, der Lust hatte, spielte mit. Manchmal waren das Hunderte Kicker. 1870 wurde die Regel aufgestellt, dass es nur elf Spieler pro Team geben darf. Beim wilden Fußball, der bereits im Mittelalter und bis ins 19. Jahrhundert auf den Straßen gespielt wurde, versuchten die Spieler mit allen Mitteln, den Ball ins gegnerische Tor zu befördern. Da wurde getreten, gerempelt und geschlagen. Nicht nur mit den Füßen, auch mit der Hand. Knochenbrüche gab es zuhauf. Seit 1871 gilt die Regel, dass nur der Torwart seine Hände zu Hilfe nehmen darf. Seit 1877 werden Spieler für grobe Fouls des Platzes verwiesen.

Der Bomber

Gerd Müller, der ehemalige Stürmer des FC Bayern München, schoss bis zum Ende seiner Profi-Karriere 1981 allein bei Bundesligaspielen insgesamt 365 Tore. Das ist bis heute Rekord. Außerdem erzielte Müller als Nationalspieler die meisten Tore für Deutschland: In 62 Länderspielen traf er 68 Mal. Bei all diesen Rekorden hatte er bald seinen Spitznamen weg: »Bomber der Nation«. Über 32 Jahre lang war er auch der erfolgreichste Torjäger in der WM-Geschichte. Bei den Weltmeisterschaften 1970 und 1974 traf er 14 Mal. Diesen Rekord machte ihm jedoch 2006 der Brasilianer Ronaldo abspenstig. Allerdings mit nur kleinem Vorsprung: Auf Ronaldos Konto gehen 15 WM-Treffer.

Ein Mann sieht rot

Fernando Meira kassierte die meisten roten Karten in der Fußball-Bundesliga. Der Portugiese, der bis 2008 für den VfB Stuttgart spielte, wurde in 173 Spielen insgesamt fünfmal vom Platz verwiesen. Mit dieser Negativquote ist er Rekordhalter. Die meisten gelben Karten sah übrigens Stefan Effenberg. Als Profi von Borussia Mönchengladbach, FC Bayern München und VfL Wolfsburg bekam er 111 gelbe Karten.

Viel verdienen verboten

Im ersten Jahr der Bundesliga, 1963, durften Spieler nicht mehr als 1200 Mark verdienen, also umgerechnet etwa 600 Euro. Mehr gestattete der Deutsche Fußballbund (DFB) nicht. Das ist längst vorbei. Inzwischen verdienen auch die Fußballstars der Bundesliga mehrere Millionen Euro im Jahr. Doch das ist noch gar nichts im weltweiten Vergleich: Zu den absoluten Top-Verdienern zählt derzeit Ronaldinho, der jährlich 23,5 Millionen Euro kassiert. Auf Platz zwei ist David Beckham mit einem Einkommen von 23,2 Millionen Euro. Der einzige Deutsche, der in dieser Liga mitspielt, ist Michael Ballack: 9,4 Millionen Euro zahlt ihm sein Verein, der FC Chelsea. Dazu kommen Werbeeinnahmen – macht ein Jahresgehalt von geschätzten 13,4 Millionen Euro und Platz fünf in der weltweiten Rangliste der Fußballmillionäre.

Tooooooooooooooooooooooor!

Die Partie Borussia Mönchengladbach gegen Borussia Dortmund am 29. April 1978 gilt noch immer als das Bundesligaspiel mit dem höchsten Resultat. Damals gewann Mönchengladbach 12:0.

⚜ Trinkbecher aus Papier ⚜

1 Um einen wasserdichten Trinkbecher zu bekommen, benutzt du am besten Pergamentpapier. Für einmaligen Gebrauch reicht aber auch normales Schreibpapier. Du benötigst dafür ein Quadrat, das du leicht aus einem rechteckigen Stück Papier schneiden kannst: Lege das DIN-A4-große Papier mit der kurzen Seite nach oben vor dich hin. Falte eine der oberen Ecken auf die gegenüberliegende Seite, sodass oben ein Dreieck entsteht. Den unteren Teil schneidest du ab. Wenn du unterwegs bist und keine Schere zur Hand hast: Auf der Höhe des umgeschlagenen Dreiecks scharf falzen und vorsichtig abreißen. **A**

2 Wenn du das Dreieck öffnen würdest, läge ein Quadrat vor dir. Doch für den Becher arbeitest du mit dem Dreieck weiter; der rechte Winkel befindet sich dabei oben. **B**

3 Falte die rechte untere Ecke so, dass sie mit der Spitze die gegenüberliegende Seite berührt. Dasselbe machst du mit der linken Ecke. **C D**

4 Oben sind nun noch zwei lose Dreiecke übrig: Klappe das vordere Dreieck nach vorn herunter und das hintere Dreieck nach hinten. **E**

5 Fasse das Papier zwischen Daumen und Zeigefinger und drücke gegen die beiden Ecken, sodass die hohle Öffnung aufspringt. **F**

Aus dem Trinkgefäß kannst du auch ein Fangbecherspiel basteln: Dafür brauchst du etwas Alufolie, 50 cm Paketschnur und eine Nadel. Knüpfe zunächst an einem Ende der Schnur mehrere Knoten hintereinander, sodass ein Knäuel entsteht. Lege dieses Knäuel in die Alufolie und rolle sie mit der Handfläche zu einer festen Kugel zusammen. Pikse mit der Nadel ein Loch in den rechten Rand des Bechers, fädele das lose Ende der Schnur hindurch und knote es fest. Versuche nun, die Kugel mit dem Becher aufzufangen. Dabei hilft dir ein alter Tennisspieler-Trick: Lass den Ball nicht aus den Augen, folge ihm auf seinem gesamten Weg bis in den Becher.

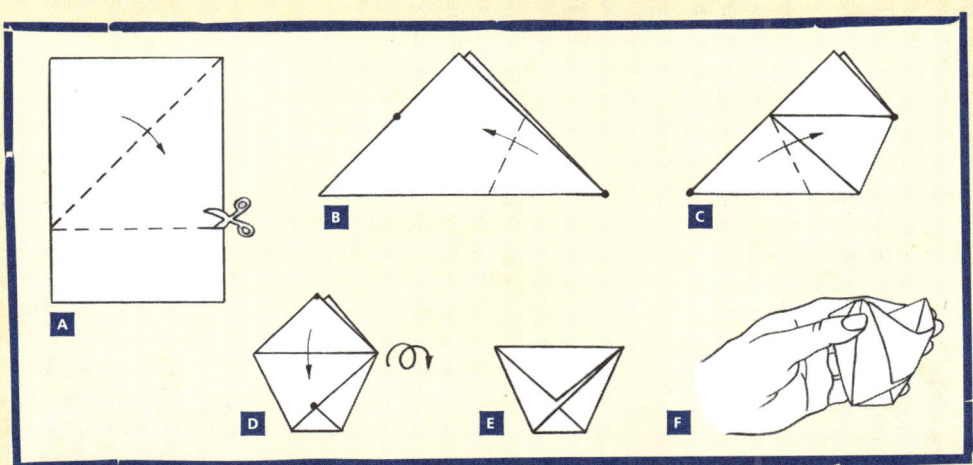

Die sieben Weltwunder der Antike

Charts und Rekordlisten sind keine Erfindung von heute. Es gab sie schon vor mehr als 2000 Jahren. Das beweisen die sieben Weltwunder der Antike, die ein Gelehrter namens Antipatros von Sidon im 2. Jahrhundert vor Christus ausgewählt hat. Für einen Reiseführer durch die damals bekannte Welt – die sich vom Mittelmeerraum bis nach Babylon im heutigen Irak erstreckte – hatte er die beeindruckendsten Bauwerke seiner Zeit zusammengestellt. Eine Art Top 10 der damaligen Sehenswürdigkeiten. Nur waren es eben nicht die zehn, sondern die sieben besten: Die Zahl Sieben galt in der Antike als vollkommen.

Alle ausgewählten Sehenswürdigkeiten hatten etwas gemeinsam: Es schien unglaublich, dass sie von Menschenhand erschaffen worden waren. Sie galten als Wunder. Heute ist davon fast nichts mehr übrig. Bis auf die Pyramiden von Giseh sind alle Weltwunder der Antike zerstört.

Pyramiden von Giseh

In den Pyramiden wurden vor rund 4500 Jahren drei verstorbene Könige von Ägypten, die Pharaonen, bestattet. Diese Grabmäler in der Nähe der Stadt Giseh bei Kairo sind das mit Abstand älteste Weltwunder. Dazu gehören die Cheops-, die Chephren- und die Mykerinos-Pyramide. Wenn es um das Weltwunder geht, wird allerdings oft nur die Cheopspyramide genannt, weil sie die größte und älteste ist. Auf der Liste von Antipatros standen aber alle drei.

Die Namen beziehen sich auf den jeweiligen Pharao in der Grabkammer. Die Cheopspyramide mit ihren einst 146,5 Metern Höhe – inzwischen sind es nur noch 137 Meter, die Spitze ist im Ägyptischen Museum in Kairo – war mehrere Tausend Jahre lang das höchste Gebäude der Welt. Erst die riesigen Kirchen und Kathedralen des Mittelalters machten ihr Konkurrenz. Für die Cheopspyramide wurden 2,5 Millionen Kalksteinquader verbaut, mit dem unvorstellbaren Gesamtgewicht von über sechs Millionen Tonnen. Wie damals rund 10 000 Arbeiter die Pyramiden in 20 Jahren Bauzeit errichtet haben, ist noch immer nicht ganz geklärt.

Leuchtturm von Alexandria

Fast zeitgleich mit dem Koloss von Rhodos wurde um 300 v. Chr. auf der Insel Pharos bei Alexandria in Ägypten der erste Leuchtturm der Welt gebaut.

Der Leuchtthurm bei Alexandria

Die Pyramiden von Gizeh.

DIE SIEBEN WELTWUNDER. 1 u. 2.

Er soll etwa 130 Meter hoch gewesen sein – eine architektonische Meisterleistung dieser Zeit. Ganz oben befand sich die Lichtanlage, die Schiffen nachts den Weg weisen sollte. Für das Leuchtfeuer wurden Baumharz und Öl verbrannt, das Licht über Spiegel gebündelt und reflektiert. Noch in 50 Kilometern Entfernung soll es zu sehen gewesen sein.

Der Leuchtturm stand rund 1000 Jahre an der Mündung des Nils: Bei zwei Erdbeben um 900 n. Chr. und Anfang des 14. Jahrhunderts wurde er zerstört. Taucher haben inzwischen riesige Steinklötze im Meer vor Alexandria gefunden, die einmal zu dem Leuchtturm gehört haben könnten.

Und sprachliche Überbleibsel gibt es auch: In vielen romanischen Sprachen heißt der Leuchtturm noch heute nach der Insel, auf der er einst stand: »faro« im Spanischen etwa und »phare« im Französischen.

Hängende Gärten von Babylon

Kein Weltwunder ist mysteriöser als dieses: Die Hängenden Gärten von Babylon aus der Zeit um 600 v. Chr. sind für Forscher noch immer ein großes Rätsel. Es gibt viele Ungereimtheiten um diese prächtige Gartenanlage

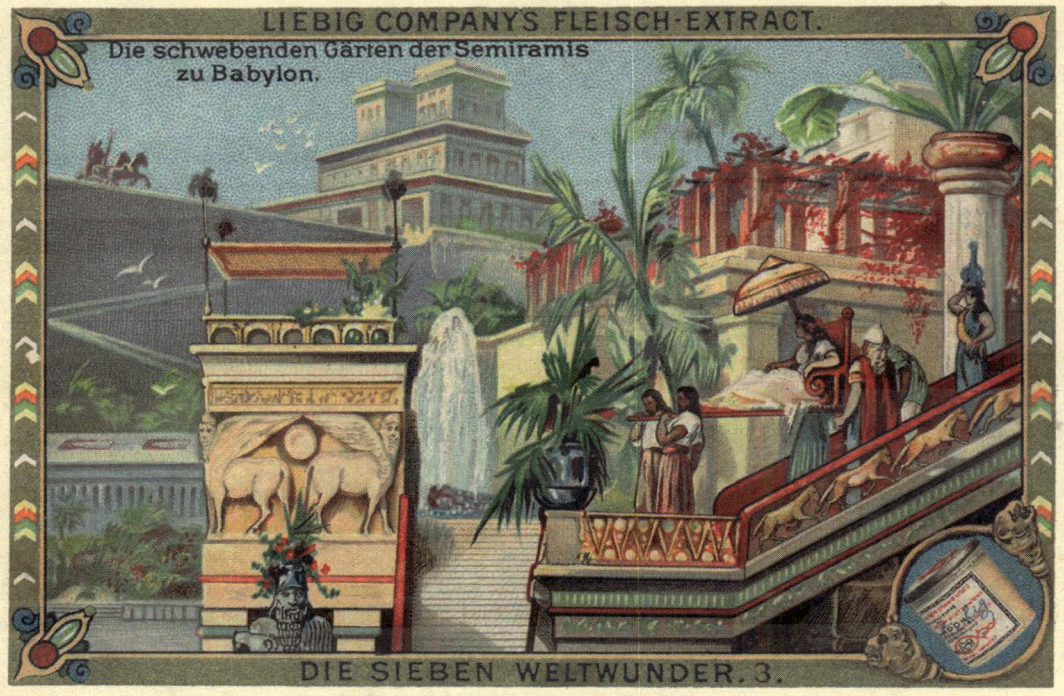

im heutigen Irak. Das geht so weit, dass einige Forscher inzwischen glauben, dass es die berühmten Dachterrassen am Euphrat niemals gegeben hat. Zwar finden sich Beschreibungen der angeblich 120 Meter langen Anlage in historischen Quellen – keiner der vorchristlichen Geschichtsschreiber hat sie allerdings je selbst gesehen. Die Aufzeichnungen von Augenzeugen sind verschollen. Auch Ausgrabungsfunde brachten keine eindeutigen Hinweise.

Wenn es die Gärten gab, dann vermutlich bis etwa 100 v. Chr. Der Legende nach hat König Nebukadnezar II. sie für seine Ehefrau Amyitis anlegen lassen. Lange glaubte man, die Gärten seien zur Ehre der 200 Jahre vor Nebukadnezar regierenden Königin Semiramis gebaut worden – deswegen hießen sie auch die »Hängenden Gärten der Semiramis«. Doch diese Version halten Wissenschaftler inzwischen für unwahrscheinlich.

Artemis-Tempel

Der Artemis-Tempel in Ephesos, das damals zu Griechenland gehörte und heute zur Türkei, ist mit einem der größten Brandstifter der Weltgeschichte verbunden: Der prächtige Bau mit 127 üppig verzierten Marmorsäulen wurde im Jahr 356 v. Chr. vom Hirten Herostratus angezündet. Aus purer Eitelkeit: Herostratos erhoffte sich durch diese spektakuläre Tat den Sprung in die Geschichtsbücher – was ihm auch gelang. In die Wörterbücher schaffte er es ebenfalls: Als Herostraten bezeichnet man noch heute einen Verbrecher, der seine Taten begeht, um dadurch berühmt zu werden.

Der Tempel war vermutlich der größte im antiken Griechenland, die Bauarbeiten sollen 120 Jahre gedauert haben. Den Auftrag dafür gab der für seinen Reichtum und seine Großzügigkeit bekannte Lyderkönig Kroisos. Das ist jener »Krösus«, den wir noch immer meinen, wenn uns jemand das Geld aus der Tasche ziehen will und wir dies empört abwehren mit der Redewendung: »Ich bin doch nicht Krösus.«

Das zur Anbetung der griechischen Jagd- und Fruchtbarkeitsgöttin Artemis errichtete Bauwerk stand nur ein paar Jahre in voller Pracht, bevor Herostratos es vernichtete. Danach wurde der Tempel wieder aufgebaut, aber um 262 n. Chr. erneut zerstört. Von dem einstigen Weltwunder ist heute nichts mehr übrig: Die Trümmer wurden später von Plünderern als Baumaterial verwendet.

LIEBIG COMPANY'S FLEISCH-EXTRACT.

Der Tempel der Diana zu Ephesos.

DIE SIEBEN WELTWUNDER. 7.

Zeus-Statue

Für die Statue ihres höchsten Gottes war den Griechen das Beste gerade gut genug: Die mit 12 Metern Höhe riesige Figur war mit Gold und Elfenbein verziert, die Augen sollen aus tennisballgroßen Edelsteinen bestanden haben. Die Figur aus der Zeit um 430 v. Chr. gilt als das Meisterwerk des Athener Star-Bildhauers Phidias, der sie im Zeus-Tempel von Olympia, auf der griechischen Halbinsel Peloponnes, errichtete. In Olympia wurden zwischen 776 v. Chr. und 393 n. Chr. alle vier Jahre die Olympischen Spiele der Antike ausgetragen. Darum trägt die auf einem Thron sitzende Zeus-Figur auf dem Kopf einen Kranz aus Ölzweigen – wie er den siegreichen Sportlern verliehen wurde. In der linken Hand hielt der griechische Göttervater ein Zepter aus Gold, in der rechten eine lebensgroße Figur der Siegesgöttin Nike, deren Name sich übrigens ein moderner Sportartikelhersteller ausgeliehen hat.

Über das Ende der Zeus-Statue kursieren zwei Versionen: Nach der einen wurde sie um 350 n. Chr. von Plünderern kaputt geschlagen, nach der anderen um 475 n. Chr bei einem Feuer zerstört. Allerdings nicht in Olympia, sondern in Konstantinopel (heute Istanbul) – dorthin sollen sie Räuber ein paar Jahre zuvor gebracht haben.

LIEBIG COMPANY'S FLEISCH-EXTRACT.

Die Bildsäule des Zeus zu Olympia.

DIE SIEBEN WELTWUNDER. 6.

Das Mausoleum zu Halikarnassos.

LIEBIG COMPANY'S FLEISCH-EXTRACT.

DIE SIEBEN WELTWUNDER. 5.

Grab des Königs Mausolos

Während fast alle Weltwunder der Antike längst verschwunden sind, kann man vom Grab des Königs Mausolos noch etwas sehen. Zumindest ein kleines bisschen. Das insgesamt 49 Meter hohe Grabmal wurde um 350 v. Chr. in Halikarnassos errichtet. Die Stadt heißt heute Bodrum und liegt in der Türkei. Obwohl das Mausoleum schon seit fast 500 Jahren nicht mehr steht, zeugt noch heute eine fast acht Meter tiefe Grube im Boden von der Grabkammer. Einst jedoch ragte das in weißem Marmor glänzende Bauwerk hoch empor: Auf einem Sockel thronte eine Säulenhalle, darauf eine Pyramide, und ganz oben stand als Denkmal eine Quadriga, so nennt man ein Gespann mit vier Pferden. Gelenkt wurde der Wagen von Figuren, die König Mausolos und seine Frau Artemisia darstellten, die auch seine Schwester war. Das Grabmal war prächtig verziert und mit überlebensgroßen Skulpturen geschmückt.

Als das Grabmal fertig war – Jahre nach Mausolos' Tod – war es wegen seiner prunkvollen Ausstattung schnell berühmt. Seitdem nennt man ein aufwendig und groß angelegtes Grabdenkmal übrigens Mausoleum. Das ursprüngliche Mausoleum in Halikarnassos wurde im 12. Jahrhundert bei einem Erdbeben schwer beschädigt. Komplett abgetragen wurde die Ruine

1523 von Kreuzrittern des Johanniterordens, die die Reste als Baumaterial für ihre nahe gelegene Festung St. Peter nutzten. Die Festung steht noch heute fast vollständig erhalten auf einem Hügel über Bodrum.

Koloss von Rhodos

Wirklich kolossal: Die Statue des Sonnengottes Helios, die um 300 v. Chr. auf der Insel Rhodos in Griechenland errichtet wurde, war nicht nur für damalige Verhältnisse riesig. Mit 35 Metern Höhe fehlte nicht viel zur über 2000 Jahre später gebauten, 46 Meter hohen Freiheitsstatue in New York. Allein ein Finger der Helios-Figur soll so groß gewesen sein wie ein Erwachsener. Wie der Koloss genau aussah, ist heute schwer zu sagen – es gibt keine antike Darstellung der gesamten Figur. Wahrscheinlich war Helios splitternackt, hatte höchstens einen Umhang um die Schultern geworfen. Um seinen Kopf fächerte sich ein Strahlenkranz auf, als Symbol für die Sonne. Die in zwölf Jahren gebaute Bronzefigur stand nur etwa 65 Jahre hoch über dem Ägäischen Meer: Bei einem Erdbeben um 224 v. Chr. wurde sie zerstört. Die Trümmer blieben fast 900 Jahre liegen, bis sie von plündernden Arabern abgetragen und verkauft wurden.

Überleben in der Wildnis:
Orientierung ohne Kompass

Auch ohne Kompass kannst du dich draußen orientieren. Die Natur weist dir den Weg – und wenn du eine Himmelsrichtung kennst, kennst du alle. Einfacher geht es natürlich mit Kompass und Karte (siehe Seite 233).

Die Sonne geht im Osten auf und im Westen unter. Schaust du also bei Sonnenaufgang direkt in ihre Richtung, blickst du gen Osten. In deinem Rücken ist dann Westen, deine rechte Schulter zeigt nach Süden, die linke Schulter entsprechend nach Norden. Das ist allerdings nur eine ungefähre Orientierung, denn im Sommer kann die Sonne (je nach der Lage deines Standortes) fast im Nordosten aufgehen, im Winter hingegen erst im Südosten. Das erklärt auch die unterschiedliche Tageslänge in Sommer und Winter.

Um zwölf Uhr mittags (während der Sommerzeit um 13 Uhr) steht die Sonne bei uns in der nördlichen Halbkugel immer im Süden. Auch hier gibt es kleine Abweichungen, weil nicht mehr, wie im Zeitalter vor der Eisenbahn, jeder Ort seine eigene an die Sonne angelehnte Zeit hat, sondern große Gebiete zu einheitlichen Zeitzonen zusammengefasst wurden. In Deutschland etwa ist der Zeitunterschied nach »Sonnenzeit« zwischen Aachen und Frankfurt an der Oder rund eine halbe Stunde.

Wenn du eine Uhr dabeihast und die Sonne scheint, kannst du damit deine Position bestimmen. Dafür hältst du den Stundenzeiger genau in die Richtung, wo gerade die Sonne steht. Nun suchst du auf dem Ziffernblatt den kürzesten Abstand zwischen dem Stundenzeiger und der Zwölf. Vormittags ist das auf der linken Hälfte des Ziffernblattes, nachmittags auf der rechten. Nun markierst du in Gedanken die Mitte dieses Abstands zwischen Stundenzeiger und Zwölf: Sie zeigt nach Süden. Während der Sommerzeit musst du die Uhr zuvor übrigens in Gedanken eine Stunde zurückstellen.

Hast du eine Armbanduhr mit digitaler Anzeige, zeichnest du einfach ein Ziffernblatt auf ein Stück Papier und hältst es wie die Uhr mit dem Stundenzeiger auf die Sonne.

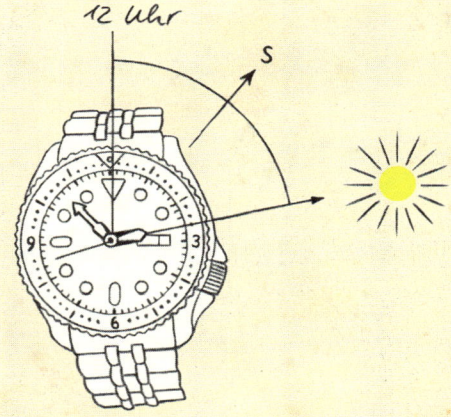

Nachts helfen dir die Sterne bei der Orientierung: der Polarstern beispielsweise. Er wird auch Nordstern genannt, weil er über dem Nordpol steht. Wenn du den »Großen Wagen« am Himmel erkennst, wirst du den Polarstern finden: Du verlängerst die Hinterachse des »Großen Wagens« um

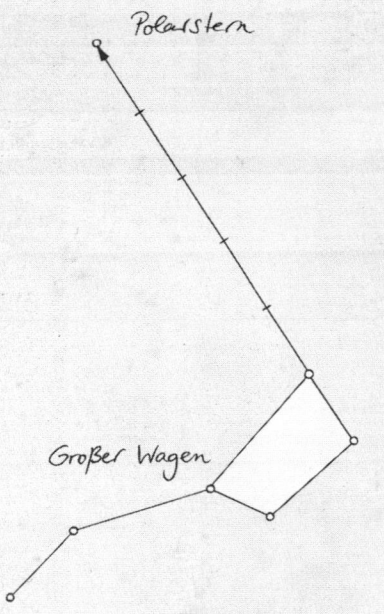

Polarstern

Großer Wagen

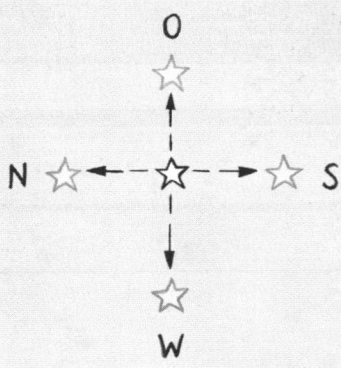

O

N — O — S

W

das Fünffache und landest beim Polarstern, der dir die Nordrichtung anzeigt.

Auch andere Sterne weisen dir die Richtung. Suche dir einen Stern am Himmel aus, den du besonders gut ins Visier nehmen kannst. Damit du ihn nicht aus den Augen verlierst, merke dir eine markante Stelle in seiner Nähe – einen Baumwipfel oder einen Berggipfel zum Beispiel. Beobachte den Stern genau. Bald wird es dir vorkommen, als habe er sich von der Stelle bewegt. Das stimmt aber nicht. Vielmehr hast du dich bewegt, weil du auf der Erde stehst, die sich dreht.

Dennoch kannst du so die Richtung bestimmen: Hast du den Eindruck, der Stern sei nach oben gewandert, blickst du nach Osten. Wenn es so aussieht, als sei er nach unten gesunken, blickst du nach Westen. Wandert der Stern scheinbar nach rechts, schaust du nach Süden, wandert er nach links, schaust du nach Norden.

Ohne Sonne und Sterne kann dir die Natur auf die Sprünge helfen: Bei uns in Mitteleuropa weht der Wind zumeist von Nordwest in Richtung Südost. Im Gefolge des Windes kommen auch Regen und Schnee aus dieser Richtung. Ihre sogenannte Wetterseite ist allein stehenden Bäumen und Felsen anzusehen: An ihr wächst mehr Moos, es gibt mehr Flechten als auf der gegenüberliegenden Seite, weil es hier gegen den Baum regnet – das sorgt für gute Wachstumsbedingungen. So kannst du auch an windstillen Tagen Nordwest bestimmen. Bäume sind außerdem oft in Richtung Südosten geneigt – sie beugen sich dem aus Nordwest wehenden Wind. Die Äste auf der Wetterseite sind kürzer als die Äste im Südosten, weil der Wind dauernd an ihnen rüttelt. All dies gilt jedoch nur für allein stehende Bäume, nicht für solche, die tief im Wald wachsen. Denn im Wald gibt es keine eindeutige Wetterseite.

Im Wald kannst du aber Ausschau nach Baumstümpfen halten. Sieh dir die Jahresringe genau an: Auf der Nordseite liegen sie dicht beieinander, auf der gegenüberliegenden Südseite sind sie breiter (siehe Seite 86).

Ameisen bauen ihr Nest aus trockenen Fichtennadeln, Zweigen und Erde fast immer an der Südseite der Bäume.

Es gibt sogar ein Gewächs mit Spitznamen »Kompass-Pflanze«: den Stachellattich. Er ist im Sommer nicht nur an seinen scharf gezahnten Blättern zu erkennen, sondern vor allem daran, dass sie anders wachsen, als dies Blätter sonst tun: Beim Stachellattich zeigt die Oberfläche der Blätter nach vorne, nicht nach oben. Die Pflanze, die bis zu 1,30 Meter hoch werden kann, sieht fast ein bisschen so aus, als sei sie platt gepresst worden.

An sonnigen Standorten zeigt die Oberfläche in Richtung Osten und Westen, die Blattspitzen nach Norden und Süden. Die ungewöhnliche Anordnung dient dem Sonnenschutz: Zur Seite gedreht, bieten die Blätter der Sonne weniger Angriffsfläche – und am wenigsten nach Süden, wo die Sonneneinstrahlung am größten ist. So verdunstet weniger Wasser, denn damit muss die Pflanze, die vor allem an sonnigen und trockenen Wegesrändern und an Bahndämmen wächst, inmitten sengender Hitze sparsam umgehen.

Und im Dschungel der Städte? Satellitenschüsseln sind nach Südsüdost ausgerichtet (für türkische Fernsehprogramme nach Südosten), Kirchen liegen auf einer Ost-West-Achse (Turm im Westen, Chor/Altar im Osten).

Zaubertrick: Fakirbeutel

So geht's

1 Du füllst so viel Wasser in den Tiefkühlbeutel, dass du den Beutel oben noch zuknoten kannst.

2 Dann beginnt die Vorstellung: Langsam bohrst du einen Buntstift nach dem anderen durch das Plastik, führst sie durch den Beutel und lässt sie auf der anderen Seite wieder herauskommen. Weil sich nach dem Einstich das Plastik ganz eng um den Stift herum legt, fließt kein Wasser heraus.

Du brauchst
➤ einen Tiefkühlbeutel aus Plastik
➤ Wasser
➤ gespitzte runde Buntstifte (mit sechseckigen Blei- oder Buntstiften funktioniert der Trick nicht)

☞ Weitere Zaubertricks findest du auf den Seiten 19, 41, 95, 111, 220, 225 und 277.

⚜ Einen Drachen bauen ⚜

Diesen Kreuzdrachen lassen Kinder seit über 100 Jahren im Wind flattern. Er hat sogar einen Namen – Eddy, nach seinem Erfinder William Eddy, der ihn 1891 konstruiert hat. Inzwischen hat sich die Drachenwelt stark vermehrt: Neben Einleinern wie Eddy gibt es Drachen mit zwei oder sogar mehreren Leinen und Lenkdrachen in allen möglichen Farben und aufwendigen Formen. Optimal für Einsteiger ist aber noch immer der längst zum Klassiker gereifte Eddy. Er lässt sich leicht bauen und hält sich dank guter Flugeigenschaften prima am Himmel.

Du brauchst

➼ ein 90 × 90 cm großes Stück Plastikfolie (notfalls einen Müllsack zerschneiden) oder (besser noch) Tyvek – ein Polyethylenvlies, das sich fürs Drachenbauen bewährt hat: Tyvek ist reiß- und wasserfest, es lässt sich gut verarbeiten und bemalen. Tyvek gibt's im Bastel- oder Drachengeschäft – oder billiger als (allerdings bedruckte) Unterspannbahn/Dampfsperre im Baumarkt.

➼ zwei runde Holzstäbe (6 mm Durchmesser, 90 cm lang)

➼ Gewebeband

➼ Bleistift, Lineal, Schere, Nadel

➼ reichlich dünne Schnur (Angelschnur, Nylon- oder Polyesterschnur)

➼ einen Gardinen- oder Schlüsselring

➼ eine Hilfskraft, z. B. deinen Vater

So geht's

1 Bereite zunächst die beiden Holzstäbe vor, aus denen das Gerüst des Drachens gebaut wird: Wickele ein paar Umdrehungen Gewebeband um den einen Stab herum, jeweils etwa 4 cm von den beiden Enden entfernt. Dasselbe machst du mit dem anderen Stab, allerdings nur an einem Ende.

2 Falte den quadratischen Bogen Folie oder Tyvek einmal in der Mitte und zeichne darauf die Seitenränder des Segels **A** auf. Bevor du mit der Schere loslegst, gib Acht, dass du wirklich nur entlang den beiden äußeren Seiten schneidest und nicht aus Versehen die umgefaltete Mitte kaputt machst. Falte das Segel auseinander.

3 Lege die Holzstäbe auf das Segel – wenn du sie so ausrichtest, dass sie in ihrer gesamten Länge in die vier Ecken des Segels passen, ergibt sich automatisch der beste Kreuzungspunkt **B**. Den Stab mit nur einem umwickelten Ende legst du so hin, dass das Klebeband nach unten zeigt. Am Kreuzungspunkt werden die beiden Stäbe mit etwas Schnur zusammengebunden. Befestige dann das Gerüst des Drachens am Segel: Klebe dafür die Enden der Stäbe mit Gewebeband an den vier Ecken fest und schlage das Gewebeband bis auf die Vorderseite des Segels um.

4 Befestige etwas Schnur am rechten Ende des Querstabs – und zwar zwischen dem Gewebeband fast am Ende des Stabes und dem Gewebeband, mit dem der Stab am Segel befestigt ist **C**. So kann die Schnur nicht verrutschen.

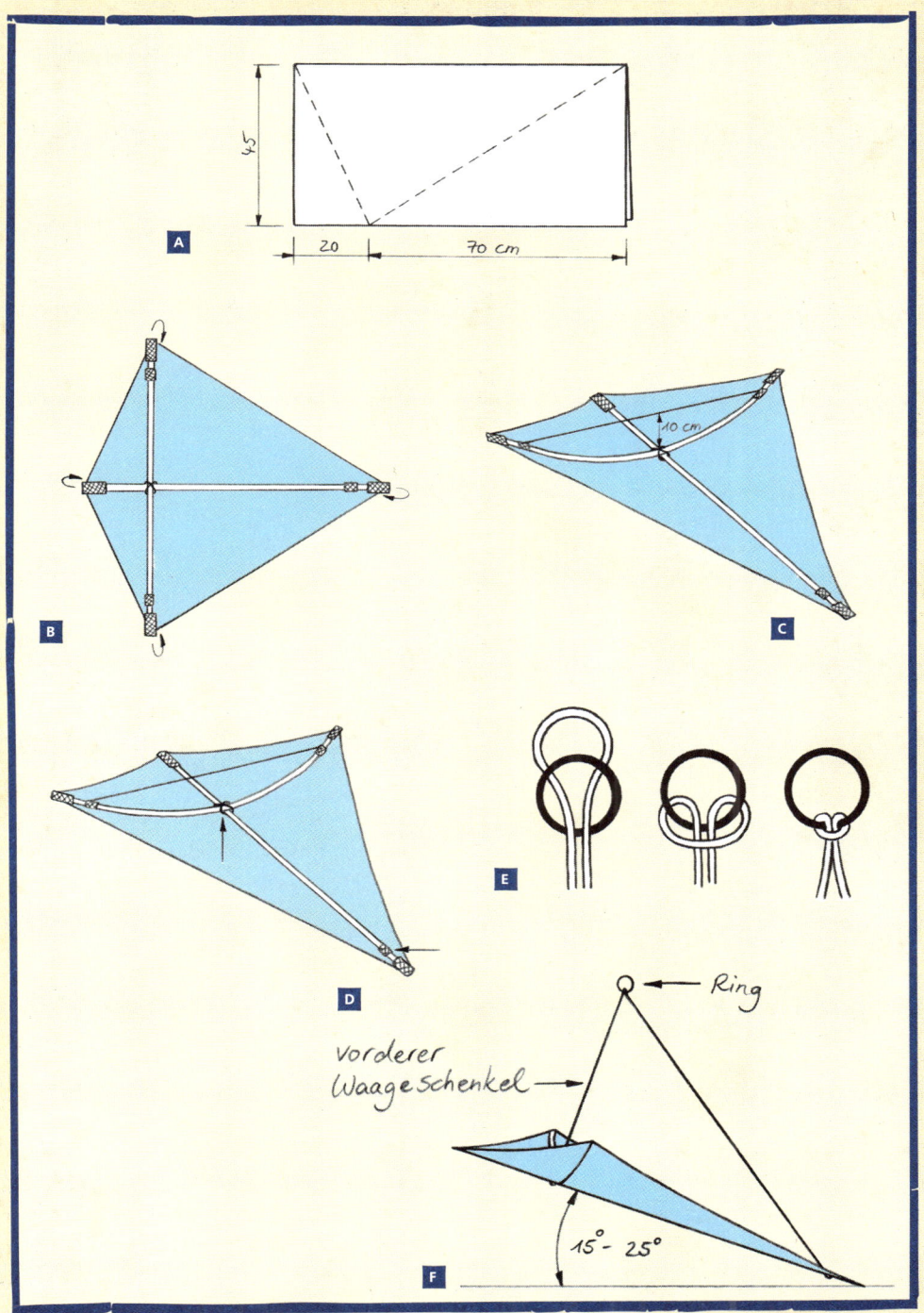

A: 45 · 20 · 70 cm

B

C: 10 cm

D

E

F: Ring · vorderer Waageschenkel · 15° - 25°

Bitte nun deinen Vater, von außen vorsichtig gegen die Enden des Querstabs zu drücken, sodass sich der Querstab etwas wölbt – wie ein leicht gespannter Bogen. Während dein Helfer das gebogene Gerüst hält, bindest du die Schnur am linken Ende des Querstabs fest, wieder zwischen den beiden Klebestreifen. Durch die Spannung der Schnur bleibt der Querstab durchgebogen. Der Abstand zwischen der gespannten Schnur und dem Querstab sollte in der Mitte etwa 10 cm betragen **C**.

5 Jetzt wird die Waage gebaut, die dafür sorgt, dass dein Drachen auch richtig zum Wind steht. Für die Waage musst du mit einer Nadel zwei kleine Löcher in das Segel piksen – eines genau im Kreuzungsbereich der beiden Stäbe, das andere unten am Ende des Längsstabes, unterhalb der Gewebeband-Umwicklung **D**. Wenn du mit Plastikfolie aus einem Müllsack arbeitest, kannst du diese Stellen vorher mit Gewebeband verstärken, damit die Folie nicht ausreißt.

6 Fädele eine 1,30 m lange Schnur von unten durch die beiden Löcher im Segel: Das eine Ende verknotest du am Kreuzungspunkt, das andere befestigst du am unteren Ende des Längsstabs, zwischen den Gewebeband-Streifen.

7 Den Gardinen- oder Schlüsselring befestigst du mit dem Buchtknoten an der Leine **E** – das Stück, das zum Kreuzungspunkt geht (vorderer Waageschenkel), sollte zunächst etwa halb so lang sein wie der Abschnitt zur Drachenspitze. Um die richtige Position zu finden, hältst du den Drachen nur am Ring fest. Die Drachenwaage ist dann richtig eingestellt, wenn der vordere Schenkel etwa rechtwinklig zum Drachen steht und der Drachen insgesamt einen Winkel von 15 bis 25 Grad zum Horizont hat. **F** Der Buchtknoten lässt sich problemlos öffnen und der Ring so verschieben.

8 Die beschriebenen Winkel ergeben die Standardeinstellung, die du am besten mit einem wasserfesten Filzstift markierst, weil der Bucht-Knoten nur unter Zug richtig stabil ist. Der Ring ist beweglich an der Waage befestigt, um die Drachenwaage später in Abhängigkeit von den Windverhältnissen verstellen zu können (siehe unten).

9 Befestige die Steuerleine, die nicht länger als 100 m sein sollte, ebenfalls am Ring. Dein Drachen ist jetzt startklar.

So steigt der Drachen in die Luft

Bevor du deinen Drachen steigen lässt, musst du prüfen, woher der Wind weht. Das geht am einfachsten, indem du einen Finger mit Spucke befeuchtest und in die Luft hältst. Dort, wo es kalt wird, ist die Windrichtung. Einen Drachen startest du immer gegen den Wind, damit die Auftriebskräfte möglichst groß sind **G**. Du selbst stehst mit dem Rücken zum Wind.

Wenn der Wind nicht stark genug weht, musst du den Drachen zusammen mit einem Freund in die Luft bringen. Einer von euch hält den Drachen fest – und zwar so, dass die gewölbte Seite gegen den Wind zeigt. Der andere nimmt die Steuerleine

und stellt sich damit in 30 m Entfernung auf. Er bringt den Drachen nach oben, indem er gegen den Wind läuft. Genau in dem Augenblick muss der andere den Drachen mit einem leichten Schubser nach oben werfen.

Bei schwachem Wind hilft es auch, den Drachen flacher zu trimmen, indem du den Ring etwas in Richtung Schwanzspit-ze schiebst. Ein Zentimeter macht schon eine Menge aus, arbeite dich also schrittweise zur optimalen Einstellung vor.

Lass deinen Drachen nicht in der Nähe von Hochspannungsleitungen steigen. Vor allem eine feuchte Drachenschnur ist ein hervorragender Leiter. Deswegen darfst du deinen Drachen auch nie bei Regen oder Gewitter steigen lassen.

𝔉𝔯𝔞𝔨𝔱𝔲𝔯 lesen

Die Schrift, die du in der Schule lernst und in der dieses Buch gesetzt wurde, ist im deutschen Sprachraum erst seit ungefähr 70 Jahren üblich: Die sogenannten Antiqua-Schriften, die sich aus den römischen Buchstaben entwickelt haben, waren hierzulande lange Zeit für fremdsprachliche Begriffe reserviert. Standardschrift war die sogenannte Fraktur. Verboten wurde sie durch den Schrifterlass der Nationalsozialisten 1941 – und davon hat sie sich nie wieder erholt. Heute kann sie kaum noch jemand lesen.

Das bedeutet: Es gibt einen großen Schatz an Büchern, die nur darauf warten, von dir wiederentdeckt zu werden. Die Abenteuerbücher aus dem Schrank deines Großvaters beispielsweise, alte Lexika mit entlegenen Informationen und Merkwürdigkeiten – und all die Bücher, die es günstig im Antiquariat gibt, weil niemand mehr weiß, was drinsteht.

Fraktur lesen ist nicht schwer – wir zeigen, wie's geht.

Die Großbuchstaben

𝔄	𝔅	ℭ	𝔇	𝔈	𝔉	𝔊	ℌ	ℑ	𝔍
A	B	C	D	E	F	G	H	I	J

𝔎	𝔏	𝔐	𝔑	𝔒	𝔓	𝔔	ℜ	𝔖	𝔗
K	L	M	N	O	P	Q	R	S	T

𝔘	𝔙	𝔚	𝔛	𝔜	ℨ
U	V	W	X	Y	Z

Die Kleinbuchstaben

𝔞	𝔟	𝔠	𝔡	𝔢	𝔣	𝔤	𝔥	𝔦	𝔧
a	b	c	d	e	f	g	h	i	j

𝔨	𝔩	𝔪	𝔫	𝔬	𝔭	𝔮	𝔯	ſ/𝔰	𝔱
k	l	m	n	o	p	q	r	s	t

𝔲	𝔳	𝔴	𝔵	𝔶	𝔷	𝔠𝔥	𝔠𝔨	𝔱𝔷	ß
u	v	w	x	y	z	ch	ck	tz	ß

Du siehst – die meisten Buchstaben sehen denen, die du kennst, ganz ähnlich.

❖ Am ehesten stolpert man über das kleine S. Es gibt zwei Zeichen, das ſ und das ſ. Das ſ steht nur am Silbenende, das ſ in allen anderen Fällen und zusammen mit P (ſp)oder T (ſt). Das sogenannte lange S sieht dem kleinen F sehr ähnlich – ſ vs. f –, sodass man beim Lefen von Frakturtexten fehr leicht ins Lifpeln kommt. Das legt sich aber bald wieder – wenn sich das Auge an den kleinen, aber feinen Unterschied gewöhnt hat: Das kleine F hat immer noch rechts einen Querbalken (manchmal auch links), der dem S fehlt.

❖ Das kleine K hat oben rechts einen kleinen Kringel mehr als das kleine T: f und t.

❖ Das kleine X sieht aus wie ein kleines R, hat aber unten eine Schleife mehr: x und r.

❖ Das kleine Y hat einen Abstrich wie das kleine H, aber keine Oberlänge; das kleine V ist geschlossen: y, h und v.

Mehr Mühe machen erfahrungsgemäß die Großbuchstaben – ganz einfach, weil sie seltener vorkommen:

❖ B und V sind praktisch identisch – aber das B hat einen Querstrich mehr: B und V.

❖ Ähnliches gilt für R und N – wieder ist der innere Querstrich der entscheidende Unterschied: N und R. Auch das K könnte man auf den ersten Blick für ein R halten: K.

❖ Beim G ist der untere Bogen geschlossen, beim E nicht: G und E. Auf den ersten Blick könnte man auch das S für ein G halten: S.

❖ Bei den meisten Frakturschriften unterscheiden sich I und J nur in ihrer Größe, nicht in ihrer Form: I und J.

Und jetzt viel Spaß!

Tipp

Suche dir ein Buch in Fraktur, das du wirklich gern lesen willst, lege dir diese Seite daneben – und du wirst nach drei Kapiteln Fraktur lesen, als hättest du nie etwas anderes getan. Günstig zum Beispiel: Ein verregnetes Zeltlager, der Lesestoff ist knapp – da findest du im Altpapier einen alten (und wunderbar dicken) Karl-May-Roman. Ein wirklicher Schatz, auch ohne Silberfee.

☙ Kämpfen, ohne dass es blutig wird ☙

Manchmal will man einfach draufhauen. Da reicht es nicht, mit der Knallpistole auf die anderen zu zielen und »Peng« zu rufen. Da muss schon mehr Wupp dahinter sein. Wer kämpfen will, ohne gleich eine Zehnerkarte für die Notaufnahme kaufen zu müssen, baut für sich und seine Freunde Rough Sticks – Kampfstöcke aus Schaumstoff. Die folgende Bastelanleitung reicht für sechs Kampfstöcke.

Du brauchst

- ➥ Elektro-Isolierrohr 25 mm × 2 m
- ➥ 3 Stück Schaumstoff-Rohrisolierung mit 2,5 m Länge (alternativ: 9 Stück zu je 1 m), Innendurchmesser passend zu Isolierrohr
- ➥ Kleber (Pattex)
- ➥ 10 Meter Gewebeklebeband
- ➥ 2 Kartuschen Silikon-Dichtstoff oder Fugen-Acryl (du kannst auch abgelaufene und deswegen verbilligte Ware verwenden)
- ➥ kleine Handbügelsäge
- ➥ Zollstock
- ➥ Schere, Kartuschenpistole

So geht's

1 Das Isolierrohr mit der Säge auf sechs Stücke à 30 cm Länge zuschneiden.

2 Die untere Hälfte des Rohrstücks mit Silikon/Acryl ausspritzen (nicht mehr, da das Rohr sonst nicht mehr flexibel ist und beim Schlag zu schmerzhaft wirkt).

3 Die Schaumstoffrohre mit der Schere auf je 40 cm lange Stücke zurechtschneiden – insgesamt 18 Stücke.

4 Auf der einen Seite des Schaumstoffrohres innen gut (!) Kleber auftragen und auf circa die Hälfte der Länge des Isolierrohres aufschieben. Eventuell zusätzlich noch kräftig mit Klebeband umwickeln.

5 Nach dem Antrocknen des Klebers ein zweites und drittes Stück Schaumstoffrohr der Länge nach an der »Sollbruchstelle« auftrennen. Bei einem Schaumstoffrohr auf der ganzen Länge ca. 2 cm vom Durchmesser abschneiden – es

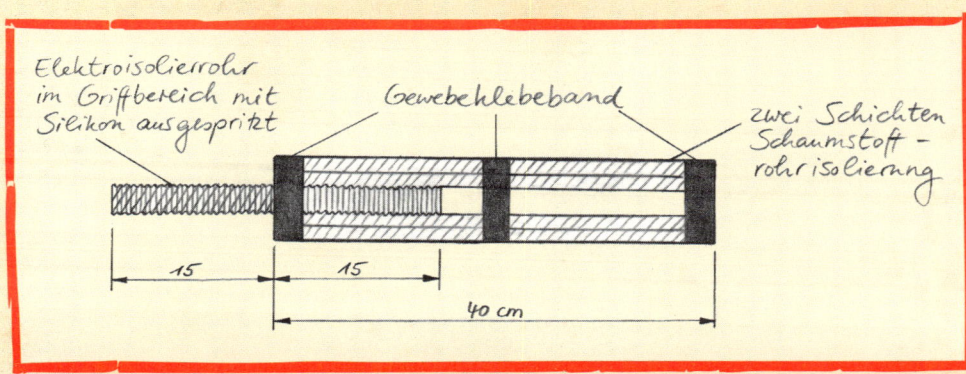

Elektroisolierrohr im Griffbereich mit Silikon ausgespritzt

Gewebeklebeband

zwei Schichten Schaumstoff-rohrisolierung

15   15   40 cm

wird also schmaler. Dann beide Stücke innen ganzflächig mit Kleber bestreichen und kräftig um das erste Rohrstück herumwickeln, sodass sie bündig aneinander anschließen.

6 Sofort danach die ganze Konstruktion am Übergang der Rohre zum Griffstück, in der Mitte und an der Spitze kräftig mit Klebeband umwickeln, damit der Kleber hält.

7 Die Stöcke brauchen mindestens einen Tag (besser zwei) zum vollständigen Austrocknen. Sonst kann es passieren, dass sich der Kleber löst oder das Silikon/Acryl während des Kampfes herausspritzt.

Zaubertrick:
⇥ Das nicht verbrennende Taschentuch ⇤

Du brauchst
- ➤ eine kleine Schüssel
- ➤ 50 ml Ethanol (aus der Apotheke)
- ➤ 40 ml Wasser
- ➤ 1 TL Salz
- ➤ eine Grillzange
- ➤ Feuerzeug
- ➤ für den Fall der Fälle: ein feuchtes Tuch als Löschdecke

So geht's

1 Verrühre in der Schüssel Ethanol und Wasser mit dem Salz – das ist deine Zauberflüssigkeit.

2 Bitte einen deiner Zuschauer um ein Halstuch oder ein Stofftaschentuch. Falls Kleintextilien dünn gesät sind und niemand seinen Strumpf hergeben will: Tauche einfach ein Papiertaschentuch mit der Zange in die Zauberflüssigkeit und lass es anschließend etwas abtropfen.

3 Wähle aus der Zuschauermenge einen mutigen Assistenten – den bittest du, das Taschentuch mit dem Feuerzeug anzuzünden. Das Taschentuch beginnt zu brennen. Du wartest, bis die Flamme erloschen ist – und präsentierst dem Publikum dann das Taschentuch: Es ist in dem Feuer nicht verbrannt, sondern noch völlig intakt. Das liegt am Ethanol. Es hat sich wie ein Film um das Taschentuch gelegt und ist an der Oberfläche verbrannt, das Tuch selbst aber blieb unversehrt.

↝ Weitere Zaubertricks findest du auf den Seiten 19, 33, 95, 111, 220, 225 und 277.

Was dein Physiklehrer
dir nicht über Technik erzählt

Unsichtbar dank Tarnkappe

Gar nicht mal so abwegig: Wenn sich Harry Potter seinen Zaubermantel überwirft, ist er für andere nicht mehr zu sehen. Vielleicht gibt es so etwas irgendwann einmal tatsächlich – Tarnkappen, die uns unsichtbar machen. Physiker sind nämlich gerade dabei, Materialien zu erforschen, mit denen dies dank Tarntechnologie möglich sein wird.

Dafür muss man sich nur ein Grundgesetz der Optik kreativ zunutze machen: Wir können die Gegenstände um uns herum sehen, weil die Lichtstrahlen, die darauf treffen, in unsere Augen zurückgeworfen werden. Umgekehrt wären die Gegenstände unsichtbar, wenn das Licht nicht von ihnen reflektiert, sondern einfach um sie herumgelenkt würde.

Genau dies ist das Prinzip der Tarntechnologie. Klingt simpel, hat es aber in sich: Die Gegenstände müssen nämlich aus einem besonderen Material bestehen, das das Licht ablenkt. Das sind sogenannte Metamaterialien, kleinste metallische Strukturen, die in einem komplizierten Verfahren hergestellt werden. Wenn das Licht auf eine Tarnkappe aus Metamaterial trifft, erzeugt es darin winzige elektrische Ströme, die auf das Licht zurückwirken. Dadurch werden die Lichtstrahlen abgelenkt – die Tarnkappe scheint unsichtbar.

Der Haken an dieser neuen Technologie, zumindest bislang noch: Die Tarnkappe funktioniert nur als mikroskopisch kleine Miniaturausgabe in einer Größe von höchstens zehn Mikrometern. Ein Mikrometer – das ist der millionste Teil eines Meters, also der tausendste Teil eines

Millimeters. Das aber ist so klein, dass dies unsere Augen sowieso nicht sehen würden. Auch ganz ohne Tarnmaterial.

Naturspionage

Plötzlich reden alle von Bionik. Hinter dem Namen für diese neue Wissenschaft steckt ein ebenso simpler wie genialer Gedanke: Lernen von der Natur. Der Ausdruck Bionik setzt sich aus den Begriffen Biologie und Technik zusammen. Denn dabei nehmen Wissenschaftler Tiere und Pflanzen unter die Lupe (buchstäblich und im übertragenen Sinn), um herauszufinden, welche Lösungen sie im Laufe der Evolution für ein bequemes Leben und leichtes Fortkommen entwickelt haben. Zeit genug hatte die Natur ja schließlich, immerhin 3,5 Milliarden Jahre, die es nun schon Leben auf der Erde gibt. Diesen Vorsprung machen sich Bioniker zunutze – indem sie die Tricks der Natur auf moderne Technik übertragen.

Gänse zum Beispiel. Die neigen ihren Schnabel im Landeanflug nach unten. Eine bedeutungslose Marotte? Von wegen: Dadurch können sie besser sehen und fliegen. Deshalb haben einst die Konstrukteure der inzwischen abgeschafften »Concorde« diesen Kniff auch in das Überschallflugzeug eingebaut: Vor der Landung wurde die Nase des Riesen hydraulisch nach unten geklappt.

Oder die Haut des Haifischs: Durch winzige Rippchen, »Riblets« genannt, ist sie sehr rau. Damit kann der Hai besonders schnell und kraftsparend schwimmen. Eigentlich erstaunlich, denn früher dachte man, es sei genau umgekehrt: Eine glatte Oberfläche sorge für geringeren Widerstand und damit für schnelleres Tempo. Doch das stimmt nicht immer. Wenn der Hai durchs Meer schwimmt, erzeugt die Strömung an den Rippchen in seiner Haut kleine Wirbel. Die wirken wie Wasserpolster, mit deren Unterstützung der Hai leichter durchs Meer gleitet.

Einen ähnlichen Effekt gibt's beim Golfball: Früher waren alle Golfbälle glatt – bis jemand bemerkte, dass die alten Bälle, die schon Macken hatten, beim Abschlag viel weiter flogen. Golfbälle haben deshalb Dellen, der Fachmann spricht von »Dimples« (Grübchen).

Raue Oberflächen kommen aber längst auch bei Rennjachten zur Anwendung, bei Flugzeugen und sogar bei der Kleidung von Leistungsschwimmern: Sie durchpflügen neuerdings das Wasser in Schwimmanzügen, deren Oberfläche ähnlich rau ist wie die Haut der Haie.

Fliegende Autos

Wenn sich auf der Straße der Verkehr staut, hebt der PAL-V einfach ab und setzt in der Luft seine Fahrt fort – die so zum Flug wird. Der PAL-V ist eine Mischung aus Auto und Mini-Hubschrauber, also ein Hybridfahrzeug. Bisher gibt es diese Erfindung eines niederländischen Ingenieurs noch nicht, 2011 soll sie auf den Markt kommen. Geschätzter Verkaufspreis: 100 000 Euro.

Der PAL-V soll leicht zu bedienen sein und nur etwa 100 Meter zum Starten und Landen brauchen, aber keinen Flugplatz. Mit einer Höchstgeschwindigkeit von 200 km/h soll er knapp unter der Wolkengrenze unterwegs sein, in höchstens 1200 Meter Höhe. Weiter oben würde er auch den Linienflugzeugen in die Quere kommen, die über 1500 Meter Höhe fliegen.

Die Idee des Flugautos basiert auf dem Prinzip des Tragschraubers, eines ungewöhnlichen Fluggeräts, das 1917 erfunden wurde. Der Tragschrauber ähnelt zwar einem Hubschrauber. Doch im Gegensatz dazu werden die Rotorblätter beim Tragschrauber nicht angetrieben, sondern allein durch den Fahrtwind gedreht. Der Vortrieb wird wie bei einem kleinen Flugzeug durch einen Propellermotor erzeugt. Zusätzlicher Vorteil: Der Führerschein für einen Tragschrauber ist sehr viel einfacher zu erwerben als für einen Hubschrauber.

Der schnellste Flitzer Deutschlands

Das schnellste Serienauto Deutschlands ist auch das teuerste: Über 1,3 Millionen Euro muss hinblättern, wer einen Bugatti Veyron 16.4 kaufen will. Der Supersportwagen von Volkswagen hat 1001 PS und schafft damit eine Höchstgeschwindigkeit von 406 Kilometern pro Stunde. In 2,5 Sekunden beschleunigt er von 0 auf 100, in 17 Sekunden ist er bei Tempo 300. Dabei ließe sich die Benzinuhr als Ventilator benutzen: Bei Vollgas ist der Tank nach etwa einer Viertelstunde leer – der Wagen verbraucht dann pro Kilometer einen Liter Benzin.
Der Bugatti Veyron ist das zweitschnellste Auto mit Straßenzulassung. Den Spitzenplatz als schnellstes Serienauto der Welt hat er nur knapp verfehlt: Den Rekord hält der US-amerikanische Sportwagen namens SSC Ultimate Aero mit 413,83 km/h. Doch die Geschwindigkeitsjagd der Auto-Ingenieure geht weiter – so ist es wohl nur eine Frage der Zeit, bis ein Fahrzeug die 450-Stundenkilometer-Marke knackt.
Geld verdienen wird Volkswagen mit dem Bugatti Veyron trotz des stolzen Kaufprei-

ses zunächst nicht – das Auto ist vor allem Werbung: Während andere Autofirmen sich die Beteiligung an der Formel 1 Millionen kosten lassen, um ihren Namen in die Presse zu bringen (und den Käufern gewöhnlicher Mittelklassewagen zu vermitteln, es fehle ihnen nicht mehr viel zu Michael Schumacher), investiert Volkswagen lieber in den Bugatti. Kostendeckung, schätzt ein Manager, sei erst mit dem dritten Modell in Sicht.

Der stärkste Lkw Europas

250 Tonnen Gesamtzuggewicht schafft der MAN TGX V8, der mit seinen 680 PS der stärkste Serienlaster Europas ist. 250 Tonnen – das wäre genug, um ein Beachvolleyballfeld (8 × 16 Meter groß) 60 cm hoch mit Sand aufzuschütten. Trotzdem ist die Bedienung des MAN TGX V8 mit automatisiertem Schaltgetriebe kinderleicht. Der Lkw-Fahrer muss bloß Gas geben und lenken – und heil um die Kurven kommen.

Energie aus Kuhfladen

Früher war es nur ein frecher Spruch, der eher bewundernd als abfällig gemeint war: »Der kann aus Scheiße Gold machen«, hieß es manchmal über Menschen, die noch mit den wertlosesten Dingen Geld verdienten. Inzwischen geht das tatsächlich – aus Scheiße Gold zu machen, oder immerhin etwas beinahe ähnlich Wertvolles: Energie. Biogasanlagen machen es möglich: Dabei kommen der Kot und Urin von Tieren zusammen mit anderem Bioabfall in einen Gärbehälter und werden luftdicht verschlossen.

Unter Luftabschluss gärt und fault das Gülle-Mist-Gemisch, das von Bakterien zersetzt wird. Dabei entstehen Biogas und Dünger. Das Biogas besteht aus Methan und Kohlenstoffdioxid, doch zur Energiegewinnung genutzt wird nur das Methan. Das Gas wird in ein Blockheizkraftwerk geleitet, wo es verbrannt wird und dadurch Strom und Wärme erzeugt.

Einige Bauernhöfe und Zoos nutzen inzwischen Biogasanlagen, um Energie zu erzeugen. Das aus Kuh- oder Elefantenmist gewonnene Biogas ist sauber und riecht nicht, seine Herkunft ist ihm nicht mehr anzumerken.

Brieftauben als Fotografen

Die Erfindung war so ungewöhnlich, dass es selbst die Beamten im Patentamt erst nicht glaubten: Als Julius Neubronner dort um 1904 seine selbst gebaute Brieftaubenkamera eintragen lassen wollte, wurde ihm das Patent verweigert. Mit dem Argument: »So etwas geht doch gar nicht!«

Geht doch, wie der Apotheker und Erfinder aus dem Taunus zeigte. Nachdem er als Beweis ein von Tauben geschossenes Foto vorgelegt hatte, bekam er das Patent. Darauf zu sehen war Frankfurt aus der Vogelperspektive, an den Rändern der Panorama-Aufnahme lugten sogar die Flügelspitzen der Tauben hervor. Für seine Luftbildfotos hängte Neubronner den Tieren eine 50 Gramm schwere Kamera um den Hals. Per Selbstauslöser schossen die Tauben dann Fotos im Flug. Ein paar Jahre später wurde Neubronners Erfindung militärisch genutzt: Während des Ersten Weltkrieges wurden mit Fotoapparaten ausgestattete Spionagetauben für die Luftaufklärung eingesetzt.

Vom Tropfenwagen zum VW Golf

Für die Menschen des Jahres 1921 muss der Anblick spektakulär gewesen sein: Als der »Tropfenwagen« bei der Autoausstellung in Berlin vorgestellt wurde, herrschte allgemeine Verwunderung. Den Autos der damaligen Zeit sah man immer noch an, dass sie mal als Kutschen mit einem Motor drin angefangen hatten.

Ganz anders die Idee des Konstrukteurs Edmund Rumpler: Sein Wagen hatte, von der Vogelperspektive aus gesehen, die Form eines Wassertropfens. Es sah ein wenig aus wie ein Boot auf Rädern. Doch durch die strömungsgünstige Form war das Auto besonders windschnittig. Das kannte man damals nur von Schiffen und Flugzeugen.

Und das kam nicht von ungefähr: Edmund Rumpler war eigentlich Flugzeugbauer. Er hatte 1908 die erste Flugzeugfabrik in Deutschland eröffnet. Doch nach dem Ersten Weltkrieg hatte er keine Arbeit mehr – die Siegermächte hatten den Bau von Motorflugzeugen in Deutschland verboten. So konstruierte der Ingenieur eben Autos.

Der »Tropfenwagen« galt als spektakulär, verkaufte sich wegen Schwächen in der Lenkung und beim Motor aber sehr schlecht. Nur etwa 100 Stück wurden bis 1925 gebaut. Doch die aerodynamische Form des Wagens war wegweisend. Davon wollten die Konstrukteure des Golf noch über 50 Jahre später lernen: 1979 untersuchten sie den Luftwiderstand beim alten »Tropfenwagen«, der im Windkanal sensationell gut abschnitt. Das konnte ihm so schnell keiner nachmachen – um beim Golf ähnlich gute Werte zu erzielen, brauchten die Autobauer drei Anläufe.

Kultauto als Zeitmaschine

Für Liebhaber gehört er zu den coolsten Autos, die jemals gebaut wurden – der De Lorean mit seinen Flügeltüren, die sich nach oben öffnen. Nur etwas mehr als 8500 Stück wurden überhaupt hergestellt, weil der Autobauer aus Nordirland 1983 – nach nur zwei Jahren Produktion – sein Werk schließen musste. Doch der De Lorean lebte weiter.

In dem Film »Zurück in die Zukunft« hatte er, als Zeitmaschine aufgemotzt, eine Hauptrolle. Der Wissenschaftler Doc Brown hatte im Heck einen Atomantrieb eingebaut, der die Energie für den Flux-Kompensator lieferte. Damit wurde der De Lorean in die Vergangenheit und wieder zurück in die Zukunft katapultiert. De Loreans gibt es übrigens auch heute noch zu kaufen, natürlich nur gebraucht. Die bis zu 50 000 Euro teuren Fahrzeuge haben eine Edelstahl-Karosserie, die niemals rostet, und Flügeltüren – genauso wie im Film. Der Flux-Kompensator ist allerdings Sonderausstattung.

Luftschiffe als Schwerlasttransporter

Die Idee ist gut und technisch möglich, einen großen Bedarf dafür gibt es auch, sagen Experten. Trotzdem: Ob je etwas daraus wird, steht noch in den Sternen. Aber einen Versuch ist es wert, finden zumindest diejenigen, die auch nach einem Misserfolg noch davon träumen, tonnenschwere Lasten per Luftschiff zu transportieren – etwas, das kein Flugzeug schafft. Cargo-Lifter heißt das bislang nur als Idee existierende Luftschiff, das auf der sogenannten »Leichter-als-Luft-Technologie«

beruht. Dabei sorgt das Gas Helium – das siebenmal leichter ist als Luft – für den Auftrieb des Luftschiffs und hält es auch in der Höhe. Mithilfe eines Schwerlastkrans im Kiel sollen schwere Maschinen und ganze Häuser über weite Strecken hinweg transportiert werden, so die Idee. Vor einigen Jahren schien die Verwirklichung nahe, ein Transportgewicht von 160 Tonnen war damals im Gespräch. Doch dem Unternehmen ging das Geld aus, als die extrem teure Entwicklung des Luftschiffs noch längst nicht abgeschlossen war. Es ging pleite. Eine andere deutsche Firma will nun in ein paar Jahren den ersten Cargo-Lifter aufsteigen lassen. Der soll zwar höchstens 80 Tonnen Gewicht schleppen, aber so groß werden wie der legendäre Zeppelin »Hindenburg«, das letzte große Luftschiff in Deutschland. Es war 1935 bei der Landung verbrannt; danach geriet die Technologie beinahe in Vergessenheit.

Die verordnete Zeit

Zeit ist ein eigenartiges Phänomen: Sie ist immer da, obwohl sie laufend vergeht. Doch trotz ihrer flüchtigen Existenz fühlen sich die Abgeordneten des Bundestags für die Zeit verantwortlich – und haben uns die Zeit per Gesetz verordnet. Seit 1978 gibt es das »Gesetz über die Zeitbestimmung«. Darin bekommt der Staat nicht nur die Erlaubnis, die Sommerzeit »zur Ausnutzung der Tageshelligkeit« einzuführen. Es legt auch fest, wie und von wem in Deutschland Zeit bestimmt wird. Es gibt also tatsächlich jemanden, der sagt: »Beim nächsten Ton ist es – 17 Uhr, 43 Minuten und 20 Sekunden«, so wie die Zeitansage am Telefon. Das ist die Physikalisch-

Technische Bundesanstalt in Braunschweig. Sie hat vom Bundestag den Auftrag, die für Deutschland maßgebliche Zeit anzugeben. Das tut sie mithilfe von mehreren hochpräzisen Cäsium-Atomuhren. Nach ihnen richten sich sämtliche Funkuhren in Deutschland – und auch die meisten in Westeuropa. Die so festgelegte Zeit wird dann ununterbrochen vom Langwellensender DCF77 als Signal ausgesendet.

Der größte Bagger der Welt

Der größte Bagger der Welt kann den Inhalt einer ganzen Garage auf einmal auf die Schippe nehmen: Der Terex RH 400 hat eine Ladeschaufel, auf der 50 Kubikmeter Aushub Platz haben. Um bei der Masse nicht das Gleichgewicht zu verlieren, ist der Bagger ein Koloss – bis zu 1000 Tonnen bringt er auf die Waage. In seinem Motor steckt die Kraft von 4400 Pferden.

Doppeldeckerbus am Himmel

Bis der Airbus A 380 im Herbst 2007 am Himmel auftauchte, gab es noch nie ein so riesiges Flugzeug: Das Vorzeigeprojekt des europäischen Flugzeugherstellers Airbus ist das größte Passagierflugzeug der Welt. Bis zu 853 Menschen haben darin Platz. Das Besondere: Der A 380 hat zwei gleich lange Passagierdecks übereinander. Außerdem gibt es eine Art Keller: Im untersten Deck ist Platz für Fracht, Schlafräume oder ein Restaurant.
Um trotz der Ausmaße Gewicht und damit Kerosinkosten zu sparen, wurden in dem Super-Jumbo moderne Werkstoffe verbaut, die möglichst leicht sind. So besteht der Rumpf des A 380 nicht mehr

nur aus Aluminium – dem Stoff, aus dem seit 70 Jahren Flugzeuge gebaut werden. Für die Außenhaut wurde stattdessen zum großen Teil Aluminium verwendet, zwischen dessen mikroskopisch dünnen Schichten Glasfasern eingearbeitet sind. Außerdem kam eine neue Schweißtechnik zum Einsatz: Die einzelnen Rumpfteile wurden per Laserstrahl zusammengefügt, weil die so entstehenden Schweißnähte leichter sind als die von herkömmlichen Schweißgeräten.
All dies spart tonnenweise Gewicht. Auch andere Flugzeugbauer tüfteln an neuen Materialien für ihre Jets, die immer größer werden, gleichzeitig aber auch leichter und sparsamer sein sollen. So plant Boeing eine Passagiermaschine aus speziellem Kunststoff.

2800-Tonnen-Steintor auf Reisen

Gebäude heißen auch Immobilien, weil sie »immobilis«, also unbeweglich sind. Ausnahmen gibt es: Weil der »Portikus«, das mächtige Eingangsportal des alten »Bayerischen Bahnhofs« in Leipzig, einem Tunnelprojekt im Weg stand, wurde es vor ein paar Jahren kurzerhand um 30 Meter verschoben – trotz eines Gewichts von 2800 Tonnen.
Das funktionierte so: Das Fundament wurde mit Beton verstärkt und mit Stahlträgern versehen, mit deren Hilfe der »Portikus« angehoben werden konnte. Der Bau bewegte sich dann auf Gleitschlitten mit Teflon-Lagern. Wegen der großen Ausmaße ging dies nur im Schneckentempo: Mit einer Geschwindigkeit von drei Metern pro Stunde entfernte sich das Eingangsportal von seinem ursprünglichen

Standort. Nach zehn Stunden war der Portikus um 30 Meter verschoben. Versprochen ist: Der Portikus kommt an seinen alten Platz zurück.

Mit einem Ballon zum Mars

Eines der ehrgeizigsten Ziele der Weltraumforscher ist es, Menschen zum Mars zu bringen. Das wäre die erste bemannte Mission zu einem fremden Planeten seit der Mondlandung. Doch das wird noch eine Weile dauern. Die amerikanische Raumfahrtbehörde NASA peilt das Jahr 2037 an, Russen und Chinesen wollen es früher schaffen. Ob überhaupt etwas daraus wird, ist allerdings ungewiss. Denn die Expedition zum Mars ist sehr schwierig: Wegen der großen Entfernung müssten die Astronauten fast zwei Jahre im All verbringen – allein die An- und Abreise dauern jeweils zwölf Monate.
Deswegen werden unbemannte Missionen vorgeschickt. Einen ganz besonderen Weg wird dabei die Raumsonde »Archimedes« gehen: Archimedes ist ein Helium-Ballon von zehn Metern Durchmesser, der sich im All selbst aufbläst – und dann langsam Richtung Mars sinkt. Es ist geplant, in die rund 15 Kilogramm schwere Ballon-Sonde Messinstrumente zur Erforschung der Marsatmosphäre einzubauen.

Revolutionäres Motorrad

Bei der »Rallye Dakar«, der wilden Wüstenrallye im Norden Afrikas, sorgte vor ein paar Jahren ein neues Motorrad für Aufsehen: Die Yamaha WR 450 F2-Trac war als weltweit erstes Motorrad mit Allradantrieb ausgerüstet. Und sahnte gleich

ein paar Etappensiege ab. Vor allem auf sandigem und rutschigem Gelände fuhr es der Konkurrenz davon. Die Maschine bleibt besser in der Spur, sie kraxelt ohne Probleme Berge hinauf und ist auch bei Nässe besser zu fahren als andere Bikes. Alles dank Allradantrieb: Das Motorrad hat einen hydraulisch angetriebenen Vorderradantrieb, zusätzlich zum Hinterradantrieb, mit dem Motorräder seit fast 100 Jahren gebaut werden. Dadurch wird die Motorkraft für beide Räder ausgenutzt. Als ganz neue Ära im Motorradbau wurde diese Technik gefeiert, die bei Autos und Lkws längst Standard ist. Normale Straßen-Bikes sind allerdings bislang noch nicht damit ausgerüstet.

Forscher spinnen

Man sieht es ihnen gar nicht an, aber wenn Spinnen ihre Fangnetze weben, produzieren sie Hightech-Material am laufenden Meter: Die feinen Spinnenfäden sind fester als Stahl und elastischer als Gummi. Da kommt kein anderes Material mit. Und der Bedarf in Medizin und Industrie ist groß. Spinnenfäden gelten als Werkstoff der Zukunft. Darum versuchen Wissenschaftler seit Langem, sie im Reagenzglas herzustellen. Einigen Forschern ist das jetzt gelungen: Sie spinnen. Mit einem ausgeklügelten Verfahren können sie mithilfe von Bakterien künstlich Spinnenseide erzeugen. Die Bakterien werden gentechnisch so verändert, dass Spinnenfadenproteine dabei herauskommen. Denn nichts anderes sind die Fäden der Spinnen: Proteine, also Eiweißketten. Durch eine ganz bestimmte Anordnung der Eiweißmoleküle sind sie so extrem dehnbar und reißfest. Genau das haben die Forscher kopiert.

Eine Alarmanlage für dein Zimmer

Manchmal ist es ganz gut zu wissen, wer in deinem Zimmer ein und aus geht. Vielleicht hütest du dort ja einen Schatz oder geheime Unterlagen. Eine ständige Zugangskontrolle ist allerdings schwierig – du kannst ja nicht dauernd Wache schieben. Viel praktischer ist da eine selbst gebaute Alarmanlage: Sie informiert dich sofort, wenn sich Eindringlinge Zugang zu deinem Zimmer verschaffen wollen, während du dich anderswo im Haus oder in der Wohnung aufhältst.

Du brauchst

➤ ein dünnes Elektrokabel (wie fürs Fahrradlicht)
➤ 4,5-V-Flachbatterie
➤ einen Summer oder eine Mini-Alarmsirene (gibt's im Elektrogeschäft)
➤ 15 unlackierte Büroklammern aus Metall
➤ ein großes Stück Alufolie
➤ zwei Strohhalme
➤ eine Abisolierzange
➤ Klebeband
➤ einen Teppichläufer

So geht's

1 Entferne mit der Abisolierzange die Kunststoff-Isolierung an beiden Enden des Elektrokabels. Dasselbe machst du mit den Enden der beiden Kabel, die aus dem Summer führen. Dadurch kommen die Kupferdrähte zum Vorschein.

2 Vermutlich sind die Stromkabel, die aus dem Summer führen, zu kurz für deine Zwecke – du musst damit ja die Strecke zwischen deinem Zimmer und dem Bereich vor der Tür überbrücken. Verlängere daher die Summerkabel mit einem zusätzlichen Elektrokabel. Auch dieses Kabel muss abisoliert werden. Dann verdrehst du die abisolierten Drähte sorgfältig miteinander, schon sind Summer- und Elektrokabel verbunden. Die Verbindungsstellen kannst du zusätzlich mit Klebeband umwickeln.

3 Falls du keine Abisolierzange hast: Es geht auch prima mit den Schneidezähnen, wenn das Kabel aus vielen dünnen Kupferadern zusammengedreht ist. Abisolieren mit dem Messer ist eher mühsam – erfahrungsgemäß schneidet man zu viele der Kupferadern durch und muss von vorn anfangen.

4 Falte die Alufolie in der Mitte zu einem Rechteck.

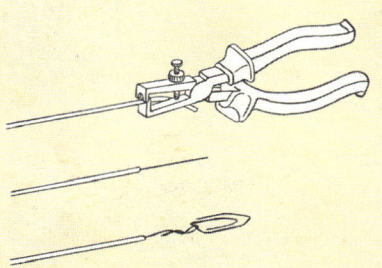

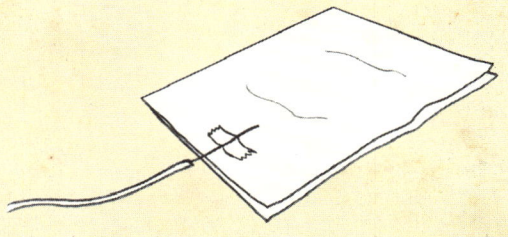

49

5 Stecke die Büroklammern zu einer Kette zusammen. Wickele das Ende des schwarzen Summerkabels (Minuspol) um die Büroklammer, die das erste Glied in dieser Kette ist.

6 Der Summer ist polarisiert, das bedeutet, dass es (anders als bei einer Glühbirne) wichtig ist, wie du ihn an Plus und Minus anschließt: Das Ende des roten Summerkabels (Pluspol) befestigst du an der kurzen Kontaktfahne der Batterie – das ist der Pluspol. Manchmal ist der Pluspol beim Summer auch auf andere Weise als durch

ein rotes Kabel markiert (durch ein Plus-Zeichen beispielsweise).

7 Um die andere Kontaktfahne der Batterie, den Minuspol, wickelst du ein Ende des Elektrokabels. Das andere Ende fixierst du mit Klebeband auf der Alufolie.

8 Überlege dir, auf welche Stelle vor deiner Tür ein Eindringling sehr wahrscheinlich treten wird. Das ist vermutlich ein Schritt vor der Tür. Genau dort positionierst du die Alarmanlage: Reihe die Kette mit den Büroklammern so

auf dem Boden auf, dass sie möglichst gerade hintereinanderliegen. Parallel dazu legst du die Strohhalme, an jeder Längsseite der Kette einen. Befestige Kette und Strohhalme zusammen mit ein paar Klebestreifen am Boden, damit sie nicht verrutschen. Darüber legst du die Alufolie mit dem Elektrokabel und befestigst sie an den Seiten mit ein paar Klebestreifen am Boden.

9 Wenn der Summer bereits jetzt Alarm schlägt, liegt das daran, dass die Büroklammern die Alufolie berühren. Damit das nicht passiert, kontrollierst du, ob die Büroklammern auch wirklich flach am Boden aufliegen. Eine mögliche Schwachstelle ist die oberste Büroklammer, die mit dem (schwarzen) Stromkabel verbunden ist. An der Verbindungsstelle ragt sie etwas auf. Doch das ist kein Problem: Achte in dem Fall einfach darauf, dass die Alufolie diese Stelle nicht berührt, sondern erst unterhalb der ersten Büroklammer aufliegt. Dann besteht kein Kontakt.

10 Jetzt musst du deine Alarmanlage verstecken: In deinem Zimmer stellst du Batterie samt Summer auf, am besten gleich hinter der Tür. Auf der anderen Türseite, also vor deinem Zimmer, versteckst du den Auslöser, das sind die Alufolie und die Kette aus Büroklammern. Führe dafür die Alufolie mit dem Elektrokabel und die Büroklammern unter dem Türspalt hindurch.

11 Deine Alarmanlage ist fertig. Jetzt muss sie nur noch gut getarnt werden: Lege den Läufer darüber und achte darauf, dass sämtliche Kabel davon verhüllt werden.

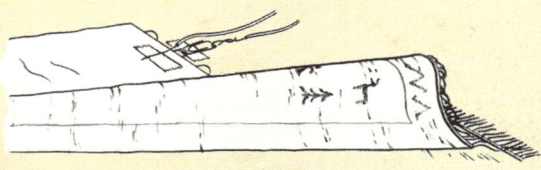

12 Wenn die Alarmanlage oft in Gebrauch ist, musst du ab und zu die Strohhalme austauschen. Sie halten zwar einige Fußtritte aus, aber irgendwann sind sie platt getreten.

Was passiert?

Wenn sich jemand in dein Zimmer schleichen will und genau auf die Stelle tritt, unter der du die Alufolie versteckt hast, ertönt der Summer. Durch die Kraft des Auftritts wird die Alufolie auf die Kette aus Büroklammern gedrückt und der Stromkreis geschlossen – der Summer wird mit Strom versorgt und löst Alarm aus. Einen Fehlalarm verhindern die beiden Strohhalme: Sie halten die Alufolie auf Abstand; der Stromkreis ist unterbrochen, wenn kein Druck ausgeübt wird.

Herausforderungen des Alltags:
Was tun, wenn dir
Außerirdische begegnen?

Wenn intelligentes Leben von einem anderen Stern vor dir steht, begegnest auch du ihm als intelligentes Wesen. Das bist du der Erde schuldig. Sie hat immerhin einen Ruf im Universum zu verlieren. Eine Gebrauchsanweisung für Begegnungen der dritten Art:

1 Lass dich nicht aus der Fassung bringen. Warum solltest du auch erstaunt sein? Dass es irgendwo da draußen im Weltraum intelligentes Leben gibt, vermuten Forscher immerhin seit Jahrtausenden. Einen Beweis gab es dafür zwar bislang nicht. Genug Möglichkeiten aber theoretisch schon: Allein in unserer Galaxie, der Milchstraße, gibt es 300 Milliarden Sterne – aber noch 100 Milliarden weitere Galaxien im Universum. Eine gigantische Zahl. Aber: All dies sind mögliche Kandidaten für das Zuhause von Außerirdischen.

2 Selbst wenn die Außerirdischen ulkig aussehen – unterschätze sie nicht. Gehe davon aus, dass sie viel klüger sind als wir. Immerhin haben sie dich aufgespürt. Für ihre Reise von ihrem unvorstellbar weit entfernten Planeten zur Erde müssen sie ein hochkompliziertes Raumschiff gebaut haben. Das ist uns bisher mit der tollsten Technik nicht gelungen: Menschen waren bisher nur auf dem Mond, unserem nächsten Nachbarn im All.

3 Sei freundlich und umgänglich. Das ist vielleicht deine einzige Chance. Einige Astronomen glauben nämlich, dass Außerirdische uns in ihrer Entwicklung um Millionen Jahre voraus sein könnten. Wenn das stimmt, wären wir in ihren Augen so interessant wie für uns die Tiere im Zoo. Schimpansen zum Beispiel. Und wer kommt im Zoo bei den Besuchern am besten an? Die drolligen, witzigen und schlauen Tiere. Und die, die kratzen, beißen oder austreten, haben bald ein Problem.

4 Denke positiv. Eine weitentwickelte Lebensform ist wahrscheinlich der Telepathie mächtig, kann also deine Gedanken lesen. Da wäre es unklug, fremdenfeindliche Absichten zu hegen.

5 Versuche auf keinen Fall, davonzulaufen. Wohin auch?

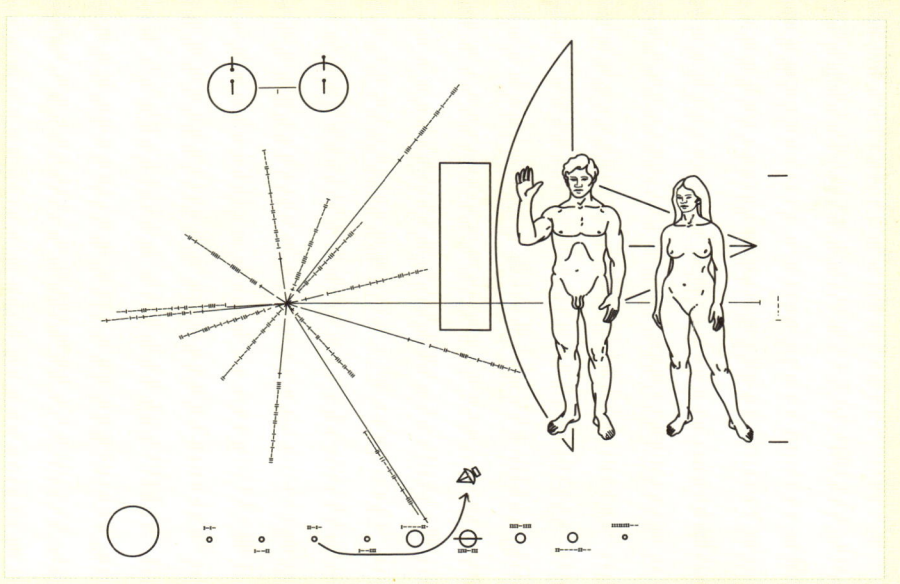

Das ist eine fliegende Wegbeschreibung für Außerirdische: Die 1972 gestartete Raumsonde Pioneer 10, unterwegs in Richtung des Sterns Aldebaran im Sternbild Stier, hat eine vergoldete Aluminiumplatte mit einer Botschaft an intelligente Lebewesen an Bord. Ein kluger Außerirdischer, so hofft die NASA, kann anhand der Skizze die Position der Erde ermitteln – der Abstand der Sonne zu 14 Pulsaren und dem Zentrum der Milchstraße ist durch eine Folge von senkrechten und waagerechten Strichen angegeben. Die Kreise unten zeigen, wo die Erde im Sonnensystem liegt. Und so freundlich, wie der Mann winkt – wer weiß, was da schon alles unterwegs ist …

Was tun, wenn du in Treibsand gerätst?

Unheimliche Geschichten über die mysteriöse Kraft des Treibsandes gibt es viele. Eine geht so: Nach einem heftigen Erdbeben tut sich der Boden auf und verschluckt eine alte Hafenstadt auf Jamaika mitsamt Häusern, Menschen und Tieren.

Das ist lange her, über 300 Jahre. 1692 versank das auf Sand gebaute Port Royal im Meer. Klingt nach Seemannsgarn, doch es gibt eine physikalische Erklärung dafür: Schuld war vermutlich eine Verwandlung des Sandes, ausgelöst durch das Erdbeben.

Durch die starken Vibrationen war daraus Treibsand geworden.

Treibsand ist Sand, der nichts mehr trägt und auf dem daher auch nichts Halt findet. Lange Zeit dachte man, im Treibsand wirke eine Art mächtiger Staubsauger, der alles mit einem einzigen Sog verschlinge. Doch so ist es nicht. Treibsand musst du dir als zähflüssiges Gemisch aus Wasser und Sand vorstellen. Jeder Sand kann zu Treibsand werden. Einzige Voraussetzung: Gegen den lockeren Sand drückt von unten eine Wasserströmung.

Durch das aufsteigende Wasser werden die einzelnen Sandkörnchen auseinandergetrieben, die normalerweise dicht an dicht sitzen. In die Lücken dazwischen strömt Wasser. Auch durch das Vibrieren bei einem Erdbeben können Sandkörner auseinandergeschüttelt werden. Sie reiben nicht mehr gegeneinander, die Haftreibung wird aufgehoben, der Sand verliert an Stabilität und reißt alles an seiner Oberfläche mit in die Tiefe.

Mit einem Experiment kannst du das nachstellen: Lege einen Wasserschlauch unten in einen Eimer und fülle den Eimer mit trockenem Sand. Auf den Sand legst du eine Spielzeugfigur. Drehe dann den Wasserhahn auf, sodass sich das Wasser von unten ausbreiten kann. Die Spielzeugfigur versinkt im Treibsand.

Treibsand kann in der Nähe von Fluss- und Seeufern, Stränden und Sümpfen vorkommen – er ist allerdings selten. Falls du doch einmal hineingerätst und einsinkst, helfen dir die folgenden Überlebenstipps. Denn du darfst nicht vergessen: Du hast eine Chance. Treibsand ist doppelt so

dicht wie Wasser, deshalb schwimmst du darauf auch leichter. Wenn er nur nicht so zähflüssig wäre!

So verhältst du dich richtig

1 Bleibe ruhig. Panisches Zappeln und Strampeln nützt nichts. Im Gegenteil: Du rutschst dadurch nur tiefer in den Treibsand hinein.

2 Lege dich auf den Rücken, breite die Arme aus und rudere damit langsam voran in Richtung festen Untergrund – so ähnlich wie beim Rückenschwimmen.

3 Wenn andere Leute in der Nähe sind, bitte sie, dir zu helfen. Sie können dir einen stabilen Ast oder buschige Zweige zuwerfen, auf die du dich mit dem Rücken legst. Noch hilfreicher wäre eine Plane, die du wie ein Floß benutzen kannst.

All dies hilft dir übrigens auch, wenn du aus Versehen mal in einem Riesenbottich mit nassem Beton landen solltest. Auch wenn das nicht sooo häufig passiert – es ist es gut zu wissen, wie man aus dem zähen Brei wieder herauskommt: genauso wie aus Treibsand.

Tipp

Richtig gefährlich ist Treibsand im Watt: Niemand steckt gern fest, wenn die Flut kommt. Deswegen gilt hier vorbeugend: Sandflächen meiden, die an der Oberfläche feucht aussehen oder beim Betreten in Schwingung geraten.

Batterien bauen, Batterien testen

Eine Zitronenbatterie bauen

Jede Batterie ist ein kleines Kraftwerk: Hier wird Elektrizität erzeugt. Das funktioniert sogar mit Lebensmitteln aus dem Supermarkt.

Du brauchst
- eine saftige Zitrone
- einen Eisennagel
- 5 cm massiven Kupferdraht
- einen kleinen Kopfhörer

So geht's

1 Teile die Zitrone in zwei Hälften und stecke nebeneinander den Eisennagel und den Kupferdraht tief in das Fruchtfleisch hinein. Zwischen den beiden musst du ein wenig Abstand lassen – sie dürfen sich auf keinen Fall berühren.

2 Setze den Kopfhörer auf und halte dessen Stecker an Nagel und Draht, die aus der Zitrone ragen – und zwar so, dass der Draht die Steckerspitze und der Nagel den Stecker oberhalb der schwarzen Isolierung berührt.

3 Im Kopfhörer kannst du jetzt ein leises Knacken hören – das ist der elektrische Strom, den du mit dieser einfachen Batterie erzeugt hast und der sich hörbar entlädt.

Was passiert?

Mit dieser Batterie wird Strom erzeugt, weil sie alles hat, was eine richtige Batterie braucht: zwei unterschiedliche Metalle als Elektroden und einen Elektrolyten, also eine Flüssigkeit, die Strom leitet. In diesem Fall ist das die Zitronensäure. Wichtig ist, dass die Flüssigkeit sauer ist. Deshalb funktioniert die Batterie auch mit anderen Obstsorten – Orange oder Grapefruit beispielsweise.

Wenn du den Stecker des Kopfhörers an die beiden Metalle hältst, schließt du den Stromkreislauf. Es wird eine chemische Reaktion ausgelöst, so wie dies bei jeder Batterie der Fall ist: Die Säure greift die Metalle an und entreißt ihnen Ionen, das sind elektrisch geladene Teilchen. Genauer: Herausgelöst werden Ionen mit positiver Ladung.

Es müssen verschiedene Metallarten im Spiel sein, weil sie unterschiedlich auf die Zitronensäure reagieren: Aus dem Kupfer werden die Ionen langsamer herausgelöst als aus dem Eisen, da es das edlere Metall ist. Dadurch ist das Kupfer im Vergleich zum Eisen positiv geladen, das Eisen negativ. Es gibt also einen positiven Pol (Kupfer) und einen negativen Pol (Eisen). Wird der Stecker angelegt, bewegen sich die negativ geladenen Elektronen im Draht vom negativen zum positiven Pol – es entsteht elektrischer Strom. Denn Elektrizität bedeutet ja nichts anderes, als dass Elektronen fließen.

Die Zitronenbatterie funktioniert nur, solange noch Säure in der Zitrone enthalten ist.

Einen Batterietester bauen

Das Problem ist lästig, kommt aber ständig vor: In den Schubladen häufen sich Batterien, die man irgendwann mal benutzt hat. Bloß: Welche davon ist noch zu gebrauchen? Das kannst du ganz leicht mit einem Batterietester herausfinden. Der zeigt dir, aus welcher Batterie noch Strom fließt und welche reif für den Sondermüll ist. Auch deine Zitronenbatterie kannst du natürlich mit dem Batterietester auf ihre Leistung untersuchen.

Du brauchst

➡ einen einfachen Kompass
➡ etwa 1 m dünnen Kupferdraht (isoliert)
➡ ein kleines Stück Pappe
➡ zwei kurze Schrauben
➡ ein Stück Balsaholz oder dünnes Sperrholz
➡ zwei Büroklammern aus blankem Metall
➡ Bleistift
➡ Schere
➡ Schraubenzieher
➡ Abisolierzange
➡ Kombizange

So geht's

1 Lege den Kompass auf die Pappe, zeichne eine Spule drum herum und schneide sie aus. Wichtig ist, dass sich der Mittelteil verjüngt, oben und unten kann der Kompass ruhig etwas überstehen.

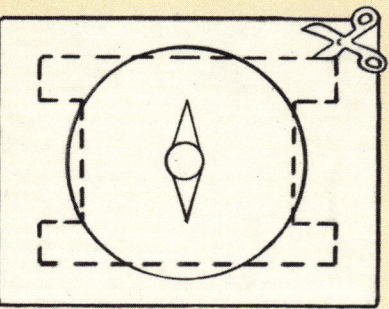

2 Schneide den Draht mit der Kombizange in drei Stücke: 70 cm, 15 cm und 15 cm und isoliere die Enden jedes Stücks etwa 2 cm weit ab. Falls du keine Abisolierzange hast – lies auf Seite 49 nach, wie du dir behelfen kannst.

3 Wickele den Kompass mit dem langen Stück des Kupferdrahts um die Spule aus Pappe. An den Enden sollte der Draht etwa 5 cm überstehen.

4 Befestige die beiden Schrauben wie auf der Zeichnung ersichtlich mit dem Schraubenzieher im Holz. Die Schrauben dürfen nicht zu tief ins Holz eingedreht werden, sie sollten mit den Köpfen etwas herausragen. Um die Köpfe herum wickelst du jeweils ein Ende des Kupferdrahtes. Das ist das Herzstück deines Batterietesters.

5 Die Enden der beiden kurzen Kupferdrähte befestigst du an jeweils einer Büroklammer, das andere Ende an den Schrauben.

6 Nun musst du nur noch die Büroklammern an die beiden Pole der Batterie halten. Am besten nimmst du sie dafür zwischen Daumen und Zeigefinger.

7 Wenn in der Batterie noch Strom erzeugt wird, schlägt die Kompassnadel aus. Ist die Batterie kaputt, rührt sie sich nicht, nachdem du sie an den Batterietester angeschlossen hast. Bei einer bereits gebrauchten Batterie schlägt die Nadel nicht so stark aus wie bei einer neuen.

Was passiert?

Bevor du die Batterie mit dem Kompass verbindest, richtet sich dessen Magnetnadel nach dem Erdmagnetfeld aus (mehr zum Kompass auf Seite 233). Die rote Nadel zeigt stets nach Norden. Wenn du die Batterie anschließt, fließt elektrischer Strom durch den aufgewickelten Kupferdraht, der wie eine Spule wirkt. In dieser Spule entsteht ein elektrisches Feld. Und außerdem – wie immer bei einem elektrischen Feld – auch ein Magnetfeld. Das wirkt auf die Magnetnadel im Kompass. Da es stärkeren Einfluss hat als das Erdmagnetfeld, bringt es die Nadel durcheinander – sie schlägt entgegen ihrer Gewohnheit aus. Sie richtet sich an dem neu entstandenen Magnetfeld aus. Dies gilt natürlich nur, wenn die Batterie noch funktioniert und Strom fließt.

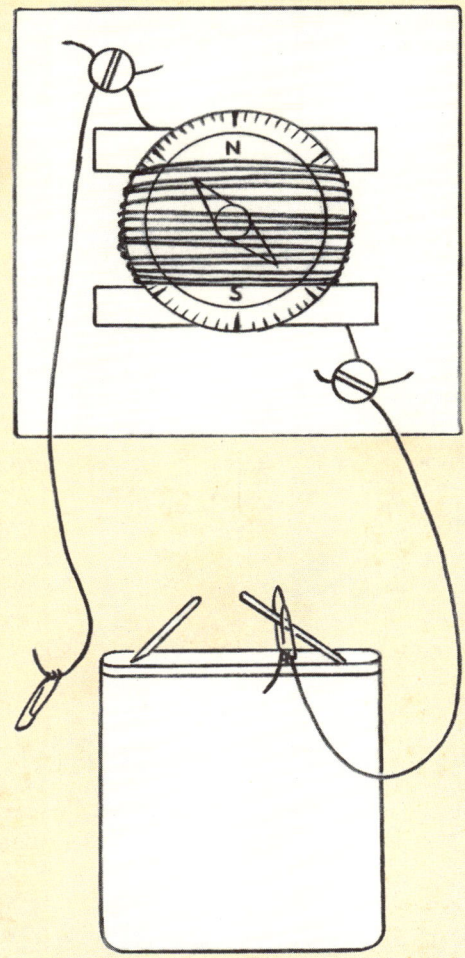

Spaß im Schnee

Schnee ist eine fantastische Sache: Da fällt hervorragendes Baumaterial vom Himmel, einfach so. Auch zum Rutschen, Schlittern und Gleiten gibt es nichts Besseres. Und Schneebälle sind natürlich 1a-Wurfgeschosse. Wenn das mit dem Klimawandel so weitergeht, wirst du mal deinen verwunderten Enkeln von deinen Schneeabenteuern erzählen können. Also nichts wie raus im nächsten Winter!

Wie man richtig Schlitten fährt

Für eine Rodelpartie mit dem Holz- oder Plastikschlitten solltest du ein klein wenig Technik beherrschen: Lenken und Bremsen. Um den Schlitten zu bremsen, nimmst du beide Füße vom Schlitten und stellst sie seitlich mit der gesamten Fläche in den Schnee, bleibst aber auf dem Schlitten sitzen. Dabei hebst du den Schlitten vorne an, packst also das Ende der Kufen vorne bei den Hörnern und ziehst sie etwas hoch.

Lenken: In Kurven krallst du den Fuß, in dessen Richtung es gehen soll, mit dem Absatz in den Schnee. Bei einer Linkskurve ist das der linke Fuß, bei einer Rechtskurve der rechte Fuß. Gleichzeitig verlagerst du das Gewicht in Richtung der Kurve.

Der Schlitten wird übrigens noch schneller, wenn du (beim klassischen Holzschlitten) den Metallbeschlag der Kufen vorher mit einer Kerze einreibst. Falls die Kufen seit dem letzten Jahr Rost angesetzt haben: Vorher mit feinem Sandpapier blank schmirgeln.

Womit man auch prima den Berg runterkommt

Es gibt aber auch andere Möglichkeiten, den Berg runterzubrettern – ohne einen Holz- oder Plastikschlitten aus dem Laden.

Stattdessen improvisierst du mit Rodel-Untersätzen direkt unter dem Po, die kaum etwas kosten. Die lassen sich zwar nicht so gut lenken wie ein richtiger Schlitten und sind auf Dauer auch nicht so bequem wie der gute alte Holzschlitten. Aber sie sind meist einfacher zu transportieren – und können ganz schön schnell werden.

Wie man eine Schlitterbahn baut

Es ist recht einfach, eine spiegelglatte Eisbahn zum Schlittern anzulegen. Drei Voraussetzungen müssen erfüllt sein: Es muss draußen knackig kalt sein, und es muss dicker, knarzender Schnee liegen. Außerdem brauchst du eine Fläche, auf der keine Fußgänger oder Autos unterwegs sind. Bürgersteige und Straßen fallen dafür also schon mal flach. Es wäre sehr gefährlich, wenn jemand ahnungslos auf deine Schlitterbahn geriete und stürzte. Gut geeignet ist der eigene Garten oder ein abgelegener Platz auf einer eingeschneiten Wiese.

Du suchst dir eine geeignete Fläche, die groß genug ist, um dort mit Anlauf zu gleiten. Die Breite der Schlitterbahn ist dabei eher nebensächlich. Wichtig ist, dass die Länge stimmt: Du solltest rund sechs Meter als Anlaufbahn einkalkulieren, dann rund zehn Meter für

Gute Juxschlitten sind

❄ **Plastiktüten:** Wenn du nichts Besseres zur Hand hast, funktioniert notfalls auch das einfachste Modell, das du in Geschäften gratis dazubekommst. Stabiler sind allerdings die dicken schwarzen Abfallsäcke. Je dicker das Plastik, desto besser. Statt dir die Tüte unter den Po zu klemmen, kannst du in eine feste und große Abfalltüte auch Löcher für die Beine ausschneiden und dann wie in eine Hose reinschlüpfen.

❄ **Plastikplane:** Willst du zusammen mit deinen Freunden auf einem Schlitten hocken, besorgst du dir im Baumarkt eine große Plastikplane. So ein Gefährt ist nichts für Feiglinge: Die Leute an den Rändern halten sich an den Enden fest, die anderen in der Mitte werden tüchtig durchgeschüttelt.

❄ **Lkw-Schlauch:** So ein monströser Reifen gehört nicht gerade zur Standardausstattung eines gut sortierten Haushalts. Aber wenn es dir gelingt, einen aufzutreiben, hast du einen tollen und rasanten Rodel-Untersatz. Frag doch mal in einer Autowerkstatt nach, in der auch Laster repariert werden. Manchmal gibt es auch in einer Spedition oder einer Reifenfirma ausrangierte Lkw-Schläuche. Löcher sind kein Problem – siehe Seite 64. Du pumpst den Schlauch auf – fertig ist der Schlitten. Der clevere Schlauchschlittenfahrer spart sich, den Schlauch selbst aufzupumpen, und lässt pum-

pen: an der Tankstelle. So hat man auch keine Probleme mit dem anderen Ventil. Vorsicht: So ein Schlauch erreicht schnell hohe Geschwindigkeiten. In Amerika ist Schlittenfahren mit solchen Schläuchen übrigens neuerdings eine Sportart – sie heißt »Snowtubing«.

❄ **Planschbecken:** Mit diesem Luxusschlitten bist du der Star des Rodelhügels. Außerdem kannst du jede Menge Freunde einladen. Das Planschbecken aufblasen, reinhüpfen, schon geht's gemeinsam ab.

❄ **Backblech:** Sieht ein bisschen ulkig aus und ist sicher der ungewöhnlichste Schlitten, der je auf eurem Rodelhügel gesehen worden ist. Aber so ein Backblech-Schlitten funktioniert prima. Am besten, du besorgst dir alte Backbleche vom Flohmarkt. Vielleicht haben ja auch deine Eltern welche übrig, die sie nicht mehr brauchen.

die Schlitterbahn und noch etwas Platz zum Auslaufen. Optimalerweise hat deine Schlitterbahn damit eine Länge von mindestens etwa 18 Metern. Wenn der Grund leicht abschüssig ist, umso besser.

Bevor du mit dem Bau der Schlitterbahn beginnst, solltest du den Untergrund auf Steine, Wurzeln, Schlaglöcher und störenden Abfall (Dosen, Flaschen etc.) untersuchen. All dies muss zunächst entfernt werden. Dann ist es wichtig, den Schnee schön festzutreten und eventuell mit einer Schaufel festzuklopfen. Wenn dir Freunde dabei helfen, geht es schneller. Lustiger ist so ein gemeinsames Schneestapfen auch. Habt ihr eine Schicht festgetreten, wird neuer Schnee auf die Bahn geschippt. Auch der muss schön eben festgetreten werden. Wenn ihr diese Prozedur ein paar Mal wiederholt habt, wird die Bahn eingelaufen: Mehrmals schlittern, so wird die Bahn schön glatt.

Sollte die Bahn zu stumpf sein, könnt ihr nach und nach gleichmäßig Wasser auf die Fläche gießen und frieren lassen. Das dauert zwar etwas länger, ist aber bei großen Minusgraden kein Problem.

So wird gerutscht: Vor der Schlitterbahn Anlauf nehmen, auf der glatten Fläche einen Fuß (welchen, ist egal) vorstellen, den Körper mit den Armen ausbalancieren und dahingleiten. Mit etwas Übung kann man auch mit geschlossenen Füßen rutschen. Profis gehen auch mal in die Hocke und richten sich wieder auf. Mit vorgestelltem Fuß ist es aber am einfachsten. Am Ende der Bahn im Schnee auslaufen.

Variationsmöglichkeiten: Beim Schlitterwettkampf siegt derjenige, der mit drei Schritten Anlauf am weitesten kommt. Beim Kunst-Schlittern kommt es darauf an, sich während des Gleitens zu drehen. Fürs Parcours-Schlittern Yoghurtbecher

auf die Eisfläche stellen, drum herum schlingern.

Wie man die besten Schneebälle fertigt

Wie eine Schneeballschlacht funktioniert, weiß jeder. Dafür braucht man keine Anleitung. Einfach Kugeln aus Schnee formen, nicht weiter über das Baumaterial nachdenken und losballern. Klar, so geht es auch. Noch besser aber mit dem perfekten Schneeball und der richtigen Wurftechnik. Mit diesen Tricks bist du deinen Gegnern auf dem Schneeballschlachtfeld haushoch überlegen.

Vergiss nicht die eiskalte Grundregel: Schnee ist nicht gleich Schnee. Wie wichtig dies ist, lernen die kleinen Inuit, also die Eskimokinder, fast noch, bevor sie laufen können. Denn für sie, die ihr ganzes Leben in Eis und Schnee zubringen, hängt davon das Überleben ab. Und weil der Schnee so vielfältig ist und keine Schneeflocke der anderen gleicht, haben nicht nur Eskimos viele Namen für Schnee.

Auch bei uns gibt es fast 20 verschiedene. So unterscheidet man beispielsweise zwischen Neuschnee (frisch vom Himmel gefallen), Pulverschnee (trocken, pappt schwer zusammen), Nassschnee (pappt leicht zusammen, man kann Wasser rausdrücken) und Feuchtschnee (pappt leicht zusammen, es lässt sich aber kein Wasser rauspressen).

Wissenschaftler sprechen zwar noch von Harsch (alter Schnee, der geschmolzen und wieder gefroren ist und dadurch eine eisige Oberfläche hat) und Firn (Schnee, dessen Eiskristalle durch mehrmaliges Schmelzen und Frieren zu größeren Eisbrocken verschmolzen sind; im Laufe der Jahre können daraus Gletscher entstehen) – für den Hausgebrauch, also für Schneeballschlachten, sind diese Schneearten aber nicht wichtig.

Der perfekte Schneeball verlangt nach dem perfekten Schnee. Leichter Pulverschnee gehört nicht dazu: Er ist trocken und pappt schwer zu einer Kugel zusammen. Das liegt daran, dass Pulverschnee sehr wenig Wasser enthält, dafür umso mehr Luft. Deshalb ist er auch so leicht und zerfällt, wenn du ihn mit den Händen formen willst. Ihm fehlt das Wasser als eine Art Bindemittel. Das ist auch der Grund, warum du in der Antarktis im Winter nie und nimmer einen Schneeball formen könntest – obwohl es so viel Schnee gibt. Nur eben nicht den richtigen: Er ist so trocken und fein, dass der Schneeball zerbröseln würde.

Der schwere Nassschnee enthält viel Wasser, trotzdem ist er nicht gut für Schneebälle geeignet: Wenn man ihn zu einer Kugel zusammendrückt, tropft Wasser heraus, der Schneeball wird viel zu hart – so etwas ist ein gemeines und schmerzhaftes Geschoss, keine Ausstattung für faire Wintersportskanonen. Das beste Baumaterial für Schneebälle ist Feuchtschnee – er klebt gut zusammen, verliert beim Zusammenpressen aber kein Wasser.

Und wenn es nur Pulverschnee gibt? Dann hilft ein Trick: Einfach den Schnee mit der Hand etwas anwärmen – wer eine größere Menge für ein ganzes Arsenal an

Schneebällen braucht, legt sich bäuchlings auf den Schnee, der durch die Körpertemperatur etwas erwärmt und zum Schmelzen gebracht wird. Dadurch gewinnt der Schnee an Griffigkeit.

Bei Schneeballschlachten im Schneegestöber kannst du dir das Wissen der Inuit zunutze machen: In einem Schneehaufen ist die oberste Schicht (mit dem Neuschnee) stets die lockerste. Darin ist weniger Wasser enthalten als in den darunterliegenden Schneeschichten, d.h. es ist schwierig, aus der obersten Schicht gute Bälle zu formen. Buddel lieber etwas tiefer und nimm den Schnee unterhalb der obersten Lage. Dieser Tipp stammt aus dem Erfahrungsschatz der Eskimos – auch wenn die ihn nicht wie wir aus Spielerei beherzigen, sondern in ihrem alltäglichen Leben, beim Schmelzen von Schnee für Trinkwasser.

Wie man Schneekünstler wird

Es muss nicht immer ein Schneemann sein. Aus feuchtem Schnee lassen sich auch andere Figuren bauen. Ein verwegen geformtes Schneeungeheuer beispielsweise. Dafür stapelst du mehrere Schneekugeln und -blöcke aufeinander. Besonders furchterregend sieht das Schneeungeheuer aus, wenn du ihm aus Schnee Dreiecke als Ohren formst. Außerdem kannst du aus Zweigen Zacken für den Körper anbringen, aus Holzkohle werden Augenschlitze und ein gierig geöffnetes Maul gesetzt.

Zum Schluss das Schneeungeheuer wild bemalen: Dafür eine Sprühflasche (z.B. eine aufgebrauchte und ausgewaschene Flasche, in der mal Putzmittel war oder eine Sprühflasche für Blumen) mit farbigem Wasser füllen. Das Wasser färbst du vorher mit Wasserfarbe oder mit Lebensmittelfarbe. Solltest du noch Eierfarbe vom vergangenen Ostern übrig haben, geht das auch. Mit dem farbigen Wasser die Schneeskulptur besprühen, dadurch hält sie auch länger.

Wie man eine Schneehöhle baut

Mit vereinten Kräften ist fix eine Schneehöhle gebaut – zusammen mit deinen Freunden geht's am schnellsten.

1. Zuerst sucht ihr einen geeigneten Platz, der schön eben ist. Außerdem sollte dort eine dicke Schneeschicht liegen, nicht zu nass und nicht zu trocken. Am besten also gut gesetzter Feuchtschnee.

2. Nun häuft ihr den Schnee zu einem Hügel auf. Wenn ihr euch die Arbeit etwas erleichtern wollt, schiebt ihr ihn einfach mit einem Schneeschieber zusammen und türmt ihn zu einem Haufen auf.

3. Den Schneehaufen gut festklopfen, am besten mit einer handlichen Gartenschaufel, die ein festes Metallblatt hat. Dadurch verdichtet ihr den locker aufgetürmten Schnee, die Höhle wird stabil.

4. Damit aus dem Haufen eine Höhle wird, müsst ihr den Schneeberg aushöhlen. Dazu buddelt ihr euch von einer Seite aus in den Haufen hinein. Und zwar so weit, dass ihr gut in die Höhle reinkommt und euch später zusammen im Innenraum hinhocken könnt. Allerdings müssen Wände von ausreichender Dicke stehen bleiben, damit

die Höhle nicht zusammenkracht. Lieber in die Tiefe graben als in die Höhe, so wird eure Behausung stabiler.

5 Von außen könnt ihr noch Gucklöcher in die Höhle graben.

6 Den Innenraum mit alten Teppichen oder Teppichresten ausstaffieren. Wenn es dämmert, Teelichter anzünden.

Spiele mit Schneebällen

❄ **Schneeball-Jäger:** Ein Mitspieler fängt mit einer flachen Plastikschüssel die Schneebälle auf, die ihm die anderen zuwerfen. Für jeden Schneeball gibt es einen Punkt. Wer die meisten Schneebälle auffängt, hat gewonnen.

❄ **Schneeball-Attacke:** Auf einen Mitspieler prasselt es nur so ein – er wird von den anderen mit Schneebällen beworfen. Doch zu seiner Verteidigung hat er einen Regenschirm. Damit versucht er, die Schneebälle abzuwehren. Wer dabei am erfolgreichsten ist, hat gewonnen.

❄ **Brennball im Schnee:** Dieses Spiel funktioniert wie Brennball – nur, dass eben mit Schneebällen geworfen wird. Einer aus der Gruppe ist der Werfer, die anderen sind die Gejagten. Zuerst wird der Werfer mit einem Vorrat an Schneebällen ausgestattet. Damit bewirft er die anderen. Die springen um ihn herum und versuchen, seinen Schneebällen auszuweichen. Wer getroffen wurde, scheidet aus. Derjenige, der als Letzter noch nicht getroffen wurde, hat gewonnen und ist in der nächsten Runde der Werfer.

❄ **Luftballon-Treibjagd:** Die Mitspieler werden in zwei Gruppen geteilt. Jede Gruppe hat eine Grund- und eine Wurflinie. Die Grundlinien werden mit 15 Metern Abstand voneinander im Schnee markiert, die Wurflinien jeweils drei Meter dahinter. Die Spieler stellen sich mit einem Vorrat an Schneebällen hinter die Wurflinie. In der Mitte des Spielfelds wirft der Schiedsrichter einen Luftballon hoch. Sofort beginnen die Spieler, den Luftballon zu bewerfen. Ziel ist es, den Ballon hinter die Grundlinie des gegnerischen Feldes zu manövrieren. Die Gruppe, die das schafft, hat gewonnen.

❄ **Schneeball auf Strümpfen:** Einen alten Strumpf mit Schnee befüllen, oben zuknoten. Sich gegenseitig den Strumpf zuwerfen. Und zwar möglichst schnell, der Strumpf darf nur eine Sekunde bei einem Spieler bleiben. Dann sofort weiterwerfen. Wer dafür zu lange braucht oder den flotten Strumpf nicht fängt, scheidet aus.

❧ Wie du einen Platten flickst ❧

Gegen das Fahrradleiden Nummer 1, den Plattfuß, gibt es keinen wirklichen Schutz. Manchmal reicht schon ein Dorn, der ungünstig auf der Fahrbahn liegt, oder ein erbsengroßes Stück Glasscherbe. Wer nach all dem Ausschau halten wollte, müsste so langsam fahren, dass er auch zu Fuß gehen könnte. Es gibt zwar inzwischen Anti-Platt-Reifen, die Gefahrgut auf Abstand halten. Aber die sind teuer und auch nicht gegen alles gefeit. Alles kein Problem, wenn du weißt, wie du einen Platten flickst.

Du brauchst

➻ Eine Schachtel mit Flickzeug solltest du immer dabeihaben, wenn du mit dem Rad unterwegs bist. Du kannst dir aber auch dein eigenes Set zusammenstellen:
– mit einem Stück feinem Sandpapier (die Blechkratzer, die in manchen Reparatursets enthalten sind, machen nur neue Löcher),
– einer Tube Vulkanisierflüssigkeit und Flicken,
– drei Reifenhebern,
– einem Stift (am besten einem Wachsmalstift),
– Ersatzventil
➻ Und natürlich brauchst du eine Luftpumpe (am besten eine, die beim Rein- und Rausziehen pumpt – dann kann sie nämlich klein sein).

So geht's

1 Wenn dein Rad Luft verliert, muss nicht unbedingt ein Loch schuld daran sein. Bevor du den Schlauch aus dem Mantel windest, solltest du erst einmal das Naheliegendste untersuchen: das Ventil. Überprüfe, ob die Haltemutter aufgedreht ist, also Luft entweichen kann – dann hast du die Schwachstelle schnell gefunden. Du musst nur die Mutter zuschrauben und das Rad aufpumpen.

Ist die Haltemutter fest zugedreht, kontrollierst du, ob das Ventil an einer anderen Stelle undicht ist. Das tust du, indem du mit ein wenig Spucke auf dem Finger an der Öffnung des Ventils entlangfährst: Wenn es Bläschen gibt, die platzen, strömt Luft heraus. Dann musst du den Ventileinsatz austauschen. Ist das Ventil aber in Ordnung, liegt das Problem an anderer Stelle – dein Schlauch hat ein Loch.

2 Um den Schlauch zu flicken, ist es meist gar nicht nötig, das gesamte Vorder- oder Hinterrad auszubauen. Probiere es zunächst einmal so: Als Erstes bringst du dein Fahrrad in Montageposition, drehst es also um und stellst es auf Sattel und Lenker. Dann inspizierst du sorgfältig die gesamte Reifendecke von außen: Halte Ausschau nach Steinchen, Glassplittern, Dornen oder Nägeln. Entdeckst du einen spit-

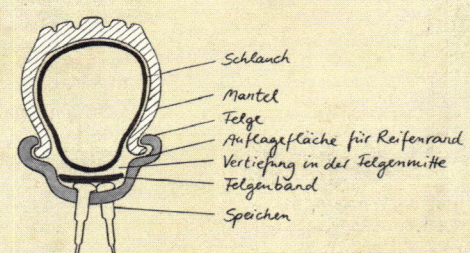

Schlauch
Mantel
Felge
Auflagefläche für Reifenrand
Vertiefung in der Felgenmitte
Felgenband
Speichen

zen Gegenstand im Mantel, hast du es leichter, weil du dann bereits weißt, wo dein Loch sitzt, und nicht erst am Schlauch danach suchen musst. Entferne das Corpus Delicti vom Tatort und markiere die Stelle am Reifen mit dem Stift.

3 Öffne das Ventil, entferne die Haltemutter und lass die gesamte verbliebene Luft aus dem Schlauch entweichen. Nimm den Ventileinsatz heraus und bewahre ihn sorgsam auf. Löse auch die zweite Mutter, die Ventilschaft und Felge miteinander verbindet, indem du sie auf dem Gewinde ganz nach oben drehst.

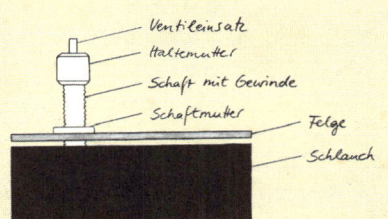

Ventileinsatz
Haltemutter
Schaft mit Gewinde
Schaftmutter
Felge
Schlauch

4 Jetzt kommen die Reifenheber zum Einsatz: Schiebe das gewölbte Ende unter den Rand des Mantels und hebe ihn hoch. Dabei musst du aufpassen, dass du nicht den Schlauch beschädigst. Das Ende des Reifenhebers mit der Einkerbung hakst du an einer Speiche ein. Mit den anderen beiden Reifenhebern machst du dasselbe, dazwischen sollte jeweils etwas mehr als ein handbreiter Abstand sein.

5 Wenn du dich mit den Reifenhebern etwas schwertust, hilft dieser Trick: Löse die gegenüberliegende Flanke des Mantels – das ist die, die auf der Felge bleibt – vom gebogenen Teil der Felge (Felgenhorn genannt) und schiebe sie

Tipp

Wenn das Loch hartnäckig nicht zu finden ist, kann es sinnvoll sein, doch das Rad auszubauen. Dann kannst du nämlich den Schlauch ganz von der Felge nehmen, prall aufpumpen und Zentimeter für Zentimeter durch einen Eimer mit Wasser ziehen. So haben auch die gefürchteten Schleicher keine Chance – kleine Lecks, durch die so langsam die Luft entweicht, dass man jeden Morgen neu pumpen muss.

zum vertieften Teil in der Felgenmitte. Dann ist der Mantel nicht so unter Spannung und lässt sich leichter herunternehmen.

6 Ziehe die Reifenheber so weit auseinander, bis der Mantel über die Felge gehoben ist.

7 Wiederhole die Schritte 4 bis 6 auf der anderen Seite.

8 Unter dem gelösten Mantel versteckt sich der Schlauch, den holst du vorsichtig heraus. Wenn du die Lochstelle markiert hast (Punkt 2), überträgst du vorher noch die Markierung auf den Schlauch – sonst findest du die Stelle nachher nicht wieder, wenn der Schlauch erst einmal draußen ist.

9 Baue das Ventil wieder zusammen und pumpe den Schlauch auf.

10 Weißt du durch die Kontrolle der Oberfläche (Punkt 2), wo sich das Loch befindet, kannst du gleich beim nächs-

Tipp

Richtig gutes Flickzeug gibt es von der Firma Simson in den Niederlanden. Eine stabile Blechdose versammelt alles, was du zum Reifenflicken brauchst. Die Kunststoff-Reifenheber sind nicht so hart, dass sie Löcher machen, und nicht so weich, dass sie verbiegen – perfekt. Vor allem aber: Die Flicken sind auch extremen Anforderungen gewachsen: Mit den großen Stücken zum Selbstschneiden lässt sich zur Not auch ein Riss in der Gummimanschette eurer Waschmaschine flicken. Alles ausprobiert!

Eine solche »fietse reparatiedoos« ist ein tolles Mitbringsel aus den Niederlanden.

ten Schritt weitermachen. Ansonsten suchst du nach dem Loch: Wenn du den Schlauch gewissenhaft und langsam kontrollierst, kannst du meistens die Stelle sehen, spüren oder hören, an der Luft entweicht. Wenn nicht, gibst du nach und nach etwas Wasser über den Schlauch. Dort, wo sich Luftblasen bilden, ist das Loch. Markiere die Stelle und trockne den Schlauch gut ab.

11 Schmirgele mit dem Sandpapier die löchrige Stelle auf dem Schlauch großflächig ab – größer, als dein Flicken ist. Auf dem aufgerauten Gummi hält der Klebstoff besser.

12 Streiche rund um die schadhafte Stelle dünn Vulkanisierflüssigkeit auf – größer, als dein Flicken ist. Dann lässt du den Klebstoff drei Minuten trocknen. Er muss sich trocken anfühlen (am Rand der Klebestelle testen), so verrückt das klingt. Nicht ungeduldig werden, sonst hält der Flicken nicht, und du musst von vorne beginnen.

13 Anschließend entfernst du die Abdeckfolie von dem Flicken (Unterseite nicht berühren!) und drückst ihn fest auf die eingestrichene Stelle und klopfst/reibst ihn fest. Falls du einen Fertigflicken benutzt, der obendrauf eine Schutzfolie hat: von der Mitte her abziehen, sonst ist der Flicken gleich wieder ab.

14 Pumpe zur Sicherheit den Schlauch noch einmal auf, um zu kontrollieren, ob er jetzt auch wirklich dicht ist. Bevor du den Schlauch wieder einbaust, solltest du außerdem den Mantel von innen und außen überprüfen und Steinchen entfernen. Hat der scharfe Gegenstand ein Loch in deinen Mantel gerissen, kannst du es im Inneren mit Klebeband abdichten. Dafür zwei Streifen über Kreuz kleben – der Kreuzungspunkt sollte genau dort sein, wo sich das Loch befindet. Wenn dein Mantel von innen eine halbwegs glatte Oberfläche hat (das ist bei jedem Mantel anders), kannst du auch von innen einen Flicken aufkleben – das hält besser als Klebeband. Vermutlich wirst du aber trotz dieser Ersten Hilfe bald einen neuen Mantel benötigen.

15 Pumpe den Schlauch mit ein paar Stößen auf. Er soll sich nur ein wenig füllen, so kannst du ihn am leichtesten zurück unter den Mantel schieben. Ertaste mit den Fingern, ob der Schlauch auch schön glatt im Felgenbett liegt. Er darf nicht verdreht sein. Auch der Ventilstutzen muss gerade stehen.

16 Ziehe nun den Mantel mit beiden Händen über den Rand hinweg zurück auf die Felge. Du fängst immer am Ventil an. Am Ventil ist der Schlauch dicker und hat eine steife Stelle – hier musst du den Mantel besonders sorgfältig einlegen. Am besten geht das, wenn du das Ventil mit dem Daumen Richtung Mantel drückst – so hast du mehr Platz. Wenn das trotzdem schwierig ist, kannst du noch einmal Luft ablassen.

17 Vom Ventil arbeitest du dich gleichmäßig entlang der Felge vor, sodass das letzte Stück gegenüber vom Ventil auf den Rahmen muss. Dafür auf keinen Fall die Reifenheber oder einen Schraubenzieher zu Hilfe nehmen – so wäre das nächste Loch vorprogrammiert!

18 Das letzte Stück geht am besten so auf die Felge: Du drehst das Rad so, dass diese Stelle ganz oben ist, legst die Finger beider Hände nebeneinander auf den Rand des Mantels, biegst die Finger zu einem J und ziehst den Rand des Mantels – beginnend mit den Seiten – zu dir hin, während du mit deinen Daumen den Rest des Mantels

nach hinten ziehst. Alternativ kannst du mit einer Hand den Mantel kräftig nach oben ziehen und gleichzeitig mit der anderen Hand den Mantel überall nach innen zur Felgenmitte drücken (vgl. Punkt 5).

Falls es immer noch nicht funktioniert – bitte deinen Vater um Hilfe, der hat wahrscheinlich mehr Kraft in den Fingern.

19 Auf der anderen Seite des Rads wiederholst du die Punkte 16 bis 18.

20 Pumpe den Reifen nun halb auf und massiere ihn etwas mit den Fingern, um sicherzugehen, dass er nicht verdreht ist. Der Reifen hat den richtigen Sitz, wenn der Abstand zwischen Felgenrand und Mantel überall gleich ist. Ist dies nicht der Fall, sitzt der Mantel schief auf der Felge.

21 Nachdem du den Reifen fest aufgepumpt hast, bist du startklar.

Tipp

Wenn du große Schwierigkeiten hattest, den Mantel wieder auf die Felge zu ziehen, war dein Mantel wahrscheinlich ein billiger, schlecht abgelagerter. Beim nächsten Mal besser mehr Geld ausgeben – oder beim Sperrmüll (siehe Seite 102) auf Vorrat einen alten Reifen mitnehmen, der noch nicht so abgefahren ist. So geht's einfacher!

Mit Tippkicker im Abseits

22 Spieler, ein Ball, zwei Tore: Kein anderer Sport begeistert so viele Menschen auf der ganzen Welt wie der Fußball. Überall wird nach denselben Regeln gespielt – insgesamt sind es nur 17. Und die sind leicht zu verstehen. Mit einer Ausnahme: die Abseitsregel. Dies ist die einzige komplizierte Vorschrift, die die Erfinder der Fußballregeln ausgeheckt haben. Es gibt auch viele Erwachsene, die große Fußballfans sind und trotzdem nicht so richtig verstehen, was genau die Abseitsregel bedeutet. Wenn du also weißt, was dahintersteckt, kannst du mächtig punkten.

Um die Abseitsregel besser zu verstehen, hilft es, wenn du dir klarmachst, was diese Regel überhaupt soll: Damit soll verhindert werden, dass sich ein Spieler direkt vor dem Tor des Gegners postiert und in dieser komfortablen Position einfach darauf wartet, bis ihm der Ball zugespielt wird. Um ihn dann ohne große Widerstände ins Tor zu schießen. Doch so einfach geht's nicht. Dafür sorgt die Abseitsregel.

Wann steht ein Spieler im Abseits? Dies ist der Fall, wenn er sich ohne Ball in der gegnerischen Spielhälfte zwischen dem letzten Abwehrspieler und dem Torwart der gegnerischen Mannschaft befindet. Wenn er nur dort steht, ist dies noch kein Regelverstoß. Für dieses »passive Abseits« wird seine Mannschaft vom Schiedsrichter nicht bestraft. [1]

Das ändert sich, wenn dem Spieler, der im Abseits steht, der Ball zugespielt wird und er ihn annimmt. [2] Dies gilt auch, wenn der Spieler im Abseits einen von einem Pfosten abgeprallten Ball spielt. [3] Das Entscheidende ist, dass er aus seiner bequemen Position so nahe am gegnerischen Tor keinen Vorteil ziehen darf.

Was es etwas knifflig macht: Entscheidend ist, wann der Spieler im Abseits steht. Läuft er erst ins Abseits hinein, wenn sich der Ball nach dem Schuss schon bewegt, ist dies kein Regelverstoß. **4** Befindet er sich hingegen bereits im Abseits, wenn sein Mitspieler ihm den Ball zukickt, verstößt er gegen die Abseitsregel.

Wenn Angreifer und Abwehrspieler auf gleicher Höhe stehen, gilt kein Abseits. **5**

Abseits gilt auch nicht, wenn ein Spieler in Abseitsposition einen Ball annimmt, der als Eckstoß, Tor-Abstoß oder Einwurf bei ihm landet. **6**

Bei einem Verstoß gegen die Abseitsregel verhängt der Schiedsrichter zur Strafe einen indirekten Freistoß. Das bedeutet: Die andere Mannschaft darf den Ball aus der für sie torgefährlichen Situation rausschießen. Da es sich um einen indirekten Freistoß handelt, müssen mindestens zwei Spieler den Ball berühren, bevor er im Tor landet. Aber das ist über die weite Strecke zumeist sowieso nicht anders zu schaffen. Für die Gegner des Abseitsspielers ist es ohnehin viel wichtiger, dass damit dieser Angriff auf ihr Tor gestoppt ist.

Sollte aus der Abseitsposition heraus ein Tor geschossen worden sein, ist es ungültig.

Bei einer Abseitsfalle versuchen mehrere Abwehrspieler, einen Angreifer in ihrer Nähe absichtlich ins Abseits zu bringen. Dieser taktische Trick allerdings ist Maßarbeit: Er funktioniert nur, wenn sie gleichzeitig nach vorne laufen, kurz bevor der Angreifer angespielt wird. Dann darf er den Ball nicht annehmen, der Torangriff ist beendet.

Wer (noch) nicht im Geschichtsbuch steht

Terry Fox

Terry Fox war bereits todkrank, als er den Lauf seines Lebens begann. Der 22-jährige Student aus Kanada litt an Krebs, hatte sich aber trotzdem vorgenommen, jeden Tag einen kompletten Marathon zu laufen, also 42,195 Kilometer. Und das über Monate. »Marathon of Hope« (»Marathon der Hoffnung«) nannte er sein Projekt, das selbst für durchtrainierte Sportler extrem anstrengend gewesen wäre. Zwar war Terry Fox früher ein guter Leichtathlet und Basketballspieler gewesen. Aber seit seiner Krankheit besaß er nur noch ein Bein, das andere hatte amputiert werden müssen, weil es von Knochenkrebs befallen war.

Doch auch die Prothese und der in seinem Körper wuchernde Krebs konnten den 22-Jährigen nicht abhalten. Im Gegenteil: Seine schlimme Krankheit war ihm eher Ansporn. Während seiner langen Zeit im Krankenhaus hatte er viele krebskranke Kinder leiden sehen und einen Plan gefasst: Er wollte mithelfen, Krebs zu bekämpfen – auf seine Weise.

Der junge Kanadier war kein Arzt oder Forscher – als der bösartige Tumor in seinen Knochen entdeckt worden war, hatte er gerade erst sein Studium an der Universität begonnen. Also tat Terry Fox das, was er am besten konnte. In der Schule war er immer ein talentierter Leistungssportler gewesen. Und so kam er auf die Idee, quer durch Kanada zu laufen und dabei Geld für die Krebsforschung zu sammeln. Die Leute sollten dafür Geld spenden, dass er lief.

Er hatte ausgerechnet, dass 24 Millionen kanadische Dollar zusammenkommen würden, wenn jeder Einwohner seines Heimatlandes nur einen Dollar spenden würde. »Wenn ihr nur einen Dollar gebt, habt ihr schon geholfen und seid Teil des Marathons der Hoffnung«, rief er den Menschen entgegen, die ihm begegneten.

Im Frühling 1980 begann Terry Fox den ersten Marathon, und er rannte durch, bis zum Herbst. Dann machte sein Körper nicht mehr mit: Der Krebs hatte inzwischen auch viele andere Organe befallen. Am 1. September brach Terry Fox zusammen, da hatte er in 143 Tagen exakt 5373 Kilometer zurückgelegt. Eine unvorstellbare Leistung, selbst für einen kerngesunden Menschen. »Ich werde mein Bestes geben, ich werde kämpfen und verspreche, nicht aufzugeben«, sagte Terry, als er nicht mehr laufen konnte.

Im nächsten Jahr starb Terry Fox, kurz vor seinem 23. Geburtstag. Aber das war noch lange nicht das Ende seines Projekts: Der »Marathon of Hope« ging weiter. Selbst heute noch finden überall auf der Welt jedes Jahr Terry-Fox-Läufe statt, bei denen Geld für die Krebsforschung gesammelt wird. In all den Jahren sind auf diese Weise inzwischen mehrere Hundert Millionen Dollar zusammengekommen. Kein Wunder, dass Terry Fox noch immer als Held gefeiert wird.

Artur Fischer

Seine erste Erfindung machte Artur Fischer aus der Not heraus. Kurz nach dem Zweiten Weltkrieg baute er auf der Grundlage einer Heizspirale einen elektrischen Feueranzünder. Den tauschte der patente Schlosser gegen Butter, Brot und Speck, die für Geld nicht zu haben waren.

Seit dem improvisierten Feuerzeug sind noch viele Hundert Erfindungen und Tausende Ideen dazugekommen. Mindestens 1080 Patente gehen auf das Konto von Artur Fischer, der inzwischen fast 90 Jahre alt ist. Mit der exakten Zahl der Patente Schritt zu halten ist gar nicht so einfach. Denn trotz seines hohen Alters brütet Artur Fischer in seiner Entwicklungswerkstatt dauernd neue Ideen aus.

Mit dieser Menge ist der Schwabe einer der produktivsten und genialsten Erfinder aller Zeiten. Längst bekommt er dafür nicht mehr nur Brot und Butter. Kurz nach der Erfindung des Feueranzünders, im Jahr 1948, gründete Fischer seine eigene Firma im Schwarzwald. Inzwischen ist daraus ein Imperium geworden.

Am bekanntesten vielleicht: Das Bausystem Fischertechnik, eigentlich als Weihnachtsgeschenk für Kunden gedacht, das Fischer 1965 erstmals auf den Markt brachte. Ein neueres Produkt für Nachwuchsbastler ist »Fischer TiP«, bunte Röllchen aus Kartoffelstärke, die man zusammenstecken und, wenn man sie nicht mehr braucht, kompostieren kann.

Den größten Erfolg aber brachte ein kleines, graues Stück Kunststoff: der Spreizdübel, auch »Fischer S-Dübel« genannt. Auf die brillante Idee kam der Erfinder 1958. Der praktische Winzling im Werkzeugkasten ist noch heute in aller Welt ein Renner. Um die Nachfrage zu befriedigen, produzieren die Fischer-Werke mehrere Millionen Dübel – jeden Tag.

Es gibt nur einen Erfinder, der im Moment (wahrscheinlich) noch mehr Patente hat als Fischer. Das ist Thomas Alva Edison (1847–1931), der Erfinder der Glühbirne. Er hatte sich in den USA 1093 Erfindungen schützen lassen. Doch mit seinen mindestens 1080 Patenten ist ihm Artur Fischer dicht auf den Fersen. Wer das Rennen um die meisten patentierten Erfindungen aller Zeiten machen wird, steht noch nicht fest. Schließlich habe er ja noch Gelegenheit, neue Erfindungen zu machen, sagt Fischer: »Denn Edison ist tot, und ich lebe.«

Sinan und Saithan

Ist es mutig, sich fotografieren zu lassen? Nicht unbedingt. Und wenn man nichts dagegenhat, dass mit diesen Fotos Postkarten gedruckt werden, die in ganz Deutschland verteilt werden? Ist das selbstbewusst, mutig aber noch nicht. Mutig ist dieser Satz: »Ehre ist, für die Freiheit meiner Schwester zu kämpfen.« Das steht auf den Postkarten, auf denen auch die Berliner Schüler Sinan und Saithan zu sehen sind. Damit protestieren die beiden muslimischen Deutschtürken gegen die Zwangsehe, die selbst heute noch in manchen türkischen und arabischen Familien üblich ist. Auch in Deutschland.

Zwangsehe heißt: Junge Frauen, manchmal sogar noch Mädchen, werden mit einem Mann verheiratet, den ihnen die Familie ausgesucht hat. Liebe spielt dabei keine Rolle und auch nicht, was die Frauen selbst wollen. Manche wehren sich und flüchten aus der Zwangsehe und vor ihrer Familie. Es gab Fälle, da fühlten sich dadurch die Brüder, Väter und Onkel in ihrer Familienehre gekränkt und rächten sich auf furchtbare Weise – indem sie ihre eigene Schwester, Tochter oder Nichte töteten. Ehrenmord hieß das dann in den Zeitungen. Dagegen wollten Sinan und Saithan ein Zeichen setzen, als sie sich 2005 auf Anregung des Berliner Mädchentreffs »Ma-

donna« bereit erklärten, sich an der Postkartenaktion zu beteiligen – und dafür ihr Gesicht zu zeigen.

»Mein Vater sagt, einen Menschen gegen seinen Willen zu verheiraten, ist das Schlimmste, was man machen kann«, erzählte der damals 16-jährige Saithan. Und sein Kumpel Sinan, ein Jahr älter, sagte: »Zwangsheirat? Da bin ich voll dagegen.« Diese Botschaft ging durch Deutschland, 20 000 Mal wurde sie per Postkarte verteilt. Das sorgte für viel Wirbel, weil es ungewöhnliche Töne waren. Zumindest von zwei jungen Türken. Vielleicht sahen es andere genauso, aber Saithan und Sinan dachten es nicht nur, sie machten auch den Mund auf und bezogen öffentlich Stellung.

Das brachte ihnen viel Lob ein – sie wurden zum Beispiel mit dem Panther-Preis für Zivilcourage der Zeitung »taz« geehrt und erhielten dafür 5000 Euro – aber auch viel Ärger. Von einigen türkischen Mitschülern wurden die beiden, die selbst jüngere Schwestern haben, angefeindet. Sollte die Schwester gegen den Willen der Eltern einen Freund haben, müssten sie als Brüder einschreiten, bekamen sie zu hören: »Wenn ihr das durchgehen lasst und euch nicht einmischt, ist eure Schwester eine Schlampe.« Manche Pöbeleien waren derart aggressiv, dass es Saithan und Sinan mit der Angst bekommen konnten. Doch es gab auch die anderen, die vor dem Mut der Schüler den Hut zogen: »Die meisten Kumpels«, erzählte mal Sinan, »finden die Aktion gut, aber sie hätten sich nicht getraut, selbst mitzumachen.«

❧ Licht durchs Loch: Camera obscura ❧

Die Lochkamera ist der einfachste Fotoapparat der Welt. Bekannt geworden als »Camera obscura«, war sie auch der erste. Der Name ist lateinisch und bedeutet dunkle (obscura) Kammer (camera). Einfacher geht's nicht, denn die Lochkamera ist wirklich nicht mehr als das: ein dunkler Kasten mit einem Loch drin.

Sie hat keine Linse wie normale Fotoapparate, kann aber dennoch Bilder erzeugen. Damit man diese auch sehen kann, ist die Rückwand der Lochkamera mit transparentem Papier tapeziert. Wenn du stattdessen lichtempfindliches Fotopapier nähmest, könntest du sogar Abzüge machen. Das ist allerdings etwas aufwendiger, außerdem brauchst du zum Entwickeln ein kleines Fotolabor. Genauso viel Spaß macht es, mit diesem selbst gebauten Modell zu experimentieren.

Du brauchst
- ➤ einen möglichst hohen Schuhkarton
- ➤ einen Bogen Butterbrotpapier
- ➤ ein Stück Alufolie (je dicker, desto besser)
- ➤ schwarzes Gewebeband
- ➤ Bleistift, Lineal, Stecknadel, Taschenmesser
- ➤ eine Kerze
- ➤ ein dunkles Zimmer

So geht's

1 Zeichne ein etwa 4 × 4 cm großes Quadrat in die Mitte des Schuhkartondeckels und schneide es vorsichtig aus. Die Öffnung überklebst du mit einem Stück Alufolie, das ruhig etwas überstehen darf. Wichtig ist, dass du die Ränder der Alufolie gut mit dem schwarzen Gewebeband abklebst, damit kein Licht durchfallen kann. **A**

2 Aus dem anderen Teil des Schuhkartons schneidest du einen Rahmen aus – er sollte etwas kleiner sein als das Butterbrotpapier, das du danach straff über der Öffnung befestigst. Auch hier klebst du die Ränder sorgfältig mit dem schwarzen Gewebeband ab. **B**

3 Setze nun den Schuhkarton zusammen. Damit die Schachtel wirklich absolut lichtdicht ist, wickelst du den Klebestreifen ein paarmal rund um den Karton, wo der Deckelrand aufliegt.

4 Pikse mit der Stecknadel vorsichtig ein möglichst kleines Loch durch die Alufolie, die du auf dem Deckel befestigt hast.

5 Wenn du in einem dunklen Zimmer eine Kerze vor deine Lochkamera stellst, kannst du das Bild der Kerze auf dem Pergamentpapier sehen.

Das passiert

Auf deinem Sichtfenster aus Butterbrotpapier wird die Kerze abgebildet – allerdings steht sie auf dem Kopf. Die Lichtstrahlen fallen durch das Loch und weiter auf das Papier: Auf diese Weise ist die Flamme unten, der Fuß der Kerze oben zu sehen. **C**

Je stärker die Lichtquelle leuchtet, umso besser ist das Bild auf deinem Sichtfenster. Probiere die Lochkamera zum Beispiel einmal mit einer Schreibtischlampe aus.

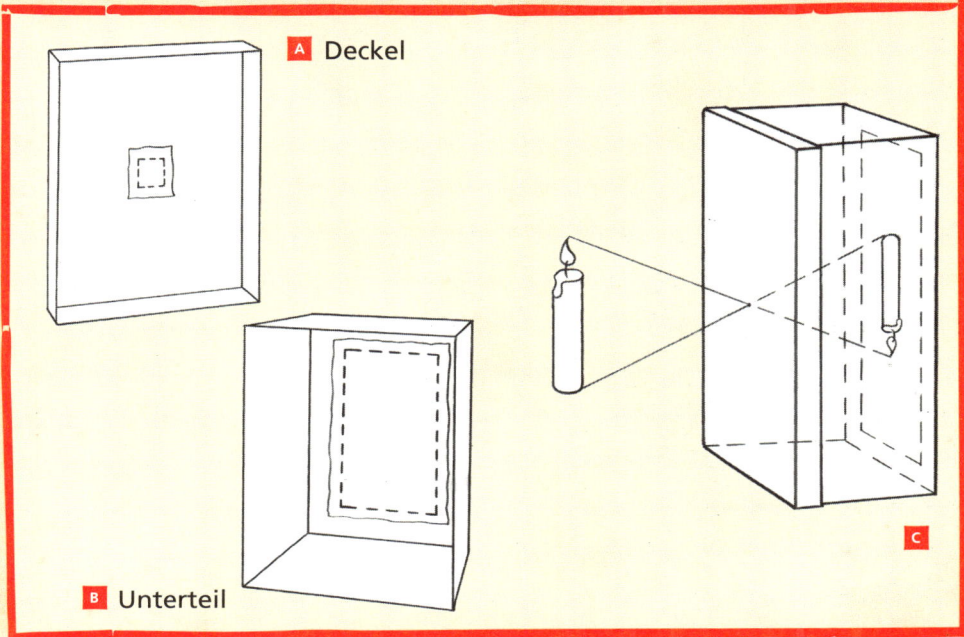

A Deckel

B Unterteil

C

Oder experimentiere mit dem Abstand zwischen Kerze und Kamera. Davon hängt nämlich die Größe des Bildes auf dem Sichtfenster ab: Wenn der Abstand zwischen Kerze und Loch genauso groß ist wie der Abstand zwischen Loch und Pergamentpapier (entspricht der Größe des Schuhkartons), kannst du die Kerze in Originalgröße sehen. Rückt die Kerze näher heran (Vorsicht, der Karton darf nicht in Brand geraten!), wird die Abbildung größer – aber auch unschärfer – als das Original.

Wenn du wie die Fotografen früher (deren Plattenkamera auf der Camera obscura beruhte) mit deinem Schuhkarton unter eine dichte Decke schlüpfst – so, dass nur das kleine Loch nach draußen lugt – kannst du an hellen Tagen sogar die Landschaft mit deiner Lochkamera einfangen.

Apropos Schärfe

Die kannst du über die Größe des Loches regulieren. Je kleiner das Loch, desto schärfer das Bild. Der Zusammenhang von Blende und Tiefenschärfe gilt übrigens bei jedem Fotoapparat. Die Blende ist die Öffnung in der Kamera, durch die Licht auf den Film fällt. Dies entspricht dem Loch bei deiner Camera obscura. Bei Fotoapparaten lässt sich die Blendengröße verändern. Als Faustregel gilt: Eine große Blendenöffnung lässt viel Licht durch, eine kleine weniger. Bei einer kleinen Blende ist allerdings die Tiefenschärfe größer. Tiefenschärfe ist der Bereich vor und hinter dem fotografierten Gegenstand, der scharf abgebildet wird.

Bäume bestimmen

Deutschland hat einen großen Reichtum einheimischer Baumarten. Die wichtigsten solltest du kennen – dann weißt du im Notfall gleich, welche Rinde am besten brennt (siehe Seite 215) und welche Früchte man essen kann (siehe Seite 250).

Kleines Bestimmungs-ABC

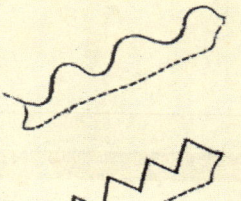

Gekerbter Blätterrand:
abgerundete Ausbuchtungen

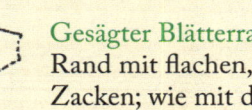

Gezähnter Blätterrand:
spitze Ausbuchtungen, die Zähnchen ähneln

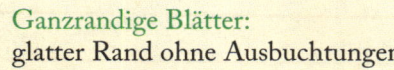

Gesägter Blätterrand:
Rand mit flachen, dicht beieinanderliegenden Zacken; wie mit der Laubsäge fein ausgesägt

Ganzrandige Blätter:
glatter Rand ohne Ausbuchtungen

Fiederblättchen/gefiederte Blätter:
An einem langen Stiel sitzen mehrere einzelne Blätter, die sogenannten Fieder-blättchen, und bilden zusammen ein Blatt.

Rispe:
Mehrere sich verzweigende Blütenstiele sitzen an einer Mittelachse (Spindel) und formen eine Art Blütenstrauß (unten mehr Verzweigungen als oben).

Laubbäume

(Stiel-)Eiche

Eichen können über 1000 Jahre alt werden, so alt wie kein anderer Laubbaum.

- **Wuchsform:** bis zu 40 m hoch, dicker Stamm; ein besonderes Kennzeichen sind die knorrigen Äste mit unregelmäßiger Verzweigung
- **Blätter:** eiförmige Blätter mit gebuchtetem Rand und kurzem Stiel; Blätter sind ledrig und kräftig grün; Blattgrund mit Öhrchen
- **Knospen:** eiförmige, braune Knospen mit Schuppen
- **Blüten:** im April/Mai rötliche (weibliche) Blüten oder grüne Kätzchen (männliche Blüten)
- **Früchte:** im September/Oktober Eicheln in flachem Fruchtbecher auf langen Stielen (daher der Name Stieleiche)
- **Rinde:** grau mit tiefen Furchen und Frostrissen in Längsrichtung

Buche (Gemeine Buche/Rotbuche)

Buchen werden meist 150 Jahre, manchmal sogar bis zu 300 Jahre alt. Weil das Holz leicht rötlich wirkt, wird die Gemeine Buche auch Rotbuche genannt.

- **Wuchsform:** bis zu 30 m hoch; gerader Stamm, reich verzweigt, oft prächtige Krone
- **Blätter:** eiförmige Blätter mit welligem, buchtig gezähntem Rand; mit glänzender Oberseite und seidig behaarter Unterseite; Blätter werden im Herbst gelb und rot; manchmal behält die Rotbuche sogar über den Winter ihre bunten Blätter
- **Knospen:** längliche, leicht geschuppte Knospe, die auf kurzem Stiel aus dem Zweig wächst
- **Blüten:** im April/Mai hängende Büschel (männliche Blüte) oder in Form von Bechern (weibliche Blüte)
- **Früchte:** im September/Oktober dornige Fruchthülle mit Bucheckern (dreikantige, an den Seiten abgeflachte Nuss)
- **Rinde:** bleigrau, glatt, nie rissig

Birke (Hängebirke)

Die Birke wird selten älter als 100 Jahre und ist ein anspruchsloser Baum, der selbst auf den trockensten Böden noch wachsen kann. Birken gehören zu den sogenannten Pionierbäumen, das bedeutet, sie sind die ersten Bäume, die sich auf gehölzfreien Flächen ansiedeln.

- **Wuchsform:** bis zu 25 m hoch; herabhängende Zweige, wenig ausladender Wuchs; schlanker, meist krummer Stamm
- **Blätter:** dreieckige Blätter mit gesägtem Rand, nach vorn lang zugespitzt, etwa 3 cm langer Stiel; im Herbst werden die Blätter gelb
- **Knospen:** rotbraun, spitzen nur mit Köpfchen aus dem Zweig; Kätzchen bereits im Winter sichtbar
- **Blüten:** im April/Mai mit länglich grünen und herabhängenden Kätzchen
- **Früchte:** im August/September mit geflügelter Nussfrucht (brauner Kern mit hautartigen Flügeln)
- **Rinde:** weiß mit schwarzen Längsrissen und einzelnen tiefen Furchen; weiße Rinde blättert in Streifen ab

Linde (Winterlinde)

Viele Dörfer haben in ihrem Ortskern als zentralen Treffpunkt eine Linde mit einer Bank davor. Linden können bis zu 1000 Jahre alt werden.

- **Wuchsform:** bis zu 30 m hoch, üppige Krone und starker Stamm
- **Blätter:** herzförmige Blätter mit herausgezogener Spitze, scharf gesägter Blattrand; langer Stiel
- **Knospen:** olivgrün bis rotbraun; seitlich abstehend; eiförmige Knospen
- **Blüten:** im Juni gelbe Blütendolden mit länglichem Flügelblatt
- **Früchte:** im August/September runde Nüsse mit Längsrippen und starker Kapsel; gelbbraunes Flügelblatt
- **Rinde:** graubraun, glatt; ältere Linden haben der Länge nach aufgerissene Borke

Kastanie (Gemeine Rosskastanie)

Rosskastanien können bis zu 200 Jahre alt werden. Wenn die Blätter bereits im Sommer braun und welk sind, ist der Baum von der gefräßigen Rosskastanien-Miniermotte befallen, gegen die es bisher keinen Schutz gibt. In Bayern gehören Kastanien zu jedem echten Biergarten.

- **Wuchsform:** bis zu 25 m hoch, ausladende Krone und überhängende Äste; kurzer Stamm
- **Blätter:** ähneln einer Hand mit 5 bis 7 Fiederblättern, langer Stiel; Fiederblätter mit herausgezogener Spitze
- **Knospen:** rötlich mit auffallend großer Endknospe
- **Blüten:** im Mai/Juni weiße Blüten in aufrechten Rispen; der Baum sieht aus, als sei er mit vielen weißen Kerzen geschmückt
- **Früchte:** im September/Oktober glänzend rotbraune Kastanien in einer stacheligen Hülle; Rosskastanien sind – anders als die Maronen der Edelkastanie – nicht essbar
- **Rinde:** bei jungen Bäumen glatt und braun, später gräulich und in Schuppen aufbrechend

Ahorn (Bergahorn)

Der Bergahorn wird bis zu 500 Jahre alt. Er wächst häufig an Gebirgsbächen und in Tälern, aber auch an Alleen und in Parks.

- **Wuchsform:** bis zu 30 m hoch, rundliche Krone
- **Blätter:** markante Blätter mit fünf Lappen, am Rand gekerbt und gesägt; Blätter werden im Herbst gelb oder rot
- **Knospen:** gelbgrün geschuppte Knospen; seitlich abstehend, größere Endknospe
- **Blüten:** im April/Mai gelbe Blüten in einer hängenden Traube
- **Früchte:** im September/Oktober grüne Flügelfrucht (»Nasenreiter«)
- **Rinde:** grau bis graubraun, schuppig

Walnussbaum

Die Walnuss kann mehrere Hundert Jahre alt werden. Lange Zeit wurde die Walnuss wie Kirsche oder Mandel zu den Steinfrüchten gerechnet, aber inzwischen ist erwiesen: Die Walnuss ist eine Nuss.

- 🌱 **Wuchsform:** meist zwischen 15 und 20 m hoch, starker Stamm; üppig belaubt
- 🌱 **Blätter:** gefiederte Blätter mit 5 bis 9 eiförmigen und ganzrandigen Fiederblättchen (meist 7), davon ein größeres Endblatt; Blätter duften würzig, wenn man sie zerreibt
- 🌱 **Knospen:** gräulich; Knospen wachsen über großen Narben; kugelige, große Endknospe
- 🌱 **Blüten:** im Mai gelbgrüne, hängende Kätzchen (männliche Blüten) und kleine, kugelige Blüten (weibliche Blüten)
- 🌱 **Früchte:** im September springt aus der grünen Fruchthülle die hellbraune Walnuss mit Nusskern
- 🌱 **Rinde:** glatte, graue Rinde, die erst bei älteren Bäumen von tiefen Längsrissen durchzogen ist

Esche (Gemeine Esche)

Die Gemeine Esche wird bis zu 250 Jahre alt und wächst in Auen und Flusstälern, häufig auch in Parks.

- 🌱 **Wuchsform:** kann bis zu 40 m hoch werden und gehört damit zu den größten Laubbäumen; Stämme sind bis zu 1,5 m dick
- 🌱 **Blätter:** gefiedert mit 9 bis 13 Fiederblättchen; Blättchen sind gesägt und werden im Herbst gelb-grün
- 🌱 **Knospen:** im Winter schwarz und in der Form gestutzter Kugeln; wachsen über Blattstielnarben direkt aus dem Ast; größere Endknospe
- 🌱 **Blüten:** im April/Mai mit dunkelroten Büscheln
- 🌱 **Früchte:** ab September hellbraune, geflügelte Nussfrüchte
- 🌱 **Rinde:** grau, rau, vereinzelt tiefe Risse

Erle (Schwarzerle)

Die Schwarzerle wächst vor allem an Fließgewässern und kann bis zu 120 Jahre alt werden.

- **Wuchsform:** bis zu 25 m hoch; Stamm zwischen 50 und 80 cm dick; häufig leicht geneigte Stämme
- **Blätter:** eiförmige Blätter, vorne abgerundet (keine Spitze); leicht gezähnt, oft leicht welliger Blattrand
- **Knospen:** schwarzbraun, länglich; klebrig; Blütenkätzchen bereits im Winter zu sehen
- **Blüten:** im März/April kurze (weibliche Blüten) oder längliche (männliche Blüten) Kätzchen
- **Früchte:** im September/Oktober etwa 2 cm lange, eiförmige Zapfen, anfangs grün, später dunkelbraun
- **Rinde:** dunkelgrau bis schwarz, in rechteckige Felder zerrissen

Vogelbeere (Eberesche)

Die Vogelbeere kann bis zu 120 Jahre alt werden und wird oft in der Stadt angepflanzt, da sie Autoabgase gut verträgt.

- **Wuchsform:** bis zu 15 m hoher Baum, der mehrere Stämme ausbilden kann und dann einem Strauch ähnelt
- **Blätter:** gefiederte Blätter mit 9 bis 17 Fiederblättchen ohne Stiel; Blättchen oval und scharf gesägt, vorne zugespitzt, werden im Herbst goldgelb und dunkelrot; Blätter duften beim Zerreiben nach Marzipan
- **Knospen:** schwarzbraun, länglich mit Spitze und weißen Härchen; seitlich eng am Zweig anliegend
- **Blüten:** im Mai/Juni zahlreiche weiße Rispen mit fünf Blütenblättern
- **Früchte:** im August/September erbsengroße rote Kügelchen (Vogelbeeren), die für Menschen leicht giftig sind
- **Rinde:** glatt und silbrig grau; später dunkler und mit Längsrissen

Weide (Bruchweide)

Die Bruchweide ist vor allem in feuchten Wäldern, Wiesen und an Ufern zu finden, besonders im Flachland und in Tälern. Junge Zweige brechen leicht und mit lautem Knacken ab, daher der Name Bruchweide.

- 🌱 **Wuchsform:** bis zu 15 m hoch; Stamm bis zu einem Meter dick, breite Krone
- 🌱 **Blätter:** längliche Blätter mit langer, schwanzartiger Spitze und dicht gesägtem Rand; an der Oberfläche glatt-glänzend; Blätter werden im Herbst hellgelb
- 🌱 **Knospen:** hellbraun, zungenförmig; wachsen dicht am Zweig
- 🌱 **Blüten:** im März/April gelbe, längliche Kätzchen
- 🌱 **Früchte:** im Mai/Juni kleine, schwarze Samen mit weißen Härchen, die der Wind als »wollene Flocken« verbreitet
- 🌱 **Rinde:** anfangs hellgrau, später dunkelgrau mit dicker Borke und Rissen in Längsrichtung

Weide (Salweide)

Die Salweide ist häufig an Waldrändern und auf Lichtungen zu finden.

- 🌱 **Wuchsform:** wächst meist in Form eines mehrstämmigen Strauchs, der bis zu 5 m hoch wird; seltener ist die Form eines verzweigten, höchstens 10 m hohen Baumes
- 🌱 **Blätter:** ovale Blätter mit kurzer, zurückgebogener Spitze; an der Unterseite filzig, hervortretende Blattnerven, im Herbst gelb-braun
- 🌱 **Knospen:** rotbraun, große, eiförmige Knospen, mit nach außen gebogener Spitze
- 🌱 **Blüten:** von März bis Mai eiförmige Kätzchen, zuerst silbrig-pelzig (Palmkätzchen), dann gelb (männliche) oder grün (weibliche Blüten)
- 🌱 **Früchte:** im Mai/Juni Kapseln mit zahlreichen langen braunen Samen, daran watteartige Flughaare
- 🌱 **Rinde:** grau, bei älteren Bäumen Längsrisse mit kleineren Einkerbungen in der Form von Rauten

Apfel (Wilder Apfelbaum/Holzapfel)

Der Holzapfel ist die wilde Urform aller angebauten Apfelbäume. Der Holz-apfel wächst nur sehr verstreut.

- 🐝 **Wuchsform:** meist 3 bis 5 m hoher Strauch mit bedornten Ästen und Zweigen; seltener ein bis zu 10 m hoher Baum mit dichter Krone
- 🐝 **Blätter:** oval, an den Rändern gesägt
- 🐝 **Knospen:** rotbraun, rundlich, mit stumpfer Spitze
- 🐝 **Blüten:** im April/Mai 3 bis 8 Doldentrauben mit rötlich weißen Blüten und gelben Staubgefäßen
- 🐝 **Früchte:** im September/Oktober relativ kleine Äpfel (etwa tischtennis-ballgroß) gelbgrün, nur an der Sonnenseite gerötet; sehr sauer
- 🐝 **Rinde:** graubraune Schuppenborke

Birne (Wilde Birne/Holzbirne)

Auch bei der Birne wird zwischen der wild wachsenden Holzbirne und der angebauten Kulturbirne unterschieden. Von der Holz- oder Wildbirne stam-men alle Kulturbirnen ab.

- 🐝 **Wuchsform:** mittelgroßer Strauch (2 bis 4 m hoch) oder bis zu 20 m hoher Baum mit lockerer Krone; bedornte Äste und Zweige
- 🐝 **Blätter:** elliptische Form, vorne kurz zugespitzt, am Rand fein gesägt, langer Stiel
- 🐝 **Knospen:** braun, kegelförmig; am Ende der Triebe Knospe oder Dorn
- 🐝 **Blüten:** im April/Mai 3 bis 9 Doldentrauben mit reinweißen Blüten-blättern und roten Staubgefäßen
- 🐝 **Früchte:** im September/Oktober rundliche, kleine Birne mit sehr her-bem Geschmack und hartem Fruchtfleisch
- 🐝 **Rinde:** grauschwarz, hat durch Längs- und Querrisse Ähnlichkeit mit einem unregelmäßigen Schachbrett

Nadelbäume

Kiefer (Gemeine Kiefer/Waldkiefer)

Kiefern können bis zu 600 Jahre alt werden.

- 🌲 **Wuchsform:** bis zu 25 m hoch; breite Krone
- 🌲 **Nadeln:** zwischen 4 und 7 cm lang; wachsen stets paarweise und leicht gedreht;
- 🌲 **Zapfen:** graubraun (in den ersten beiden Jahren grün) und eiförmig; rautenförmige Schuppen mit spitzem Höcker; kurzer Stiel
- 🌲 **Rinde:** dunkelgrau mit rostbraunen Schuppen; löst sich in dünnen Fetzen

Fichte (Gemeine Fichte/Rottanne)

Fichten werden meist etwa 150 Jahre alt, in Urwäldern sogar bis zu 600 Jahre.

- 🌲 **Wuchsform:** bis zu 50 m hoch; spitz zulaufende Krone
- 🌲 **Nadeln:** höchstens 2,5 cm lang; vierkantig, Spitze ähnelt einem Stachel; wenn Nadeln abfallen, bleiben ihre Stiele am Zweig, daher fühlen sich kahle Fichtenzweige rau und spröde an
- 🌲 **Zapfen:** braun; länglich, nach unten hängend; dicht anliegende Schuppen
- 🌲 **Rinde:** bräunlich; in rundlichen Schuppen abblätternde Borke

Tanne (Weißtanne)

Weißtannen werden bis zu 200 Jahre alt, in Urwäldern bis zu 500 Jahre. Weißtannen duften nach Harz.

- 🌿 **Wuchsform:** bis zu 50 m hoch; schlanker Wuchs; nach oben abgerundete Krone
- 🌿 **Nadeln:** bis 3 cm lang; flach, an der Spitze stumpf; Oberseite ist dunkelgrün, Unterseite hat zwei helle Längsstreifen; Nadeln fallen mitsamt Stiel ab, kahle Tannenzweige sind daher eher glatt (anders als Fichtenzweige)
- 🌿 **Zapfen:** hellbraun; länglich dick; wachsen aufrecht wie Kerzen; aus den Deckschuppen ragen zarte Spitzen
- 🌿 **Rinde:** glatt, hellgrau bis weiß (daher der Name Weißtanne); erst im Alter rissiger

Lärche (Japanische Lärche)

Lärchen können bis zu 700 Jahre alt werden und wachsen vor allem im Gebirge, werden aber auch in Parks angepflanzt.

- 🌿 **Wuchsform:** bis 50 m hoch; spitz zulaufende Krone, kegelförmiger Wuchs
- 🌿 **Nadeln:** bis 3 cm lang; hellgrün; weich und dünn, stechen nicht; wachsen in Büscheln an den Trieben; der einzige Nadelbaum, der sich wie ein Laubbaum verhält: Nadeln färben sich im Herbst gelb, fallen ab und treiben im Frühjahr neu aus
- 🌿 **Zapfen:** hellbraun; klein und eiförmig; wachsen nach oben
- 🌿 **Rinde:** graubraun; nur bei jungen Bäumen glatt, sonst tiefe Risse und Furchen

Eibe

Eiben können über 1000 Jahre alt werden und sind sehr giftig: Holz, Rinde, Nadeln und Samen enthalten Taxin.

- **Wuchsform:** bis 12 m hoch; unregelmäßige Krone; häufig verwachsen mehrere Stämme miteinander und ähneln einem großen Strauch
- **Nadeln:** bis 3,5 cm lang; dunkelgrün; weich und flach, stechen trotz Spitze nicht
- **Zapfen:** keine Zapfen, dafür rote Fruchtbecher, die die Samen umhüllen
- **Rinde:** rotbraun; löst sich in langen Streifen ab

Wacholder

- **Wuchsform:** bis 10 m hoch; wächst meist als Strauch
- **Nadeln:** bis zu 2 cm lang; steif und stechend
- **Zapfen:** keine Zapfen, dafür blauviolette kugelige Beeren, die zum Würzen von Speisen benutzt werden
- **Rinde:** braun bis schwarzgrau; tiefe Furchen in Längsrichtung

Was Jahresringe über das Leben eines Baumes verraten

Am Stumpf eines abgesägten Baumes kannst du ablesen, wie alt der Baum gewesen ist – jeder der Ringe steht für ein Jahr, daher nennt man sie auch Jahresringe. Wenn du genau hinschaust, kannst du sehen, dass die Ringe nicht ganz regelmäßig angeordnet sind. Das liegt daran, dass das Wetter im Leben des Baumes ganz unterschiedlich war. In Jahren mit viel Sonne und Regen konnte er besonders gut wachsen und hat kräftig an Umfang gewonnen, die Jahresringe sind daher breit. Umgekehrt sind schmalere Ringe ein Zeichen für ein eher trockenes Jahr, der Baum konnte nicht so gut wachsen und weniger zulegen. Jeder Jahresring besteht aus einem helleren und einem dunkleren Teil: Der hellere Teil ist im Frühjahr gewachsen, er heißt deshalb auch Frühholz, der dunklere Teil ist im Sommer und Herbst dazugekommen, das ist das Spätholz.

Oft liegen die Jahresringe an einer Stelle dichter beieinander und sind auf der gegenüberliegenden Seite breiter. So kannst du die Süd- und Sonnenseite des Baumes erkennen: Sie ist genau dort, wo die Jahresringe weiter auseinanderliegen, also breiter sind. Hier wurde der Baum besonders gut vom Sonnenlicht beschienen, was sich auf sein Wachstum auswirkte: Er gedieh an dieser Seite üppiger, Äste und Zweige waren länger, dadurch gab es mehr Blätter und Blüten. Doch die brauchten auch mehr Nährstoffe und Wasser. Um die Transportwege von den Wurzeln zu den Ästen auszubauen, entwickelte der Baum mehr Leitungsbahnen als auf der gegenüberliegenden Nordseite. Mehr Leitungen brauchen mehr Raum – deshalb sind die Jahresringe auf der Südseite breiter.

Wie man das Alter eines Baumes bestimmen kann, ohne ihn zu fällen

Mithilfe der Jahresringe lässt sich ganz genau sagen, wie alt ein Baum geworden ist. Die Sache hat nur einen Haken: der Baum muss dafür gefällt werden. Es gibt aber auch eine Methode, das Alter eines lebenden Baumes zu errechnen. Die ist zwar nicht genauso exakt, dafür kann der Baum stehen bleiben. Für die Altersschätzung musst du den Umfang des Stammes ermitteln. Am besten mit einem Maßband, das du in 1,50 Meter Höhe über dem Boden anlegst. Botaniker haben nämlich herausgefunden, dass Bäume mit voll entwickelter Krone jedes Jahr im Schnitt 2,5 cm mehr an Stammumfang gewinnen. Mal mehr, mal weniger, je nach Wetter und je nach Baumart.

Doch die 2,5 cm taugen als grober Richtwert: Wenn du beispielsweise 2,5 m Umfang misst, ist der Baum ungefähr 100 Jahre alt. Allerdings nur, wenn er allein steht, außerhalb eines Waldes. Dann wächst er schneller. Im Wald braucht der Baum doppelt so lange, um auf einen Umfang von 2,5 m zu kommen. Ein Baum dieser Dicke ist rund 200 Jahre alt. Steht er an einer Straße, kannst du davon ausgehen, dass er etwa 150 Jahre alt ist.

⤐ Einen Kompass bauen ⤏

In jedem Kompass ist ein beweglicher Magnet, der vom Magnetfeld der Erde angezogen wird und sich danach ausrichtet. Ein Ende zeigt zum magnetischen Nordpol, das andere zum magnetischen Südpol. Nach diesem Prinzip kannst du dir leicht einen Kompass selbst bauen. Du brauchst ein dünnes Stück Eisen, das sich magnetisieren lässt und so selbst zum Magneten wird. In diesem Fall ist dies eine Nähnadel, die aus Stahl besteht. Und Stahl ist ja nichts anderes als schmiedbares Eisen.

Einen ähnlichen Kompass bauten übrigens einst die Piraten auf hoher See. Dafür hatten sie stets einen Magneteisenstein (Magnetit) dabei, um Nadeln zu magnetisieren.

Du brauchst
➤➤ eine möglichst lange Nähnadel
➤➤ einen Weinkorken
➤➤ einen Magneten (das kann auch ein flacher Kühlschrankmagnet sein)
➤➤ ein flaches Plastikgefäß (zum Beispiel einen Blumentopfuntersetzer)
➤➤ Wasser, Spüli, einen roten Stift

So geht's

1 Schneide von dem Weinkorken eine etwa 5 mm dicke Scheibe ab. Kork lässt sich nur mühsam schneiden – vielleicht bittest du deinen Vater um Hilfe.

2 Dann musst du die Nähnadel magnetisieren. Dafür streichst du den einen Pol des Magneten ein paar Minuten lang über die Nadel – aber, und das ist wichtig: immer nur in derselben Richtung (also ohne Rückwärtsbewegung) **A**.

3 Schiebe die Nadel vorsichtig durch die Schmalseiten der Korkscheibe. **B** Fülle das Plastikgefäß mit Wasser und einem Schuss Spüli und lass die Korkscheibe vorsichtig draufgleiten.

4 Die Korkscheibe dreht sich – sie kommt erst nach ein paar Minuten zur Ruhe, wenn sie sich so ausgerichtet hat, dass eine Spitze gen Norden und die andere Spitze gen Süden zeigt.

5 Bleibt die Frage: Welche der beiden Spitzen ist der Nordpol des Kompasses, welche der Südpol? Das kannst du mithilfe eines anderen Kompasses überprüfen. **C** Es reicht aber auch, wenn du ungefähr weißt, wo Süden oder Norden ist an dem Ort, an dem du dich befindest (siehe Seite 31). Die grobe Richtung reicht – schließlich zeigen die beiden Nadelspitzen ja sehr bestimmt in zwei Ecken. Nur die kommen für Norden und Süden infrage.

6 Nachdem du herausgefunden hast, welche Spitze nach Norden zeigt, markierst du diese mit einem roten Stift auf dem Korken.

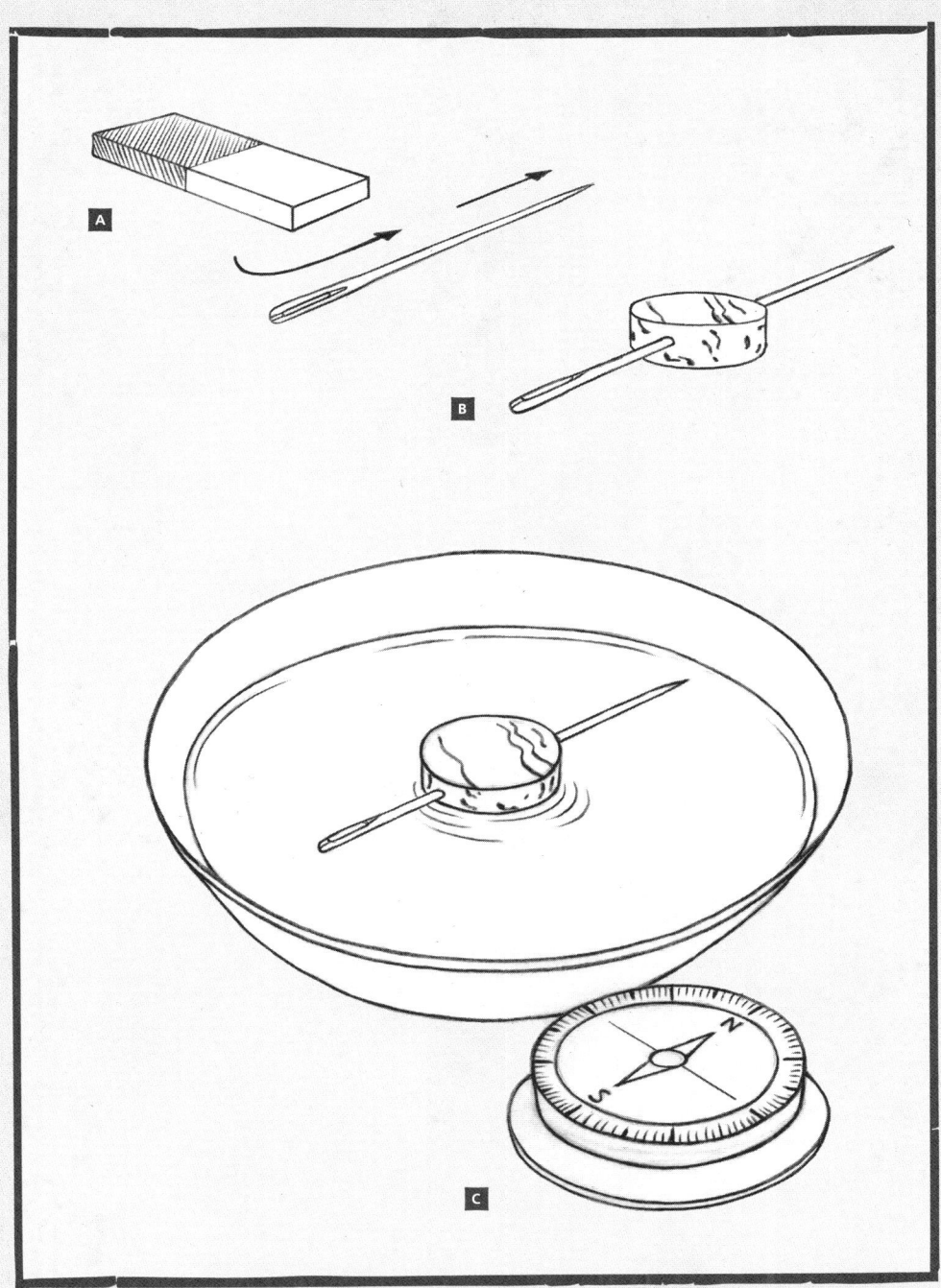

Jonglieren lernen

Jonglieren sieht kompliziert aus, ist aber ganz einfach zu lernen. Anfangs werden dir die Bälle noch reihenweise zu Boden plumpsen – mach dir nichts draus, das geht jedem Anfänger so. Wenn du die Flinte trotzdem nicht ins Korn wirfst und geduldig weitermachst, hast du bald den Dreh raus.

> ### Du brauchst
> ➥ drei Bälle (Tennisbälle oder Jonglierbälle)

So geht's

Mit einem Ball

Du beginnst zunächst mit nur einem Ball, um die richtige Flugbahn zu trainieren. Doch von Anfang an nimmst du die Körperhaltung eines Jongleurs ein: Du stellst dich aufrecht hin, lässt die Oberarme locker herunterhängen (nicht an den Körper pressen) und winkelst die Unterarme rechtwinklig ab. Deine Handflächen zeigen nach oben.

So wirfst du den Ball locker mit der rechten Hand in einem Bogen nach oben auf die andere Seite, sodass er vom höchsten Punkt selbst hinunterfällt zur linken Hand, die ihn auffängt und mit derselben Bewegung zur rechten Hand zurückwirft. Der höchste Punkt des Balles sollte dabei immer etwa auf Höhe deiner Stirn sein.

Übe dies ein paarmal, bis dir mit beiden Händen eine schön gleichmäßige Flugbahn in der Form einer liegenden Acht gelingt. Das geht am besten, wenn du die Handgelenke starr hältst und die Unterarme kreisen lässt.

Mit zwei Bällen

Jetzt geht es mit zwei Bällen weiter: Nimm einen Ball in jede Hand und wirf nun den Ball mit der rechten Hand in einem Bogen zur linken Hand – so wie bei der Übung eben. Beobachte genau seine Flugbahn: Gerade, wenn der Ball seinen höchsten Punkt erreicht hat – also bevor er wieder nach unten fällt –, wirfst du mit der linken Hand den Ball in Richtung der rechten Hand und fängst ihn auf. Für einen kurzen Moment hast du jetzt beide Bälle gleichzeitig in der Luft.

Damit sie nicht zusammenprallen, musst du den zweiten Ball etwas unter der Flugbahn des ersten Balles werfen. Übe auch dies ein paarmal hin und her – von rechts nach links und von links nach rechts. Wichtig ist, dass du beide Hände trainierst, auch deine schwächere Hand. Bei Rechts-

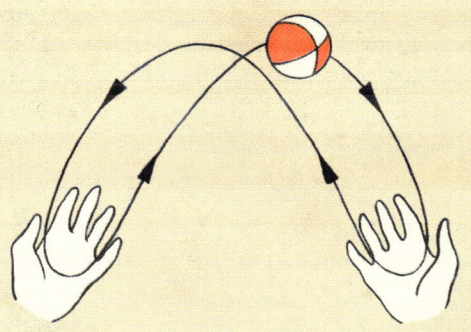

händern ist das meist die linke Hand. Erst, wenn dir mit beiden Händen gleichmäßige Flugbahnen gelingen, machst du mit drei Bällen weiter.

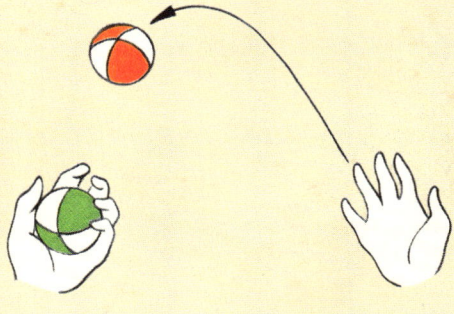

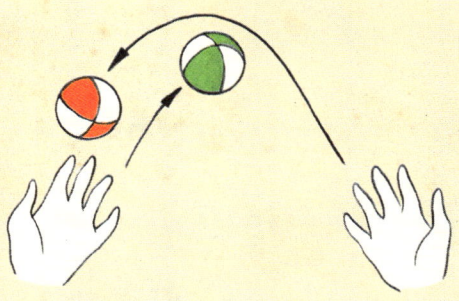

Tipps

Richte deinen Blick immer auf die Bälle, nicht auf die Hände. Lass die Bälle nicht aus den Augen – es reicht, wenn du sie an ihren höchsten Punkten über deiner rechten und linken Hand beobachtest.

Versuche, die Bälle nicht zu hoch zu werfen, aber auch nicht zu flach. Als Orientierungspunkt dient dir deine Stirn – höher sollten die Bälle anfangs nicht fliegen.

Wirf die Bälle nicht zu weit vom Körper weg, dann musst du ihnen hinterherlaufen und kommst aus dem Takt. Wenn dir das Probleme bereitet, übe lieber noch eine Weile nur mit einem Ball oder mit zweien.

Wirf die Bälle am Anfang ganz langsam und bewusst nach oben – bei schnellen Würfen wird es hektisch. Um in einen Rhythmus zu kommen, kannst du auch bei jedem Wurf mitzählen.

Häufig wird empfohlen, zunächst mit Tüchern zu jonglieren, weil die Fluggeschwindigkeiten langsamer sind. Allerdings sind auch die Bewegungsabläufe ganz andere – deswegen besser gleich mit Bällen beginnen!

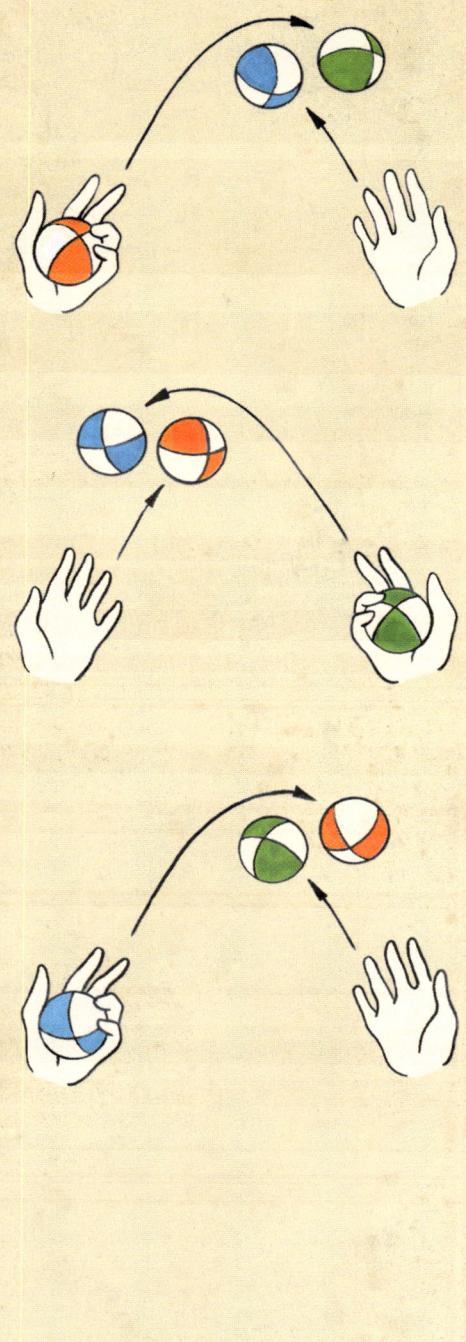

Mit drei Bällen

Die Jonglage mit drei Bällen ist nichts anderes als eine Kombination aus dem, was du eben gelernt hast: Immer, wenn ein Ball seinen höchsten Punkt erreicht hat, wird der Ball in der Hand darunter nach oben geworfen. Doch statt ihn wie eben aufzufangen, jonglierst du nach demselben Muster weiter.

Los geht's: Nimm zwei Bälle in deine rechte Hand (bei Linkshändern in die linke) und einen in die linke. Du wirfst einen Ball aus der rechten Hand in einem Bogen nach oben. Wenn er seinen höchsten Punkt erreicht hat, wirfst du den Ball aus der linken Hand nach oben. Wenn er über der rechten Hand seinen höchsten Punkt erreicht hat, wirfst du den zweiten Ball der rechten Hand in die Luft. So geht es immer weiter.

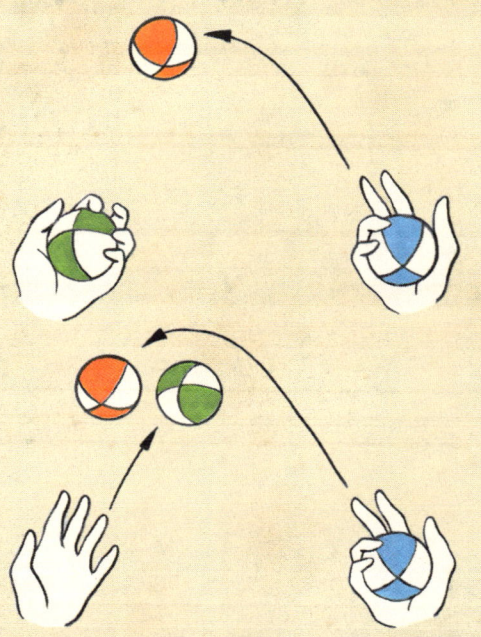

❧ Pfeil und Bogen ❧

Einen Flitzebogen kannst du ruckzuck aus dem Ast eines Haselnussbaumes und einer Schnur bauen. Das ist nicht schlecht, wenn du unterwegs gerade kein anderes Baumaterial zur Hand hast. Allerdings verlieren solche Bögen schnell ihre Spannkraft und brechen dann leicht. Ein langlebiges Modell bastelst du dir aus Leisten, die es im Baumarkt gibt. Die Länge, die du benötigst, kannst du dir dort zuschneiden lassen. Bevor du loslegst, vergiss nicht die alte Waldläufer-Regel: Niemals mit Pfeil und Bogen auf Menschen zielen! Du könntest sie verletzen.

Du brauchst

Für den Bogen

➸ feste Schnur (Paketschnur, Nylon-, Perlon- oder eine andere Kunstfaserschnur, z. B. Angelschnur; stöbere einfach im Baumarkt, dort gibt es unterschiedliche Schnüre meterweise zu kaufen)

➸ Eschenholzleisten (Stärke: 4 × 18 mm) in einer Länge von 100, 75 und 50 cm, also insgesamt drei Stück, die du dir auch aus einer langen Leiste zurechtschneiden lassen kannst. Wenn du kein Eschenholz bekommst funktionieren auch Modellbauleisten aus Kiefer (Stärke: 3 x 13 mm).

Für die Pfeile

➸ etwa 60 cm lange Blumenstäbe aus Schilfrohr/Bambus

➸ drei Vogelfedern pro Pfeil (Möwenfedern findest du am Strand, Tauben- und Krähenfedern auch in der Stadt, Gänse- und Hühnerfedern auf einem Bauernhof oder beim Züchter)

➸ Zahnseide

➸ Taschenmesser, Schere, Klebstoff

So geht's

1 Lege die drei Holzleisten der Größe nach nebeneinander. Beginne mit der längsten Leiste, an deren Mitte werden die beiden anderen angefügt. Die drei Leisten werden nun in der Mitte und an den jeweiligen Enden zusammengebunden, damit sie sich nicht voneinander lösen. Dafür wickelst du eine feste Schnur drum herum und knotest sie fest. Das geht am besten mit der Paketschnur. **A**

2 Nachdem du die Leisten fixiert hast, schnitzt du Einkerbungen seitlich in die beiden Enden der längsten Leiste. **B** Dann bindest du an einem Ende die Schnur (hier am besten die Kunstfaserschnur) in der Einkerbung fest, biegst den Bogen und befestigst das andere Ende der Schnur unter Zug ebenfalls in der entsprechenden Einkerbung. Das ist die Sehne des Bogens. Wenn du später beim Schießen merkst, dass die Spannung nicht ausreicht, kannst du die Sehne einfach kürzen, indem du nochmals etwas Schnur ums Ende wickelst. Auf diese Weise musst du nichts abschneiden und neu einspannen.

3 Der Bogen ist fertig, jetzt kannst du dich an die Pfeile machen. Sie müssen vorne ihren Schwerpunkt haben, damit

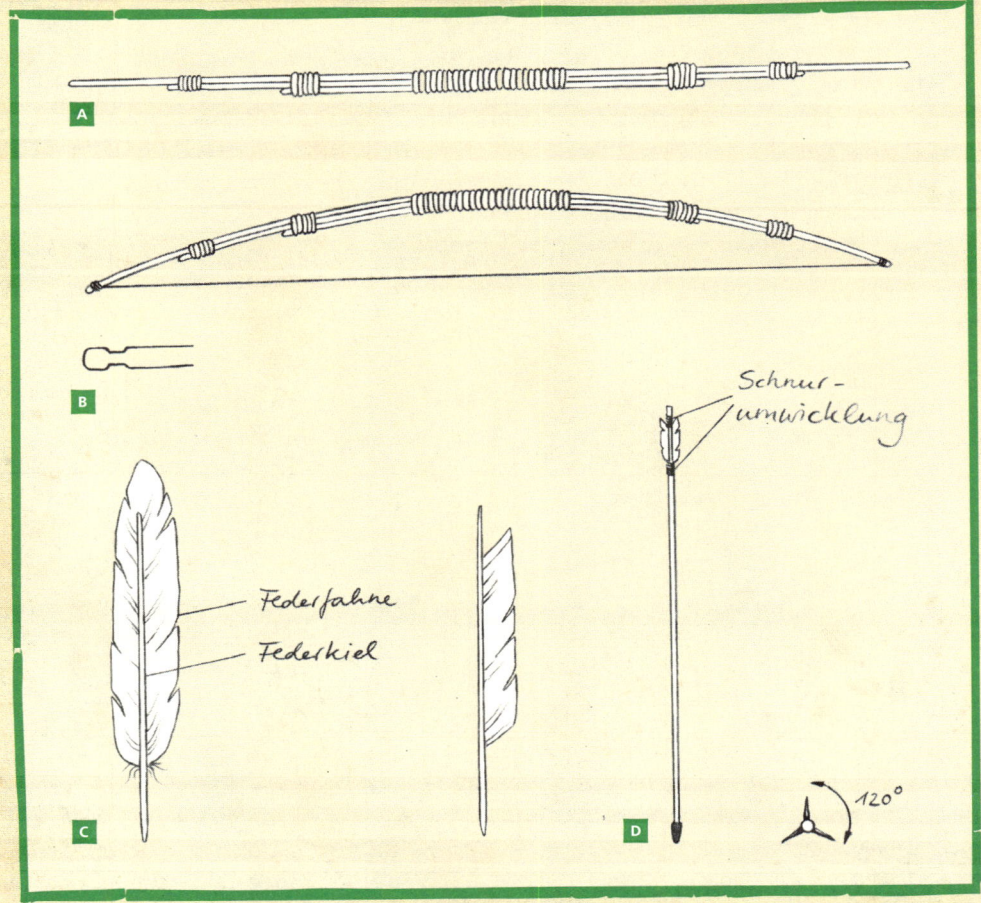

A

B

Schnur-
umwicklung

Federfahne
Federkiel

C

D

120°

sie während des Fluges nicht kippen. Wenn du keine Pfeilspitze aus Stein einsetzt, musst du ein kurzes Aststückchen nehmen. In das andere Ende des Stabes schnitzt du eine Kerbe, die tief genug sein sollte, damit du sie beim Abschuss auf der Sehne des Bogens aufsetzen kannst.

4 Wenn du den Pfeil mit leichten Vogelfedern ausstattest – der Fachmann nennt das befiedern –, fliegt er besonders gut und bleibt auf Kurs. Für jeden Pfeil brauchst du drei Federn. Bevor sie am Pfeil angebracht werden, musst du

sie mit der Schere zurechtschneiden: Entlang dem Federkiel trennst du die eine Seite der Feder komplett ab und entfernst auch am Ende ein Stück der Federfahne, damit du sie am Pfeil befestigen kannst. **C**

5 Die Federn klebst du in einem Winkel von 120 Grad an. Denke daran, dass der Pfeilschaft nach hinten etwas übersteht – du musst den Pfeil ja auch festhalten können. Zum Schluss umwickelst du die Federkiele mit einem Stück Zahnseide und bindest die Enden zusammen. **D**

So bastelst du dir einen Köcher

Damit du die Pfeile nicht einzeln in der Hand tragen musst, bastelst du dir am besten einen Köcher. Du brauchst dafür eine Paketrolle aus Pappe, die du im Schreibwarengeschäft kaufen kannst. Die Rolle musst du nur noch mit Plakafarbe bemalen oder mit Buntpapier bekleben und daran eine lange Paketkordel als Tragegurt festknoten.

⊰ Zaubertrick: Das schwebende Seil ⊱

Du brauchst
➻ eine Flasche (sie darf nicht durchsichtig sein)
➻ einen Korken (z. B. von einer Weinflasche)
➻ ein Seil oder Schnürsenkel
➻ Messer/Schere, Feile

So geht's

1 Vor der Vorstellung bereitest du deine Zaubermaterialien vor: Aus dem Korken bastelst du dir zuerst eine Kugel, die gerade so durch den Flaschenhals passt. Schneide dafür den Korken vorsichtig mit dem Messer durch und feile ihn rund. Wenn die Kugel fertig ist, wirfst du sie in die Flasche.

2 Die Zauberei kann beginnen: Du versuchst dem Publikum weiszumachen, dass du mit einem ganz normalen Seil und einer ganz normalen Flasche hantierst. Deshalb hältst du die Flasche aufrecht, steckst das Seil hinein und ziehst es wieder heraus.

3 Mit gespieltem Erstaunen darüber, dass das Seil nicht stecken bleibt, fädelst du das Seil noch einmal in die Flasche, lässt es aber nicht los. Du drehst die Flasche um, so dass der Hals nach unten zeigt, und ziehst kurz am Seil in deiner Hand. Was die Zuschauer nicht sehen können: Wenn du die Flasche umdrehst, rollt die Kugel in den Flaschenhals und klemmt das Seil fest.

4 Wenn du spürst, dass das Seil durch die Kugel eingeklemmt ist und nicht rausrutschen kann, nimmst du das Seil und hältst die Flasche daran fest. Lass die Flasche baumeln – für die Zuschauer sieht das aus, als schwebe das Seil in der Flasche.

☛ Weitere Zaubertricks findest du auf den Seiten 19, 33, 41, 111, 220, 225 und 277.

Das Wichtigste über Spinnen

Spinnen sind keine Insekten: Sie sind enger mit Skorpionen und Milben verwandt als mit Stubenfliegen oder Kellerasseln. In Deutschland gibt es über 1000 verschiedene Spinnenarten, weltweit sind es etwa 38 000. Wahrscheinlich sogar noch sehr viel mehr: Forscher vermuten, dass es in den Tropen, wo die meisten Spinnen leben, noch viele unbekannte Arten gibt.

Der Körperaufbau ist bei allen Spinnen derselbe: Alle haben einen Vorder- und einen Hinterkörper, außerdem acht Beine und acht Augen. Davon sogar zwei Sorten: dunkle Haupt- und helle Nebenaugen. Mit den dunklen Augen können Spinnen Formen und Farben erkennen, mit den hellen Augen nehmen sie Bewegungen wahr. Auch ihre Härchen sind hochempfindliche Sensoren: Damit bemerken sie selbst schwache Bewegungen.
Das funktioniert auch auf die Entfernung: Nachdem eine Spinne ihr Fangnetz gewebt hat, bleibt sie selbst nicht darin hocken. Sie hält über einen Signalfaden Verbindung und lauert versteckt auf ihre Beute. Wenn sich ein Insekt im Netz verfängt, spürt die Spinne das an der Bewegung, kommt in Windeseile hervorgekrochen und fällt über ihre Beute her.
Spinnen haben keine Zähne: Ihre Nahrung schlürfen sie durch einen schmalen Spalt. Besonders große Arten ernähren sich nicht nur von Insekten, sondern auch von Mäusen, Eidechsen und kleinen Vögeln.

Netze wie Drahtseile

Der Name Riesenradnetzspinne sagt schon alles: Diese Spinnenart baut die größten Netze der Welt. Ihre mit goldfarbenen Fäden gewebten Fallen können einen Durchmesser von bis zu neun Metern haben. Das ist tatsächlich so groß wie ein kleines Riesenrad auf dem Jahrmarkt. Meistens haben die Netze allerdings einen Durchmesser von ein bis zwei Metern.
Riesenradnetzspinnen leben in Australien und Asien. In den tropischen Wäldern weben sie mithilfe der Spinnwarzen an ihrem Hinterkörper Netze aus klebrigen und extrem reißfesten Spinnfäden. Wenn ein Insekt sich darin verfängt, zieht sich das Netz wie eine Schlinge zusammen. Dann gibt es kein Entkommen mehr – die Fäden der Riesenradnetzspinne sind um ein Vielfaches stärker als ein Stahlseil, dabei aber deutlich elastischer. Jemand hat mal ausgerechnet, dass ein dünner Spinnfaden ausreichen würde, um 50 Autos auf einmal hochzuheben. So etwas gibt es sonst nirgends in der Natur. Genau das macht die Spinnfäden für Menschen interessant: For-

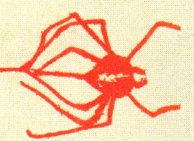

scher sehen darin ein Baumaterial der Zukunft und versuchen, die Fäden künstlich nachzubauen (siehe Seite 48).

Nur die Hälfte aller Spinnenarten webt übrigens Netze. Die andere Hälfte hat andere Methoden, Nahrung zu erbeuten: Sie lauern Insekten von einem Versteck aus auf und töten sie mit einem Giftbiss. Auf diese Weise erlegt beispielsweise die Vogelspinne ihre Beute.

Älter als die Saurier

Seit etwa 400 Millionen Jahren gibt es Spinnen auf der Erde. Das belegen Versteinerungen von Spinnen, die Archäologen gefunden haben. Spinnen waren also lange vor den Dinosauriern da, die vor 230 Millionen Jahren auftauchten und die vor etwa 65 Millionen Jahren ausgestorben sind.

Spinnen gehören zusammen mit Krokodilen und Haien zu den ältesten Tieren der Erde. Es gibt sie noch heute, weil sich ihr Körper unterschiedlichen Lebensräumen gut anpassen kann und sie sowohl mit Hitze als auch mit Kälte zurechtkommen. Die Lebenszeit einer einzelnen Spinne ist dagegen relativ kurz: Zumeist leben sie ein Jahr lang, manchmal bis zu drei Jahre. Vogelspinnen können bis zu 30 Jahre alt werden.

Giftig sind sie alle

Es ist nur die Frage, für wen. Die allerwenigsten Spinnen können für Menschen gefährlich werden. Wissenschaftler schätzen, dass es auf der Erde nur etwa 30 Spinnenarten gibt, deren Gift für Menschen tödlich ist. Angesichts von weltweit 38 000 verschiedenen Arten sind das nur sehr wenige. Und fast alle leben in den Tropen. In Mitteleuropa sind bis auf die »Schwarze Witwe«, die am Mittelmeer lebt, alle Spinnen harmlos. Selbst der Biss einer Vogelspinne kann uns nichts anhaben, er ist mit dem Stich einer Biene vergleichbar.

Vor ein paar Jahren sorgte die Spinnenart »Dornfinger« in Teilen Deutschlands und in Österreich für Aufregung. Die Tiere mit dem roten Kopf waren, begünstigt durch den Klimawandel, aus dem Mittelmeerraum eingewandert und hatten Menschen gebissen, was einige Zeitungen zur »Invasion der Todesspinnen« aufbauschten. Der Biss ist schmerzhaft, es kann (muss aber nicht) zu Übelkeit, Kopfschmerzen, Erbrechen und Fieber kommen. Tödlich ist der Dornfinger aber bestimmt nicht. Sorgen machen müssen sich nur Allergiker, aber denen kann ja auch schon der Stich einer Wespe übel zusetzen.

Trotzdem stimmt es, dass alle Spinnen giftig sind – zumeist aber nur für Insekten. Das Gift ist ihre Waffe bei der Jagd nach Nahrung. Mit einer spe-

ziellen Giftklaue töten sie die Insekten und spritzen dann Verdauungssaft
in das Opfer. Die essbaren Bestandteile lösen sich auf, die Spinne kann ihr
Opfer einfach aussaugen.

Vergessener Rekordhalter

Jahrelang hatte die südamerikanische Vogelspinne die Rekordliste als größte aller Spinnen angeführt. Doch dann machte ein deutscher Spinnenfor-
scher vor ein paar Jahren eine Entdeckung. Er fand eine neue Spinnenart,
die seitdem als größte Spinne der Welt gilt: die Riesenkrabbenspinne, Heteropoda maxima mit wissenschaftlichem Namen.
Zwar ist ihre Körperlänge von etwa 4,5 cm vergleichsweise klein, dafür haben es ihre Beine in sich. Sie erreichen eine Spannweite von bis zu 35 cm –
das ist länger als ein DIN-A4-Blatt und größer als die Beinspannweite von
Vogelspinnen (etwa 30 cm). Der neue Riese wurde übrigens nicht etwa in
freier Wildbahn entdeckt, sondern in einem Museum: in der Sammlung des
Naturhistorischen Museums in Paris. Ein Zufallsfund: Dort hatte die lange
verstorbene Spinne konserviert und völlig vergessen 70 Jahre lang gelegen.
Die Heteropoda maxima gibt es übrigens noch immer. Sie lebt in schwer
zugänglichen Höhlen in Laos in Südostasien.

Haare als Munition

Vogelspinnen gehören zu den größten Spinnen der Welt, die Weibchen sind
dabei größer als die Männchen. Sie können einen bis zu 12 cm langen Körper haben. Besonders auffällig ist ihr braun und schwarz behaarter Körper.
Oftmals sind die Haare eine giftige Waffe: Sie brennen auf der Haut und
reizen die Schleimhäute. Einige nordamerikanische Arten bewerfen damit
Angreifer. Dafür reibt sich die Vogelspinne mit schnellen Bewegungen die
Brennhaare vom Hinterleib und bombardiert so ihre Feinde. Die werden
von einer giftigen Wolke umhüllt und können kaum mehr atmen. Die ent-
stehende Glatze der sogenannten Bombardierspinnen verschwindet übrigens bei der nächsten Häutung.

Kein Erbarmen nach dem Besamen

Die Fortpflanzung ist für einige Spinnenmännchen tödlich – sie werden
nach der Paarung vom Weibchen aufgefressen. Das gilt vor allem für Arten, deren Männchen sehr viel kleiner sind als die Weibchen, wie bei Riesenradnetzspinnen beispielsweise. Dahinter steckt eine Strategie der Natur:

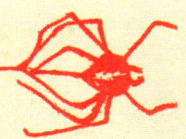

Da ein schwaches Männchen zu wenig Kraft hat, um sich erneut fortzupflanzen, wird es vom Weibchen verspeist. Auf diese Weise kommt es als Nahrung indirekt dem Nachwuchs zugute, der im Körper des Weibchens in Form von Eiern heranwächst.

Das ist aber die Ausnahme: Bei den meisten Spinnen überleben die Männchen. Allerdings machen sie sich nach der Paarung schnell aus dem Staub, um nicht auf der Speisekarte des meist größeren Weibchens zu landen. Aus diesem Grund ist die Balz bei Spinnen auch so aufwendig: Das Männchen versucht, das Weibchen umzustimmen – und es von der Fress- in eine Paarungsstimmung zu versetzen. Dies geschieht durch Tänze und manchmal auch durch eine Fliege als Geschenk.

Das geht ganz schön unter die Haut – oder?

Die Vorstellung ist der Horror: Im Dunkeln schleicht sich eine Spinne an, krabbelt auf einen schlafenden Menschen und impft ihm mit einem Stachel Eier ein. Daraus entschlüpfen zahllose Spinnen-Babys, die unter der Haut krabbeln. Ein Albtraum – und der Stoff, aus dem so mancher Horrorfilm ist. Spinnen kommen dabei ziemlich schlecht weg – und das völlig zu Unrecht. Denn es ist noch nie vorgekommen, dass eine Spinne ihre Eier einem Menschen unter die Haut gelegt hat. Selbst wenn sie es wollte, sie könnte es nicht: Dafür fehlt ihr der Legestachel, mit dem sie die Haut durchstechen und die Eier einführen könnte. Die Eier quellen vielmehr einige Wochen nach der Paarung einfach aus der Geschlechtsöffnung am Hinterkörper der Spinne.

Kreuzspinne bei der Arbeit

Wasserbombe aus Papier

Im Sommer geht doch nichts über eine gut geworfene Wasserbombe …

1 Für die Wasserbombe brauchst du ein quadratisches Stück Papier. Wenn du nur eines in DIN-A4-Größe zur Verfügung hast, legst du es hochkant vor dich hin und faltest du eine der oberen Ecken auf die gegenüberliegende Seite, sodass oben ein Dreieck entsteht. Den unteren Teil schneidest du ab und öffnest das Dreieck – nun hast du ein Quadrat. Falte nun auch noch die beiden anderen Ecken aufeinander und öffne das Papier wieder.

2 Drehe das Papier um und falte nun die sich gegenüberliegenden Seiten aufeinander (A auf B und C auf D). Dein Papier sieht nun so aus wie in **A** .

3 Hebe die Seiten an den Punkten A und B und führe sie zu Punkt C, sodass sie sich dort berühren. Obenauf liegt nun ein dreieckiges Tütchen, das du flach nach unten drückst und glatt streichst. **B**

4 Falte die rechte Ecke des Dreiecks nach oben zur Spitze, die linke Ecke ebenfalls. **C** Drehe das Dreieck um und wiederhole die letzten beiden Schritte auch auf der Rückseite – die beiden Ecken werden zur Spitze hin gefaltet. **D**

5 Knicke die rechte Ecke mit der Spitze zur Mitte, die linke Ecke ebenfalls. Dasselbe machst du auf der anderen Seite – drehe das Papier dafür um. **E**

6 Am oberen Ende befinden sich jetzt zwei lose Dreiecke. Schneide sie jeweils entlang der gestrichelten Linie ab. Du musst aufpassen, dass du nicht aus Versehen beide Dreiecke in einem Stück entfernst. Am besten, du gehst mit der Schere in den Raum zwischen den Dreiecken und schneidest sie so separat ab. Zuerst auf der einen Seite, dann auf der anderen. **F**

7 Jetzt hast du vorne und hinten jeweils zwei lose Dreiecke und zwei offene Taschen, insgesamt also vier. Schiebe die Dreiecke in die Taschen. **G** **H**

8 An der unteren Spitze hat das Papier ein kleines Loch. Puste hinein, sodass sich die Figur zu einem Würfel aufbläst. Wenn das anfangs etwas schwierig ist, kannst du mit den Händen nachhelfen und die Figur etwas auseinanderziehen. **I**

9 Nachdem du den Würfel aufgeblasen hast, füllst du ihn mit Wasser. Das geht am einfachsten mit einer Spritze. Deine Wasserbombe ist nun einsatzbereit.

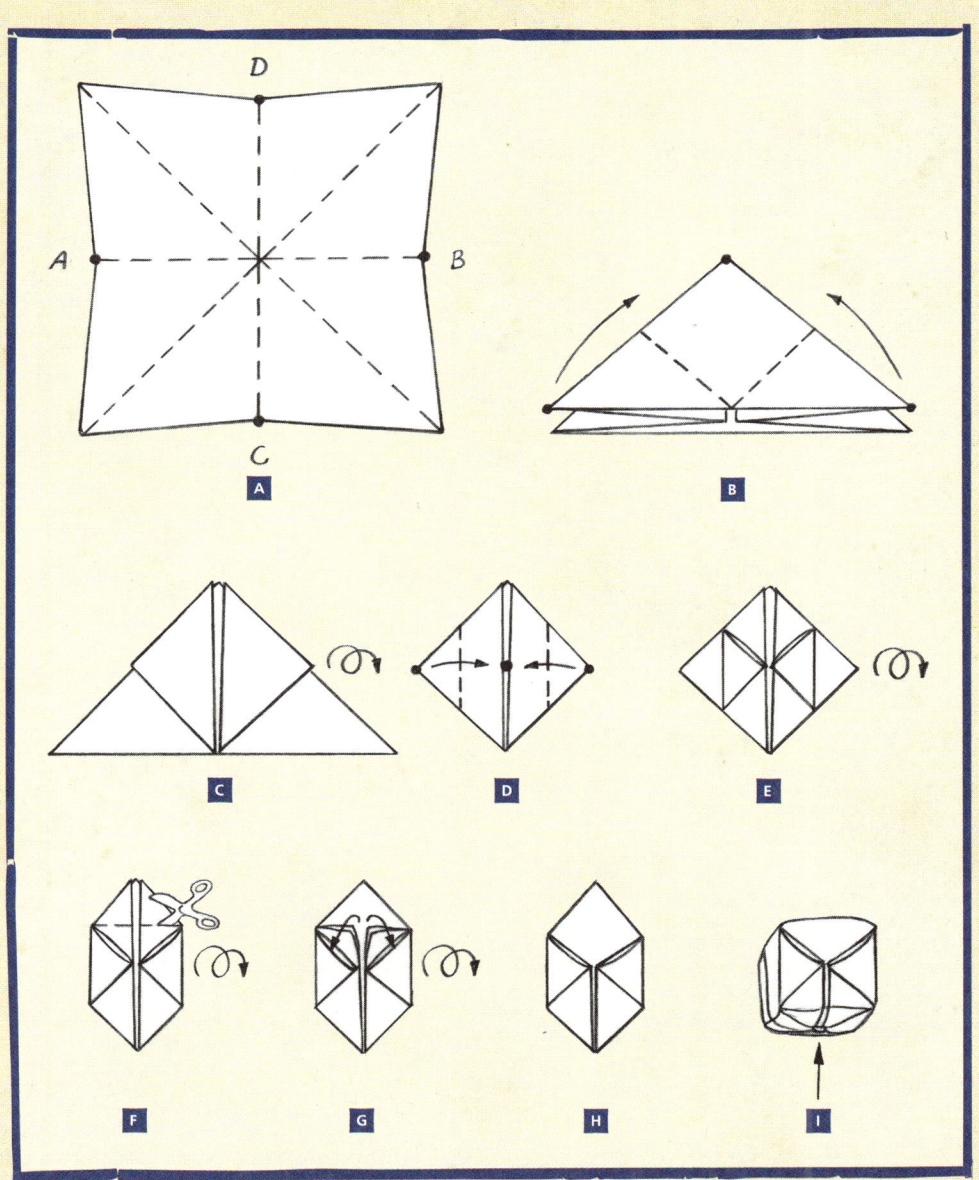

Festtag Sperrmüll

Viel zu schade zum Wegwerfen: Aus dem Sperrmüll anderer Leute kann man oft tolle Dinge bauen. Die Abende vor der Sperrmüllabfuhr am nächsten Morgen werden dann zu einer wahren Schatzsuche: Die Schätze sind praktischerweise an der Straße aufgereiht, und du kannst nach Herzenslust darin stöbern. Solches Bastelmaterial findest du in keinem Laden. Und das Beste: Es kostet keinen Cent.

Vieles kannst du auf dem Gepäckträger deines Fahrrads nach Hause schieben, größere Fundstücke auch auf dem Pedal oder mit Spanngurten an den Rahmen geschnallt. Manches allerdings wirst du ohne Auto nicht nach Hause schaffen können. Am besten, du gewinnst deinen Vater zuerst für dein Bastelprojekt und fragst dann nach Transporthilfe.

Wann in welcher Straße der Sperrmüll abgeholt wird, kannst du herausfinden, indem du bei der Abfallberatung oder dem Abfallbetrieb deiner Stadt anrufst und nachfragst. Manchmal steht das auch in einem Abfallkalender in der Zeitung. Du musst dann bloß am Vorabend der Sperrmüllabfuhr aufkreuzen und suchen. Die Erfahrung lehrt: Die Straßen, in denen der alteingesessene Mittelstand wohnt, sind am ergiebigsten!

Allerdings ist die Sperrmüllabfuhr inzwischen nur noch in kleineren Orten üblich. In größeren Städten gibt es heute dagegen meist Wertstoffhöfe. Dort müssen die Leute ihren Sperrmüll hinbringen; er wird zentral gesammelt. Da Wertstoffhöfe dauernd Müll annehmen, bist du nicht an eine bestimmte Zeit gebunden. Außerdem wird dort der Abfall bereits vorsortiert – es gibt Container für Bauschutt, Elektroschrott oder Holz beispielsweise. Die Sache hat nur einen Haken: Manchmal haben es die Mitarbeiter des Wertstoffhofs nicht so gern, wenn man im Sperrmüll stöbert und diese Ordnung durcheinanderbringt. Aber wenn du sie freundlich fragst, drücken sie vielleicht ein Auge zu.

Egal, ob Wertstoffhof oder Sperrmüll: Bei deiner Suche solltest du auf jeden Fall ein Paar Gartenhandschuhe, dein Taschenmesser und einen Schraubenzieher dabeihaben, so kannst du deine Fundstücke besser für den Transport vorbereiten.

Sperrmüll-Juwelen – danach solltest du die Augen offen halten

❖ Wenn es in deiner Stadt nicht verboten ist, Reifen in den Sperrmüll zu geben: Ausrangierte **Auto-, Lkw- oder Traktor-Reifen und Schläuche** sind immer gut zu gebrauchen. Du kannst daraus eine Baumschaukel bauen oder sie als Schlitten benutzen. Was auch praktisch ist: Du kannst sie ganz einfach nach Hause rollen.

❖ Alte **Kinderwagen, Handwagen** oder ausrangierte **Einkaufswagen** kannst du aufmotzen und dir daraus einen fahrbaren Untersatz zusammenschrauben – etwa ein Seifenkistenauto oder einen Fahrradanhänger.

❖ **Lange Bretter** eignen sich gut als Baumaterial für eine Hütte. Daraus kann man auch eine Rampe (für Mini-Stunts auf dem Rad oder den Rollerblades) bauen: Einfach zwei Bretter schräg gegen eine Getränkekiste lehnen.

❖ Aus **alten Schuhen** kannst du die Zungen oder Schuhlaschen herausschneiden – das Leder ist prima als Geschosshalterung für Zwillen.

❖ **Matratzen** und **Schaumstoffmatten** eignen sich gut, um dein Baumhaus oder deine Räuberhöhle auszustaffieren.

❖ Aus alten **Elektrogeräten** wie einem Radio kannst du Spulen aus Kupferdraht oder isoliertem Draht herausmontieren – gut zu gebrauchen, um selbst eine Klingel oder einen Elektromagneten zu basteln.
Für andere Elektronik-Basteleien kannst du im Elektroschrott auch Transistoren, Widerstände, Dioden und Relais finden. Vorsicht allerdings bei alten Fernsehgeräten: Darin können auch nach Wochen noch gefährliche Spannungen gespeichert sein. Lass lieber die Finger davon.

❖ Immer gut zu gebrauchen, nicht nur, um einen Kompass zu bauen: In den Festplatten ausrangierter **Computer** und in **Kühlschränken** findest du superstarke Magneten.

❖ **Riesige Konservendosen** sind in normalen Supermärkten schwer aufzutreiben, in Restaurants dagegen dauernd im Einsatz – danach landen sie im Sperrmüll. Aus gut erhaltenen Exemplaren ohne scharfe Schnittkanten kannst du einen Unterwasserguckkasten (siehe nachste Seite) oder einen Dosengrill basteln.

❖ **Holzkisten** können zu Eishockey-Toren auf der Eisbahn (siehe Seite 59) umfunktioniert werden. Wenn du noch einen alten **Spazierstock** findest, hast du gleich einen Schläger.

❖ Aus alten **Holzskiern** mit Kabelzugbindung kannst du kurze Mini-Skier sägen, mit denen du wie auf Schneeschuhen durch den Schnee stapfen kannst.
Oder du nagelst ein Paar Skier mit Holzbrettern zusammen, befestigst vorn eine dicke Kordel, schon hast du einen Transportschlitten.

❖ **Euro-Paletten** sind gutes Baumaterial für Holzhütten oder für ein Floß (siehe Seite 16).

❧ Statt U-Boot: Der Unterwasserguckkasten ❧

Mit diesem Guckkasten kannst du das Leben unter der Wasseroberfläche wie durch eine Lupe betrachten: Tiere und Pflanzen werden vergrößert – ohne dass du eine Linse kaufen müsstest. Außerdem wird dein Blick nicht von Wasserbewegungen und Sonnenreflexen getrübt. Damit ist der Unterwasserguckkasten das ideale Hilfsmittel, um Tiere wie Kaulquappen in flachen Uferzonen zu beobachten.

Du brauchst

➺ eine große Blechbüchse (am besten eine Kaffeedose, da ist eine Seite ja schon deckelfrei)
➺ durchsichtige Plastikfolie
➺ Gummiband
➺ Paketschnur
➺ Gewebeband
➺ Dosenöffner

So geht's

1 Entferne mit dem Dosenöffner vorsichtig den Boden der Blechbüchse. Es sollten keine scharfen Kanten stehen bleiben. Ansonsten musst du sie mit einer Feile entfernen oder den Rand mit Gewebeband abkleben.

2 Stelle die Blechbüchse mit der neu entstandenen Öffnung nach oben auf die Plastikfolie und gib an den Rändern jeweils noch etwa 5 cm dazu – schneide dann diese Fläche aus der Folie aus.

3 Schlage die Ränder der Folie nach oben und befestige sie zunächst mit einem Gummiband. Binde die Öffnung fest mit der Paketschnur ab. Bitte einen Freund, dir dabei zu helfen, es geht einfacher, wenn einer die Dose hält und der andere die Schnur befestigt. Die losen Enden der Folie klebst du mit Gewebeband fest, damit keine Wasser-

tropfen durchschlüpfen können. Dein Unterwasserguckkasten ist fertig!

4 Tauche die Dose langsam und gerade ins Wasser, sodass die Plastikfolie bedeckt ist. Wundere dich nicht: Beim Eintauchen wölbt sich die Folie durch den Druck des Wassers leicht nach innen – genau so soll es sein.

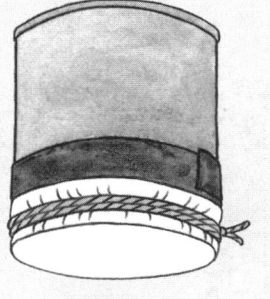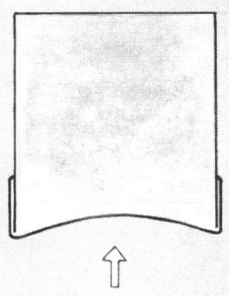

Was passiert?

Auch ohne richtige Linse werden durch den Unterwasserguckkasten die Dinge unter der Wasseroberfläche vergrößert. Das funktioniert, weil die Plastikfolie wie eine Art Linse wirkt: Da sie nachgibt, wenn Wasser beim Eintauchen von unten dagegendrückt, stülpt sich die Folie leicht nach innen. Dadurch wird sie gewölbt wie die Linse einer Lupe. Durchsichtig wie Linsenglas ist sie ohnehin. Die Lichtstrahlen brechen sich an der Plastikfolie wie in einem Vergrößerungsglas.

❧ Igel locken, Igel retten ❧

Um Igel im Garten anzusiedeln – wo sie sich während der warmen Jahreszeit Schnecken verputzend als Salatbeschützer nützlich machen –, reicht es, ihnen ein heimeliges Lager zu bereiten: eine Igelburg. In der kalten Jahreszeit ist diese Behausung ideal, um Winterschlaf zu halten.

Igelburg aus Holz und Reisig

Du brauchst
- ➥ Zweige
- ➥ Reisig
- ➥ Laub
- ➥ Platz unter einem Baum oder einer Hecke

So geht's

1 Zuerst suchst du ein ruhiges Plätzchen für die Igelburg: am besten am Rand des Gartens, unter einer Hecke oder einem Baum. Dort werden Zweige, Äste und Reisig zu einer Art Höhle ineinandergesteckt und aufeinandergestapelt. Wichtig ist, dass in der Mitte ein Hohlraum und an der wetterabgewandten Seite (Südosten) eine kleine Eingangsöffnung bleiben. Wenn du Schwierigkeiten hast, die richtige Himmelsrichtung zu finden, schlag im Kapitel »Orientierung ohne Kompass« nach.

2 Die Zweige und Äste werden von außen mit Laub sorgfältig abgedichtet. Das Laub dient als Windschutz. Auch innen solltest du die Igelburg mit trockenem Laub auspolstern.

3 Nach ein paar Wochen wird der erste Igel die Laubhütte in Beschlag nehmen und vielleicht sogar bis zum Winter bleiben. In der warmen Jahreszeit nutzen Igel den Schlafplatz vor allem tagsüber; nachts sind sie unterwegs.

Igelhaus aus Stein

Du brauchst
- ➥ Kies oder Sand
- ➥ 32 Ziegelsteine
- ➥ eine Gehwegplatte (50 × 50 cm)
- ➥ Gras, Äste, Laub oder Stroh

So geht's

1 Auch diese Luxusversion einer Igel-Unterkunft sollte an einem ruhigen und geschützten Platz im Garten gebaut werden, am besten unter Sträuchern. Zunächst auf dem Boden eine 36 × 36 cm große Grundfläche ausmessen und mit Stöckchen an den Rändern markieren.

2 Damit möglichst wenig Feuchtigkeit aus dem Boden in das Igelhaus eindringen kann, solltest du den Boden mit einer Schicht aus Kies oder Sand bestreuen.

3 Dann entlang der quadratischen Grundfläche die Ziegelsteine nebeneinanderlegen und in vier Lagen aufeinanderschichten.

4 An der wetterabgewandten Seite (in der südöstlichen Ecke des Hauses) eine halbe Ziegelsteinbreite für den Eingang aussparen.

5 Die Gehwegplatte als Dach auf die Ziegelsteine legen. Obendrauf kommen Gras und Äste als zusätzliche Isolierschicht. Das Häuschen innen mit trockenem Laub, Hobelspänen und/oder Stroh auspolstern.

Übrigens: Statt des Ziegelsteins kannst du natürlich auch andere Steine benutzen, die du in der Natur findest. Wegen ihrer unterschiedlichen Form braucht es allerdings etwas Geschick, sie so aufeinanderzubauen, dass die Mauern nicht einstürzen und das Dach tragen können. Außerdem müssen alle Ritzen sorgfältig mit Lehm verschmiert werden.

Die Behausungen eignen sich gut als Winterquartier: Da Igel Winterschläfer sind, suchen sie sich, wenn es bei Temperaturen um die null Grad für sie zu kalt wird, zum Überwintern einen geschützten Schlafplatz. Erst im Frühjahr kommen sie wieder hervor: Im Winter gibt es keine Insekten, von denen sich Igel ernähren könnten. Damit sie nicht verhungern, halten sie für gut fünf Monate Winterschlaf, etwa von November bis März.

Das Fettpolster, das sich die Igel während des Sommers angefressen haben, reicht für ihre Ernährung in dieser Zeit völlig aus. Das funktioniert, weil der Igelkörper in dieser Zeit deutlich weniger Energie verbraucht. Herzschlag, Körpertemperatur, Atmung, Stoffwechsel – all dies wird während des Winterschlafs gedrosselt. Schlägt ein Igelherz im Sommer mit 160 bis 200 Schlägen pro Minute, so sind es im Winter in derselben Zeit nur neun Schläge. Oder die Atmung: Statt wie sonst 40 Atemzüge pro Minute braucht der Igel im Winter bloß vier. All das spart Energie, also Kalorien.

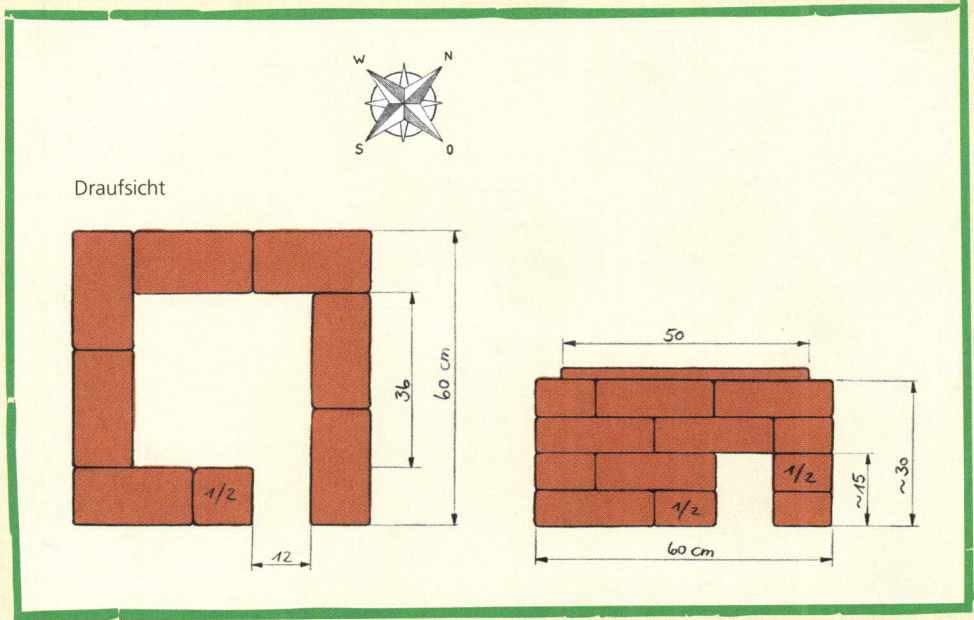

Was Igelretter wissen müssen

Manchmal sieht man einen Igel, der im Winter herumläuft – obwohl er eigentlich Winterschlaf halten sollte. Das ist kein gutes Zeichen. Wenn du ihm nicht hilfst, wird er höchstwahrscheinlich erfrieren. Das gilt aber nur für Igel, die weniger als 500 Gramm wiegen.

Eigentlich ist es verboten, Igel mit nach Hause zu nehmen. Die Tiere stehen unter Naturschutz. Es gibt allerdings eine Ausnahme: Einen hilfsbedürftigen Igel darf man gesund pflegen. Und: Wenn es ihm besser geht, muss man ihn wieder freilassen. Im Winter aber hätte er ohne fremde Hilfe keine Chance. Sehr wahrscheinlich hat er zuvor zu wenig gefressen, ist zu schwach, um monatelang von seinen Reserven zu zehren. Stattdessen ist der rastlose Ausflügler außerplanmäßig auf den Beinen – und verbraucht wertvolle Kalorien.

Da hilft nur eins: Essen fassen! Du musst das Leichtgewicht aufpäppeln. Doch freiwillig wird er nicht mitmachen. Igel sind scheue Tiere – man muss sie zu ihrem Glück sanft zwingen. Das geht am besten zu Hause. Zieh dir Handschuhe an (ein Igel hat etwa 16 000 Stacheln) und nimm den Igel in einem Schuhkarton mit. Alles Weitere steht in »Erste Hilfe in sechs Schritten«.

Erste Hilfe in sechs Schritten

1.

Um seine Unterkunft herzurichten, stellst du am besten einen kleinen Karton – sein Schlafzimmer – in einen möglichst großen Karton. Damit hat er ein kleines Gehege. In den kleinen Karton (Boden nach oben – so hast du automatisch ein Dach) schneidest du mit der Schere eine Öffnung (10 × 10 cm). Den Schuhkarton füllst du mit zerrupfter Küchenrolle oder zerrissenem Zeitungspapier. Auch den größeren Karton legst du mit Zeitungspapier aus. Das Papier muss jeden Tag ausgewechselt werden.

2.

Wenn du den Igel im Winter gefunden hast, ist er wahrscheinlich unterkühlt. Das kannst du leicht feststellen, indem du seinen Bauch befühlst. Ist der Bauch merklich kälter als deine Hand, muss der Pflegling gewärmt werden. Dafür füllst du eine Wärmflasche mit warmem Wasser (kochendes Wasser ist zu heiß) und wickelst ein Frotteehandtuch drum herum. Dann legst du die Wärmflasche in den Karton, setzt den Igel mitten auf die Wärmflasche und deckst ihn mit einer zweiten Decke zu. Während du das Tierchen aufpäppelst, sollte der Karton in einem Raum stehen, der nicht zu kalt ist.

3.

Wenn der Igel seine normale Körpertemperatur erreicht hat, ist er auch wieder in der Lage, zu fressen. Du solltest ihn mit verschiedenen Lebensmitteln füttern – am besten einmal täglich abends. Auf keinen Fall darf dem Igel immer nur dasselbe vorgesetzt werden, das bekommt ihm nicht gut. Das lässt er sich gerne schmecken: Dosenfutter für Katzen oder Hunde, hartgekochte Eier, Rührei (nicht würzen), gekochtes Geflügelfleisch, angebratenes Hackfleisch. Von alldem nicht mehr, als du in einen kleinen Yoghurtbecher (150 g) füllen kannst, das reicht dem Igel als tägliche Futterportion aus. Darunter 2 EL Haferflocken mischen und die Mahlzeit mit ein wenig Wasser verrühren.
Zu Trinken stellst du ihm in einer flachen Schale lauwarmes Wasser in sein Gehege, auf keinen Fall Milch! Besonders schwachen Igelchen tut es gut, wenn du ihnen mit einer Plastikspritze (gibt es in der Apotheke, oder du fragst das nächste Mal beim Doktor, ob er dir eine schenkt) vorsichtig Fenchel- oder Kamillentee ohne Zucker einflößt.

4.

Du solltest mit deinem Findling möglichst bald zu einer »Igelstation« gehen, um ihn dort medizinisch untersuchen zu lassen. Dort arbeiten Igel-Experten, die genau sagen können, was deinem Schützling fehlt. Wo in deiner Gegend die nächste Igelstation ist, kann dir ein Tierarzt sagen.

5.

Nachdem du das Tier ein paar Tage aufgepäppelt hast, sollte ein Jungigel gut 700 Gramm schwer sein, ein erwachsener Igel mindestens ein Kilo. (Tipp: Wenn du ihn anpustest, hält er still – dann kannst du sein Gewicht auf der Küchenwaage ermitteln.) Erst dann ist sein Körper bereit für den Winterschlaf. Wenn es draußen schon kalt ist, muss er bei dir überwintern. Jetzt ist es an der Zeit, den Igel-Karton in ein kühleres Zimmer zu tragen – in einem warmen Raum hält er keinen Winterschlaf. Am besten eignen sich ein sehr kaltes Zimmer, Balkon, Terrasse, Gartenhäuschen oder Keller.

6.

Im Frühjahr, so gegen Ende März oder auch erst Mitte April, wacht der Igel aus dem Winterschlaf auf. Er hat an Gewicht verloren und ist sicher hungrig. Jetzt musst du ihn wieder für ein bis zwei Wochen mit Futter und Wasser aufpäppeln, bis er so viel wiegt wie vor dem Winterschlaf (700 bis 1000 Gramm). Würdest du ihn sofort draußen in der Natur aussetzen, könnte er nicht überleben. Erst wenn er zugenommen hat, solltest du ihn in die Freiheit entlassen.

Verschärftes Mau-Mau

Da soll noch einer sagen, Mau-Mau sei ein harmloser Zeitvertreib. Kartenspaß fängt nicht erst bei Texas Hold'em No Limit an. Versuch mal unser verschärftes Mau-Mau.

Die normalen Mau-Mau-Regeln dürften bekannt sein (obwohl die regionalen Abweichungen sehr groß sind – also bitte keine bösen Briefe, wenn man es bei euch zu Hause anders spielt):

Es spielen zwei bis vier Spieler, jeder bekommt fünf Karten, der Rest wird gemischt und verdeckt auf einen Stapel gelegt. Der Kartengeber dreht die oberste Karte um – sie gilt als von ihm ausgespielt. Die folgenden Spieler müssen entweder die Farbe (Kreuz, Pik, Herz, Karo) oder den Wert (7, 8, 9, 10, Dame, König, Ass) bedienen, das heißt, die neu gelegte Karte muss in Farbe oder Wert mit der offenen Karte übereinstimmen. Wer keine passende Karte auf der Hand hat, darf eine vom Stapel ziehen – passt die, darf er sie sofort ablegen. Wer nur noch eine Karte auf der Hand hat, muss »Mau« sagen, bei der letzten Karte auch »Mau« (in der Schweiz »Tschau« und »Sepp«). Gewonnen hat, wer als Erster alle Karten abgelegt hat.

Folgende Kartenwerte gibt es bei den normalen Regeln:
- ♠ Bei einer 7 muss der nächste Spieler zwei Karten ziehen. Verlängern ist möglich: Wenn dieser stattdessen noch eine 7 legt, muss der nächste vier Karten ziehen usw.
- ♠ Bei einer 8 muss der nächste Spieler aussetzen.
- ♠ Bei einem Buben darf sich der Ausspielende die neue Spielfarbe wünschen. Allerdings: Bube auf Bube ist nicht erlaubt.

Das ist alles harmlos. Jetzt die Zusatzregeln für verschärftes Mau-Mau:

- ♣ Bei einer 9 ändert sich die Spielrichtung.
- ♣ Bei einer 10 ändert sich die Spielrichtung und der nächste Spieler wird übersprungen. Damen müssen angesagt werden.
- ♣ Bei einem Ass darf eine weitere Karte gelegt werden.
- ♣ Bei einer Herz-Karte muss auf den Tisch geklopft werden. Es gibt eine Strafkarte für jeden, der falsch spielt.
- ♣ Es gibt eine Strafkarte für jeden, der nicht spielt, obwohl er dran ist (»Pennkarte«). Es gibt eine Strafkarte für jeden, der eine Frage stellt (»Fragekarte«).
- ♣ Es gibt eine Strafkarte für jeden, der flucht (»Fluchkarte«).
- ♣ Es gibt eine Strafkarte für jeden, der einem anderen zu Unrecht eine Strafkarte verpassen will.

Die unübersichtlichen Spielregeln in Verbindung mit den strengen Strafregeln führen schnell zu großen Kartenmengen auf der Hand: Einer an der Reihe, verpasst das aber – Pennkarte. Empörte Rückfrage: »Warum das denn?« – Fragekarte. »Ach, das ist doch das Letzte hier!« – Fluchkarte. Besonders gut wird das, wenn alle abends schon müder sind … Wegen der großen Kartenmengen, die benötigt werden, brauchst du ein zweites Kartenspiel à 32 Karten, je nach Teilnehmerzahl auch noch ein drittes oder viertes.

Zaubertrick: Die Nase aus- und wieder einrenken

Auf diesen Trick fallen selbst Erwachsene rein, die wissen, dass es medizinisch eigentlich gar nicht möglich ist, sich die Nase auszurenken. Ist es doch und tut kein bisschen weh, und zwar so:

1 Bevor du loslegst, erzählst du deinen Zuschauern ein Schauermärchen – davon, dass du eine seltene und geheimnisvolle Gabe hast, über die nur ganz wenige Menschen verfügen: Dass du mit den Händen deine Nase ausrenken und sie bei Bedarf auch wieder zurück an ihren Platz rücken kannst – ein anatomisches Wunder. Zum Schluss gibst du noch einen Warnhinweis: Auf gar, gar, gar keinen Fall sollte jemand versuchen, diese Zauberei nachzumachen – weil er sonst riskiert, bis an sein Lebensende mit schiefer Nase rumzulaufen.

2 Reinster Bluff und nur dazu da, die Spannung zu steigern, sind auch diese Aufwärmübungen: Bevor du loslegst, drückst du mit den Händen von außen leicht gegen beide Nasenflügel, atmest tief ein und wieder aus, als müsstest du dich stark konzentrieren.

3 Dann geht's los: Du legst Zeige- und Mittelfinger der rechten Hand an die rechte Seite der Nasenwurzel, auf der linken Seite entsprechend. Die beiden Ringfinger und kleinen Finger drückst du aufeinander, sodass deine Hände die Nase wie ein Nest umschließen. Und zwar so, dass von der Nase nichts mehr zu sehen ist, wenn dir jemand von vorne ins Gesicht schaut. Die beiden Daumen hältst du vor den Mund.

4 Du öffnest leicht deinen Mund und schiebst die Nägel der Daumen unter die Zähne und schnippst sie wieder hervor. All dies geschieht für das Publikum im Verborgenen. Doch dabei entsteht ein knackendes Geräusch – und weil du zur selben Zeit mit den Fingern den rechten Nasenflügel sachte nach links schiebst, denken die Zuschauer, dieses Geräusch entstehe beim Ausrenken des Nasenknochens. Eine grausame Vorstellung! Wenn du vorgibst, die Nase wieder einzurenken, lässt du die Fingernägel wieder mithilfe der Zähne knacken und schiebst zur selben Zeit den linken Nasenflügel nach rechts.

☞ Weitere Zaubertricks findest du auf den Seiten 19, 33, 41, 95, 220, 225 und 277.

Für dieses Projekt brauchst du auf jeden Fall deinen Vater: Wenn du nicht 20 Eimer Lehm einzeln auf dem Fahrrad nach Hause schieben willst, wären seine Fahrdienste nicht schlecht. Und deine Eltern fühlen sich wahrscheinlich wohler, wenn beim Feuermachen in eurem Garten ein Erwachsener dabei ist.

Vor allem aber: So ein Lehmofen ist eine super Gelegenheit, dich zusammen mit deinem Vater halbnackt im Dreck zu wälzen und ihn anschließend mit dem Gartenschlauch abzuspritzen. Es liegt auf der Hand, dass das Spaß macht. Übrigens auch deinem Vater.

Lies also auf Seite 214 noch einmal nach, wie man Feuer macht, besorge das Material – und dann warte auf einen richtig heißen Sommertag für den Baubeginn. Du wirst sehen: Es gibt nichts Erfrischenderes als ein kühles Schlammbad.

So geht's

Am Anfang suchst du dir eine geeignete Stelle im Außenbereich, die nach oben und zu den Nachbarn ausreichend Platz lässt. Bei starker Befeuerung kann schon mal eine Flamme aus dem Schornstein schlagen, bei nassem Holz oder bei schlechtem Anfeuern Qualm entstehen – also lieber etwas Abstand halten. Allerdings: Schlimmer als Grillen wird's auch nicht. Damit ist der Lehmofen auch für den Reihenhausgarten geeignet.

Grabe ein rundes Loch mit einer Tiefe von 10 bis 15 cm und einem Durchmesser von 1 bis 1,5 m.

Du brauchst

Für den Ofen
➼ große Mülltüte voll mit Stroh (vom Bauern)
➼ viele Weidenzweige in allen Längen, Breiten und Größen (Weiden wachsen in Wassernähe, also an Flüssen und Seen)
➼ ein Planschbecken (wenn du deins schon ausgemustert hast, gibt's das billig im Drogeriemarkt – oder du borgst eins vom Nachbarn, denn das Planschbecken bleibt sauber)
➼ viele Mörtelkübel und/oder eine große Bütte (Baumarkt)
➼ 10 Tonsteine mit Löchern (Baumarkt)
➼ einen Sack mit Kieselsteinen (Baumarkt)
➼ und natürlich: an die 15 bis 20 Eimer Lehm: lieber zu viel als zu wenig (siehe »Alles über Lehm«)

Für das Zubehör
(Ofentür, Brotschieber)
➼ ein 1,5 bis 2 cm starkes Holzbrett (50 × 50 cm)
➼ zwei Holzgriffe
➼ einen Besenstiel
➼ eine Sperrholzplatte (40 × 40 cm)

Setze an den Rand des Loches die 10 Tonsteine mit der Lochseite nach oben. Lass an der Stelle die Tonsteine aus, an der du die Tür haben möchtest. Die Löcher dienen später dazu, die Weidenstöcke zu stabilisieren, d.h. sie werden dort hineingesteckt.

2

Alles über Lehm

Am einfachsten bekommst du Lehm, wenn für den Hausbau eine Grube ausgehoben wird: Erkundige dich einfach, wo bei dir in der Nähe ein Haus gebaut wird, und frage den Bauherrn, ob du von seinem Aushub etwas haben kannst.

Die Beschaffenheit und die Zusammensetzung sind in jeder Umgebung unterschiedlich, und jeder Lehm hat einen anderen Anteil von Sand, Schluff und Ton. Ist der Anteil an Ton zu hoch, ist der Lehm zu klebrig; bei zu viel Sand bindet er nicht.

Für die Ermittlung der Zusammensetzung kannst du kleinere Tests durchführen:
- ❖ *Nimm eine Hand voll nassen Lehm (gut anfeuchten!), forme eine Kugel, und lasse sie auf den Boden fallen. Reißt sie in viele Teile, ist der Tonanteil zu gering.*
- ❖ *Du kannst dann im Bastelgeschäft Ton kaufen und dazugeben. Aber das wird schnell teuer – besser, du versuchst es an einer anderen Stelle noch einmal mit dem Lehmabbau.*
- ❖ *Verformt sich die Kugel nur wenig und ist auch äußerlich »speckig«, ist der Tonanteil zu hoch – dann musst du Sand beimischen.*
- ❖ *Der Lehm ist dann richtig, wenn er sich (gut angefeuchtet) sämig durch deine Finger quetschen lässt und sich dabei angenehm anfühlt.*
- ❖ *Wichtig auch: Es sollten keine großen oder kleinen Steine im Lehm enthalten sein, da sie später beim Verarbeiten (mit Händen oder Füßen) zu Verletzungen führen können.*

Es empfiehlt sich, bevor du mit dem Projekt Lehmofenbau beginnst, zuerst eine kleine Probe des Lehms (mit Stroh vermischt) trocknen zu lassen. Nach dem Trocknen sollte der Lehm fast steinhart sein und nicht sofort zerbröseln.

Befülle die spätere Feuerstelle mit den Kieselsteinen. Sie speichern bei der Befeuerung die Wärme und geben sie wieder ab, wenn im Ofen gebacken wird.

Nun kommt das erste Mal der Lehm zum Einsatz: Du rührst ihn (hierfür ohne Stroh) in einem Eimer mit Wasser an und verteilst diese Mischung auf den Kieselsteinen, sodass diese knapp bedeckt sind. Darauf wird später gebacken, deswegen sollte der Ofenboden schön eben sein.

Das Gerippe des Gerüstes wird mit Weidenzweigen gebaut. Diese weichst du vor Baubeginn zwei bis drei Tage lang im Planschbecken ein (darin haben alle Platz). Nach dem Einweichen sind sie biegsamer

– sonst würden sie beim Ofenbau brechen. Nach dem Bad entfernst du alle Blätter.

Die Konstruktion des Kuppelbaus ist wahrscheinlich der schwierigste Part beim Lehmofenbau. Hierfür steckst du zunächst die stärksten Zweige in die Tonsteine: das dickere Ende auf der einen, das dünnere Ende auf der gegenüberliegenden Seite. Die Zweige sollten so verteilt werden, dass sich in jedem Tonstein mindestens ein starkes Ende befindet. Je mehr Zweige, umso besser. Das ist das Gerüst.

Die dünneren Äste kannst du entweder auch in die Steine stecken – oder sie horizontal verflechten. An ihrem dünneren Ende lassen sich die dünneren Zweige sogar mit anderen Ästen verknoten.

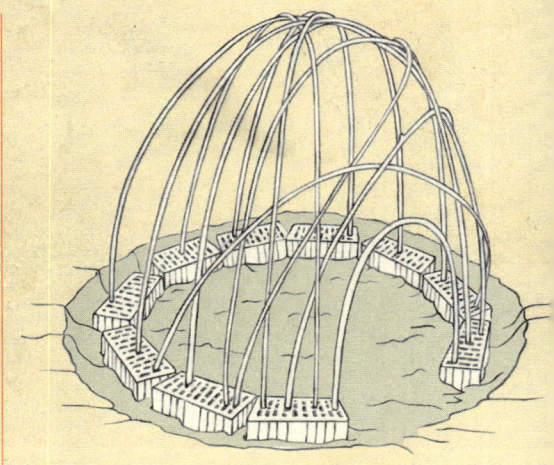

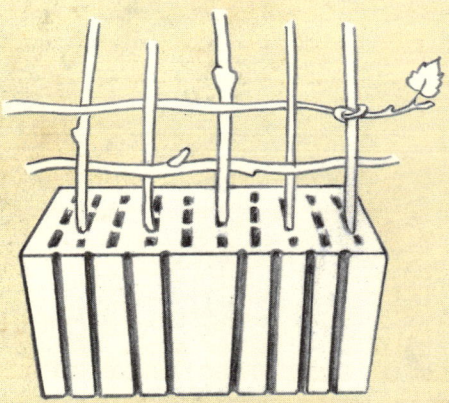

Für den **Türbogen** suchst du dir am besten einen dicken Zweig, der sich gut biegen lässt. Du steckst ihn in die Tonsteine, die rechts und links neben dem ausgesparten Eingang liegen, und verwebst ihn mit allen anliegenden Ästen, damit der Bogen an Stabilität gewinnt.

Überprüfe zum Schluss die **Größe der Löcher im Weidengeflecht:** Sie sollten so groß sein, dass gerade noch eine Hand durchpasst. Enger ist natürlich noch besser für die Stabilität, nur muss dann darauf geachtet werden, dass ein Loch für den Schornstein frei bleibt. Sind die Löcher zu groß, merkt man das später beim Auftragen des Lehms, da er dann schwieriger zu verarbeiten ist und eventuell in den Ofen fällt.

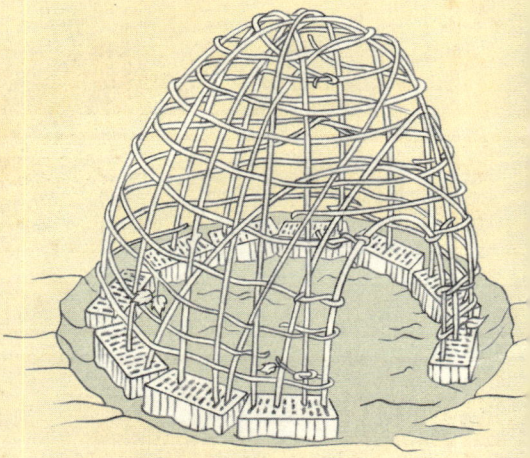

Jetzt kommt der wichtigste Schritt: die Herstellung der Lehmmischung. In der großen Bütte kannst du mehr auf einmal anrühren, dafür ist es aber auch schwieriger, die Masse zu vermischen. Leichter mischen kannst du dein Baumaterial in den Eimern, wenn du mit den Händen arbeitest. Die Bütte ist dann ideal, wenn du an einem warmen Tag, nackt oder nur mit einer Badehose bekleidet, die Masse mit den Füßen treten willst. Das ist übrigens auch eine tolle Fußmassage!

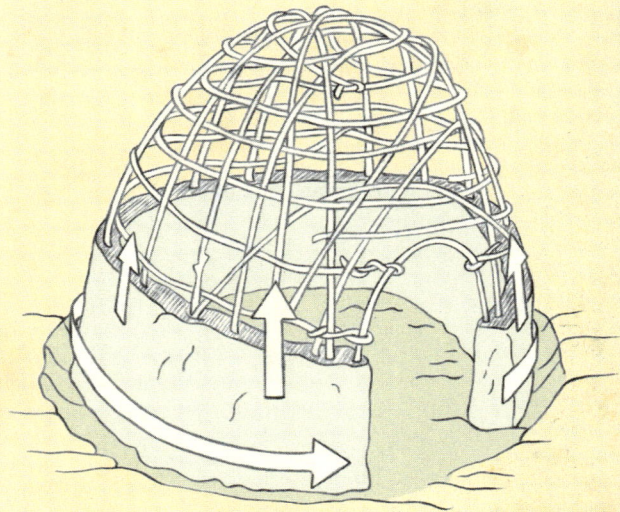

Das Mischungsverhältnis zwischen Lehm, Stroh und Wasser hängt von deinem Material ab. Als Faustregel gilt: Auf einen halben Eimer Lehm kommen ein Liter Wasser und vier Hände voll Stroh. Probiere es selbst aus: Wenn das Gemisch zu dünnflüssig ist, hält es nicht am Geflecht; wenn es zu trocken ist, bindet es nicht.

Beim Auftragen des Lehms solltest du darauf achten, gleichzeitig den Lehm von innen und von außen aufzutragen und zu verstreichen, dadurch verbindet sich die äußere mit der inneren Lehmschicht. Ab und zu kann es passieren, dass die innere Schicht wieder abfällt, dann drückst du sie einfach wieder an und verstreichst den Lehm mit dem schon Vorhandenen nach allen Seiten.

Wichtig ist, dass du nicht auf einer Seite anfängst und dich auf die gegenüberliegende Seite vorarbeitest – Lehm ist schwer, und wenn er einseitig auf die Weidenkonstruktion drückt, bekommst du ein Ofen-Ei. Am besten arbeitest du kreisförmig von unten nach oben.

Falsch wäre auch, erst die äußere Lehmschicht komplett aufzutragen und dann

die innere. Dies funktioniert nicht, weil du dann im Inneren mit dem Arm nicht mehr überall hinkommst.

Den Schornstein setzt du ungefähr in dieser Höhe an. Lass am Ofen ein Loch von 20 bis 25 cm Durchmesser und arbeite dich dann wie bei einer Vase Schicht für Schicht nach oben vor.

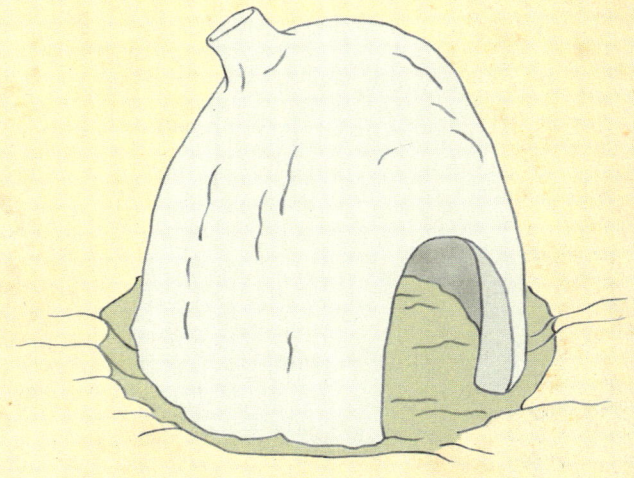

Um den Ofen möglichst schnell nutzen zu können, befeuerst du ihn einen Tag lang – so trocknet der Lehm am schnellsten. Die Befeuerung machst du am besten gemeinsam mit deinem Vater. Wenn du ihm zeigen willst, wie ihr das Feuer in Gang bekommt, lies auf Seite 215 nach. Hilfsmittel wie eure Luftmatratzenpumpe sind natürlich erlaubt.

Risse, die an der Oberfläche auftreten, verstreichst du einfach mit Wasser. Hier zeigt sich, was Lehm für ein überlegener Baustoff ist: Wenn an deinem Ofen mal etwas kaputtgehen sollte oder Risse entstehen, lässt sich der Lehm nach nochmaligem Anfeuchten (am besten einen Tag einweichen lassen) wieder gut bearbeiten.

Zum Schluss bekommt der Ofen eine Tür: Du sägst das Holzbrett passend zur Ofenöffnung zurecht und schraubst die beiden Holzgriffe an (das Vorbohren hast du deinem Vater überlassen). Um die Tür pass-

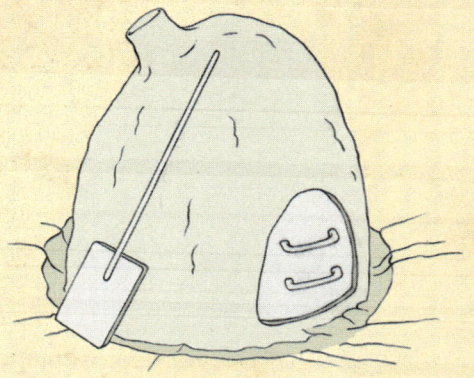

genau zu bekommen, füllst du die noch verbliebenen Ritzen, die beim Anlegen der Tür zum Ofeneingang sichtbar sind, mit Lehm und verputzt sie. So bleibt beim Ba-

cken die Wärme im Ofen besser erhalten. Für den Brotschieber wird eine der Furnierholzplatten mit dem Besenstiel verschraubt (siehe Seite 18, Punkt **8**).

Fertig!

Befeuern und Backen

Du kannst den Ofen sowohl mit Holz als auch mit Holzkohle befeuern. Testsieger insgesamt ist das Holz, da es mehr Wärme an den Ofen abgibt und ihn schneller erhitzt. Holzkohle sorgt für eine länger anhaltende Glut, kann also das Holz durchaus ergänzen.

Du solltest den Ofen vor dem Backen eine gute Stunde befeuern. Wenn auch die Außenwand des Ofens gut heiß geworden ist, hat der Ofen die richtige Temperatur. Um mit dem Backen beginnen zu können, schiebst du die Glut an den äußeren Rand des Ofens. Die Mitte der Bodenfläche dient dir als Backstelle.

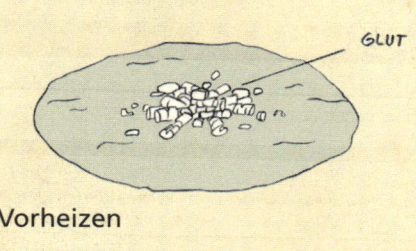

GLUT

Vorheizen

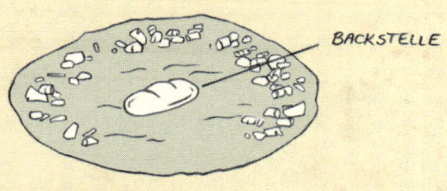

BACKSTELLE

Backen

Tipps und Tricks

❖ *Das Brot bäckst du am besten direkt auf dem Boden, den Flammkuchen auf Backpapier.*

❖ *Wenn der Ofen zu warm ist (Brot verbrennt an der Unterseite), kannst du die Ofentür geöffnet lassen. Auch bei geschlossener Tür sind die Temperaturen in Eingangsnähe niedriger, da dort ja keine Glut liegt.*

❖ *Den Flammkuchen kannst du auch bei hohen Temperaturen direkt in die Mitte legen, da dieser nur ein paar Minuten benötigt, um durchzubacken.*

❖ *Wenn die Wärme im Ofen zu sehr nachlässt, kannst du die Ofentür einsetzen oder sogar den Schornstein verstopfen.*

❖ *Wenn du Flammkuchen und Brot backen willst, fängst du mit den Flammkuchen an und bäckst dann das Brot – so hast du den Temperaturabfall klug genutzt.*

❖ *Wichtig: Immer erst backen, wenn das Feuer aus ist und sich nur noch Glut im Ofen befindet! Sonst rußt das Feuer durch die Rauchentwicklung das Gebackene zu stark an.*

Rezepte

Flammkuchen

Hefe in eine halbe Tasse lauwarmes Wasser bröseln, mit dem Zucker »anfüttern« und gut verrühren. Mit den übrigen Zutaten zu einem geschmeidigen Teig verkneten.

Du brauchst

Für den Teig

➦ 300 g (dunkles) Weizenmehl
➦ 300 g (dunkles) Roggenmehl
➦ 100 ml Öl
➦ 1 TL Salz
➦ 1 Würfel Hefe
➦ 1 TL Zucker

Für den Belag

➦ geriebener Käse (z. B. Emmentaler)
➦ Schmand
➦ Zwiebeln in Ringen
➦ Schinkenwürfel
➦ Pfeffer, Salz

1 Den Teig zugedeckt 30 bis 45 Minuten an einem warmen Ort gehen lassen, dann erneut kurz durchkneten.

2 Teig sehr, sehr dünn (fast zum Durchschauen) auf Backpapier ausrollen.

3 Anschließend den Schmand darauf verstreichen, etwas salzen und pfeffern. Dann Zwiebeln, Schinkenwürfel und Reibekäse darüberstreuen.

4 Der Teig reicht für etwa zehn bis zwölf Flammkuchen.

Besonders beim Flammkuchenbacken leistet dein Brotschieber dir gute Dienste: Mit ihm kannst du den Flammkuchen von deiner Arbeitsunterlage nehmen, in den Ofen einschieben, bei Bedarf für gleichmäßigeres Backen zwischendurch drehen und wieder herausziehen.

Wenn der Ofen so heiß ist wie oben beschrieben, braucht der Flammkuchen nur einige Minuten. Das Backpapier brennt um den Flammkuchen herum ab – was nicht schlimm ist.

Lehmofenbrot

> ### Du brauchst
> ➤ 400 g (dunkles) Roggenmehl
> ➤ 200 g (dunkles) Weizenmehl oder Dinkelmehl
> ➤ 1 Würfel Hefe
> ➤ ½ Liter lauwarme Buttermilch
> ➤ ½ Tasse lauwarmes Wasser
> ➤ 2 TL Zucker
> ➤ 1 EL Essig
> ➤ 1 EL Zitronensaft
> ➤ 1 TL Salz

1 Das Mehl mischen und Salz, Zitronensaft und Essig hinzugeben.

2 Die Buttermilch in einem Topf lauwarm werden lassen, mit dem lauwarmen Wasser, der Hefe und dem Zucker verrühren.

3 Mehlmischung und Flüssigkeitsmischung miteinander verkneten.

4 Den Teig zugedeckt 30 bis 45 Minuten an einem warmen Ort gehen lassen, dann erneut kurz durchkneten.

5 Dann den Teig entweder in eine Kastenbackform geben – oder den Teig zu kleinen Brotlaiben und Brötchen formen und diese direkt auf den Boden des Lehmofens legen.

Die Backzeit eines Kastenbrots kann je nach Temperatur des Ofens stark variieren. Eine gute Faustregel sind 45 Minuten. Am besten machst du schon nach 30 Minuten die erste Garprobe: Brot herausholen, mit dem Fingerknöchel darauf klopfen. Wenn es hohl klingt, ist das Brot gar.

Schneller backen die Brötchen. Sie brauchen nur etwa 15 Minuten – ein guter Einstieg in die Lehmofenbäckerei.

> ## Backtipps
> *Wenn der Teig nicht geschmeidig werden will, gib – schlückchenweise! – noch etwas Wasser hinzu. Oft reicht schon ein Esslöffel voll. Zu flüssigen Teig rettest du mit etwas Mehl.*
>
> *Lauwarm (bei allen Flüssigkeiten, in die du Hefe rührst) heißt übrigens: deutlich kühler als dein Badewasser. Wenn die Flüssigkeit zu heiß ist, verbrennen nämlich die Hefezellen – dann geht dein Teig nicht auf, und das Brot wird nicht schön luftig.*

Zehn Fragen, die du dir noch nicht über Sport gestellt hast

Wieso können Formel-1-Rennwagen an der Decke fahren?

Wegen ihrer speziellen Bauweise ist es tatsächlich möglich, dass Flitzer der Formel 1 kopfüber an einer Zimmerdecke fahren, ohne herunterzufallen. Der Grund dafür ist eine enorme Bodenhaftung der Boliden, physikalisch wird dies Anpressdruck genannt. Diese Kraft ist ein aerodynamisches Phänomen: Sie entsteht durch die Luft, die dem rasenden Wagen durch den Fahrtwind entgegenschlägt und nach unten weitergeleitet wird. Dadurch wird das Auto auf die Fahrbahn gepresst.

Rennwagen haben vorne kleine Flügel und hinten einen Spoiler, außerdem spezielle Vorrichtungen im Unterboden. All dies sorgt ab etwa Tempo 200 für den nötigen Anpressdruck, damit die Rennwagen auch bei hohen Geschwindigkeiten nicht aus den Kurven fliegen. Die umgeleitete Windkraft ist um ein Vielfaches stärker als das Gewicht des Fahrzeugs – deshalb könnte es in voller Fahrt an der Zimmerdecke fahren. Zumindest theoretisch.

Welche Olympischen Spiele finden jedes Jahr statt?

Eskimo-Sportler müssen nicht vier lange Jahre von Olympiade zu Olympiade warten. Ihre Olympischen Spiele werden jedes Jahr im Sommer in Alaska ausgetragen. Bei diesen »World Eskimo-Indian Olympics« treten sechs Inuit-Stämme in 25 Disziplinen gegeneinander an. Die Sportarten gehören zum traditionellen Zeitvertreib der Inuit, manche von ihnen sind mehrere Tausend Jahre alt.

- Beim »Knöchelhüpfen« liegen die Athleten wie für Liegestütze am Boden, dürfen sich jedoch nur mit den Fingerknöcheln und den Zehen aufstützen. In dieser Position müssen sie möglichst große Sprünge machen.
- Beim Ohrgewichtheben werden ihnen sieben Kilo schwere Bleigewichte ans Ohr gehängt.
- Genauso schmerzhaft ist das Ohrenziehen – eine Art Tauziehen mit den Ohren. Zwei Sportler sind durch eine Schnur am Ohr miteinander verbunden. Jeder versucht, den anderen auf seine Seite zu ziehen. Dadurch sollen die Athleten beweisen, dass sie auch große Schmerzen aushalten können – denn schließlich sei dies eine wichtige Eigenschaft, um in der Kälte zu überleben, heißt es in den Wettkampfregeln.

Welche Sportart ist harte Arbeit?

Kung-Fu. Das sagt zumindest der Name dieser Sportart. Kung-Fu heißt übersetzt: »sorgfältig studieren« bzw. »hart arbeiten«.

Was ist die gefährlichste Ski-Alpin-Piste der Welt?

Die Streif in Kitzbühel (Österreich). Als einzige reguläre Piste der Welt ist sie komplett vereist. Außerdem ist die drei Kilometer lange Strecke extrem steil: Am steilsten Abschnitt, der »Mausefalle«, gibt es 85 Prozent Gefälle. Dadurch erreichen die Skifahrer enorm hohe Geschwindigkeiten. Bereits fünf Sekunden nach dem Start sind die Skifahrer mit 100 Stundenkilometern unterwegs. Auf der Streif läuft jedes Jahr im Januar das »Hahnenkammrennen«, das schwierigste Skirennen der Welt. Um die Piste vor dem Rennen zu vereisen, werden übrigens jedes Mal vier Millionen Liter Wasser benötigt: genug, um 15 000 Badewannen zu füllen.

Noch steiler und gefährlicher sind manche Speedski-Pisten (siehe Seite 137) – aber auf die wagen sich »normale« Alpine Skifahrer nicht. Alpine Skifahrer treten in den fünf Disziplinen Abfahrt, Super-G, Riesenslalom, Slalom und Alpine Kombination an, die auch zum Programm der Olympischen Spiele gehören.

Für welche olympische Sportart war eine Risikolebensversicherung zu empfehlen?

Für Pankration, eine Mischung aus Ringen und Boxen – inzwischen nicht mehr im Programm. Ziel dieses Zweikampfs war es, den Gegner kampfunfähig zu machen. Um ihn außer Gefecht zu setzen, waren verschiedene Techniken erlaubt: Schläge, Tritte, Würgegriffe – den Sportlern war es sogar erlaubt, einander die Knochen zu brechen. Beißen und Kratzen waren dagegen verboten, ebenso durften die Augen nicht eingedrückt werden. Anders als beim Ringkampf war es erlaubt, auch am Boden weiterzuringen.
Durch die teilweise sehr brutalen Methoden, den Gegner k. o. zu schlagen, kam es häufig vor, dass die Pankratiasten während des Kampfes starben. In dem Fall ging der Sieg an den Überlebenden – wenn die Schiedsrichter ihn nicht wegen Feigheit disqualifizierten. Dann nämlich wurde der Leichnam des anderen Athleten zum Sieger erklärt, posthum also.
So soll es einem Sportler namens Arrhichion im Jahr 564 v. Chr. ergangen sein: Mit letzter Kraft brach er seinem Gegner noch sämtliche Zehen, sodass dieser vor Schmerzen kollabierte. Doch kurz darauf brach auch Arrhichion zusammen – er wurde zwar als Sieger, aber tot vom Platz getragen.

Was ist die sicherste Art, in ein unbekanntes Gewässer zu hüpfen?

Auf diese Frage gibt es zwei Antworten. Das ist die allersicherste: Springe nie ins Wasser, wenn du nicht weißt, wie tief es ist. Du kannst dir schwere Verletzungen zufügen.
Und dies ist die sichere: Die DLRG rät, unausweichliche Sprünge in unbekannte Gewässer – und solche unausweichlichen Sprünge gibt es, das wissen wir alle – per Arschbombe zu absolvieren. Denn dabei klatscht man mit Fußsohle und Po aufs Wasser, also einer ziemlich großen Fläche seines Körpers, taucht aber nicht sehr tief ein. Prima Nebeneffekt: Beim Aufprall spritzt ziemlich viel Wasser hoch.
Die perfekte Arschbombe geht so: Beim Absprung schwingst du die Arme nach vorne, das gibt dir Schwung. In der Luft ziehst du die Beine zur Hocke an, mit den Knien am Bauch. Drum herum schlingst du deine Arme und spannst alle Muskeln an. Stell dir ein gut verschnürtes Paket vor – so ungefähr soll das aussehen. Dieser Sprung wird darum auch Paketsprung oder Kanonenkugel genannt.
Inzwischen gibt es sogar Weltmeisterschaften im Arschbomben-Springen – weil es neben der Akrobatik darauf ankommt, dass man möglichst viel spritzt, hat der Sport auch auf Deutsch den englischen Namen »Splashdiving« (splash: Spritzer, diving: eintauchen).

Wie hoch ist der Weltrekord im Ditschen?

Der Amerikaner Russel Byars schaffte es, einen Kieselstein 51-mal über die Wasseroberfläche hüpfen zu lassen, bevor der Stein im Wasser versank. Damit hält er den aktuellen Weltrekord. Der perfekte Wurf beim Ditschen ist übrigens kein Zufall, sondern angewandte Physik. Wissenschaftler haben mithilfe einer Schleudermaschine berechnet, was theoretisch dafür notwendig ist: ein runder Stein mit zehn Zentimetern Durchmesser, dem man genau den richtigen Drall verpassen muss – am besten so, dass der Stein sich exakt 14 Mal pro Sekunde dreht, mit Tempo 40 übers Wasser hüpft und im 20-Grad-Winkel aufprallt. Und windstill sollte es auch sein.

Bei welcher Sportart wurden früher Backbleche durch die Luft geworfen?

Bei Frisbee. Der Name Frisbee gehörte nämlich ursprünglich zu einer Bäckerei: In der »Frisbie Pie Company« im amerikanischen Bundesstaat Connecticut wurden früher Obstkuchen gebacken, die mitsamt ihrem runden Backblech verkauft wurden. Nachdem der Kuchen gegessen war, landeten die Backbleche im Abfall – bis Studenten sie in den 20er Jahren als Flugobjekt entdeckten und sich damit vergnügten. Bei jedem Wurf riefen sie: »Frisbie!«
Ein Tüftler namens Walter Fredrick Morrison verbesserte nach dem Zweiten Weltkrieg die Flugeigenschaften und verkaufte die Scheibe als »Flyin' Saucer«. Wham-O, die Firma, die später auch den Hula-Hoop-Reifen herausbrachte, wurde auf die »Fliegende Untertasse« aufmerksam, nahm Morrison unter Vertrag, ersetzte Blech durch Plastik und vertrieb die Scheibe ab 1957 als »Pluto Platter«. Erst 1959, als ein Vorstandsmitglied von Wham-O von den kalorienhaltigen Ursprüngen des »Pluto Platter« erfuhr, wurde er endgültig umgetauft – und heißt seitdem offiziell so, wie alle flugfreudigen Kuchenesser ihn schon immer genannt hatten: »Frisbee«.

Bei welchem Sport kommt erstmals ein intelligenter Ball zum Einsatz?

Beim Handball. Bei der Weltmeisterschaft 2009 in Kroatien soll mit einem Mikrochip-Handball gespielt werden – zur Unterstützung der Schiedsrichter. Dieser sogenannte »iBall« sieht eigentlich aus wie ein ganz normales Leder. Doch er hat es in sich: Der eingebaute Chip kann ganz genau messen, ob der Ball tatsächlich die Torlinie überquert hat oder nicht – bei dem rasanten Spiel ist das ja manchmal mit bloßem Auge nur schwer zu erken-

nen. Dies wird dem Schiedsrichter durch ein verschlüsseltes elektronisches Signal übermittelt.

Um ein Tor zu registrieren und die Nachricht in den Ohrknopf des Schiedsrichters zu übertragen, braucht der »iBall« nur eine halbe Sekunde – der Spielfluss wird also nicht gestört. Nebenbei kann der Chip auch die Geschwindigkeit des Balles beim Abwurf messen. Bis 2013 sollen bei sämtlichen Handball-Weltturnieren und den Olympischen Spielen Mikrochip-Bälle zum Einsatz kommen, so plant es zumindest der Handball-Weltverband IHF.

Was tun Tour-de-France-Fahrer, wenn sie während des Rennens aufs Klo müssen?

Während des anstrengendsten Radrennens der Welt müssen Tour-de-France-Fahrer jede Menge trinken, um den Verlust an Körperflüssigkeit auszugleichen. Denn während sie sich plagen, schwitzen sie natürlich. Auf diese Weise verlieren die Profiradler auch wieder den größten Teil der Getränke. Doch nicht nur. Manchmal müssen sie auch aufs Klo. Aber natürlich steuern sie nicht umständlich das nächste Toilettenhäuschen an. Das dauert viel zu lang, und alles muss ja sehr schnell gehen.

Es gibt verschiedene Möglichkeiten – je nachdem, wann die Fahrer ein dringendes Bedürfnis überkommt.

Wenn sie im Spurt überhaupt keine Zeit zu verlieren haben, lassen sie den Urin während der Fahrt auch schon mal einfach laufen – was aber eher eine Notlösung ist. Geht es bergab, können sie das Bein lang machen und die Hose zur Seite schieben, so bleibt wenigstens die Kleidung verschont.

So ähnlich funktioniert auch eine andere Methode: Der Fahrer, der dringend aufs Klo muss, lässt sich von einem Teamkollegen anschieben, hebt das Bein wie ein Hund und erleichtert sich. Manchmal fahren die Radler auch einfach rechts ran und pinkeln am Wegesrand. Doch das kostet Zeit und wird meist nur zu einem frühen Zeitpunkt der Etappe gemacht.

Es ist sogar schon mal passiert, dass ein Tour-de-France-Fahrer das gelbe Trikot verloren hat, weil er überholt wurde, als er sich eine Pinkelpause gönnte. Die kann den Fahrern auch aus einem anderen Grund Ärger einbringen: Die Radfahrer dürfen nur dort urinieren, wo keine Zuschauer sind – das schreibt eine der Tour-de-France-Regeln vor. Wer sich daran nicht hält, bekommt eine Geldstrafe aufgebrummt.

⇥ Ein Weidenpfeifchen schnitzen ⇤

Die perfekte Jahreszeit, um ein Weidenpfeifchen zu basteln, ist das Frühjahr: Die Weidenzweige sind besonders frisch und voller Saft und Kraft. Das erleichtert dir die Arbeit, weil sich die Rinde recht einfach lösen lässt. Und es gibt noch einen Vorteil: Im Frühjahr kannst du Weiden ganz leicht erkennen – an den gelben Weidenkätzchen. Auch die Zweige der Vogelbeere (Eberesche) eignen sich prima, um daraus Flöten zu schnitzen. Das hat den Vorteil, dass du auch in der Stadt gutes Schnitzholz findest, denn hier wird die Eberesche sehr oft angepflanzt. Mit den Zweigen anderer Bäume ist es schwieriger. Wenn du nicht genau weißt, wie Weide und Eberesche aussehen, hilft dir das Kapitel »Bäume bestimmen« (siehe Seite 76) weiter.

Du brauchst

➻ einen etwa 12 cm langen Weidenzweig, so dick wie dein Daumen. Der Zweig sollte über eine möglichst weite Strecke eine glatte Rinde ohne Knospen haben
➻ Taschenmesser

So geht's

1 Nachdem du einen geeigneten Zweig gefunden hast, schneidest oder sägst du ihn an der rechten Seite ab. Wichtig ist, dass dies durch einen geraden und glatten Schnitt erfolgt, damit die Rinde nicht einreißt. **A**

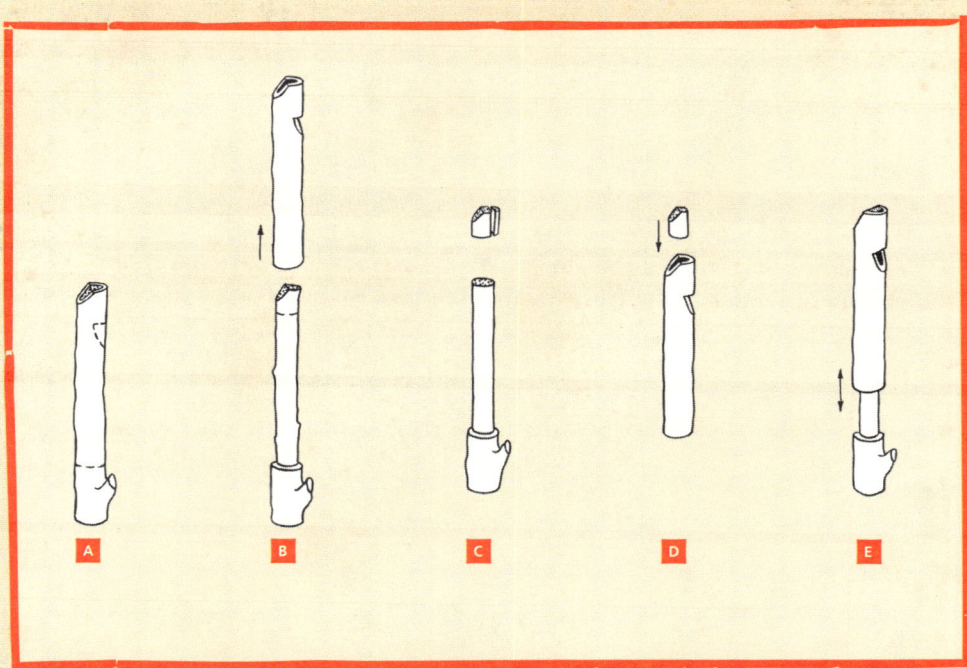

A   B   C   D   E

2 Schneide das rechte Ende des Zweigs ganz leicht schräg an. **A**

3 Jetzt machst du zwei Schnitte in die Rinde: Am unteren Ende deines Pfeifchens schneidest du einmal ringsherum bis auf das Holz durch – die Rinde soll sich nachher lösen. Am oberen Ende ist später das Mundstück. Etwa einen Fingerbreit davon entfernt schneidest du eine Kerbe. Oben ist sie gerade und hat unten einen abgeschrägten Halbkreis – das sieht fast so aus wie ein weit geöffnetes Froschmäulchen. **A**

4 Lege den Zweig auf eine feste Unterlage und klopfe vorsichtig mit der Fläche deines zusammengeklappten Taschenmessers die Rinde weich. Dadurch lässt sie sich leichter lösen. Das geht so: Halte den Zweig in der linken Hand und drehe mit der rechten ganz langsam die Rinde. Du solltest sie rechts abziehen können. Wenn sie sich schwer vom Holzkern löst, musst du noch ein wenig weiterklopfen. Das kann eine Weile dauern, je nachdem, wie frisch der Zweig ist. Aber irgendwann geht das Rindenröhrchen ab.

Deine Pfeife besteht nun aus zwei Einzelteilen. **B**

5 Ist der hintere Teil des entrindeten Stocks noch etwas uneben, muss er geglättet werden, damit sich später darauf das Rindenröhrchen gut verschieben lässt. Vom oberen Teil des entrindeten Stocks schneidest du ein Stück ab – und zwar genau an der Stelle, die du zuvor eingeschnitten hast, also an der Oberkante der Kerbe. Das abgeschnittene Stück ist das Mundstück. Damit auch Luft durchströmen kann, musst du es an einer Seite ein paar Millimeter flach abschneiden. **C**

6 Setze das Mundstück zurück in das Rindenröhrchen. Die abgeflachte Seite zeigt dabei in dieselbe Richtung wie die Pfeifenöffnung. Das Rindenröhrchen wird nur noch über den entrindeten Stock geschoben, fertig ist das Weidenpfeifchen! **D**

7 Die Rindenröhre ist beweglich, dadurch wird der Ton reguliert: Je tiefer das Röhrchen nach unten geschoben wird, desto höher der Ton. **E**

So ein Weidenpfeifchen ist übrigens kein Instrument für die Ewigkeit, eher eine Eintagsfliege: Selbst wenn du es über Nacht feucht hältst, trocknet es nach ein paar Tagen aus und ist nicht mehr zu gebrauchen.

Überleben in der Wildnis:
Einen Notunterschlupf bauen

Stell dir vor, du hast dich bei einer Wanderung verlaufen oder du wirst von schlechtem Wetter überrascht. Es wird dunkel, und du beschließt, draußen zu übernachten. Das ist manchmal schlauer, als nachts durch unbekanntes Gelände zu irren oder sich der Witterung auszusetzen. Für so einen Notfall ist es gut, wenn du weißt, wie du dir einen einfachen Unterschlupf bauen kannst, der dich vor Wind und Regen schützt.

Eine Notunterkunft in freier Natur wird übrigens Biwak genannt. Das Wort leitet sich vom holländischen Ausdruck »bijwacht« ab, der so viel wie »Beiwache« bedeutet. Gemeint war damit im Mittelalter ein Posten, der nachts zusätzlich zur Hauptwache im Freien blieb, um anrückende Feinde zu erspähen und Alarm zu schlagen.

Es gibt verschiedene Möglichkeiten, einen Biwak aus dem zu bauen, was sich in der Natur findet. Diese hier ist eine der einfachsten – und hat bereits viele Praxistests erfolgreich hinter sich: Schon unsere Urahnen haben sich damit vor Hun-

derten von Jahren vor Wind und Wetter geschützt.

Du bist für eine Notsituation am besten gewappnet, wenn du den Bau eines Biwaks vorher schon mal übst, im Garten oder im Wald. Dann geht es im Ernstfall leichter – und macht als Trockenübung (im wörtlichen und übertragenen Sinne) auch mehr Spaß.

So geht's

1 Such dir einen geeigneten Lagerplatz: In einer Mulde sammelt sich leicht das Regenwasser, auf Anhöhen im freien Feld bist du dem Wind besonders ausgesetzt. Um sicher vor Überschwemmungen zu sein, solltest du vor allem bei schlechtem Wetter nicht zu nah an Bächen oder Flüssen bauen.

2 Auf dem Lagerplatz baust du dein Biwak so, dass die offene Seite nicht dem Wind ausgesetzt ist.

3 Zuerst rammst du die beiden gegabelten Äste kräftig in den Boden. Der Abstand zwischen ihnen entscheidet über die Größe des Unterschlupfs. Einen dritten Ast legst du als Querver-

Du brauchst
➡ zwei gleich große gegabelte Äste in deiner Größe (Gabelung mit dem Messer in Form schneiden)
➡ mehrere gerade Äste
➡ mehrere größere Steine

Zum Abdecken und Auspolstern
➡ Zweige von Laub- oder Nadelbäumen, Rinde, Moos, Blätter. Schilf und Stroh funktionieren ebenfalls.

bindung in die Astgabeln der beiden Pfähle und bindest ihn darin fest – zum Beispiel mit frisch geschälten Rindenstreifen oder dünnen, jungen Zweigen. Das ist das Gerüst deiner Unterkunft.

4 Dieses Gerüst wird nun mit einer Schutzwand ausgestattet. Dafür lehnst du mehrere Äste dicht an dicht schräg dagegen. Damit die Äste nicht wegrutschen, legst du einen weiteren Ast quer davor (mit Pflöcken sichern).

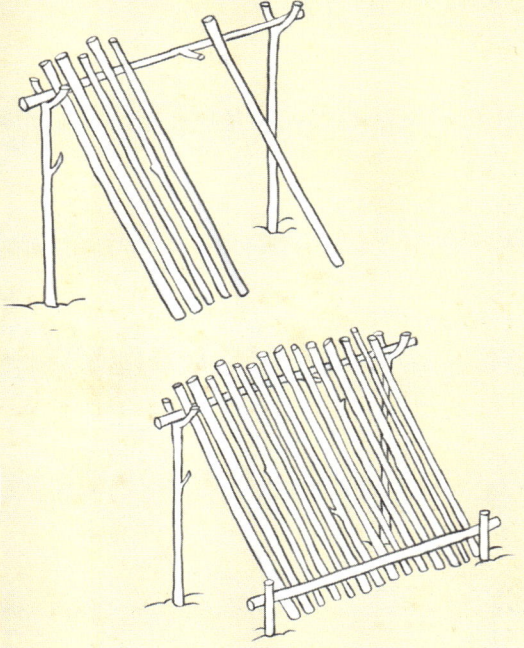

5 Jetzt muss das Schrägdach gedeckt werden: Dafür nimmst du Zweige von Nadel- oder Laubbäumen, Moos, Blätter, größere Stücke von Baumrinde (wie Dachziegel zu benutzen), Schilf, Stroh – was immer du findest. All dies webst du in das Dachgestänge ein. Und zwar von unten nach oben. Zweige von Nadel-

bäumen flechtest du so ein, dass die Außenseite der Zweige auch auf deinem Biwak nach außen zeigt. Dann fließt Regenwasser leichter ab. Dein Unterschlupf schützt dich umso besser, je dicker und dichter du das Dach deckst.

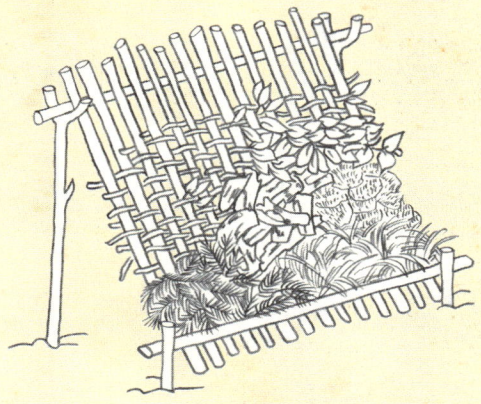

6 Bei besonders kalter Witterung ist es sinnvoll, den Notunterschlupf möglichst klein und möglichst geschlossen, fast wie einen Schlafsack, zu bauen. Die Grundkonstruktion dafür besteht aus zwei Astgabeln, die miteinander verhakt werden, und einem Firstbalken, der am anderen Ende auf der Erde aufliegt.

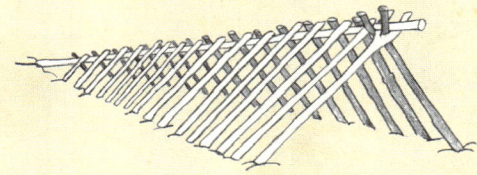

7 Das Innere deiner Notunterkunft solltest du mit Tannenzweigen und trockenen Blättern auslegen. Je weiter weg du vom kalten Boden kommst, umso besser. Bei der unter **6** beschriebenen Konstruktion auch den Eingang von innen verstopfen!

Mit Geheimtinte schreiben

Deine geheimen Nachrichten sollen auch geheim bleiben. Zwei Möglichkeiten bieten sich an: deine Nachricht zu verschlüsseln – wie das geht, erfährst du auf Seite 266 – oder deine Nachricht mit Geheimtinte zu schreiben – wie das geht, erfährst du hier.

Geheimtinte ist eine Tinte, die nach dem Trocknen unsichtbar ist, aber wieder sichtbar gemacht werden kann, wenn die Schrift erhitzt wird. Als Geheimtinte eignen sich Zitronensaft, Milch, Zuckerwasser und Urin.

Zum Schreiben nimmst du eine altmodische Tuschefeder, die du in jedem Schreibwarenladen bekommst. Du kannst dir auch selbst eine Feder aus einem Stück Bambusrohr schneiden – das ist weniger aufwendig als eine Feder aus einem Federkiel. Du brauchst dafür ein sehr scharfes Messer. Solltest du mit deinem Taschenmesser nicht zurechtkommen, bitte deinen Vater, stattdessen mit einem Teppichmesser oder einem Cutter die Feder für dich zu schneiden.

1 Schneide mit einem scharfen Messer ein etwa 20 cm langes Stück vom Bambusrohr ab – so, dass es an einer Seite keinen Knoten hat.

2 Schneide an dieser Seite auf etwa 3 cm Länge eine Hälfte des Rohrs ab.

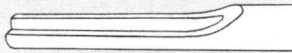

3 Davon trägst du die vordersten 1,5 cm ab, sodass eine ebene Fläche entsteht.

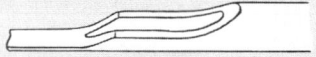

4 Drehe das Rohr um und trage oben soviel Material ab, dass das äußerste Stück eine Dicke von etwa 0,5 mm hat. Wenn dir dabei die Feder abbricht, schneidest du das Rohr gerade ab und beginnst von Neuem.

5 Drehe das Rohr noch einmal, lege es auf eine harte Unterlage und spalte es, indem du etwa 1,5 cm von der Spitze entfernt mit der Spitze deines Messers kräftig auf die Mitte des Rohres drückst, bis die Feder auseinanderplatzt. Sollte dir das nicht gelingen, hast du möglicherweise in Schritt 4 nicht genügend Bambus abgetragen.

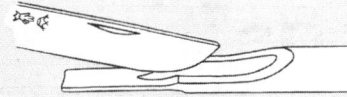

6 Schneide die Seiten zu, sodass vorne eine schmale Spitze entsteht. Ihre Breite entspricht der späteren Schriftbreite.

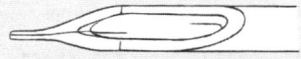

7 Lege das Rohr auf den Rücken und schneide die Spitze schräg zum Ende hin scharf ab. Fertig!

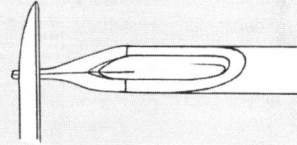

Tarntext mit
unsichtbarer Geheimschrift

Tarntext und
sichtbare Geheimschrift

Handwritten note (left):

HALLO NICK,

SOLLEN WIR UNS

MORGEN UM ELF

BEI EUCH ZUM

FUSSBALLSPIELEN

TREFFEN?

VIELE GRÜSSE

BEN

Handwritten note (right), black text with red secret writing interleaved:

HALLO NICK,

Das Versteck ist
SOLLEN WIR UNS
entdeckt. Der Verräter
MORGEN UM ELF
war Erik aus der 7c.
BEI EUCH ZUM
Wie sollen wir uns
FUSSBALLSPIELEN
rächen? Sag' den
TREFFEN?
anderen Bescheid!
VIELE GRÜSSE
Neues Codewort: Blut!
BEN

Jetzt kannst du die unterschiedlichen Geheimtinten ausprobieren: Welche nach dem Trocknen am wenigsten sichtbar ist, hängt von dem Papier ab, das du verwendest.

Allerdings würde ein leerer Zettel, der abgefangen wird, natürlich großes Misstrauen erregen – die Vermutung, dass mit Geheimschrift geschrieben wurde, läge dann nahe. Deswegen empfiehlt es sich, zusätzlich zum Text in Geheimschrift einen unverfänglichen Text in Klarschrift zu verfassen.

Am besten schreibst du zuerst den Text in Klarschrift und dann zwischen den Zeilen deinen Text in Geheimschrift. Du kannst auch den Tarntext um 90 Grad drehen und dann im rechten Winkel mit der Geheimtinte schreiben, das fällt noch weniger auf. Wenn du dann deinen Text noch zusätzlich verschlüsselst (siehe Seite 266), sind dir deine Geheimnisse nicht mehr zu entreißen.

Sichtbar machst du die Geheimtinte durch Wärme. Klassischerweise passiert das, indem man den Zettel mit der geheimen Nachricht nahe an eine Kerze hält. Allerdings kann es leicht passieren, dass dabei der Zettel Feuer fängt, und die Nachricht auf diesem Zettel wird wohl zeitlebens geheim bleiben. Es empfiehlt sich deshalb, den Zettel zu bügeln.

Wenn du ganz viel Zeit hast, kannst du es auch machen wie der Tyrann Histiaios vor 2500 Jahren: Als er zur Vorbereitung eines Aufstands gegen den persischen König seinem Schwiegersohn eine geheime Botschaft schicken wollte, ließ er den Kopf des Sklaven Spiridon kahl scheren, tätowierte die Nachricht auf dessen Kopfhaut, wartete, bis die Haare nachgewachsen waren, und schickte dann Spiridon als Nachrichtenüberbringer los.

Ins All mit 14 Riesenschritten

1 Das Zeitalter der Raumfahrt hat einen Geburtstag: den 4. Oktober 1957. An diesem Tag gelang der Sowjetunion das bis dahin Unmögliche: einen Satelliten in die Erdumlaufbahn zu bringen. »Sputnik 1« hieß er – eine über 80 Kilo schwere Metallkugel, die mit einem Funksender ausgestattet war und mit einer Trägerrakete ins All geschossen wurde. 21 Tage lang sendete »Sputnik 1« damals Signale aus dem Weltraum auf die Erde. Dann war Funkstille, weil die Batterien verbraucht waren. Von dem Satelliten kam nichts wieder auf der Erde an: »Sputnik 1« verglühte beim Wiedereintritt in die Erdatmosphäre im Januar 1958.

2 Erklärtes Ziel der USA und der Sowjetunion war, auch einen Menschen ins All zu befördern. Dabei lieferten sich die beiden verfeindeten Großmächte einen ehrgeizigen Wettkampf: Jeder wollte der Erste sein. Allerdings: Bevor Menschen auf die gefährliche Reise geschickt werden konnten, musste ein Tier ran. Das Versuchskaninchen war am 3. November 1957 die russische Mischlingshündin Laika. An Bord des Satelliten »Sputnik 2« war Laika das allererste Lebewesen im Orbit. Doch Laika überlebte ihre historische Reise nur wenige Stunden. Durch eine Panne hatte sich die Temperatur in Laikas Raumkapsel auf 40 Grad aufgeheizt. Das war zu viel für die Hündin – sie starb an Hitze und Stress.

3 Es war ein uralter Menschheitstraum: ein Spaziergang auf dem Mond. Durch technische Entwicklungen schien er Ende der 50er Jahre kurz davor, wahr zu werden. Doch noch war es zu gefährlich, gleich einen Menschen auf den Mond zu schießen – die Raumfahrtingenieure wussten noch zu wenig über die Bedingungen, denen sie auf dem Mond ausgesetzt sein würden.
Als Vorbote machte eine sowjetische Rakete den Anfang: Am 14. September 1959 landete »Luna 2« auf dem Erdtrabanten – als erstes Objekt aus Menschenhand. Sensationelle Fotos schickte nur wenige Tage später eine andere sowjetische Sonde zur Erde: »Luna 3« umrundete den Mond und hatte am 7. Oktober 1959 eine Kamera mit Selbstauslöser an Bord. Damit konnte eine Ansicht fotografiert werden, die die Welt bis dahin noch nicht gesehen hatte: die Rücksei-   te des Mondes. Von der Erde aus ist die für uns nämlich stets verbor-   gen, weil der Mond bei seinem Lauf um die Erde genauso lan-   ge braucht wie für die Drehung um seine eigene Achse.

1 **2**
1957

3
1959

4
1961

4 Der erste Mensch im All war Juri Gagarin. Am 12. April 1961 verbrachte der 27-jährige Russe an Bord des Raumfahrzeugs »Wostok 1« exakt 108 Minuten im Weltraum und umrundete die Erde. Auf dem Rückweg wurde Gagarin sieben Kilometer über dem Boden mit einem Schleudersitz aus dem Raumfahrzeug katapultiert. Wie geplant landete er mit dem Fallschirm in einer einsamen Gegend in Südrussland.

Und wie er da in seinem wulstigen Raumanzug über einen Acker stapfte, jagte er zwei Bäuerinnen einen gehörigen Schrecken ein – bei seinem Anblick dachten die Frauen, ein Marsmännchen vor sich zu haben. Doch Gagarin beruhigte sie: »Habt keine Angst, ich bin ein Sowjetmensch wie ihr, der aus dem Weltraum heruntergekommen ist, und ich brauche ein Telefon, um in Moskau anzurufen.«

Drei Wochen nach Gagarin zogen die USA nach: Am 5. Mai 1961 war Alan Shepard der erste Amerikaner, der durchs All flog.

5 Bis dahin hatten die amerikanischen Astronauten und die russischen Kosmonauten im All ihr Raumfahrzeug nicht verlassen. Das änderte sich am 18. März 1965. An dem Tag stieg der Russe Alexej Leonow aus der Raumkapsel und unternahm den ersten Weltraumspaziergang der Menschheitsgeschichte. Zwölf Minuten lang war er an einer Sicherungsleine im All unterwegs.

Beinahe hätte dieser erneute Etappensieg der Sowjetunion ein tragisches Ende gehabt: Wegen seines aufgeblähten Raumanzugs wäre Leonow um ein Haar nicht wieder zurück in die Kapsel gekommen. Er musste etwas Luft aus seinem Anzug lassen – eine Zitterpartie, denn zu viel abzulassen wäre für ihn lebensgefährlich gewesen. Doch Leonow hatte Glück und das richtige Händchen: Er kehrte wohlbehalten zur Erde zurück.

6 Der 20. Juli 1969 gilt noch immer als Sternstunde der Raumfahrt: An dem Tag landeten die ersten Menschen auf dem Mond. Vier Tage hatte die Reise mit dem amerikanischen Raumschiff »Apollo 11« von Cape Canaveral in Florida gedauert. Kurz vor dem Ziel trennte sich die Mondlandefähre »Eagle« wie vorgesehen mit zwei Astronauten von »Apollo 11«. Die beiden Astronauten, Neil Armstrong und Buzz Aldrin, sollten weiter zum Mond fliegen und aussteigen. Als die Mondlandefähre »Eagle« aufsetzte, funkten sie um kurz nach 20 Uhr zur Erde: »The Eagle has landed« – der Adler ist gelandet. Wenige Stunden später, aber schon nach

5 1. europäischer Satellit **6**

1965   1968   1969

Mitternacht, also am 21. Juli 1969, war es so weit: Neil Armstrong betrat als erster Mensch den Mond. Dabei sprach er die geschichtsträchtigen Worte, die zur Erde gefunkt wurden: »Ein kleiner Schritt für einen Menschen, aber ein großer Sprung für die Menschheit.« Nach ihm betrat Buzz Aldrin den Mond. Etwa zwei Stunden lang hatten die beiden dort jede Menge zu tun: Sie hissten die US-amerikanische Flagge, bauten wissenschaftliche Instrumente auf und sammelten kiloweise Mondgestein. Außerdem filmten sie ihre Expedition. Drei Tage später, am 24. Juli 1969, landeten die ersten Mondtouristen wieder auf der Erde. Seitdem haben insgesamt zwölf Menschen den Mond betreten, allesamt Amerikaner, Teilnehmer des US-Mondprogramms Apollo. Der vorerst letzte Mondspaziergang ist inzwischen allerdings auch schon lange her – am 14. Dezember 1972 trat ihn Gene Cernan an. Seitdem niemand mehr.

7 Kein Mensch hat bisher einen der anderen Planeten in unserem Sonnensystem mit eigenen Augen gesehen – für die bemannte Raumfahrt sind sie (noch) zu weit entfernt. Zumindest mit unseren derzeitigen technischen Möglichkeiten. Doch Raumsonden waren schon dort: 1970 erreichte eine sowjetische Sonde zum ersten Mal die Venus, fünf Jahre später konnten die ersten Fotos von der Oberfläche aufgenommen werden. Bereits ein Jahr zuvor, 1974, hatte die amerikanische Sonde »Mariner 10« im Vorüberfliegen den von Kratern übersäten und glühend heißen Merkur fotografiert. Die ersten Bilder vom Mars stammen aus dem Jahr 1971. Zum ersten Mal setzte ein Raumfahrzeug 1997 auf dem Mars auf. Wie der Jupiter und seine Monde aussehen, wissen wir seit 1995 – von Bildern, die die Jupitersonde »Galileo« aufgenommen hat.

8 Längere Aufenthalte im All statt kurzer Stippvisiten – das war das nächste Etappenziel in der Geschichte der Raumfahrt. Für aufwendige Experimente und Untersuchungen war es vonnöten, dass die Raumfahrer ihr Lager im Weltraum aufschlagen – an Bord einer Raumstation. Im Mai 1973 gelang dies den Amerikanern: Sie errichteten das erste »Skylab«, ein Labor im Weltraum. Bereits einen Monat später arbeiteten dort US-Astronauten 28 Tage am Stück – so lange war noch kein Mensch vor ihnen im All geblieben.

9 Auch Europa ist im All vertreten: 1975 wurde die europäische Raumfahrtorganisation ESA (»European Space Agency«) gegründet, der erste

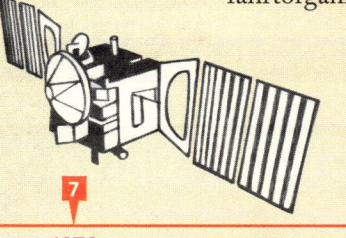

1. Marsfoto

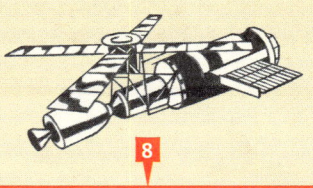

1. Deutscher
im All

7 1970

8 1973

1978

9 1979

europäische Satellit wurde bereits 1968 auf den Weg gebracht. Die Trägerrakete »Ariane 1« absolvierte 1979 den ersten Flug.

10 Der erste Deutsche im All war Ulf Merbold – nicht. In der Bundesrepublik wurde Merbold als Pionier gefeiert, aber diese Ehre gebürt eindeutig Siegmund Jähn aus der DDR. Bereits fünf Jahre vor Merbold war Jähn zur sowjetischen Raumstation Saljut 6 geflogen. Merbold war 1983 »nur« der erste Nichtamerikaner auf einer US-Mission ins All – an Bord des zwei Jahre zuvor von der NASA eingeführten Spaceshuttles.

11 In der Geschichte der Raumfahrt gab es nicht nur große Triumphe zu feiern, sondern auch Opfer zu beklagen: Bei Pannen, Unfällen und Fehlschlägen starben immer wieder zahlreiche Menschen. Eine der schlimmsten Katastrophen ereignete sich am 28. Januar 1986: Nur etwas mehr als eine Minute nach dem Start in Cape Canaveral/Florida, explodierte die amerikanische Raumfähre »Challenger« in 15 Kilometer Höhe. Dabei kamen sieben Astronauten ums Leben, das war die gesamte Besatzung. Das tragische Unglück verfolgten viele Millionen Menschen am Fernseher – der Start der »Challenger« wurde live übertragen. Kameras filmten, wie zuerst Rauch das Raumschiff umhüllte, dann eine Stichflamme herausschoss und die Challenger schließlich auseinanderbrach. Ausgelöst worden war die Katastrophe vermutlich durch einen Materialfehler: Ein defekter Dichtungsring soll zu der Explosion geführt haben.

12 Die scheinbar unendliche Weite des Weltraums ist unvorstellbar, der weitaus größte Teil davon noch unerforscht. Doch seit 1990, seit das Weltraumteleskop »Hubble« in 575 Kilometer Höhe um die Erde kreist, können wir uns ein Bild vom All machen, zumindest von einem winzigen Ausschnitt. Doch was wir da mithilfe des über elf Tonnen schweren »Hubble« zu sehen bekommen, ist sensationell: Bilder von anderen Galaxien, planetarischen Nebeln oder den Nachweis schwarzer Löcher. »Hubble«, das mit seinen Spiegeln so ähnlich funktioniert wie ein Teleskop auf der Erde, gewährt uns einen Blick in die Tiefe des Alls – bis zu Sternen, die Milliarden Lichtjahre von uns entfernt sind. Das Teleskop verrät Forschern also viel über die Entstehung des Universums, die rund

10
1981

1. Nichtamerikaner
im Spaceshuttle
11
1983   1986

13,7 Milliarden Jahre zurückliegen soll. Echte »Hubble«-Aufnahmen dienten übrigens auch als Filmkulisse in der Science-Fiction-Serie »Star Trek«. Das Orbitalobservatorium wird hin und wieder von Astronauten gewartet und repariert – bis 2013 soll es in Betrieb bleiben und dann durch das James-Webb-Weltraum-Teleskop ersetzt werden. Danach muss »Hubble« aus seiner Umlaufbahn entfernt werden, um beim Eintritt in die Erdatmosphäre keinen Schaden anzurichten. Die riesigen Spiegel würden dabei nämlich nicht verglühen.

13 Seit ein paar Jahren gibt es eine Art ständige Vertretung der Menschheit im Weltraum – die Internationale Raumstation ISS, ein Gemeinschaftsprojekt von USA und Russland. Die stets bemannte ISS, die in 350 Kilometer Höhe am Himmel kreist, besteht aus mehreren Forschungslaboren, die seit 1998 nach und nach zusammengesetzt worden sind. Laufend kommen neue Bauteile hinzu und bilden inzwischen ein Hightech-Lager im All. Wenn alles nach Plan verläuft, soll die ISS bis 2011 fertiggestellt sein – mit dann 110 Meter Länge und 90 Meter Breite. Seit dem Jahr 2000 leben ohne Unterbrechung Wissenschaftler an Bord der ISS, die Wartungsarbeiten und Experimente durchführen. Aufgrund der starken Belastung durch den Einsatz im All wird die Mannschaft jedoch regelmäßig ausgetauscht.

14 Ein Flug in einem Raumschiff – seit dem Jahr 2001 ist das nicht mehr nur professionellen Astronauten möglich, sondern auch ganz normalen Menschen. Vorausgesetzt, sie sind kerngesund und absolvieren erfolgreich eine Serie von Belastungstests. Und ja, wohlhabend müssen sie auch sein, denn ein Flug ins All ist teuer: Schätzungsweise 20 Millionen Dollar blätterte der Amerikaner Dennis Tito dafür hin. 2001 startete er als erster Weltraumtourist ins All, wo er eine Woche verbrachte. Mit seiner Reise begann das Zeitalter der kommerziellen Raumfahrt.
Inzwischen sind schon mehrere reiche Privatpersonen Tito gefolgt und haben die Internationale Raumstation ISS besucht. Es gibt sogar ein Reisebüro, das Flüge ins All vermittelt: Es heißt »Space Adventures« und hat seinen Sitz in den USA. Künftig sollen weitere Ziele für Weltraumtouristen dazukommen: ein Flug rund um den Mond oder gar eine Landung auf dem Mond. Doch das ist noch Zukunftsmusik.

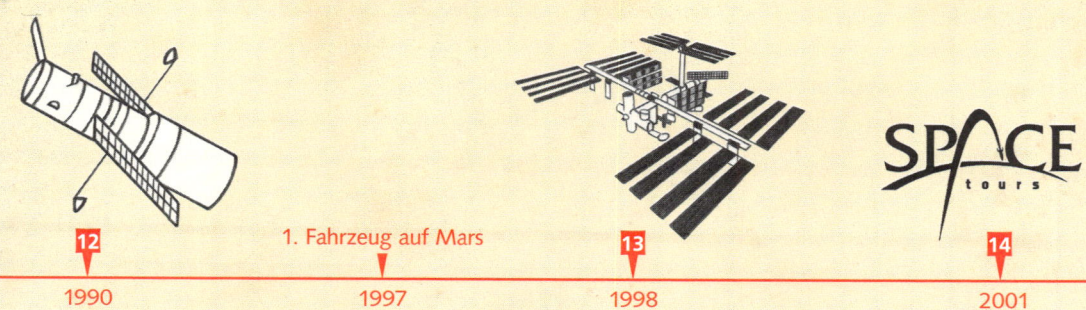

12 1. Fahrzeug auf Mars   **13**   **14**

1990   1997   1998   2001

Die Überlebensdose

Am wichtigsten in jedem Notfall: dein Offiziersmesser (siehe Seite 8). Aber das hast du ja sowieso dabei. Zusätzlich solltest du dir für den Fall der Fälle eine Dose zusammenstellen, die deine Chancen auf Überleben abseits der Zivilisation deutlich vergrößert.

In eine **Filmdose,** die immer noch im Fotogeschäft zu bekommen ist, passen bei guter Packtechnik und entsprechend kleinem Material:

- ❖ Angelhaken mit drei Metern Angelschnur (die Angelschnur kannst du universal verwenden, also für alles, das mit einer starken Schnur verknotet werden muss)
- ❖ Plastikfolie (möglichst dünn, Abdeckfolie für Malerarbeiten, auf 1,5 × 1,5 Meter zurechtschneiden): um Wasser zu destillieren (siehe Seite 13)
- ❖ 6 wasserfeste Streichhölzer mit Reibefläche (Köpfe in heißes Wachs tauchen, Reibefläche in den Deckel kleben)
- ❖ Mini-Kompass: Den gibt es auch als Clip für den Schlüsselanhänger – so gewinnst du Platz in der Dose. Unbedingt darauf achten, dass der Kompass nicht nur ein Spielzeug ist, sondern wirklich zuverlässig die Himmelsrichtungen anzeigt (siehe auch Seite 233)
- ❖ 2 Drahtstücke à 10 cm
- ❖ 1 Sicherheitsnadel
- ❖ Nähnadel mit 1 m Faden
- ❖ 1 Brühwürfel (für die Salzversorgung)
- ❖ 2 Paracetamol-Tabletten (gegen Fieber und Schmerzen)
- ❖ Wasserentkeimungstabletten (dann musst du Wasser nicht abkochen)
- ❖ kleine Tüte aus hauchdünnem Plastik (dann musst du das Wasser nicht in deinem Schuh entkeimen)
- ❖ feste Alu-Folie (falls noch welche reingeht)

Wenn du eine **kleine Blechdose** nimmst (Tabaksdose, Dose für Bonbons wie z.B. Altoids), passen zusätzlich zur oben beschriebenen Ausrüstung hinein:

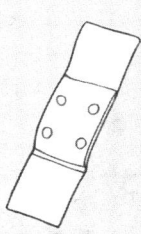

- ❖ mehr wasserfeste Streichhölzer
- ❖ kleine Trillerpfeife (für Notsignale)
- ❖ Taschenspiegel (für Notsignale): Manche Reisekulturbeutel haben eine Plastikspiegel, der ist dünn und unzerbrechlich. Vielleicht ist aber der Deckel deiner Blechdose so glatt und poliert, dass er wie ein Spiegel funktioniert – ausprobieren
- ❖ Mini-LED-Taschenlampe (etwa 7 cm lang, Batterien halten Tausende von Stunden): Die gibt es auch als Clip für den Schlüsselanhänger – so gewinnst du Platz in der Dose

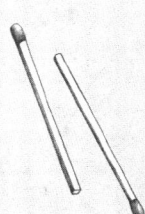

- ❖ zwei Stück Gewebeklebeband (aufeinander in die Dose kleben)
- ❖ Traubenzucker
- ❖ Wischtuch zur Wunddesinfektion
- ❖ 2 m dickere Schnur
- ❖ 50 cm Draht
- ❖ 1 stabilere Plastiktüte
- ❖ Esbit-Tabletten oder anderer Brennstoff
- ❖ Ikea-Bleistift und Papier
- ❖ Rettungsdecke (passt nur in eine größere Tabaksdose)

Die meisten Blechdosen sind, anders als die Filmdose, nicht wasserdicht. Du musst also den Inhalt zusätzlich in eine Plastiktüte packen oder die Dose ringsum mit einem zusätzlichen dünnen Streifen Gewebeklebeband abkleben.

Elf Sportarten, die nicht jeder kennt

Extrembügeln

Da soll jetzt keiner denken, Extrembügeln sei eigentlich gar kein Sport, sondern schlecht kaschierte Hausarbeit: Extrembügeln ist extrem anstrengend, verlangt körperliche Fitness und großes Geschick. Die meisten Extrembügler sind Männer. Beim Extrembügeln geht es darum, unter widrigsten Umständen und an ungewöhnlichen Orten zu bügeln. Samt Bügelbrett und Bügeleisen balancieren Extrembügler beispielsweise im Gebirge – sogar auf dem 5895 Meter hohen Kilimandscharo wurde schon gebügelt –, unter Wasser, beim Sprung aus einem Flugzeug, auf der Autobahn, an einer Hausfassade oder auf Bäumen. Dabei geht es nicht nur darum, an einem abwegigen Ort zu bügeln. Auch das Ergebnis zählt: Die Bügelwäsche muss glatt aus der abenteuerlichen Hangelei hervorgehen.

Diese Extremsportart gibt es erst seit ein paar Jahren in Deutschland. Erfunden hat sie 1997 ein Engländer. Der war begeisterter Bergsteiger und hatte es satt, an seinen freien Samstagen die Bügelwäsche zu erledigen. Viel lieber wollte er raus, in die Berge. Also nahm er die Bügelwäsche einfach mit. Was als verrückte Idee begann, ist längst ein Sport – Weltmeisterschaften inklusive.

Parkour

Nicht verwechseln: Parkour hat zwar entfernt mit einem Parcours, also einem Hindernislauf, zu tun, ist aber deutlich schwieriger. Bei einem normalen Parcours muss mal um eine Stange gelaufen oder über einen Turnkasten gehüpft werden, doch bei dem Extremsport Parkour können die Hindernisse nahezu unüberwindlich, grö-

ßer – und gefährlicher sein. Bewältigt werden muss nämlich kein künstlich angelegter Hinderniskurs, sondern das, was sich dem Läufer in den Weg stellt.

Allerdings: Läufer ist nicht das richtige Wort. Die Sportler beim Parkour nennen sich Traceure. Beide Ausdrücke sind französisch, denn dort wurde dieser Sport erfunden. Ein Traceur ist jemand, der sich selbst den Weg ebnet. Sein Ziel ist es, ohne Umwege von A nach B zu gelangen, zumeist im Großstadtdschungel. Egal, worauf er unterwegs stößt – er versucht, einfach über das Hindernis hinwegzumarschieren, zu klettern, zu hangeln oder zu klimmen. Zäune, Mauern, Müllcontainer, Telefonhäuschen oder parkende Autos sind da noch eher leicht zu nehmende Hürden.

Manchmal klettern Traceure auch schnurstracks die Hauswände hoch oder springen wie eine Katze über eine Häuserschlucht, von einem Dach zum nächsten. Das hat was von der halsbrecherischen Akrobatik eines Stuntmans. Und ebenso wie der brauchen Traceure viel Kraft und eine starke Körperbeherrschung. Außerdem müssen sie ihre Fähigkeiten gut einschätzen – sonst kann dieser Sport lebensgefährlich werden.

Treppenlaufen

Was viele Leute lästig finden, ist für andere ein Sport: Treppensteigen. Die Treppenhäuser von Hochhäusern und Wolkenkratzern sind für sie das perfekte Trainingsgelände. Und hier finden auch die Wettbewerbe statt. Das berühmteste Hochhausrennen der Welt ist das im Empire State Building in New York. Jedes Jahr sprinten Athleten die 1576 Stufen

bis zur Aussichtsplattform hinauf. Dabei erklimmen sie 86 Stockwerke und überwinden 320 Höhenmeter. Die Schnellsten schaffen die Strecke in weniger als zehn Minuten – das sind fast drei Stufen pro Sekunde!

In den vergangenen Jahren stand mehrfach Thomas Dold aus Deutschland auf dem Siegertreppchen. Um sich optimal auf den Wettkampf vorzubereiten, erklimmt der Student zu Trainingszwecken öfter mal per Treppenhaus den Wolkenkratzer einer großen Bank in Frankfurt. Thomas Dold ist übrigens auch Weltmeister in einer anderen kuriosen Sportart – im Rückwärtslaufen.

Speedski

Höhere Geschwindigkeiten werden bei keinem anderen Sport erreicht – zumindest nicht ohne Motor: Beim Speedski rasen Skifahrer in der Hocke mit bis zu 250 Stundenkilometern den Abhang hinunter. Allerdings: Abhang klingt viel zu harmlos. Freier Fall kommt der Sache näher: Speedski-Pisten haben ein Gefälle von bis zu 100 Prozent und sind spiegelglatt, dadurch beschleunigen die Fahrer in wenigen Sekunden auf Höchstgeschwindigkeit.

Das ist mit ganz normalen Brettern natürlich nicht möglich. Speedskier sind etwa 2,40 Meter lang, breiter als gewöhnliche Abfahrtskier und werden mit Spezialwachs beschichtet. Um der Luft möglichst wenig Widerstand entgegenzusetzen, tragen die Fahrer aerodynamisch geformte Helme, hautenge Anzüge und kleine Spoiler an den Skischuhen.

Es gibt nicht sehr viele Menschen, die den Herausforderungen dieses Extremsports

gewachsen sind. Man schätzt, dass es in der ganzen Welt nur etwa 2000 Sportler gibt. Zum Vergleich: Der Deutsche Fußball-Bund hat sechs Millionen Mitglieder.

Die schnellsten Skipisten befinden sich in den französischen Alpen. Hier werden auch immer wieder neue Höchstgeschwindigkeiten erzielt. Der derzeitige Rekord liegt bei 252,4 Stundenkilometern – mit diesem Tempo ist der Italiener Simone Origone auf der Speedski-Piste in Les Arcs zu Tal gestürzt. Er gilt daher als der schnellste Mann auf Skiern. Zum Vergleich: Beim Abfahrtslauf im Ski Alpin werden »nur« Geschwindigkeiten von 160 Stundenkilometern erreicht.

Sumpf-Fußball

Ein Fußballmatch auf der Wiese ist anstrengend, eines am Strand anstrengender, doch am anstrengendsten ist Fußball im Schlamm. Sumpf-Fußball war deshalb am Anfang auch eher als extrem hartes Konditionstraining gedacht und nicht als eigenständige Sportart. In Finnland, wo Sumpf-Fußball entstanden ist, machten sich so zum Beispiel Skifahrer während des Sommers fit für die Wintersaison.

Doch inzwischen ist Sumpf-Fußball (internationale Bezeichnung: Swamp Soccer) ein offizieller Sport. Gespielt wird nach den nur leicht abgeänderten Fußballregeln. Jedes Jahr gibt es in Finnland eine Weltmeisterschaft, bei der Mannschaften mit jeweils sechs Spielern aus über 100 Nationen gegeneinander antreten. Das Spielfeld besteht dabei vollständig aus Schlamm.

Ein Match ist extrem anstrengend: Die Spieler versinken bis zu den Knöcheln, manchmal gar bis zu den Knien im Matsch.

Um dies zu verhindern, dürfen sie möglichst nicht stehen bleiben. Die schnelle Bewegung und der Kampf gegen den zähen Schlamm sind sehr kraftraubend. Eine Halbzeit dauert daher nur zwölf Minuten. Weil es erschöpfungsbedingt sehr oft zu Spielerausfällen kommt, sitzen immer genügend Auswechselspieler auf der Ersatzbank.

Gummistiefelweitwurf

Diskus- oder Speerwurf sind seit der Antike ernst zu nehmende Sportarten und Teil der Leichtathletik. Gummistiefelweitwurf hört sich dagegen eher wie ein Witz an. Ist es aber nicht: Längst werden Weltmeisterschaften und Worldcup-Turniere ausgetragen, bei denen ein Gummistiefel so weit wie möglich geschleudert werden muss.

Wer diesen Sport erfunden hat, darüber ist man sich nicht ganz einig. Die einen sagen, es waren Seeleute, die zum Zeitvertreib (und weil sie nichts Besseres zur Hand hatten) vor über 100 Jahren Weitwurfwettbewerbe mit ihren Gummistiefeln veranstalteten. Es können auch Soldaten gewesen sein, wie es eine andere Version der Geschichte des Gummistiefelweitwurfs behauptet. Fest steht: Dieser verrückte Sport stammt wie der Sumpf-Fußball aus Finnland.

Wieso gerade der Gummistiefel? Als Wurfgeschoss ist er eher sperrig und alles andere als aerodynamisch. Aber gerade darin liegt der Reiz: Weil ein beschleunigter Gummistiefel in der Luft rasch an Tempo verliert, muss der Athlet ihn mit einer ausgeklügelten Wurftechnik wegschleudern. Dabei drehen sich die Sportler, so ähnlich, wie dies auch Diskuswerfer tun. Seit Neuestem ist das Wurfgerät bei

Meisterschaften übrigens nicht mehr aus Gummi, sondern aus Kunststoff. Dieser neue Stiefel fliegt besser als der gute alte Gummistiefel. Der derzeitige Weltrekord liegt bei 65,54 Meter.

Wie bei anderen Sportarten auch ist die Art des Wurfgeschosses exakt vorgeschrieben: Jugendliche werfen stets mit einem Stiefel, der die Schuhgröße 38 hat, Kinder mit Größe 33, Männer mit Größe 43 und Frauen mit Schuhgröße 38. So wird sichergestellt, dass Größe und Gewicht des Stiefels identisch sind. Bei Jugendlichen beispielsweise wiegt das Wurfgerät etwa 700 Gramm, bei Männern ein Kilo. Ob es sich dabei um einen rechten oder einen linken Stiefel handelt, ist hingegen egal.

Kitebuggy-Fahren

Kitebuggys sind zwei Sportgeräte in einem: Ein Kite ist ein (Lenk-)Drachen, ein Buggy eine Art Kart, bloß mit drei dicken Ballonrädern und einer Liege als Sitz. Mit diesem Fahrzeug fegen Kitebuggy-fahrer über den Strand – in Deutschland zum Beispiel an der Nordsee in St. Peter-Ording oder auf den Inseln Borkum und Spiekeroog. Dabei wird das Dreirad vom darüber segelnden Drachen gezogen. Damit das klappt, muss der Fahrer mit der Steuerleine in seinen Händen den Drachen so in den Wind stellen, dass er genug Auftrieb und Kraft entwickelt, um das Gefährt samt Besatzung zu beschleunigen. Profis erreichen so bis zu 100 Stundenkilometer – für den Fahrer fühlt sich das aber locker wie Tempo 200 an, weil er so nah am Boden sitzt.

Der Kitebuggy wird über die Achse des einzelnen Vorderrads mit den Füßen gesteuert, ein Lenkrad gibt es nicht – die Hände sind ja am Drachen – und auch keine Bremse. Soll das Fahrzeug gestoppt werden, muss der Fahrer den Drachen aus dem Wind holen und den Kitebuggy querstellen.

Sprungstelzen

Große Sprünge machen Läufer, die sich ein Paar Sprungstelzen an die Füße schnallen. Das sind gebogene Glasfaserstäbe mit einer speziellen Sprungfeder. Festhalten wie bei normalen Stelzen muss man sich daran nicht – sie sind mit einer Hightech-Bindung direkt am Schuh befestigt. Damit sind Hüpfer von bis zu drei Meter Höhe möglich – weshalb Sprungstelzen auch »Känguru-Schuhe« genannt werden. Wie auf einem Trampolin können Profis damit Saltos und Luftsprünge machen. Sprungstelzen sind übrigens keine Erfindung von Sportlern, sie stammen vielmehr aus der Raumfahrt: Mit einem ähnlichen Gerät unter den Füßen werden Astronauten auf ihre Ausflüge in der Schwerelosigkeit vorbereitet.

Dreifach unmöglich

Der Name sagt es schon: Eigentlich unmöglich – das sind die Sportarten, die jedes Jahr beim »Impossibility Challenge« vorgeführt werden. Zu den Disziplinen gehörten bislang: Jonglage mit Kettensägen, Spagat zwischen zwei Autos oder Liegestütz an einer Hauswand. Einer der Teilnehmer balancierte auch mal mit einem Kopfstand auf dem Dach eines fahrenden Autos, einer anderer hat schon Stahlnägel mit den Zähnen zerbrochen. Nicht zur Nachahmung empfohlen.

Herausforderungen des Alltags: So überlebst du einen Tsunami

Als am zweiten Weihnachtstag 2004 ein Tsunami im Indischen Ozean wütete, starben über 230 000 Menschen. Die meisten Toten und die schlimmsten Zerstörungen gab es in Indonesien, Thailand, Indien und auf Sri Lanka, selbst im Tausende Kilometer entfernten Afrika starben Menschen.

Doch inmitten dieser verheerenden Naturkatastrophe gab es auch erstaunliche Überlebensgeschichten. Ein ganzer Strand voller Urlauber verdankt der 10-jährigen Tilly Smith aus England die Rettung: Kurz vor dem Urlaub hatte Tilly in der Schule gelernt, woran man Tsunamis erkennt. Als sie an diesem Weihnachtsmorgen an einem Strand auf der thailändischen Insel Phuket beobachtete, wie sich das Meer sehr eigenartig zurückzog, wusste sie sofort Bescheid: Ein Tsunami war im Anmarsch. Nur weil Tilly Alarm schlug, wurde der Strand sofort geräumt. Er war einer der wenigen Orte auf Phuket, wo niemand zu Tode kam.

Was ist ein Tsunami?

Ein Tsunami ist eine Reihe von extrem hohen Wellen, die mit gewaltiger Kraft über die Küste hereinbrechen. Mit den Gezeiten, also mit Ebbe und Flut, hat ein Tsunami nichts zu tun, auch wenn er manchmal als Flutwelle bezeichnet wird. Ebbe und Flut entstehen, weil die Schwerkraft des Mondes das Meer anzieht oder abstößt. Ein Tsunami hingegen wird ausgelöst, wenn sich der Meeresboden ruckartig bewegt.

Das ist zum Beispiel nach einem starken Seebeben der Fall, also einem Erdbeben unter dem Meeresboden. Von einer solchen Erschütterung wird das Wasser in Bewegung gesetzt. Und zwar sehr viel mehr Wasser als bei gewöhnlichen Wellen. Das liegt daran, dass bei einem Tsunami die gesamte Wassermenge aufgewirbelt wird. Normale Wellen reichen nie bis ganz in die Tiefe.

Ein Tsunami kann in Windeseile über den Ozean jagen, je nachdem, wie tief das Meer ist. Seine Geschwindigkeit reicht von etwa 50 km/h in flachen Gewässern bis zu 800 Stundenkilometern im tiefen Ozean. Das ist so schnell wie ein Düsenflugzeug.

Tsunami ist japanisch und bedeutet »Welle im Hafen«. Der Name beschreibt eine ganz besondere Eigenart des Tsunamis: Auf hoher See ist davon kaum etwas zu spüren. Die Wellen sind hier noch nicht einmal einen Meter hoch. Erst an der Küste, vor allem an flachen Buchten, türmen sie sich zu haushohen Brechern auf. Denn wenn die schnellen Wellen auf das flache Ufer krachen, stauen sie sich auf, und ihre gesamte Kraft wird auf einen viel begrenzteren Raum konzentriert. Die Wellen schießen in die Luft, manchmal bis zu 50 Meter hoch.

Verhaltenstipps

Ein Tsunami hat immer einen Vorboten, der die Riesenwellen ankündigt: Das Meer

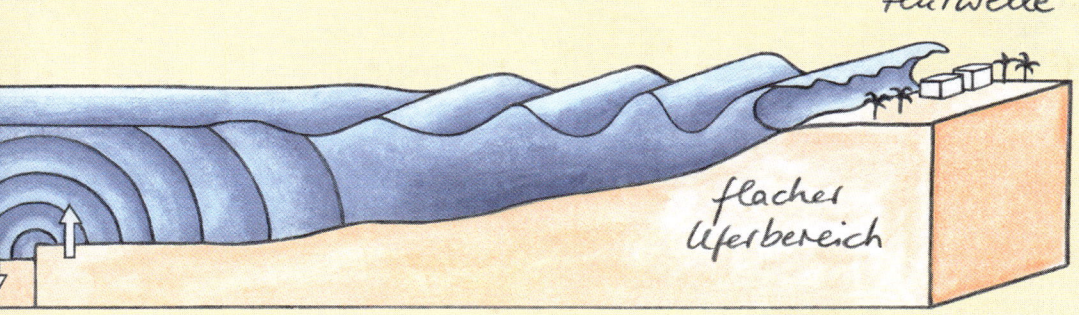

Flutwelle

flacher
Uferbereich

Seebeben als
Tsunami - Auslöser

Der Tsunami prallt auf eine flache Küste – die Welle wird turmhoch und entfaltet so ihre zerstörerische Kraft.

zieht sich plötzlich von der Küste zurück, der Wasserspiegel sinkt rapide, viel schneller als bei Ebbe. Wenn du dies beobachtest, alarmiere die Leute in deiner Nähe und suche Schutz an einem höher gelegenen Ort, so weit weg von der Küste wie möglich. Auch in den obersten Stockwerken eines Stahlbeton-Hochhauses bist du sicher aufgehoben. Was du auf gar keinen Fall tun darfst: in das abgesaugte Meer hinauslaufen oder am Strand stehen bleiben, um das Naturschauspiel zu beobachten. Nimm die Beine in die Hand!

Historische Tsunamis

1964	gesamte Westküste der USA
1908	Messina (Italien)
1883	heutiges Indonesien (nach Ausbruch des Vulkans Krakatau)
1755	Lissabon (Portugal)
1601	Vierwaldstätter See (Schweiz)

Auch an dem Verhalten der Tiere kannst du einen herannahenden Tsunami erkennen. Viele von ihnen haben offenbar ein eingebautes Frühwarnsystem. Nach dem Tsunami 2004 haben Augenzeugen berichtet, dass Elefanten in Indien landeinwärts geflüchtet waren, bevor die ersten Wellen kamen; Vögel seien laut kreischend davongeflattert, Schlangen in Massen aus den Häusern gehuscht. Wie dieser sechste Sinn der Tiere genau aussieht, können Wissenschaftler bisher noch nicht richtig erklären. Auffällig aber ist, dass bei dem Tsunami 2004 kaum Tiere gestorben sind.

Nachdem du einen hoch gelegenen Zufluchtsort gefunden hast, musst du dort mehrere Stunden ausharren. Bloß nicht voreilig zur Küste zurückkehren! Rechne immer mit mehreren Wellen. In Südostasien kamen nacheinander bis zu sechs Flutwellen. Von einer Riesenwelle bis zur nächsten kann es zwischen zehn Minuten und einer Stunde dauern. Am besten, du bleibst so lange an dem geschützten Ort, bis du ein Signal zur Entwarnung hörst.

Deutschlandreise einmal anders

Wer sagt denn, eine Deutschlandreise wäre eine Tour nach Berlin, Hamburg und München, für amerikanische Touristen vielleicht noch nach Heidelberg und Neuschwanstein? Viele spannende Dinge stehen in keinem Reiseführer. Unsere Schatzkarte hilft dir, sie zu finden.

Schreib mal wieder – einem Baum

Einen Baum, der Briefe beantwortet – so was gibt es nur in Düsseldorf. Da hockt ein Geist, »Jüchtwind« mit Namen, in einer 200 Jahre alten Rosskastanie im Stadtteil Himmelgeist (der heißt wirklich so!) und schreibt Brieffreunden in ganz Deutschland. All jenen eben, die ihm eine Botschaft schicken.

Ein Baum,
der Briefe beantwortet

Neben der Himmelgeister Rosskastanie gibt es noch die Bräutigamseiche in Eutin in Schleswig-Holstein. Einsame Herzen schreiben an: Bräutigamseiche, Dodauer Forst, 23701 Eutin. Der Briefträger schaut jeden Tag vorbei, klettert die eigens für diesen Zweck aufgestellte drei Meter hohe Leiter und steckt die Briefe (rund 1000 Stück im Jahr) in ein Astloch. Jeder darf vorbeikommen und schauen, ob etwas für ihn dabei ist. Bis zum nächsten Tag ist das Astloch schon wieder leer. Über 100 Ehen soll die Bräutigamseiche so schon gestiftet haben – und noch mehr Brieffreundschaften, denn es schreiben Menschen aus der ganzen Welt.

Wer nicht auf Brautschau ist oder keinen Brieffreund sucht, hält sich besser an den Baumgeist Jüchtwind. Der schreibt nämlich auch zurück. Seine Adresse: Himmelgeister Kastanie, Kölner Weg, 40589 Düsseldorf. Ganz wichtig: Lege deinem Brief eine 45-Cent-Briefmarke bei, sonst erhältst du keine Antwort. Denn der Baumgeist kann zwar schreiben, Geld für Briefmarken hat er aber nicht.

Die Lumme kumme

Todesmutig stürzen sich jedes Jahr im Frühsommer Tausende Küken von einem 40 Meter hohen Felsen ins Meer – obwohl sie noch gar nicht fliegen können. Dennoch kommt kaum einer der erst drei Wochen alten Jungvögel zu Schaden. Diese Mutprobe heißt Lummensprung und ist ein Naturspektakel, das es nur auf Helgoland gibt, Deutschlands einziger Hochseeinsel.

Die Küken sind junge Trottellummen. Eine Trottellumme ist ein Meeresvogel, der fast sein ganzes Leben im Wasser verbringt. Denn dort kann er sich am besten fortbewegen – die Lummen sehen ein bisschen aus wie Pinguine und haben nur sehr schmale Flügel, die zum Fliegen in der Luft nicht recht taugen, wohl aber zum Schwimmen und Tauchen.

Doch zum Brüten braucht auch eine Trottellumme festes Land – und wählt dafür den Vogelfelsen auf Helgoland. Wenn die jungen Lummen drei Wochen alt sind, sind sie reif fürs Leben im Meer. Dahin müssen sie aber erst einmal kommen. Also warten die Vogeleltern auf das richtige Wetter (es darf nicht zu stürmisch sein, sonst treibt der Wind die Leichtgewichte davon), flattern selbst ins Wasser und locken von unten aus ihre Jungen mit Rufen vom Felsen.

Ein Naturspektakel, das es nur auf Helgoland gibt

Anschlag aus dem All

Vor über 14 Millionen Jahren wurde Deutschland von einem Riesenmeteoriten getroffen. Ein Meteorit ist ein Himmelskörper aus Stein oder Metall, der rasend schnell aus dem Weltraum auf die Erde prallt. Solange ein Meteorit noch nicht auf der Erdoberfläche aufgeschlagen ist, nennt man ihn Meteoroid. Aus den wenigsten Meteoroiden (manche sagen auch, weniger zungenbrecherisch, »Meteoriden«) werden Meteoriten: Die meisten verglühen unterwegs und erreichen nie den Erdboden.

Beim Riesenmeteoriten war das anders: Er bohrte sich mit einer Geschwindigkeit von bis zu 100 000 Stundenkilometern in die Erde – in der Nähe der heutigen Stadt Nördlingen in Bayern. Aufgrund seines enormen Gewichts von zwei Milliarden Tonnen und der hohen Geschwindigkeit riss der Meteorit beim Einschlag einen gewaltigen Krater in den Boden.

Dieser Krater ist noch gut zu erkennen, auch wenn er in den 14 Millionen Jahren nach dem Aufprall sein Gesicht verändert hat und heute nicht mehr einige Kilometer tief ist: Das sogenannte Nördlinger Ries sieht aus wie ein ausgetrockneter See, ist fast kreisrund und hat einen Durchmesser von über 20 Kilometern.

Der Krater, den der Riesenmeteorit schuf

Die Wucht des damaligen Aufpralls war unvorstellbar groß. Wissenschaftler haben ausgerechnet, dass der Meteorit so viel Kraft wie 250 000 explodierende Atombomben gehabt haben muss. Im Umkreis von 100 Kilometern wurde durch die Druck- und Hitzewelle alles Leben ausgelöscht, der Einschlag war auf der ganzen Erde zu hören.

Die Bild-Zeitung hat regelmäßig neue Riesenmeteoriten auf der Titelseite – aber bis jetzt sind noch alle an unserem Planeten vorbeigeflogen.

Führerlos in Nürnberg

Die computer-gesteuerte U-Bahn

Eine allein von Computern gesteuerte U-Bahn ohne Fahrer ist in Deutschland nur in Nürnberg unterwegs. Die Fahrt mit dem vollautomatischen Zug ist fast so aufregend wie Geisterbahnfahren – die Passagiere sehen vorn durch eine Panoramascheibe direkt auf die Gleise und können jede Kurve schon von Weitem mitverfolgen. Diesen Blick hat sonst nur der Zugführer.

Deutschlands Wilder Westen

Wilder Westen im Osten Deutschlands

Der Wilde Westen liegt bei uns im Osten. Kurz hinter der sächsischen Hauptstadt Dresden beginnt das Elbsandsteingebirge. Dort hat die Natur eine irre Felsenlandschaft geformt, wie man sie sonst nur aus Wildwestfilmen kennt: mit tiefen Schluchten, zerklüfteten Felsen und wild dahinrauschenden Bächen. Mittendrin ein großer Fluss – die Elbe. Eine wilde, geheimnisvolle Gegend, die an die Heimat der Indianer in Amerika erinnert.

Hier träumte Karl May vom Wilden Westen – er fuhr ja erst hin, als er Winnetou schon geschrieben hatte, mit seinen Büchern reich geworden war und sich die Reise leisten konnte. Die Winnetou-Filme sind übrigens auch nicht in den USA gedreht worden, sondern in Kroatien.

Alt, verkalkt und trotzdem spannend

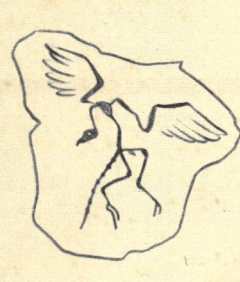

Den Archäopteryx gibt's nur im Altmühltal

Dem Urzeitvogel Archäopteryx bist du auf der Spur, wenn du im Altmühltal in Bayern auf die Suche nach versteinerten Urzeitinsekten und Mammutzähnen gehst. Im Steinbruch Blumenberg in der Nähe von Eichstätt kann nämlich jeder als Archäologe arbeiten: Wenn du mit Hammer und Meißel die Steinplatten teilst, stößt du mit etwas Glück auf versteinerte Pflanzen und Würmer, die seit Millionen Jahren dort ruhen. Sie stammen aus einer Zeit, als das Altmühltal die tropische Lagune eines Urzeitmeeres war. 150 Millionen Jahre ist das her. Heute fließt dort nur ruhig und beschaulich die Altmühl.

Doch in den Steinen sind noch immer jede Menge urzeitlicher Schätze versteckt: Pflanzen und Tiere, die damals starben, sanken auf den Meeresboden und wurden dort von Kalksandschlamm bedeckt. Auf diese Weise versteinerten sie und überdauerten bis heute. So wie der Urzeitvogel Archäopteryx, der im Altmühltal lebte – sein Skelett wurde bisher nur hier gefunden, nirgends sonst.

Pommes ohne Schranke

Die nördlichste Frittenbude Deutschlands steht in der Stadt List auf der Insel Sylt. Hier gibt's bei uns die letzten Pommes, nur wenige Kilometer nördlich und eine Insel weiter beginnt Dänemark. Dort heißt »Pommes rotweiß« übrigens: »Pommes frites med ketchup og remoulade«.

Die letzten Pommes vor Dänemark

Brubbelblubber

Wenn Wasser aus eigener Kraft in einer hohen Fontäne blitzschnell aus dem Erdboden schießt, handelt es sich um einen Geysir. Jede Menge davon gibt es auf Island. In Deutschland dagegen sind Geysire selten – es gibt nur zwei Stück. Einer ist der Geysir Andernach auf der Rheininsel Namedyer Werth in Rheinland-Pfalz. Älter und nicht weit davon entfernt ist der »Wallende Born« in Wallenborn in der Eifel.

Die Bewohner des Örtchens haben ihm einen Spitznamen verpasst: »Brubbel«, weil der Geysir ungefähr einmal in der Stunde das Wasser in einem drei Meter hohen Strahl an die Oberfläche schleudert, so ähnlich wie bei einem Springbrunnen. Der Ausbruch dauert 20 Minuten, dann sackt die Fontäne für 35 Minuten zusammen, anschließend beginnt das Naturschauspiel von Neuem.

Das ist, als würde die Erde rülpsen: Tief unter der Erde ist Kohlendioxid im Gestein eingeschlossen. Das Gas stammt noch aus der Zeit der Vulkanausbrüche in der Eifel vor 12 000 Jahren. Das Gas ist immer noch da. Wenn es nach oben steigt, löst es sich teilweise im Grundwasser und wird zu Kohlensäure – die ja auch für die Bläschen im Mineralwasser verantwortlich ist. Und du weißt, was passiert, wenn man davon zu viel trinkt …

Wenn die Erde rülpst, dann blubbert der Geysir

Es gibt übrigens einen großen Unterschied zwischen den beiden Geysiren in Deutschland und denen auf Island: Das aufsteigende Wasser des Brubbel hat nur eine Temperatur von etwa 15 Grad, die Geysire auf Island hingegen spucken heißes Wasser aus dem Erdinneren nach oben. Kaltwassergeysire wie in Deutschland sind in Europa extrem selten.

Elbsandstein-Elbgebirge

Göltzsch

Hirschau

Nürnberg

Eichstätt

Nördlingen

Dinkelsbühl

Donau

Marktschellenberg

Frankfurt

Rhein

Andernach

Münstermaifeld

Wallenborn

Auf tönernen Füßen

Die größte nur aus Ziegelsteinen gemauerte Eisenbahnbrücke der Welt

Die größte gemauerte Eisenbahnbrücke der Welt besteht aus über 26 Millionen Ziegelsteinen und überspannt das Göltzschtal in Sachsen. Vor mehr als 150 Jahren wurde die Göltzschtalbrücke an der Eisenbahnlinie Leipzig–Nürnberg gebaut und wird noch immer genutzt: Auch moderne Züge können ohne Probleme darüberfahren.

Das Besondere sind nicht nur die Ausmaße (die Brücke mit den Bogengängen über vier Stockwerke ist 78 Meter hoch und 574 Meter lang), sondern vor allem der Baustoff: Dass eine derart große Brücke fast nur aus Ziegeln besteht, gibt es sonst nirgends. Und bei der Göltzschtalbrücke auch nur, weil die Baumeister sparen mussten: Die Eisenbahngesellschaft hatte damals nicht viel Geld, deshalb musste ein günstiger Baustoff her. So kamen die Ziegel ins Spiel, denn in der Gegend gab es viel Lehm, die Herstellung von Ziegelsteinen war also billig.

Und es werde Licht

Ohne Geld kein Licht

Licht aus dem Automaten gibt's in Dinkelsbühl in Bayern. Das funktioniert so ähnlich wie bei einem Kaugummiautomaten: den Stadtbeleuchtungsapparat mit Münzen füttern, am Knopf drehen – und schon kannst du für eine Stunde die Nacht zum Tage machen. Wenn kein Geld eingeworfen wird, bleibt es nach 22:30 Uhr in der historischen Altstadt dunkel – wie im tiefsten Mittelalter. Was aber auch nicht schlecht ist für eine leicht gruselige Zeitreise inmitten der Originalkulisse: Wer im Dunkeln durch die tausendjährige Stadt mit ihrem Stadtgraben, ihren uralten Mauern, bunten Häuschen und dem Kopfsteinpflaster tappt, fühlt sich um viele Jahrhunderte zurückversetzt.

Skifahren in den Zeiten des Klimawandels

Skifahren auf dem höchsten Sandberg Europas

Wenn du einen Berg suchst, auf dem du auch im Sommer Ski fahren kannst, musst du nach Hirschau in Bayern fahren. Auf dem beinahe schneeweißen »Monte Kaolino« in der Oberpfalz wedeln Skifahrer und Boarder im Winter und im Sommer die 120 Meter hohe künstliche Düne hinunter. Das funktioniert auch ohne Schnee: Als Ersatz dient feiner Quarzsand. 35 Millionen Tonnen davon wurden zu einem Hügel aufgeschüttet. In der Gegend um Hirschau gibt es Quarzsand in Hülle und Fülle, er fällt als Abfall beim Abbau des Gesteins Kaolin an. Kaolin wird auch »weißer Stein« genannt, man braucht ihn für die Herstellung von Porzellan. Inzwischen ist der Monte

Kaolino der höchste Sandberg in Europa. Die Skistrecke ist 260 Meter lang und 35 Grad steil, es gibt sogar einen Skilift – und internationale Meisterschaften im Sandskifahren und Sandboarden.

Allein unter Möwen

Einsame, menschenleere Inseln gibt es auch in einem dicht besiedelten Land wie Deutschland: etwa die kleine Insel Mellum im Wattenmeer der Nordsee. Mellum liegt vor dem Küstenort Horumersiel und gilt bei Naturschützern als eines der letzten Paradiese in Deutschland. Damit das so bleibt, sollen Menschen möglichst ferngehalten werden. Wer Mellum besuchen will, braucht dafür eine Sondergenehmigung. Denn Mellum ist eine Insel der Vögel, der Möwen vor allem. Sie brüten hier zu Tausenden, neben rund 30 anderen Vogelarten. Um sie zu schützen, wurde Mellum zur Ruhezone erklärt. Die Natur soll sich hier in aller Ruhe entfalten können.

Auf Mellum leben nur Seehunde und Möwen – keine Menschen

Außerdem leben hier Seehunde – sie sind neben Mäusen die einzigen Säugetiere auf der Düneninsel. Abgesehen von den Menschen, von denen dann doch ab und zu jemand vorbeikommt. Denn auf Mellum gibt es eine Naturschutzwarte, die manchmal Exkursionen anbietet. Mellum ist übrigens nicht die einzige Insel, auf der kein Mensch lebt – im Nationalpark »Niedersächsisches Wattenmeer« gibt es noch drei weitere.

Führerscheinklasse P

Mit einem Panzer durch die Gegend brettern – das kannst du in der Panzerfahrschule in Steinhöfel in Brandenburg, nicht weit von Berlin entfernt. Allerdings musst du dafür mindestens 16 Jahre alt sein. Ansonsten kann jeder nach einer kurzen Einweisung das Steuer selbst in die Hand nehmen oder sich als Beifahrer in die alten russischen Schildpanzer hocken. Bei den 600 PS starken Kettenfahrzeugen handelt es sich um ausrangierte Panzer der »Nationalen Volksarmee« (NVA) – so hieß die inzwischen aufgelöste Armee der DDR.

Mit dem Panzer durch die Gegend brettern

Vulkanausbruch bei Frankfurt

Frankfurt. Es brodelt im Innern der Erde. Bei einer Explosion reißt nicht weit von der Mainmetropole entfernt der Boden auf. Mit gewaltigem Druck wird rot glühende Lava an die Oberfläche gespuckt. In einem kochend heißen Strom verbrennt sie alles, was sich ihr in den Weg stellt.

Der Vogelsberg
war ein Vulkan

Entwarnung: Das ist lange her – zehn Millionen Jahre. Damals nämlich war der Vogelsberg in Hessen kein beschaulicher Wanderhügel wie heute (und Frankfurt gab es natürlich auch noch nicht). Der Vogelsberg war ein Vulkan. Und zwar ein gigantischer: Mit einem Durchmesser von 60 Kilometern ist der Vogelsberg viel, viel größer als beispielsweise der (noch nicht erloschene) Ätna auf Sizilien. Der Vogelsberg ist noch immer, auch wenn er längst nicht mehr aktiv ist, der größte Schildvulkan in Europa und der einzige Schildvulkan in Deutschland – so nennt man Vulkane, deren Form einem flach gelegten Ritterschild ähnelt.

14 Millionen Jahre lang spuckte der Vogelsberg Feuer. Das kann man noch heute sehen, wenn man die Landschaft genau betrachtet: Es gibt jede Menge graue Basaltsäulen, die nichts anderes sind als erstarrte Lava. Der Berg selbst ist entstanden, als sich über Millionen Jahre immer mehr Lavaschichten aufeinandertürmten – bis zu seiner heutigen Höhe von bis zu 773 Metern. Denn genaugenommen gab es nicht nur einen Vulkan, sondern mehrere: Die Lava quoll aus vielen Schloten und Ritzen. Apropos Schlote: Auch die sind heute noch zu erkennen – die Gipfel des Vogelsbergs sind ehemalige Vulkanschlote. Und mitten auf den einstigen Vulkanschornsteinen hocken inzwischen auch Dörfer und kleine Städte.

Die drei Deutschlands

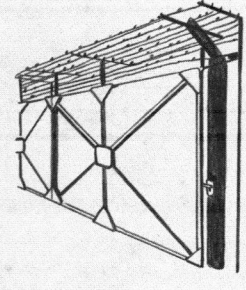

Dorfrepublik
Rüterberg – der dritte
deutsche Staat

Von 1949 bis zur Wiedervereinigung 1990 gab es in Deutschland zwei deutsche Staaten – die Bundesrepublik und die DDR. Genaugenommen waren es, zumindest für knapp ein Jahr, sogar drei: Es gab nämlich auch noch die »Dorfrepublik Rüterberg«.

Bereits in der DDR war Rüterberg ein Sonderfall: Das Dorf, das zwischen Dömitz und Hitzacker liegt, grenzte an drei Seiten an Niedersachsen. An diesen Stellen war Rüterberg eingezäunt und von Wachanlagen umgeben: Die Politiker in der DDR hatten Angst, dass sonst die Menschen in den Westen flüchten würden.

Nach einem Grenzstreit mit der Bundesrepublik und den britischen Streitkräften (»Schlacht von Gorleben«) im Jahr 1966 ließ die DDR rund um Rüterberg einen zweiten Grenzzaun bauen – der das Dorf auch vom restlichen Gebiet der DDR abtrennte. Die Bewohner von Rüterberg waren damit doppelt eingesperrt: Wer rein oder raus wollte, wurde am Zaun kontrolliert und musste einen Passierschein vorlegen. Besuchern von auswärts war der Zutritt verboten. Nachts zwischen 23 Uhr und 5 Uhr war Rüterberg komplett abgesperrt.

Der Schikanen müde, riefen die Bewohner von Rüterberg am 8. November 1989, also einen Tag vor der Maueröffnung, in ihrem Dorf die Republik aus. Damit gab es drei deutsche Staaten. Den Ehrentitel »Dorfrepublik« durfte Rüterberg bis 2002 führen.

Welt-Kugeln

Deutschland ist Exportweltmeister – kein anderes Land verkauft so viele Waren ins Ausland. Komplizierte Maschinen und Technik zumeist, und Autos. Vor ein paar Hundert Jahren hatte Deutschland noch einen ganz anderen Exportschlager: Murmeln. Die Schusser gingen in die ganze Welt, über London wurden sie bis nach Indien verkauft.

In einem aufwendigen Verfahren wurden sie in Kugelmühlen hergestellt, die es einst überall in Deutschland gab. Nur eine Murmelmühle hat sich über die Zeit retten können: die Kugelmühle in Marktschellenberg im Berchtesgadener Land in Bayern, die es seit 1683 gibt.

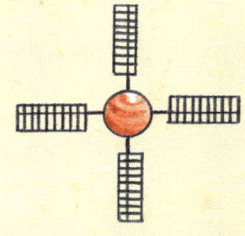

Exportweltmeister dank Murmelmühlen

Eisig

In Marktschellenberg gibt es übrigens noch eine Besonderheit: Hier findest du die einzige Eishöhle in Deutschland. Das ganze Jahr über herrschen hier Temperaturen unter dem Gefrierpunkt.

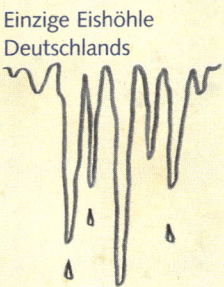

Einzige Eishöhle Deutschlands

Goldräuschchen

Noch heute sind Goldsucher unterwegs, so zum Beispiel an der Eder in Hessen. An den Ufern des Flusses wird seit dem Jahr 1224 Gold gewaschen. Wer heute fündig werden will, kann hier die Goldwaschschule besuchen und lernen, wie man die Waschpfanne und das Sieb mit dem Flusswasser schwenken muss, damit sich Gold absetzt.

Riesig sind die Funde allerdings nicht – meistens bleiben bloß Goldflitter im Sieb zurück. Das größte Stückchen, das hier gefunden wurde, war gerade einen halben Zentimer groß. Und das war bereits im 19. Jahrhundert. Spaß macht es trotzdem, sein eigenes Gold aus dem Fluss zu waschen. Das Edelmetall in der Gegend stammt aus dem Eisenberg bei Korbach, ganz in der Nähe. Dort vermuten Geologen das größte Vorkommen an Gold in einem Berg in Deutschland, geschätzte zehn Tonnen. Aus dem Eisenberg wird das Gold über verschiedene Bäche in die Eder gespült.

Goldsucher an der Eder in Hessen

Über allen Wipfeln spazierest du

Auf 25 Meter Höhe von Wipfel zu Wipfel

Über das Dach des Waldes spazieren – das ist entlang dem Baumkronenpfad im Nationalpark Hainich bei Bad Langensalza in Thüringen möglich. Dort laufen die Besucher in luftiger Höhe mitten durch das urwaldartige Gewirr der Äste. Dafür müssen sie sich gar nicht mühsam durch die Baumkronen hangeln – ein 306 Meter langer Laufsteg führt in 25 Meter Höhe bequem von Wipfel zu Wipfel.

Die Disney-Burg

Die perfekte Ritterburg

Eine perfekte Ritterburg steht in Münstermaifeld bei Koblenz in Rheinland-Pfalz: Burg Eltz sieht heute fast noch genauso aus wie vor über 800 Jahren, als sie gebaut wurde und hier die Ritter ein und aus gingen. Sie zählt zu den am besten erhaltenen Burgen in Deutschland. Das liegt daran, dass Burg Eltz nie erobert oder zerstört wurde. Grund: die strategisch gute Lage. Die Festung mit den Türmen, Zinnen und Erkern thront auf einem 70 Meter hohen Felskopf im Tal des Flusses Eltz, eines Seitenarms der Mosel. Auch den Besitzer hat Burg Eltz über all die Jahre nicht gewechselt: Seit 800 Jahren gehört sie den »Edlen Herren und Grafen von und zu Eltz«, die aber für Neugierige gerne die mächtigen Burgtore öffnen.

Viele kennen die Burg Eltz noch von der Abbildung auf dem 500-Mark-Schein.

Erst fliegen, dann flimmern

Filmrollen per Kleinflugzeug

Bevor Filme in den Kinos auf den Nordseeinseln über die Leinwand flimmern, haben sie schon ein paar Runden in der Luft gedreht: Die Filmrollen werden per Kleinflugzeug angeliefert. Dafür gibt es einen speziellen Lieferservice, eigens für die Inseln in Nord- und Ostfriesland: Ein Pilot pendelt mit einer einmotorigen Cessna mehrmals in der Woche mit den Filmen an Bord zwischen Baltrum, Borkum, Juist, Langeoog, Wangerooge, Pellworm, Amrum und Föhr.

Der Goethe-Sampler

Johann Wolfgang von Goethe (1749–1832) gilt nicht nur als größter deutscher Dichter – sein Gedicht »Der Erlkönig« findest du auf Seite 199. Goethe war am Hof in Weimar gleichzeitig Minister, Naturforscher und Theaterintendant. Er war ein Mann von freiem Geist, der sich um Konventionen wenig scherte: Der ganze Hof war schockiert, als er sich in Christiane Vulpius verliebte, denn sie war ungebildet und arm. Goethe kümmerte das nicht: Er lebte fast 20 Jahre ohne Trauschein mit Christiane zusammen, bis er sie im Alter von 57 Jahren heiratete.

Goethes Werke füllen im Bücherschrank mehrere Regalbretter. Wer nicht gleich alles lesen möchte, kann mit diesen Zitaten anfangen. Sie eignen sich übrigens prima, um deinem Lehrer den Wind aus den Segeln zu nehmen. Was soll er schon sagen, wenn er dir deine Ausrede für nicht gemachte Hausarbeiten mal wieder nicht glaubt und du konterst: »Unmöglich ist's, drum eben glaubenswert. Goethe.«

- Wer nicht neugierig ist, erfährt nichts.
- Gewisse Bücher scheinen geschrieben zu sein, nicht damit man daraus lerne, sondern damit man wisse, dass der Verfasser etwas gewusst hat.
- Denn wir können die Kinder nach unserm Sinne nicht formen.
- Wenn weise Männer nicht irrten, müssten die Narren verzweifeln.
- Muss denn alles schädlich sein, was gefährlich aussieht?
- Im Anfang war die Tat.
- Was ich weiß, kann jeder wissen. Mein Herz hab' ich allein.
- Unmöglich ist's, drum eben glaubenswert.
- Schreibe nur, wie du reden würdest, und so wirst du einen guten Brief schreiben.
- Alles auf der Welt kommt auf einen gescheiten Einfall und einen festen Entschluss an.
- Man soll alle Tage wenigstens ein kleines Lied hören, ein gutes Gedicht lesen, ein treffliches Gemälde sehen und, wenn es möglich zu machen wäre, einige vernünftige Worte sprechen.
- Im Deutschen lügt man, wenn man höflich ist.
- Grau, teurer Freund, ist alle Theorie und grün des Lebens goldner Baum.
- Welche Regierung die beste sei? Diejenige, die uns lehrt, uns selbst zu regieren.
- Die beste Bildung findet ein gescheiter Mensch auf Reisen.
- Mit dem Wissen wächst der Zweifel.
- Man kann nicht immer ein Held sein, aber man kann immer ein Mann sein.
- Der Patriotismus verdirbt die Geschichte.
- Der schönen Zeit gedenk ich, da alle Glieder gelenkig, bis auf eins.
  Die Zeiten sind vorüber, steif sind alle Glieder, bis auf eins.

So baust du einen Bumerang

Ein Bumerang ist ein erstaunliches Wurfgeschoss: Anders als Bälle, Gummistiefel (siehe Seite 138) oder Frisbees (siehe Seite 120) kehrt ein Bumerang zum Werfer zurück – meistens.

Ein Bumerang funktioniert nicht nur in der klassischen Form des weit geöffneten »V« – Profis können selbst ungewöhnliche Konstruktionen zur Rückkehr bewegen. Es gibt Bumerangs mit mehreren Flügeln, stern-, blitz- und kreuzförmige. Wichtig ist, dass das Holz gekrümmt und im Profil leicht angeschrägt ist. Es soll der Tragfläche eines Flugzeugs ähneln, denn der Bumerang gehorcht denselben Gesetzen der Aerodynamik.

Das ist eine spannende Herausforderung: Mit verschiedenen Formen zu experimentieren; auszuprobieren, wie man das Holz bearbeiten muss, um eine noch bessere Flugbahn hinzubekommen. Bei der folgenden Anleitung geht es daher vor allem um das Prinzip eines einfachen Bumerangs – du kannst auch die Maße abändern, die Kanten mehr oder weniger abschrägen, den Bumerang bemalen oder Löcher einstanzen. Manches wird besser klappen, anderes schlechter. Das ist ja das Tolle am Bumerang: Das Grundprinzip ist relativ einfach. Doch langweilig wird es damit noch lange nicht, dafür kannst du viel zu viel ausprobieren.

So geht's

1 Zeichne die äußere Form des Bumerangs von der Vorlage **A** auf ein Stück Pappe (du kannst sie auch im Kopierladen vergrößern) und schneide sie aus.

2 Übertrage die Schablone mit einem Bleistift auf das Sperrholz. Achte dabei auf den korrekten Maserungsverlauf. Säge die Form mit der Laubsäge aus.

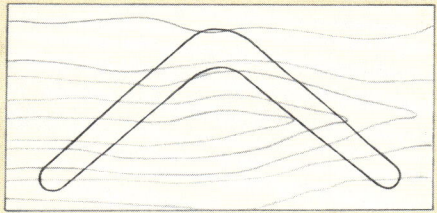

3 Die wichtigste Eigenschaft des Bumerangs sind die abgeschrägten Kanten. Am linken Flügel ist die äußere

---

Du brauchst

➼ ein Stück vielschichtiges Sperrholz (etwa 6 mm stark) – in Bastelläden gibt es spezielles Flugzeugsperrholz, das besonders gut geeignet ist; Sperrholz aus dem Baumarkt geht aber auch: in diesem Fall darauf achten, dass es aus möglichst vielen dünnen Schichten besteht

➼ Laubsäge, Raspel

➼ zwei Sorten Schleifpapier (ein gröberes und ein feineres)

➼ Holzklotz

➼ Lineal, Karton, Stift, Schere

➼ Holzgrundierung, Pinsel

➼ eventuell Farbe

➼ praktisch sind: Schraubzwingen

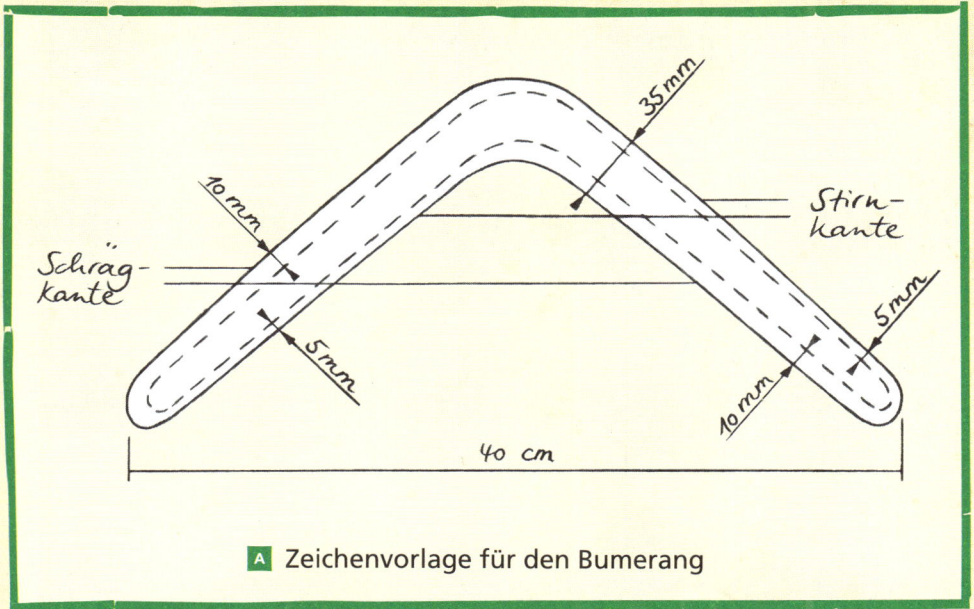

A Zeichenvorlage für den Bumerang

die Schrägkante, die innere die Stirnkante. Am rechten Flügel ist es umgekehrt: Die äußere Kante ist die Stirnkante, die innere die Schrägkante. Die Abschrägung der Schrägkante ist am äußeren linken Flügel etwa doppelt so breit wie unten an der Stirnkante. Damit der Bumerang gut fliegt, müssen die Kanten in ihrem jeweiligen Verlauf gleichmäßig abgeschrägt sein. Dafür zeichnest du dir anhand der Vorlage eine Hilfslinie auf deinen Bumerang-Rohling. **A**

4 Um die Kanten zu bearbeiten, spannst du den Bumerang in zwei Schraubzwingen, die du am Tisch befestigst. Wenn du einen Schraubstock hast: umso besser.

5 Schleife mit der Raspel nun die Kanten von außen bis zur aufgezeichneten Hilfslinie. Die Schrägkante steigt lang-

sam an; die Stirnkante soll dagegen abgerundet sein.

6 Danach bearbeitest du den Bumerang noch mit Schleifpapier, das du um den Holzklotz legst: zuerst mit dem gröberen, dann mit dem feineren Schleifpapier.

7 Nachdem du den Bumerang abschließend in Form gebracht hast, trägst du die Holzgrundierung auf und lässt sie trocknen.

8 Bevor du den Bumerang anmalst, solltest du unbedingt einen ersten Probeflug absolvieren. Falls nötig, kannst du jetzt nämlich noch am Profil feilen. Wenn die Farbe erst einmal drauf ist, geht das nicht mehr.

So wirfst du einen Bumerang

So geht's

1 Einen Bumerang so zu werfen, dass er auch wieder zurückkehrt, ist keine Hexerei. Entscheidend sind drei Winkel:

2 Das ist zum einen der Winkel, in dem du beim Werfen zum Wind stehst. Als Faustregel gilt: Du stehst stets so, dass der Wind seitlich links von dir kommt (bei Linkshändern von seitlich rechts). Du wirfst den Bumerang dann im Winkel von 45 Grad zum Wind. Bei stärkerem Wind musst du diesen **Windwinkel** vergrößern.

3 Der andere Winkel, den du beachten musst, ist der sogenannte **Horizontwinkel**. Als Faustregel gilt hier: Du darfst den Bumerang nicht weit nach oben werfen, so wie du dies bei einem Ball tun würdest. Er soll vielmehr flach, fast parallel zum Boden fliegen. Du reckst den Arm also nicht sehr weit nach oben, sondern eher so, als wolltest du jemandem in deiner Größe einen Schlag auf die Stirn verpassen. Wenn du dir Zahlen besser vorstellen kannst: Der Horizontwinkel sollte etwa zehn Grad betragen.

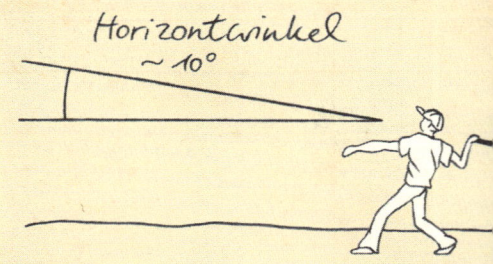

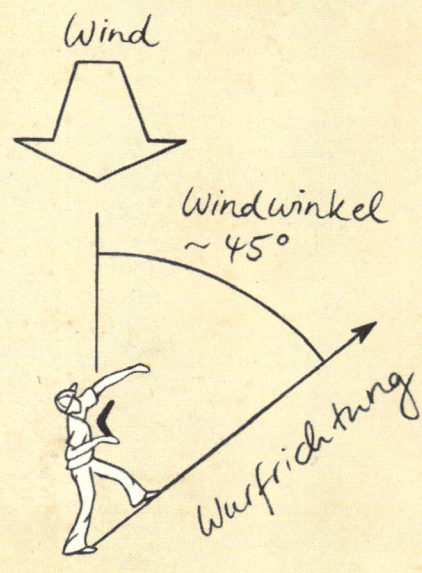

4 Fehlt noch der **Handwinkel**. Damit ist die Position des Bumerangs in deiner Hand gemeint, bevor du ihn wegschleuderst. Wenn du ihn an einem Flügel hältst, sollte er nur leicht schräg stehen. Auf keinen Fall darfst du den Bumerang so werfen wie eine Frisbeescheibe. Ein Bumerang wird aus dem Handgelenk geworfen, das dafür nicht weit abgeknickt sein darf. Der Handwinkel sollte etwa 15 Grad betragen.

Neigungswinkel ~15°

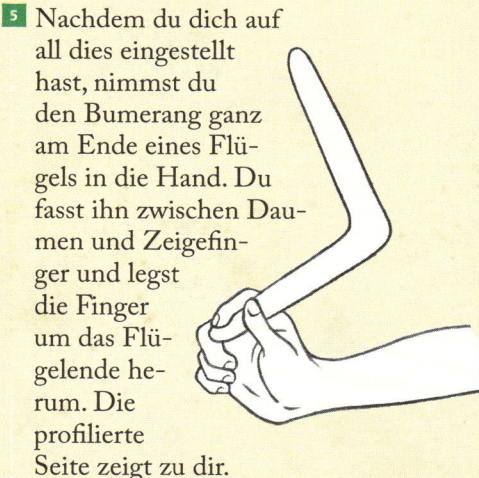

5 Nachdem du dich auf all dies eingestellt hast, nimmst du den Bumerang ganz am Ende eines Flügels in die Hand. Du fasst ihn zwischen Daumen und Zeigefinger und legst die Finger um das Flügelende herum. Die profilierte Seite zeigt zu dir.

6 Dann holst du nach hinten aus und nimmst Schwung. Du führst den Bumerang über die Schulter, streckst den Wurfarm aus und lässt den Bumerang los. Du musst ihn nicht mit besonders viel Kraft auf seine Reise schicken, wichtig ist eine Abknickbewegung aus dem Handgelenk, die dem Bumerang seinen »spin« gibt.

7 Nach seiner Rückkehr fängst du den Bumerang, wenn er schon ziemlich flach über dem Boden schwebt – etwa in Höhe deiner ausgestreckten Arme. Dann hat er an Geschwindigkeit verloren. Du nimmst beide Hände – die eine Hand ist über dem Bumerang, die andere darunter – und fängst ihn mit einem Klatschen.

8 Zuschauer solltest du immer hinter dir platzieren.

Die Super-Saurier

Zeitvergleich: Die ersten Saurier tauchten vor 230 Millionen Jahren auf, die letzten sind vermutlich vor etwa 65 Millionen Jahren ausgestorben. Das war lange Zeit, bevor Menschen auf der Erde lebten: Die ersten Spuren von Menschen sind nur etwa 200 000 Jahre alt. Wegen dieser zeitlichen Lücke können sich Menschen und Saurier niemals getroffen haben.

Die größten Saurier

Die größten Saurier waren die Sauropoden, die Bezeichnung bedeutet »Echsenfüßer«. Zu den Giganten dieser ohnehin riesigen Tiere gehörte der Amphicoelias fragillimus. Kleiner Schönheitsfehler: Der 2,40 Meter große Wirbelbogen, den Edward Drinker Cope 1878 in Colorado gefunden hatte und von dem ausgehend man eine Gesamtlänge von 60 Metern errechnete, ging auf der Eisenbahnfahrt nach New York verloren. Erhalten geblieben ist nur Copes Skizze. Auch wenn man Cope keinen Glauben schenken wollte, unbestritten ist: Die Sauropoden gehörten zu den massigsten Tieren, die jemals auf der Erde gelebt haben – übertroffen nur von den Walen, die heute noch größer sind als die größten Saurier: Ein Blauwal etwa kann bis zu 190 Tonnen wiegen. Alle Sauropoden hatten einen sehr langen Hals, darauf einen winzigen Kopf und einen wuchtigen Rumpf. Forscher haben herausgefunden, dass die langen Hälse der Sauropoden sehr beweglich waren. Damit konnten sie das Laub in den Wipfeln hoher Bäume erreichen. Die Sauropoden waren nämlich Pflanzenfresser.

Der kleinste Saurier

Der kleinste Saurier war nicht größer als heutzutage ein Haustier: Der Compsognathus war mit 60 cm Körperlänge etwa so lang wie eine Kat-

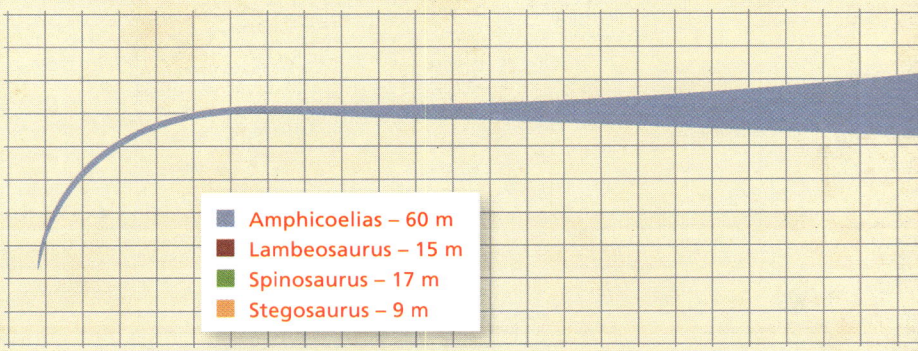

Amphicoelias – 60 m
Lambeosaurus – 15 m
Spinosaurus – 17 m
Stegosaurus – 9 m

ze und kaum höher als ein Huhn. Doch auch die Mini-Ausgabe der Saurier war für andere gefährlich: Als Fleischfresser fiel der Compsognathus über kleine Reptilien, Insekten und Würmer her. Wegen seines schlanken Körpers und der langen Beine war der Compsognathus zwar klein, gehörte aber zu den schnellsten Sauriern überhaupt: Forscher haben ausgerechnet, dass er ein Tempo von über 60 Stundenkilometern erreicht haben könnte. Ob der Kleine tatsächlich der allerkleinste Saurier aller Zeiten gewesen ist, können Wissenschaftler nicht genau sagen. Vermutlich eher nicht. Er ist der kleinste uns bekannte Saurier – was aber auch daran liegen kann, dass die Skelette anderer Mini-Saurier im Laufe der Zeit zerfallen sind und wir sie heute nicht mehr finden können.

Der furchterregendste Saurier

Der Tyrannosaurus Rex (der Name bedeutet »König der Tyrannenechsen«) gilt als gruseligste Erscheinung aller Saurier. Schuld daran war seine enorme Masse – der Tyrannosaurus war mit etwa sechs Metern so hoch wie ein Haus, 14 Meter lang und sieben Tonnen schwer –, aber auch sein Körper, der mit mehreren natürlichen Waffen ausgestattet war: An seinen Füßen hatte er spitze Klauen, mit denen er sich sein Opfer krallte und sich dann mit seinen Zähnen darüber hermachte. Die Zähne glichen Dolchen und waren ebenso scharf. Außerdem konnte der Tyrannosaurus vermutlich laut brüllen. Weil der Tyrannosaurus ein Fleischfresser war, gilt er als der größte Raubsaurier aller Zeiten. Besonders schnell war er allerdings nicht: Er schaffte etwa 30 Stundenkilometer – da käme (kurzfristig) auch ein 100-Meter-Läufer mit.

Der gefährlichste Saurier

Weil der Utahraptor (benannt nach dem Fundort seiner Skelette in Utah, USA) in Rudeln jagte, gilt er vielen als der gefährlichste Saurier. Seine Opfer waren also einem Massenangriff ausgeliefert. Der Utahraptor war mit zwei Metern Höhe und etwa sechs Metern Länge nicht so groß und schwer wie der Tyrannosaurus, hatte aber ebenfalls lange Zähne und eine messerscharfe Klaue, mit der er andere Tiere tötete.

Der Saurier mit dem kleinsten Hirn

Der Stegosaurus war eine etwas unförmige Erscheinung: Er war in etwa so groß wie ein Bus, hatte kurze Vorder- und längere Hinterbeine, im Vergleich zu seiner Körpergröße aber nur einen kleinen Schädel und darin ein winziges Hirn: kaum größer als eine Walnuss. Forscher gehen aber davon aus, dass der Stegosaurus noch ein zweites Gehirn im Rückgrat hatte, das für die Koordination seiner Bewegungen zuständig war. Der Stegosaurus hatte Schwanzstacheln und Knochenplatten, die senkrecht aus seinem Rücken ragten. Daher auch sein Name: Stegosaurus bedeutet »Plattenechse«.

Der Saurier mit dem größten Hirn

Der Troodon war vermutlich so etwas wie das Superhirn unter den Sauriern: flink und höchstwahrscheinlich ziemlich klug. Von allen heute bekannten Sauriern besaß er im Verhältnis zu seinem Körper das größte Gehirn. Forscher glauben daher, dass seine Intelligenz am weitesten entwickelt war. Außerdem hatte der Troodon große Nasenlöcher und damit einen sehr guten Geruchssinn.

Das größte Dinosaurier-Skelett der Welt

Einen riesigeren Dinosaurier gibt es heute nirgends zu sehen: Das größte aufgebaute Saurier-Skelett der Welt ist der Brachiosaurus, der in seinen kompletten Ausmaßen (über 13 Meter hoch und drei Meter lang) im Museum für Naturkunde in Berlin steht. Erst vor Kurzem wurde das Ausstellungsstück verändert: Die Schwanzknochen wurden angehoben, da Forscher inzwischen herausgefunden haben, dass der Schwanz des Brachiosaurus stets aufgerichtet war. Auf diese Weise hat er bei seinem massigen Körper das Gleichgewicht gehalten.

Der schnellste Saurier

Der kleine Compsognathus war schnell, doch Rekordhalter der schnellsten Saurier war der Struthiomimus. Der Name bedeutet übersetzt »Strauß-Nachahmer«, weil der flinke Flitzer tatsächlich dem Strauß ähnelte, wie wir ihn noch heute kennen: Er hatte einen bis zu vier Meter langen Hals und kräftige Beine. Wie alle Saurier hatte er vier davon, doch zum Laufen benutzte er bloß zwei. Ihnen hatte er seine enorme Geschwindigkeit zu verdanken: Der Struthiomimus soll bis zu 80 Kilometer pro Stunde erreicht haben. Damit hätte er den Strauß locker abhängen können, denn der schafft höchstens 60 Stundenkilometer. Anders als der Strauß hatte der etwa 100 Kilogramm schwere Struthiomimus Finger mit Krallen.

Die nächsten Verwandten der Saurier

Wenn es nach dem Aussehen ginge, könnte man vermuten, die Krokodile seien die nächsten Nachfahren der Saurier in der heutigen Tierwelt. Doch das stimmt nicht. Krokodile stammen nicht direkt von den Sauriern ab, sie haben nur dieselben Vorfahren – die Archosaurier. Die Krokodile haben sich dann aber in einer eigenen Linie fortentwickelt. In der Ahnengalerie den Sauriern viel näher steht sogar der kleine Spatz. Vögel gelten nämlich als die nächsten lebenden Verwandten der Saurier. Das Bindeglied ist der Archäopteryx, der erste Vogel am Himmel. Er war eine Mischung aus Vogel und Dinosaurier: mit Federn und Flügeln wie ein Vogel, aber Krallen, Zähnen und einem Schwanz mit Knochen wie ein Saurier. All dies haben die Vögel in ihrer Entwicklung längst abgelegt – so wurden sie leichter und konnten besser fliegen.

Der größte Saurier am Himmel

Die Pterosaurier (das ist ein anderer Name für Flugsaurier und bedeutet »geflügelte Reptilien«) waren die ersten Wirbeltiere auf der Erde, die fliegen konnten: vor 140 Millionen Jahren, also lange vor den Vögeln. Die Größenunterschiede zwischen den einzelnen Arten waren enorm: Manche Pterosaurier waren gerade mal so groß wie heute ein Spatz, andere erreichten eine Flügelspannweite von über 12 Metern – das war der Quetzalcoatlus, der größte Saurier mit Flügeln. Flugsaurier sind übrigens keine Dinosaurier – Dinosaurier konnten nicht fliegen. Die Flugsaurier gehören zu einer eigenen Gruppierung von Ur-Reptilien.

Morsen

Das Morsealphabet mag wie ein Relikt technisch längst überholter Zeiten daherkommen, doch noch immer muss jeder Entdecker, Kapitän und Pilot diese Signalsprache lernen, die einst über Telegrafen ausgesendet wurde – obwohl es heute längst die Sprachübermittlung gibt. Aber im Notfall ist es gut, auf dieses einfache und wenig störanfällige System zurückgreifen zu können. Der Notruf SOS (...– – –...) ist auch heute noch das bekannteste Morsesignal und wird in aller Welt verstanden.

Erfinder des ersten Telegrafen aus dem Jahr 1840 und des dazugehörigen Morsecodes war der Amerikaner Samuel Morse. Er hatte die Idee, Nachrichten mithilfe des elektrischen Stroms zu übermitteln, durch kurze und lange Stromstöße. Dafür wurde das Morsealphabet erfunden, das nur aus Punkten und Strichen besteht – in unterschiedlicher Anordnung ergeben sich daraus die einzelnen Buchstaben des Alphabets. Das komfortablere Telefon war zu der Zeit noch nicht erfunden, es kam erst gut 20 Jahre später auf, im Jahr 1861.

Morsen lässt sich nicht nur über Funk oder Kabel, sondern auch mit Ton- oder Lichtzeichen. Willst du auf diese Weise Nachrichten übermitteln oder einen Hilferuf abgeben, machst du das am besten mit einer Trillerpfeife oder im Dunkeln mit einer Taschenlampe.

Das Morsealphabet

Der Morsecode besteht aus drei Symbolen: dem Punkt (.), auch »Dit« genannt, dem als »Dah« bezeichneten Strich (–) und der Pause. Damit deine Botschaften auch entziffert und verstanden werden können, ist der richtige Rhythmus wichtig: Ein Strich, also das »Dah«, ist dreimal so lang wie ein »Dit«. Um zu markieren, wo ein Buchstabe in einem Wort aufhört und der nächste beginnt, machst du zwischen den einzelnen Buchstaben eine Pause. Die dauert etwa so lange wie ein »Dah«. Auch zwischen den Wörtern gibt es eine Pause, so lang wie sieben »Dits«. Das SOS wird übrigens in einem Rutsch, ohne Pause, gesendet.

Wenn du Nachrichten senden willst, musst du das Morsealphabet können. Das prägst du dir am leichtesten mithilfe eines Merkworts ein. Der Anfangsbuchstabe des Merkworts ist derselbe wie der zum Morsezeichen gehörende Buchstabe. Du musst nur das Merkwort in seine einzelnen Silben zerlegen und für jede Silbe mit einem O einen Strich setzen, für Silben ohne O einen Punkt. Schon weißt du, wie der Buchstabe als Morsezeichen aussieht.

Buchstabe	Morsezeichen	Merkwort
A	. –	Auto
Ä	. – . –	Ätzkohlenstoff
B	– . . .	Bohrmaschine
C	– . – .	Coca-Cola
CH	– – – –	Chloroformtopf
D	– . .	Donnerstag
E	.	Eis
F	. . – .	Flaschenkorken
G	– – .	Großonkel
H	. . . .	Hühnersuppe
I	. .	Igel
J	. – – –	Jawohl Otto
K	– . –	Kommando
L	. – . .	Limonade
M	– –	Motor
N	– .	Norden
O	– – –	Oh Otto
Ö	– – – .	Ölvorkommen
P	. – – .	Per Motorrad
Q	– – . –	Quolsdorfer Forst
R	. – .	Revolver
S	. . .	Salami
T	–	Ton
U	. . –	Uniform
Ü	. . – –	Überm Hoftor
V	. . . –	Ventilator
W	. – –	Windmotor
X	– . . –	Xoximilco
Y	– . – –	York bebt vor Zorn
Z	– – . .	Zollvorsteher

Silben ohne O
= ein Punkt
Silben mit O
= ein Strich

Beispiel:
Ventilator
= Ven-ti-la-tor
= . . . . –
= . . . –

.. .- --- --- ... . -- .-. ... .- -. -.- --- -.-. -. ... .- .-. .- .-. -- .-.

Das Wort Ventilator zum Beispiel, als Eselsbrücke für den Buchstaben V:
Zerlegt in die einzelnen Silben wird daraus Ven-ti-la-tor, also im Morsecode ...−

Die Zahlen sind einfacher:

1	.−−−−
2	..−−−
3	...−−
4	....−
5	.....
6	−....
7	−−...
8	−−−..
9	−−−−.
0	−−−−−

So entschlüsselst du Morse-Nachrichten

Die Merkwörter sind ein einfaches Hilfsmittel, um selbst Botschaften zu
morsen. Es ist jedoch nicht möglich, damit Morsesignale zu entziffern. Das
geht am besten mithilfe eines Morseschlüssels. Während du eine Botschaft
empfängst, notierst du dir die Zeichen auf Papier. Ein Punkt steht für ein
kurzes Signal, ein waagerechter Strich für
ein langes, und durch senkrechte Striche
markierst du die Pausen.

Dann verfolgst du diese Zeichen mit dem
Finger im Morseschlüssel: Hast du zuerst
einen Punkt notiert, beginnst du beim E,
bei einem Strich beim T. Dann folgst du
dem Weg weiter in Pfeilrichtung – bei
einem Strich nach rechts, bei einem
Punkt nach unten. Stehen vor einer
Pause keine weiteren Zeichen auf
deiner Liste, ist ein Buchstabe
beendet. Welcher das ist, kannst
du vom Morseschlüssel ablesen:
Du bist genau darauf gelandet.

- - · - · · · · - · · · - · - · · - - · - - - · · - - · - · · · - · - - · · - - · · · - - · · - · - - - · · - · · · - · · - - · - · - · · -

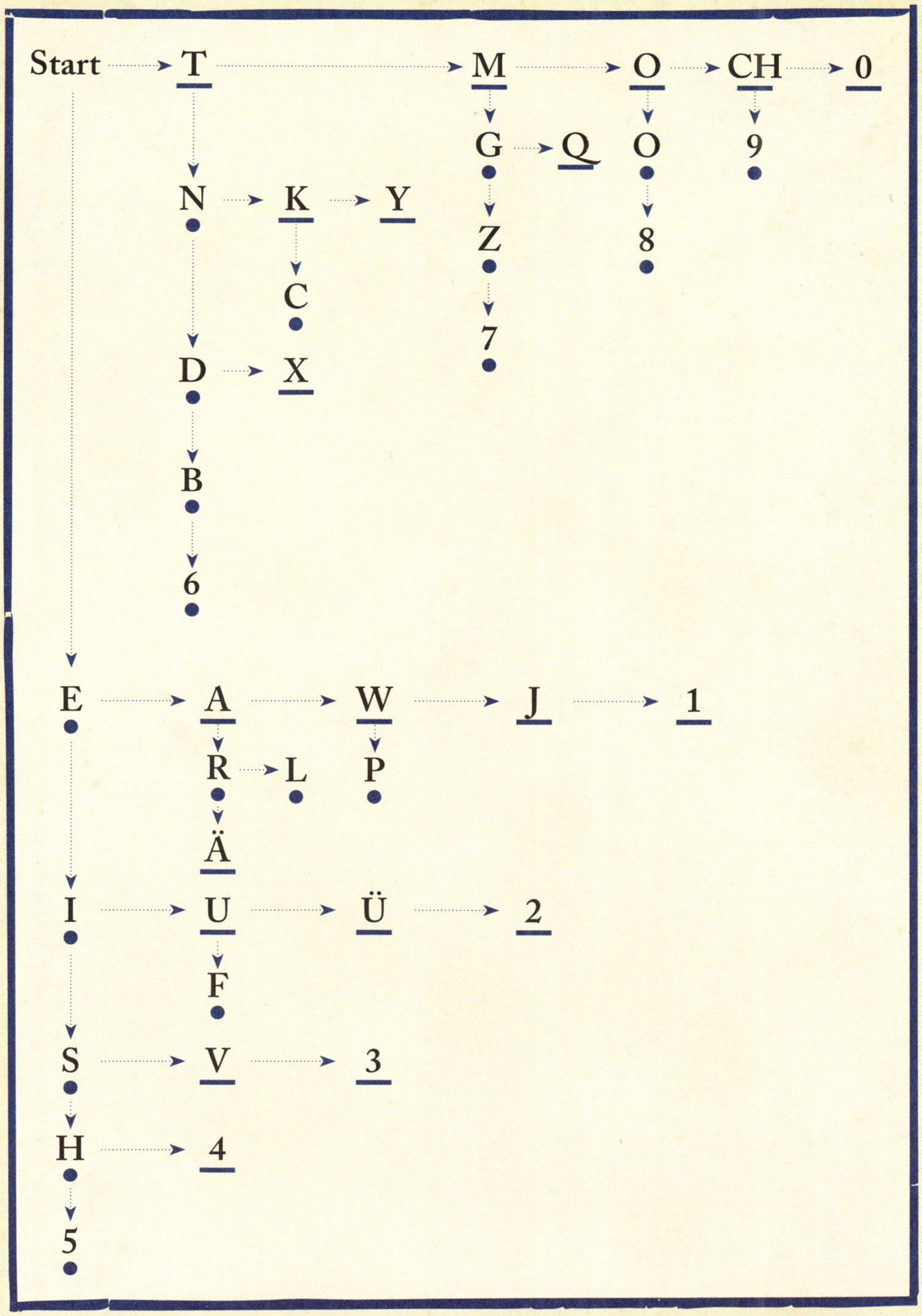

Start ⟶ T ⟶ M ⟶ O ⟶ CH ⟶ 0

G ⟶ Q   O   9

N ⟶ K ⟶ Y   Z   8

C   7

D ⟶ X

B

6

E ⟶ A ⟶ W ⟶ J ⟶ 1

R ⟶ L   P

Ä

I ⟶ U ⟶ Ü ⟶ 2

F

S ⟶ V ⟶ 3

H ⟶ 4

5

165

Buchstabiertafeln

Für Telefon, Funkgerät oder Walkie-Talkie brauchst du eigentlich kein
Alphabet – du kannst ja einfach in ganzen Wörtern und Sätzen sprechen.
Nützlich ist es aber dennoch, wenn du etwas buchstabieren musst und
sichergehen willst, dass du genau verstanden wirst. Die Buchstabiertafeln
für Deutschland, Österreich und die Schweiz unterscheiden sich leicht –
je nach den Gegebenheiten im Land. Am besten sieht man das beim Ö:
In Deutschland Ö wie Ökonom, in der Schweiz Ö wie der Züricher Stadtteil Oerlikon – und in Österreich natürlich Ö wie Österreich.

Wichtiger ist der Unterschied zum internationalen Buchstabieralphabet. Die
Begriffe sind so gewählt, dass sie in möglichst vielen Sprachen vorkommen
und verstanden werden. Dieses internationale Buchstabieralphabet benutzen
zum Beispiel weltweit die Piloten beim Funkverkehr. Und Charlie, Foxtrott
und Tango klingen auch einfach besser als Cäsar, Friedrich und Theodor.

Buchstabe	Deutschland	Schweiz	Österreich	International
A	Anton	Anna	Anton	Alfa
Ä	Ärger	Aesch	Ärger	–
B	Berta	Berta	Berta	Bravo
C	Cäsar	Cäsar	Cäsar	Charlie
Ch	Charlotte	–	Christine	–
D	Dora	Daniel	Dora	Delta
E	Emil	Emil	Emil	Echo
F	Friedrich	Friedrich	Friedrich	Foxtrot
G	Gustav	Gustav	Gustav	Golf
H	Heinrich	Heinrich	Heinrich	Hotel
I	Ida	Ida	Ida	India
J	Julius	Jakob	Julius	Juliett
K	Kaufmann	Kaiser	Konrad	Kilo
L	Ludwig	Leopold	Ludwig	Lima
M	Martha	Marie	Martha	Mike
N	Nordpol	Niklaus	Nordpol	November
O	Otto	Otto	Otto	Oscar
Ö	Ökonom	Oerlikon	Österreich	–
P	Paula	Peter	Paula	Papa
Q	Quelle	Quasi	Quelle	Quebec
R	Richard	Rosa	Richard	Romeo
S	Siegfried	Sophie	Siegfried	Sierra
Sch	Schule	–	Schule	–
ß	Eszett	–	scharfes S	–
T	Theodor	Theodor	Theodor	Tango
U	Ulrich	Ulrich	Ulrich	Uniform
Ü	Übel	Übermut	Übel	–
V	Viktor	Viktor	Viktor	Victor
W	Wilhelm	Wilhelm	Wilhelm	Whiskey
X	Xanthippe	Xaver	Xaver	X-Ray
Y	Ypsilon	Yverdon	Ypsilon	Yankee
Z	Zeppelin	Zürich	Zürich	Zulu

⊰ Stelzen bauen und darauf laufen ⊱

Stelzen waren die längste Zeit kein Spielzeug, sondern ein Arbeitsmittel französischer Schäfer. Die liefen den ganzen Tag auf Stelzen umher, weil sie damit in der Heidelandschaft der Gironde ihre Schafe besser im Blick behalten konnten. Die derart aufgebockten Schäfer legten die Stelzen angeblich erst zum Schlafengehen ab.

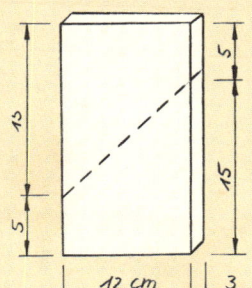 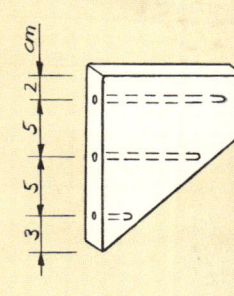

Du brauchst

➺ zwei Vierkanthölzer, die etwa 50 cm länger sind als du, z. B. gehobelte Dachlatten mit einem Querschnitt von 28 × 58 mm – noch stabiler, aber auch deutlich teurer sind Vierkanthölzer aus Buche oder Esche

➺ für die Trittbrettchen ein rechteckiges Holzbrett (20 × 12 cm Seitenlänge, etwa 3 cm dick – da findest du im Baumarkt bestimmt ein billiges Reststück)

➺ 6 mm dicke Senkkopfholzschrauben: 4 Stück à 120 mm, 2 Stück à 40 mm

➺ Bleistift, Metermaß

➺ Schleifpapier, Schraubzwinge, Säge, Bohrer (4 mm)

➺ deinen Vater als erwachsene Hilfskraft

So geht's

1 Säge das Holzbrettchen in der Mitte schräg durch, sodass du zwei gleiche Vierecke erhältst. Das werden die Trittbrettchen.

2 Überlege dir, auf welcher Höhe du die Trittbrettchen anbringen willst – wenn du mit dem Stelzenlauf gerade erst beginnst, sollten sie nicht höher als 20 cm über dem Boden sein. Wenn du etwas geübter bist, kannst du sie weiter oben

befestigen, dann ist es allerdings etwas schwieriger, die Stelzen zu besteigen.

3 Markiere dir auf beiden Vierkanthölzern die 20-cm-Marke. Dort werden die Trittbrettchen mit der langen Seite angebracht, und zwar an der breiteren Seite des Vierkantholzes. Befestige die Trittbrettchen zunächst provisorisch mit einer Schraubzwinge.

4 Lasse deinen Vater mit dem Bohrer vom Vierkantholz her senkrecht drei Löcher durch das Vierkantholz ins Trittbrettchen bohren.

5 Drehe die Schrauben durch die Löcher ins Holz, sodass die Schraubenköpfe versenkt werden. Die Schraubenlänge hängt von der Dicke des Vierkantholzes und der Breite des Trittbrettchens ab. Als Maximallänge der Schrauben gilt:

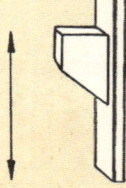

Tritthöhe für Anfänger 20 cm

Dicke des Vierkantholzes plus Breite des Trittbrettchens minus 1,5 cm – so verhinderst du, dass die Schrauben an der anderen Seite wieder herauskommen. Für die beiden oberen Schrauben müsstest du mit 120 mm gut hinkommen, für die untere Schraube mit 40 mm – miss am besten nach.

6 Schmirgele alle scharfen Kanten sorgfältig ab. Fertig!

Erste Schritte

Beim Aufsteigen kannst du dir anfangs mit einem Trick behelfen: Du lehnst die Stelzen an eine Wand und stellst dich – mit dem Rücken zur Wand – dazwischen. Dann schlingst du die Arme um die Stelzen, als wolltest du sie von hinten umarmen; dabei kletterst du auf die Trittbrettchen und klemmst dir die beiden Stangen so unter die Achseln, dass du dich mit Armen und Händen gut daran festhalten kannst. Versuche das Gleichgewicht zu halten und dich langsam von der Wand zu entfernen. Halte deinen Körper so aufrecht wie möglich, dadurch wird dein Gewicht am besten verteilt.

Beim Marschieren drückst du die Stelzen fest an den Körper, damit deine Füße nicht von den Tritten rutschen. Konzentriere dich am Anfang auf jeden einzelnen Schritt, indem du den Ablauf während des Gehens ganz bewusst wahrnimmst: Überlege, welchen Fuß du nach vorne setzen willst. Die dazugehörige Stelze drückst du dann fest an den Fuß – es soll sich so anfühlen, als seien beide miteinander verwachsen – und schreitest damit voran. Das Körpergewicht verlagerst du dabei auf das ruhende Bein. Nach einer Weile musst du gar nicht mehr darüber nachdenken, die Bewegungen laufen automatisch ab, und du wirst wie von selbst auf den Stelzen unterwegs sein.

Vor hundert Jahren machten sich Jungs übrigens einen Spaß daraus, Kunststücke auf Stelzen zu trainieren. Manche konnten auf nur einer Stelze vorwärtshopsen und bekamen sogar einen fliegenden Wechsel der Stelzen vom linken zum rechten Fuß (und umgekehrt) während des Laufens hin.

Früher auch auf Stelzen unterwegs: Soldaten

⇥ Raketen erobern den Luftraum ⇤

Die Brause-Rakete

> ### Du brauchst
> ➡ eine leere Filmdose
>   (frag im Fotogeschäft nach)
> ➡ Papier, Tesafilm, Schere
> ➡ Brausetablette (z.B. für Vitamin-
>   drinks) oder Brausepulver

So geht's

1 Du zeichnest auf das Papier einen Kreis (r = 4 cm, ø = 8 cm) und schneidest ihn aus. Mach einen Schnitt vom Rand zum Mittelpunkt – nun kannst du den Kreis zu einem kleinen Hütchen drehen und zusammenkleben. Das wird deine Raketenspitze. Diese Spitze klebst du mit Tesafilm auf dem Boden der Filmdose fest, nicht auf der Öffnung. Wenn du magst, kannst du aus Papier kleine Flügel basteln, die du an den Seiten der Filmdose festklebst.

2 Mach dich auf die Suche nach einem geeigneten Startplatz: Er sollte eben und fest sein (zur Not ein Brettchen unterlegen) und draußen liegen – die Rakete spritzt beim Start nämlich mit Wasser. Wenn du bei unebenem Grund ein Brettchen unterlegst, erreichst du eine größere Flugstabilität.

3 Jetzt füllst du die Rakete mit Treibstoff: Dafür gibst du Wasser in die Dose (sie sollte zu gut einem Viertel gefüllt sein) und ein Viertel der Brausetablette (oder einen Teelöffel voll Brausepulver). Sofort die Filmdose mit dem dazugehörigen Deckel verschließen und mit dem Deckel zuunterst auf ihren Startplatz stellen.

4 Den Startplatz räumen – innerhalb kurzer Zeit fliegt die Rakete nach oben.

Was passiert?

Wenn sich die Brausetablette mit dem Wasser vermischt, entsteht das Gas Kohlendioxid – deshalb sind Getränke aus Brausetabletten auch so sprudelig. Dieses Gas dehnt sich in der Filmdose aus und braucht immer mehr Platz. Da die Filmdose verschlossen ist, steigt der Druck im

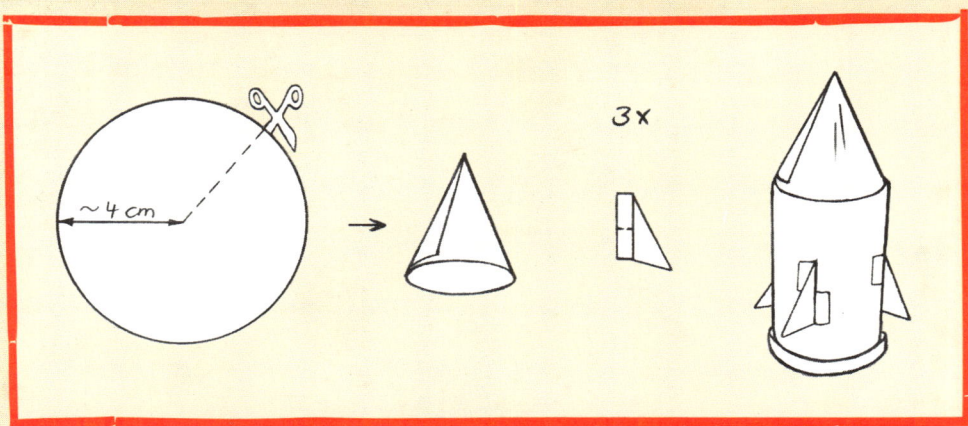

~ 4 cm

3 x

170

Inneren der Dose an, das Gas drückt gegen den Deckel. So lange, bis der Deckel unter dem Druck nachgibt. Er wird mitsamt dem flüssigen Inhalt der Filmdose weggeschleudert. Durch diese Rückstoßkraft hebt die Rakete ab.

Übrigens: Falls du keine Brause zur Hand hast, funktioniert als Raketentreibstoff auch eine Mischung aus 1 TL Backpulver und 1 EL Essig. Die so gefüllte Filmdose schütteln, kopfüber hinstellen und warten.

Die Wasser-Rakete

Du brauchst

- ➻ eine Plastikflasche (PET-Flasche für Getränke)
- ➻ dicke Wellpappe
- ➻ Allzweckkleber, Klebeband
- ➻ Gummistopfen (passend zum Flaschenhals, gibt's in der Drogerie oder in der Apotheke)
- ➻ Ventil (für Fußbälle, gibt's im Sportgeschäft)
- ➻ Luftpumpe, am besten eine mit Verbindungsschlauch
- ➻ deinen Vater als Hilfskraft

So geht's

1 Zuerst bastelst du die Spitze und die drei Endflossen der Rakete: Dafür zeichnest du die abgebildeten Ringe und Flügel auf Papier. Jetzt hast du Schablonen für die Wellpappe. Nachdem du die beiden Ringe und die sechs Flossen auf die Pappe übertragen hast, schneidest du sie aus.

2 Ziehe die beiden Ringe über die Flasche – sie sollten »spack« sitzen. Stecke die drei breiteren Flossen und die Ringe zusammen, sodass die Flasche mit der Öffnung nach unten zeigt. Verklebe die Pappteile untereinander und mit der Flasche. Zum Schluss klebst du die drei Flügel für die Raketenspitze am Flaschenboden fest.

Bitte deinen Vater, dir in den Stopfen ein kleines Loch zu bohren: gerade groß genug, dass das dünne Ende des Ventils hineinpasst. Lieber erst mal einen Bohrer nehmen, der zu klein scheint – und dann bei Bedarf in Halb-Millimeter-Schritten steigern.

3 Schiebe das Ventil in den Stopfen – das sollte schwer gehen, dann ist alles wirklich dicht. Das dünne Ende des Ventils zeigt aus dem dünneren Ende des Stopfens, der Ventilkopf aus dem dickeren.

4 Fülle die Rakete zu einem Drittel mit Wasser und verschließe sie mit dem Ventilstopfen.

5 Suche dir eine Abschussrampe im Freien: Dabei solltest du darauf achten, dass keine Leute in der Nähe sind, denen die Rakete um die Ohren fliegen könnte. Sie kann eine ganz schöne Geschwindigkeit erreichen!

6 An der Abschussrampe steckst du die Luftpumpe mit dem Verbindungsschlauch an das Ventil in der Flasche. Stelle dich seitlich neben die Rakete – halte auf keinen Fall deinen Kopf direkt darüber! – und pumpe Luft in die Flasche. So lange, bis die Rakete abhebt.

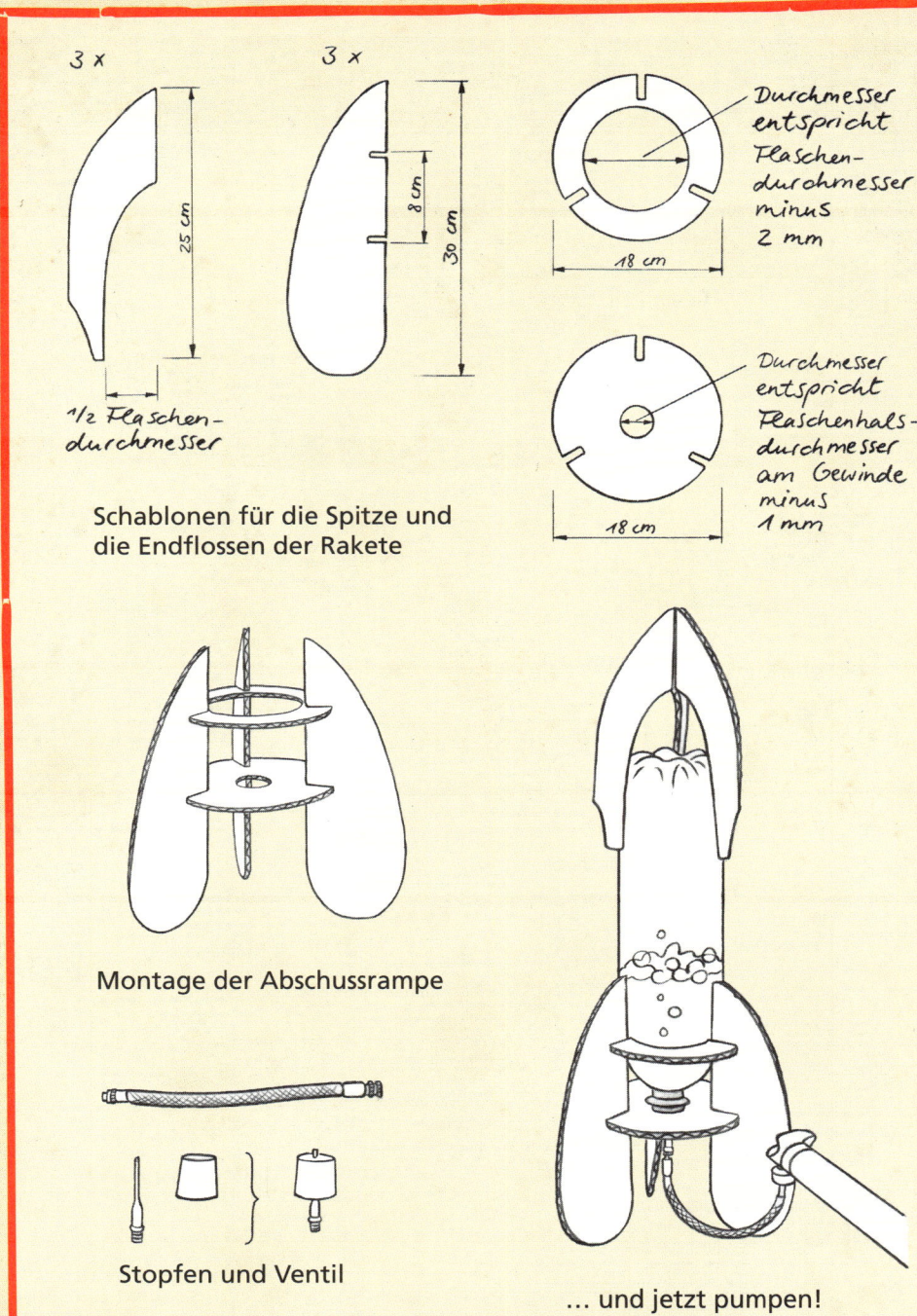

3 x

3 x

25 cm

8 cm

30 cm

½ Flaschen-
durchmesser

Durchmesser
entspricht
Flaschen-
durchmesser
minus
2 mm

18 cm

Durchmesser
entspricht
Flaschenhals-
durchmesser
am Gewinde
minus
1 mm

18 cm

Schablonen für die Spitze und
die Endflossen der Rakete

Montage der Abschussrampe

Stopfen und Ventil

… und jetzt pumpen!

Was passiert?

Wenn du Luft in die Flasche mit dem Wasser pumpst, steigen Luftbläschen auf. Das ist ein Zeichen dafür, dass sich die Luft durch das Wasser hindurch in der Flasche ausbreitet. Dabei füllst du immer mehr Luft in die Flasche, bis es nicht mehr geht: Wenn die Luft sich nicht weiter nach oben verteilen kann, presst sie das Wasser aus der Flasche. Durch den Rückstoß hebt die Rakete ab.

Die Luftballon-Rakete

Du brauchst
➤ einen Trinkhalm
➤ 3 m dünnen Faden
➤ einen Luftballon
➤ eine Wäscheklammer
➤ Tesafilm

So geht's

1 Als Erstes fädelst du den Trinkhalm durch den Faden. Die beiden Enden des Fadens müssen irgendwo fest angebracht werden. In der Wohnung geht es am einfachsten zwischen zwei Stuhllehnen. Wichtig ist, dass der Faden straff gespannt ist. Das ist deine Raketenbahn.

2 Dann bläst du den Luftballon auf, knotest ihn aber nicht zu. Stattdessen drehst du die Öffnung des Ballons ein paarmal und klemmst sie dann mit der Wäscheklammer zu, damit keine Luft entweichen kann.

3 Jetzt befestigst du den Ballon mit Klebestreifen am Trinkhalm. Die Öffnung mit der Wäscheklammer muss zum einen Ende des Fadens zeigen, der Kopf des Ballons zum anderen Fadenende. Achte darauf, dass du dabei den Trinkhalm nicht verbiegst – sonst ist nachher die Reibung zu groß.

4 Schiebe den Trinkhalm mit dem Ballon zurück – und zwar zu dem Ende

Technik wie in Wirklichkeit

Auch eine echte Rakete basiert auf dem Rückstoßprinzip. Bei ihr wird der Rückstoß aber anders erzeugt als bei deinen Raketen: Bei einer echten Rakete wird Treibstoff verbrannt. Dabei entstehen heiße Gase. Sie entweichen mit hohem Druck aus der Brennkammer – Schubkraft nach dem Rückstoßprinzip.

Auch in der Natur gibt es übrigens das Rückstoßprinzip: Einige Tintenfischarten bewegen sich so vorwärts. Sie lassen Wasser in ihren Körper einströmen, ziehen das umliegende Gewebe zusammen und stoßen das Wasser aus. Sie erreichen dabei hohe Geschwindigkeiten – einige Arten schaffen es sogar, das Wasser zu verlassen und mehrere Meter durch die Luft zu fliegen.

des Fadens, auf den die Wäscheklammer zeigt.

5 Wenn du jetzt die Wäscheklammer wegnimmst, saust der Ballon am Faden entlang davon – zum anderen Ende.

Was passiert?

Wenn die Luft aus dem Ballon entweicht, bewegt sich der Ballon nach vorne. Das funktioniert wieder wie bei einer echten Rakete per Rückstoß. Allerdings ist dafür, anders als bei der Wasserrakete, nur indirekt die Luft verantwortlich: Die Energie kommt vielmehr aus der Gummihaut des Luftballons: Durch das Aufblasen wurde der Ballon gespannt. Wenn du die Wäscheklammer wegnimmst, kann sich die Haut wieder entspannen; dabei wird die Luft herausgedrückt.

Die Streichholz-Rakete

Du brauchst
➤ Streichhölzer: am besten eine ganze Schachtel voll – du wirst ein wenig experimentieren müssen, bevor es richtig klappt, und pro Rakete wird ein Streichholz benötigt (Streichhölzer aus Streichholzbriefchen sind ungeeignet)
➤ eine Büroklammer als Startrampe
➤ eine Stecknadel
➤ Alufolie (du benötigst pro Rakete etwa die Fläche von zwei Briefmarken)

Jede Rakete wird nach dem Rückstoßprinzip angetrieben – aber die Streichholzrakete fliegt sogar mit echtem Feuer. Deswegen: Die Streichholzrakete immer draußen zünden, sonst gibt es leicht Brandflecken, von Zimmerbränden ganz zu schweigen.

So geht's

1 Umwickele den Zündkopf eines Streichholzes so mit Alufolie, dass ein kleiner Kanal, so dick wie die Stecknadel am Streichholzstiel, der einzige Weg der Verbrennungsgase weg vom Streichholzkopf bleibt. Am besten geht das, wenn du die Stecknadel so auf das Streichholz legst, dass die Stecknadelspitze am Streichholzkopf endet und der Stecknadelkopf auf dem Streichholzstiel liegt.

2 Umwickele beides gemeinsam ganz stramm mit Alufolie und ziehe zum Schluss die Stecknadel vorsichtig heraus. Wichtig ist, dass die Alufolie den Streichholzkopf auch wirklich abdichtet.

Das geht am einfachsten, wenn du die Alufolie nach ein paar Umwickelungen am Kopf umknickst.

Verbesserungen

❖ Experimentiere mit der Startrampe und ihrer Steigung. Wann fliegen die Raketen am weitesten?

❖ Statt eines Streichholzes kannst du auch sehr gut ein Feuerzeug verwenden, um die Rakete zu zünden. Dann bleiben mehr Streichhölzer für Raketen übrig.

Mögliche Probleme

❖ Die Alufolie brennt beim Startvorgang durch und die Rakete fliegt nicht. Mögliche Lösung: Wickele etwas mehr Alufolie um den Streichholzkopf. Aber nicht zu viel, sonst wird die Rakete zu schwer und fliegt nicht sehr weit.

❖ Die Rakete zündet und die Alufolie brennt auch nicht durch, aber sie fliegt nicht los, sondern macht nur einmal »pffft«. Mögliche Erklärung: Du hast die Alufolie nicht richtig stramm um das Streichholz gewickelt, daher können die Abgase auch neben dem Abgaskanal entweichen. Lösung: die Alufolie sorgfältiger und fester um das Streichholz wickeln.

❖ Die Rakete fliegt nur ein sehr kurzes Stück oder hebt erst gar nicht ab. Mögliche Erklärung: Du hast so viel Alufolie um das Streichholz gewickelt, dass die Rakete zu schwer zum Fliegen geworden ist. Lösung: weniger Alufolie verwenden.

3 Biege die Büroklammer wie in der Abbildung gezeigt.

4 Lege die Rakete so auf die Büroklammer, dass der Kopf nach oben zeigt.

5 Erhitze den mit Alufolie umwickelten Streichholzkopf mit einem anderen Streichholz.

6 Wenn der Streichholzkopf heiß genug geworden ist, entzündet er sich, und die Verbrennungsgase entweichen so schnell durch den engen Abgaskanal, dass die Rakete bis zu sechs Meter weit fliegen kann.

Pfannkuchen

> ### Du brauchst
> ➤ Eier (pro Person ein großes)
> ➤ Mehl, Milch, Butter, Salz
> ➤ am Tisch: Zucker, Ahornsirup, Apfelmus zum Draufstreichen

So geht's

1 Eier aufschlagen und in eine Schüssel gleiten lassen. Mit einem Schneebesen verrühren.

2 Zwei Esslöffel Mehl und pro Ei eine kleine Prise Salz dazugeben und glatt rühren. Sollten sich am Anfang kleine Mehlklümpchen bilden – keine Sorge, die verschwinden wieder, wenn du nur hartnäckig rührst. Der Teig ist jetzt noch sehr flüssig. Er soll zunächst fester werden. Deshalb gibst du nach und nach mehr Mehl dazu – und zwar so viel, bis der Teig sich ungefähr so anfühlt wie Nivea-Creme.

3 Jetzt kommt die Milch: Erst einmal gießt du nur ein paar Esslöffel dazu. Glattrühren. Nach und nach mehr Milch einrühren. Jetzt musst du gut aufpassen: nur so viel Milch dazugeben, bis sich der Teig wie Sirup anfühlt. Ist er dir aus Versehen zu flüssig geraten, einfach wieder etwas Mehl dazugeben. Ist er zu fest, mit Milch ausgleichen.

4 Den Teig eine halbe Stunde so stehen lassen und nicht anrühren. In dieser Zeit quillt das Mehl. Nach der Ruhezeit noch einmal kurz durchrühren.

5 Lass eine Pfanne heiß werden und gib einen Klecks Butter hinein (ungefähr so viel, wie du dir aufs Brot schmieren würdest). Wenn die Butter geschmolzen ist und eben anfängt zu rauchen, gibst du eine Schöpfkelle voll Teig in die Pfanne. Der Teig soll sich gleichmäßig verteilen, dafür die Pfanne etwas anheben und drehen. Den Herd etwas runterschalten.

6 Den Pfannkuchen etwa zwei Minuten in der Pfanne in Ruhe backen lassen. Wenn er an den Rändern etwas fester geworden ist, mithilfe des Pfannenwenders auf die andere Seite drehen. Notfalls kannst du mit einem zweiten Pfannenwender nachhelfen.

7 Das elegante Wenden durch einen beherzten Wurf macht natürlich viel her, ist aber nicht ganz ohne. Wenn du dir

Variante

Wenn du magst, kannst du auch einen klein geschnittenen Apfel dazugeben, bevor du den Teig in die Pfanne gibst. Andere Früchte (Blaubeeren oder klein geschnittene Bananen beispielsweise) werden erst mitgebacken, wenn die erste Seite des Pfannkuchens schon fest ist. Vor dem Wenden die Früchte auf der flüssigeren Seite verteilen.

Was auch lecker ist

Eine große Scheibe Fleischwurst durch den Teig ziehen und dann backen. Da die Teigschichten dabei sehr dünn werden, Backzeiten reduzieren.

die Grundbegriffe zunächst ohne große Teigverluste beibringen willst, kannst du mit einem kreisrund zugeschnittenen Rest Stoff (nicht zu dünn!), den du vorher in Wasser eingeweicht hast, den richtigen Hand- und Hüftgelenksschwung üben.

8 Den Pfannkuchen so lange backen, bis er auf dieser Seite leicht gebräunt ist. Nochmals umdrehen, auch die andere Seite bräunen.

9 Mit Zucker, Apfelmus oder Ahornsirup prompt verzehren.

Pizza

Du brauchst

Teig (für ein Blech Pizza)
- 300 g Mehl
- Salz
- 4 EL Olivenöl
- einen halben Würfel frische Hefe
- 150 ml handwarmes Wasser

Belag
- Tomatensoße (Passata aus dem Glas oder Pizzatomaten aus der Dose)
- Mozzarella (manche nehmen lieber Emmentaler, aber das ist dann eben nicht mehr original italienisch)
- eine mittelgroße Zwiebel
- Salz, Zucker, Pfeffer
- Kräuter nach Geschmack (Basilikum, Oregano, Rosmarin)
- Olivenöl
- Belag nach Wunsch

Auch wenn es auf den ersten Blick gar nicht so aussieht: Pizza ist eigentlich nichts anderes als ein belegtes Brot, das in den Ofen geschoben wird. Und wie Brot kannst du den Pizzafladen mit allem belegen, worauf du Appetit hast. Das wird dann vielleicht nicht jedem schmecken. Mach dir nichts draus: Es soll Leute geben, die noch bei Sinnen und auch bei Trost sind, ihre Pizza aber am liebsten mit Aal, Gewürzgurken, Eiern, Algen, Hackfleischbällchen, Nutella oder Sushi essen. Manchmal auch mit allem zusammen.

Trotzdem kann eine Pizza eigentlich gar nicht genug für ihre Genügsamkeit gepriesen werden – sie muss ganz schön viel ertragen. Die klassische italienische Pizza aus Neapel, genannt Margherita, kommt dagegen mit nur drei Zutaten aus: Tomate, Mozzarella, Basilikum und fertig. Alles andere sei Schnickschnack, meinen viele Neapolitaner.

So geht's

1 Schütte das Mehl in eine Schüssel, dazu gibst du eine Prise Salz und das Öl. Krümele die Hefe in eine zweite Schüssel und gieße etwa die Hälfte des handwarmen Wassers (das Wasser darf nicht zu heiß sein, sonst verbrennt die Hefe) dazu. Löse die Hefe gut in dem Wasser auf. Dann gibst du die aufgelöste Hefe in die Schüssel mit dem Mehl und verrührst alles miteinander. Den Rest der Flüssigkeit kannst du nach und nach dazugeben. Es soll ein geschmeidiger Teig dabei herauskommen.

2 Diesen Teig musst du gut durchkneten. Wenn es in der Schüssel zu eng wird, hole ihn heraus und bearbeite ihn auf dem Tisch weiter – so lange, bis er schön glatt ist.

3 Bette die Teigkugel wieder in die Schüssel und decke sie mit einem Geschirrtuch zu. Stelle die Schüssel an einen möglichst warmen Ort, auf die Heizung oder in einen Ofen mit eingeschalteter Glühbirne beispielsweise, und lass den Teig dort etwa eine Dreiviertelstunde ruhen. In der Zeit legt er mächtig zu – wenn du ihn herausholst, ist er gut doppelt so groß wie anfangs. Ideal: Den Teig durchkneten und noch einmal gehen lassen

4 In dieser Zeit kannst du die Tomatensoße vorbereiten: Schneide eine Zwiebel klein. Erhitze auf mittlerer Stufe zwei Esslöffel Olivenöl in einem Topf und dünste darin die Zwiebelstücke an, bis sie glasig sind (Vorsicht: Sie sollen nicht braun werden). Dann gibst du die Dosentomaten oder die Passata-Soße aus dem Glas dazu und würzt die Soße mit Salz und einer Prise Zucker, wenn du magst auch mit Kräutern nach deinem Geschmack. Oregano, Rosmarin und Thymian müssen mitkochen, um ihren Geschmack zu entfalten. Einmal aufkochen lassen und von der Platte nehmen. Basilikum verträgt keine hohen Temperaturen, also erst jetzt zufügen und abschmecken: Wenn die Soße noch zu fad ist, mit Salz und Pfeffer nachwürzen. Abkühlen lassen.

5 Ein Backblech leicht mit Olivenöl bepinseln. Teig direkt darauf ausrollen. Für die Feinarbeit mit den Fingern nachhelfen – den Teig gleichmäßig auf dem Blech verteilen.

6 Mit deiner Tomatensoße bestreichen und nach deinem Geschmack belegen: mit Salamischeiben, gekochtem Schinken, Parmesanspänen, Zwiebeln, Tomatenscheiben ... Dann mit dem geriebenen Käse bestreuen und noch ein paar Spritzer Olivenöl obendrauf geben.

7 Ofen auf 220 Grad vorheizen.

8 Pizza in den warmen Ofen schieben und im Auge behalten: Sie ist fertig, wenn der Teig goldbraun und der Käse zerlaufen ist – das sollte etwa zehn Minuten dauern.

9 Sofort schmecken lassen!

Gruselhände

Du brauchst

➻ Einweghandschuhe
➻ Puddingpulver (z. B. Vanille- oder Wackelpudding)
➻ Milch oder Wasser
➻ Fruchtsoße
➻ Kochtopf, Schneebesen
➻ die Hände eines Helfers
➻ Kühlschrank
➻ Rasierklinge

So geht's

1 Wenn die Einweghandschuhe innen mit Talkum gepudert sind, stülpst du das Innere des Handschuhs nach außen. Du willst das Puder ja nicht auf dem Pudding haben und mitessen.

2 Das Puddingpulver nach Anleitung auf der Packung kochen. Den Pudding etwas abkühlen, aber nicht fest werden lassen.

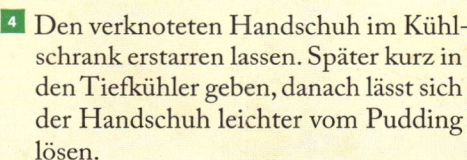

3 Den flüssigen Pudding langsam in die Handschuhe schütten. Das geht am besten zu zweit: Einer hält den Handschuh, der andere gießt den Pudding hinein. Den Handschuh nicht bis zum Rand füllen, genug Platz lassen, damit du den Handschuh oben zusammenknoten kannst.

4 Den verknoteten Handschuh im Kühlschrank erstarren lassen. Später kurz in den Tiefkühler geben, danach lässt sich der Handschuh leichter vom Pudding lösen.

5 Vorsichtig den Handschuh mit dem fest gewordenen Pudding aufschneiden. Am besten mit einer Rasierklinge, damit du die Puddinghände nicht beschädigst – da fragst du am besten deinen Vater.

6 Die Hände mit Erdbeer- oder Himbeersoße servieren, das wirkt mit Gruselhänden aus Vanillepudding besonders gruselig.

Übrigens

Sollen die Hände richtig echt aussehen, kochst du den Vanillepudding nach der Anleitung, die hinten auf der Packung steht. In den flüssigen Pudding gibst du vor dem Festwerden ein paar Tropfen roter Lebensmittelfarbe. Die Mischung aus gelber Vanille und dem Rot ergibt eine schöne Hautfarbe.

❧ Das Dosentelefon ❧

Auch wenn heute alle Welt mit Flatrates telefoniert: Dies ist definitiv das billigste Telefon der Welt. Es kostet fast nichts und ist ganz schnell gebaut. Der einzige Nachteil – bis nach Amerika wirst du damit nicht kommen. Das verhindert schon die Erdkrümmung.

Du brauchst

➤➤ zwei ausgespülte Konservendosen (425 ml) oder zwei
Joghurtbecher
➤➤ Feile
➤➤ Kreppband
➤➤ einen dünnen Nagel
➤➤ Hammer
➤➤ 15 bis 20 Meter Schnur:
Glatte Schnur (z. B. Angelschnur)
ist besser als gedrehte Schnur
(z. B. Zwirnsfaden)

So geht's

1 Kontrolliere zuerst, ob an der offenen Seite der Konservendose noch scharfe Kanten sind. Die solltest du glattfeilen, damit du dich beim Telefonieren nicht verletzt. Um auf Nummer Sicher zu gehen, kannst du die Kanten auch mit Kreppband umkleben. Joghurtbecher sind von Natur aus kratzsicher, allerdings auch nicht so stabil.

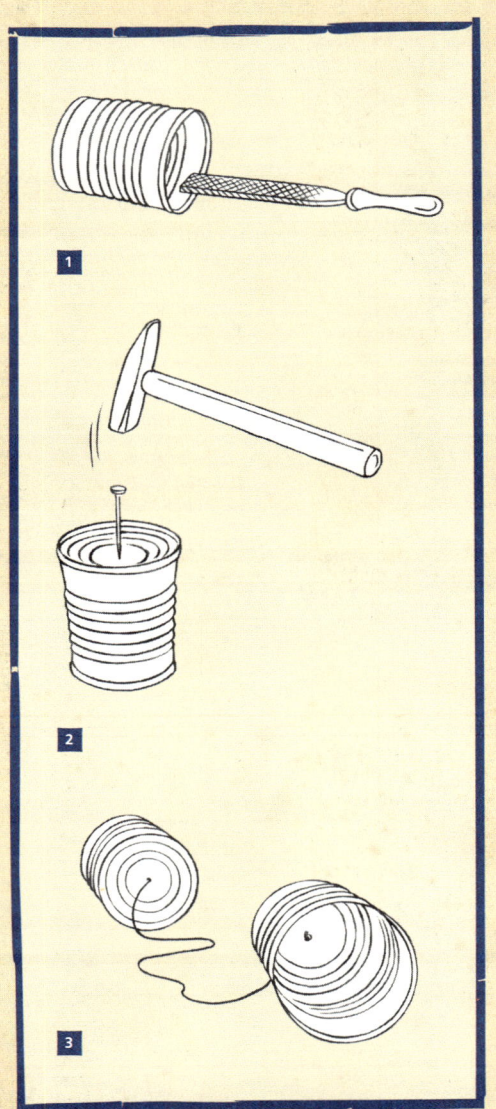

2 Stelle dann die Dosen vor dich auf den Tisch, die geschlossenen Böden zeigen nach oben. In die Mitte der Böden schlägst du jeweils mit Nagel und Hammer vorsichtig ein kleines Loch – es sollte so groß sein, dass die Schnur gerade eben hindurchpasst.

3 Fädele dann von außen die Schnur durch das Loch einer Dose und verknote die Schnur im Innern mit einem festen Knoten, damit sie nicht durchrutscht. Wenn ein Knoten nicht ausreicht, verknotest du die Schnur mehrmals. Dasselbe machst du mit dem anderen Ende der Schnur und der zweiten Konservendose. Schon ist dein Dosentelefon fertig.

Zum Telefonieren drückst du deinem Gesprächspartner eine Dose in die Hand und nimmst die andere. Dann geht ihr so weit auseinander, bis die Schnur ganz straff gespannt ist. Das ist wichtig, sonst klappt es mit der Übertragung nicht. Ihr könnt sogar in die Dose flüstern – es wird am anderen Ende der Strippe zu hören sein.

Es kann allerdings immer nur einer von euch reden, der andere muss unterdessen zuhören. Um zu wissen, wann der Sprecher fertig ist, solltet ihr euch darauf verständigen, dass er zum Schluss immer »Ende« sagt. Dann weiß der andere, dass er die Dose vom Ohr nehmen und selbst

hineinsprechen kann. Als Erstes sagt er »Roger«, das bedeutet in der Sprache der Funker: »Ich habe verstanden.«

Oder ihr baut schnell eine zweites Set Telefone – dann könnt ihr auch gleichzeitig reden.

Was passiert?

Wenn du in die Dose sprichst, breitet sich deine Stimme in Form von Schallwellen aus. Diese versetzen den Boden der Konservendose in Schwingung, die sich auf die Schnur überträgt – wie bei einem angestoßenen Dominostein rollt der Schall als Welle weiter zur anderen Dose und von dort in das Ohr deines Gesprächspartners. Da die Dosen hohl sind und einen Raum bilden, wirken sie als Resonanzkörper, das heißt, sie verstärken die Stimme.

Doch bevor du nun eine kilometerlange Schnur von einem Ende der Stadt zum anderen spannst, um so mit deinem Freund ohne teure Handygebühren zu telefonieren – das wird nicht hinhauen. Denn über eine so weite Strecke wird es euch nicht gelingen, die Schnur straff zu spannen. Das ist aber nötig, weil die Übertragung der Schallwellen sonst unterbrochen wird und sie nicht am anderen Ende ankommen.

Wie viele Meter schafft ihr?

❧ Wie du das Licht am Fahrrad reparierst ❧

Stell dir die Lichtanlage deines Fahrrads als Stromkreis vor: Der Dynamo ist das Kraftwerk und schickt den Strom durch je ein Kabel zu den Birnchen in Vorder- und Rücklicht. Von dort wird der Stromkreis über den Metallrahmen des Fahrrads geschlossen. Der Rahmen wird also Teil der Stromleitung.

Das bedeutet, Dynamo und Vorderlicht bzw. Rücklicht müssen miteinander per Kabel verbunden sein und Kontakt zum Rahmen haben. Diese Verbindung erfolgt über den sogenannten Massekontakt, was nichts anderes ist als die Schrauben, mit denen Dynamo, Vorder- und Rücklicht am Rahmen befestigt sind. Das ist der Grund, warum die Lichtanlage eines Fahrrads so störanfällig ist: Wenn nur ein Glied in dieser Kette ausfällt, gehen die Lichter aus. Eines oder sogar beide.

Der Trick ist nun, genau die Schwachstelle im Stromkreis aufzuspüren und zu reparieren, die das gesamte System lahm legt. Es bringt wenig, wahllos irgendwo herumzudoktern. Gehe lieber wie ein Detektiv vor – sammle Indizien und Beweise und schließe nacheinander die möglichen Fehlerquellen aus. Das machen erfahrene Fahrradmonteure übrigens genauso.

Du brauchst
➤ Schraubenschlüssel
➤ Lappen
➤ feines Schmirgelpapier
➤ Ersatzkabel
➤ Isolierband
➤ 4,5-Volt-Flachbatterie
➤ Ersatzbirnchen vorne,
   Ersatzbirnchen hinten

So geht's

Die wichtigste Frage zuerst:
Wie viele Lampen sind kaputt?

Wenn beide Birnen ausgefallen sind

1 Eher selten, dass beide Birnchen gleichzeitig durchgebrannt sind. Es liegt wahrscheinlich am Dynamo oder an der Masse, also am Rahmen, weil davon beide Lampen betroffen sind. *Brennt die andere Lampe, lies bei Punkt 7 weiter.*

2 Kontrolliere den Dynamo: Läuft die Antriebsrolle bei eingeschaltetem Licht gut am Reifen? Wenn nicht, kannst du die Befestigungsschraube mit einem Schraubenschlüssel lösen, den Dynamo neu ausrichten und die Schraube wieder fest anziehen. Leuchtet jetzt dein Licht? Wenn ja, musst du nicht mehr weiterlesen, dein Problem ist gelöst. Ansonsten weiter in der Fehlersuche:

3 Überprüfe, ob die beiden Kabel, die aus dem Dynamo zu Rück- und Vorderlicht führen, auch gut befestigt sind. Wenn nicht, behebe das Problem. Die Kabelspitzen dürfen nicht rostig sein – den Rost kratzt du mit Schmirgelpapier ab.

4 Wirf außerdem einen Blick auf den Massekontakt zwischen Dynamo und Rahmen: Ist die Befestigungsschraube rostig oder verschmutzt? Dann nämlich wird der Strom nicht mehr gut weitergeleitet. In dem Fall musst du die Schraube lösen und den Massekontakt reinigen. Schmutz bekommst du

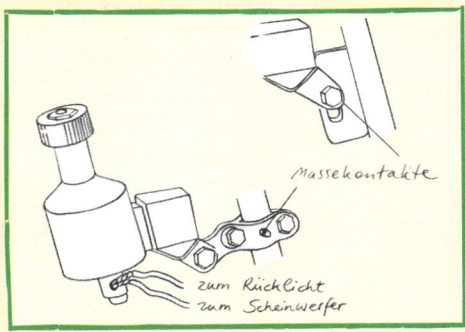

Massekontakte

zum Rücklicht
zum Scheinwerfer

mit einem ölgetränkten Tuch gut weg, Rost mit feinem Sandpapier. Hilft dies nicht:

5 Inspiziere sorgfältig das Kabel, das am Rahmen entlangführt: Ist es an einer Stelle gerissen oder die Isolierung abgewetzt? Das könnte zu einem Kurzschluss führen. In dem Fall flickst du das Kabel mit Isolierband. Ist das Kabel in Ordnung, das Licht aber noch immer nicht:

6 Vermutlich ist der Dynamo kaputt und muss ersetzt werden. Um sicherzugehen, dass deine Vermutung stimmt, und um auszuschließen, dass das Problem nicht doch woanders liegt, führst du einen Test mithilfe einer 4,5-V-Flachbatterie durch. Das geht so: Klemme die Kabel vom Dynamo ab. Halte sie beide an die eine Kontaktfahne der Batterie, die andere Kontaktfahne bringst du mit dem Metallrahmen in Verbindung. Leuchten die Lämpchen, folgerst du daraus: die Stromquelle am Fahrrad, also der Dynamo, ist defekt. Denn mit einer anderen Stromquelle funktioniert das Licht, und die anderen Möglichkeiten hast du ja bereits ausgeschlossen – Kabel und Massekontakt sind in Ordnung.

Wenn nur eine Birne nicht leuchten will

7 Kontrolliere, ob die Birne richtig eingeschraubt ist und das Kabel guten Kontakt zur Lampe hat.

8 Prüfe mit der Batterie die Birne: Drehe die Birne heraus und halte das Gewinde an eine Kontaktfahne der Batterie, die andere an den Metallrahmen. Wenn die Birne nicht leuchtet, ist sie durchgebrannt. Tausche sie aus.

VOLTA

LONGLIFE

9 Nimm das Kabel, das zum defekten Licht führt, genauer unter die Lupe: Ist es irgendwo gerissen, die Isolierung beschädigt? Vor allem, wenn das Rücklicht am Schutzblech befestigt ist, passiert das häufig: Das Kabel kann leicht abreißen, wenn du mit dem Hinterteil deines Fahrrads gegen etwas stößt. Beschädigte Kabel flickst du mit Isolierband. Sind die Kabelspitzen rostig?

Wenn ja, entfernst du den Rost mit Schmirgelpapier. Leuchtet das Licht immer noch nicht:

10 Liegt das Problem am Massekontakt? Stelle sicher, dass die Verbindungsschrauben zwischen Licht und Rahmen nicht schmutzig oder rostig sind. Beim Vorderlicht löst du die Schraube am Halter und reinigst den Massekontakt mit einem ölgetränkten Tuch und entfernst Rost mit Schmirgelpapier. Der hintere Massekontakt ist die Schraube, mit der das Rücklicht an Schutzblech oder Gepäckträger befestigt ist. Löse sie mit einem Schraubenschlüssel und entferne Schmutz oder Rost.

11 *Brennt das Licht nicht, bleiben noch drei mögliche Fehler:* Bei einem unsichtbaren Kabelbruch wird der Strom nicht weitergeleitet, weil das Kabel innen gerissen ist. Wenn die äußere Isolierung jedoch in Ordnung ist, kannst du den Fehler von außen nicht sehen – es sei denn, die Isolierung ist durchsichtig. Ziehe ein Ersatzkabel parallel zum vorhandenen Kabel, um dieses Problem auszumerzen.

12 Möglich ist auch ein unsichtbarer Fehler im Inneren des Vorder- oder Rücklichts. Biege die Blechfahne, auf der der Kopf des Birnchens aufkommt, etwas nach oben – das ist der häufigste Fehler. Schraube dann die Lampe als Ganzes ab und führe einen Batterietest durch. Wenn sie noch immer nicht leuchtet:

Tipp

Nie Vorder- und Rücklicht-Birnchen vertauschen! Zum Vorderlicht gehört eine 2,4-Watt-Birne – Rücklicht-Birnchen haben nur 0,6 Watt, werden im Vorderlicht überlastet und brennen dann sehr schnell durch.

Mit dem Basteln aufhören und eine neue Lampe kaufen.

13 Einer der häufigsten Fehler beim Rücklicht ist ein hartnäckig schlechter Massekontakt – auch wenn du den Anweisungen unter 10 gefolgt bist. Wenn selbst der Einbau einer größeren Unterlegscheibe (als der meistens mitgelieferten mickrigen) und das Blankschmirgeln des Schutzblechs innen am Massekontakt nichts bringen, hilft nur eins: Du musst ein zusätzliches Massekabel von der Befestigungsschraube des Rücklichts zur nächsten blanken Stelle am Rahmen (zur Hinterradmutter beispielsweise) ziehen. Dieses Extra-Kabel stellt dann den Massekontakt her.

Übrigens

Wenn du ohne Licht am Fahrrad fährst, kostet dich das laut amtlichem Bußgeldkatalog in Deutschland 10 Euro – mindestens.

Das Abenteuer- und Entdeckerbuch deines Großvaters hätte übrigens eine ganz andere Anleitung für die Lichtreparatur gehabt. Bis zum Zweiten Weltkrieg wurden nämlich nicht Dynamo und elektrisches Licht für die Beleuchtung benutzt, sondern Karbidlampen: Wasser tropfte auf den Feststoff Karbid, so entstand das brennbare Gas Acetylen, das entzündet wurde und so Licht lieferte. Ohne einen kleinen Vorrat an Wasser, Karbid und Streichhölzern brauchte man sich im Dunkeln also nicht aufs Rad zu schwingen. Am besten hatte man auch noch ein Putztuch dabei, denn die Lampe rußte stark. Dagegen ist die Lichtreparatur heute ein Kinderspiel.

Die neuen sieben Weltwunder

Es ist höchste Zeit für neue Weltwunder, dachte sich vor ein paar Jahren der Schweizer Bernhard Weber – solche, die man auch heute noch besuchen kann. Schließlich ist von den sieben Weltwundern der Antike nur noch ein einziges erhalten: die Cheopspyramide in Ägypten (siehe Seite 22, »Die sieben Weltwunder der Antike«).

Also leierte der Millionär die Wahl der »Neuen sieben Weltwunder« an. Aus 200 Vorschlägen konnten Menschen auf der ganzen Welt Bauwerke auswählen, die ihrer Meinung nach den Ehrenbegriff »Weltwunder« verdient haben. Außer Konkurrenz waren dabei die Pyramiden von Giseh, sie wurden ohne Abstimmung zum »Ewigen Weltwunder« erklärt. Daneben kamen 21 Objekte in die Endrunde, pro Land höchstens eines. Für Deutschland war das bayerische Schloss Neuschwanstein im Rennen.

Abgestimmt wurde per SMS, E-Mail und Telefon. 100 Millionen Menschen haben sich nach Angaben der Veranstalter an der Aktion beteiligt. Ganz unumstritten war die Aktion nicht: Experten kritisierten die Auswahl als zu beliebig. Die Bauwerke mit den meisten Stimmen wurden im Juli 2007 zu den »Neuen sieben Weltwundern der Moderne« gekürt.

Dieser Begriff ist übrigens nicht mit dem Titel »Weltkulturerbe« zu verwechseln, den die Kulturorganisation der Vereinten Nationen, die UNESCO, seit 1972 vergibt. Dazu gehören inzwischen über 830 Denkmäler in aller Welt, die aufgrund ihres hohen kulturellen Werts unter besonderem Schutz stehen. Fast alle neuen Weltwunder gehören bereits seit Jahren zum Weltkulturerbe. Einzige Ausnahme ist die Christus-Statue in Rio.

Taj Mahal (Indien)

Die Geschichte klingt wie ein Märchen: Aus Trauer um seine verstorbene Frau baut der Kaiser ein Grabmal, prächtig wie ein Palast. Doch das ist kein Märchen, sondern tatsächlich so passiert: in der Nähe von Agra im Norden Indiens. Dort ließ Shah Jahan 1631 für seine Ehefrau kurz nach deren Tod das Taj Mahal (ausgesprochen: Tadsch Mahal) errichten, einen imposanten Grabpalast aus weißem Marmor. Jahan war Großmogul, so nannte man damals in Nordindien den herrschenden Kaiser.

Der Bau des 58 Meter hohen Mausoleums inklusive Parkanlage und Wasserbecken war extrem aufwendig: 20 000 Arbeiter brauchten dafür 17 Jahre, allein für den Transport des kostbaren Baumaterials wurden 1000 Elefan-

ten benötigt. Im Marmor sind 28 verschiedene Edelstein-Arten eingearbeitet. Im Jahr 1648 war das Taj Mahal mit seinen 22 Kuppeln und den vier Minaretten fertig. Weil das Bauwerk aus Kummer über den Tod einer geliebten Frau errichtet worden ist, wird das Taj Mahal manchmal auch das »Denkmal ewiger Liebe« genannt. Nach seinem Tod 1666 wurde Shah Jahan ebenfalls im Taj Mahal bestattet.

Chichén Itzá (Mexiko)

Wer glaubt, Fußball sei anstrengend, oder Basketball, der sollte mal in Chichén Itzá in Mexiko vorbeischauen. In der alten Tempelstadt auf der Halbinsel Yucatán gibt es einen riesigen Sportplatz. Dort lieferte sich das Volk der Maya vor etwa 1500 Jahren beim Ballspiel einen extrem kraftraubenden Wettkampf.

Bälle, die so schwer waren wie heute unsere Medizinbälle, mussten durch einen Ring geworfen werden. So ähnlich wie beim Basketball, bloß schwieriger: Der Ring hing in sieben Meter Höhe, der Korb beim Basketball ist auf drei Meter angebracht. Der schwere Ball durfte auch nicht mit Händen oder Füßen gespielt werden, sondern nur mit Brust, Schultern und Hüften. Bei dem Spiel ging es um Leben und Tod: Der Legende nach wurde der Kapitän der Verlierer-Mannschaft in einem Ritual geopfert, nämlich geköpft.

Das ist lange her, die Stadt Chichén Itzá wurde vermutlich um das Jahr 440 von den Maya aufgebaut. Knapp 250 Jahre später, um 690, verließ das Indianervolk die Stadt, die erst 300 Jahre danach neu besiedelt wurde, diesmal vom Volk der Tolteken. In Chichén Itzá haben die Architekten der Maya ausgeklügelte Bauwerke errichtet: die 30 Meter hohe Pyramide »El Castillo« beispielsweise, zu Ehren der Schlangen-Gottheit Kulkulkan. Zweimal im Jahr bieten dort Natur und Architektur ein erstaunliches Schauspiel. Zur Sonnenwende, also am 21. März und am 21. September, zaubern Licht und Schatten ein echt wirkendes Bild auf die Pyramide: Das sieht dann aus, als würde eine Schlange die Treppe hinunterkriechen. Wie das die Baumeister der Maya hinbekommen haben, ist für Wissenschaftler noch immer ein Rätsel.

Felsenstadt Petra (Jordanien)

Das Versteck war perfekt. So perfekt, dass die Felsenstadt »Petra« im heutigen Jordanien fast 1200 Jahre unentdeckt blieb: eine Geisterstadt, in der zuvor jahrhundertelang emsiges Treiben geherrscht hatte. Das war zwischen 300 v. Chr. und 106 n. Chr., als Petra Hauptstadt der Nabatäer war, eines mächtigen Nomadenstamms im Orient. Bis 663 n. Chr. hatten die letzten Einwohner Petra verlassen – die Stadt verfiel und geriet in Vergessenheit. Fast.

Nur ein paar Beduinen wussten noch von der Stadt, die vor langer Zeit in den Sandstein geschlagen worden war und abgeschieden in der Felswüste versteckt lag. Als sie 1812 miteinander über die einst blühende Oase inmitten der kargen Landschaft tuschelten, bekam das ein Schweizer Abenteurer mit: Jean Louis Burckhardt verkleidete sich als Scheich und ließ sich nach Petra führen.

Petra – der Name ist das griechische Wort für Fels – war nur über eine 1,2 Kilometer lange und enge Felsschlucht zu erreichen. Doch dort angelangt, gingen dem Entdecker die Augen über: Vor ihm lag eine komplette Stadt mit prächtig verzierten Grabmonumenten, Amphitheater, Tempel, Schatzhaus, Wasserrinnen und Resten von Wohnhöhlen – alles mit der Präzision eines Bildhauers in den roten Sandstein gemeißelt. Forscher schätzen, dass hier einst bis zu 20 000 Menschen gelebt haben. Wenn man bedenkt, dass Bildhauer auch heute noch monatelang an einer einzelnen Statue arbeiten, kann man sich vorstellen, wie aufwendig die Bauarbeiten gewesen sein müssen.

Während seiner Blütezeit war in Petra eine geschäftige Stadt: Da sich in der Nähe mehrere Karawanenrouten kreuzten, kamen viele Händler auf Kamelen mit Gewürzen, Edelsteinen, Gold und Silber vorbei. Das felsige Tal, in dem Petra liegt, ist noch aus einem anderen Grund berühmt: Hier soll Moses Wasser aus dem Felsen geschlagen haben, als er das Volk Israel aus der ägyptischen Gefangenschaft ins Gelobte Land führte – so berichtet es die Bibel.

Christus-Statue (Brasilien)

Die Christus-Statue in Rio de Janeiro in Brasilien ist das jüngste der neuen Weltwunder – und das einzige, das nicht auf der Welterbeliste der UNESCO steht. Die inklusive Sockel 38 Meter hohe und 1145 Tonnen schwere Stahlbetonfigur heißt mit vollem Namen »Christo Redentor«, auf Deutsch: »Christus der Erlöser«. Seit 1931 steht sie mit ausgebreiteten Armen – Spannweite: 28 Meter – auf dem Berg Corcovado hoch über Rio.

Eigentlich sollte sie bereits knapp zehn Jahre früher fertig sein, pünktlich zum 100. Jahrestag der brasilianischen Unabhängigkeit im Jahr 1922. Doch die Finanzierung war schwierig, die Anfertigung aufwendig: Entworfen hatte die Staue der brasilianische Ingenieur Hector Silva Costa, doch gebaut wurde sie in Frankreich, weil dort der beauftragte Bildhauer Paul Landowski lebte. Dann wurden die Einzelteile nach Brasilien gebracht, mit der Zahnradbahn auf den Berg gekarrt und montiert. Keine leichte Sache, denn allein der Kopf ist mit 3,75 Meter doppelt so groß wie ein Erwachsener. Seit 2006 ist die Christus-Statue ein katholischer Wallfahrtsort in Südamerika.

Chinesische Mauer (China)

Um einen Irrtum gleich aus der Welt zu räumen: Nein, vom Mond aus kann man die Chinesische Mauer nicht sehen. Dafür ist sie dann doch zu klein. Dabei ist sie das größte Bauwerk der Welt: Etwa 6350 Kilometer lang und im Schnitt sechs Meter breit. Für die riesige Entfernung zwischen Mond und Erde ist das aber längst nicht groß genug. Jemand hat mal ausgerechnet, dass man dann auch eine Eiswaffel sehen müsste, die ein Kind in 380 Kilometer Entfernung schleckt – ein Ding der Unmöglichkeit.

Dennoch ist die Chinesische Mauer Rekordhalter. Fast 2000 Jahre wurde an ihr gebaut. Um sich vor den Angriffen der Mongolen zu schützen, ließ der Kaiser von China um 214 v. Chr. die Wehranlage im Norden des Landes errichten. Stück für Stück ging es bis ins 17. Jahrhundert weiter.

Wie eine Schlange windet sich die Steinmauer mit den Wehrtürmen durch das Gebirge, von Uigurien im Westen bis in die Mandschurei im Osten. Genau genommen gibt es mehrere Mauern: Das gesamte Werk besteht aus einzelnen – teilweise unverbundenen – Abschnitten. Dazwischen hat die Mauer immer wieder Lücken und bröckelt an vielen Stellen. Doch eine Reparatur ist in dem steilen Gebirge extrem schwierig, weil der Schutzwall in seinem Verlauf den Bergkämmen folgt. Die exakte Länge kennt übrigens niemand, es gibt nur Schätzungen. Das soll sich ändern: Derzeit lässt eine chinesische Behörde die Mauer vermessen. Doch das dauert – für die Maßarbeit sind vier Jahre angesetzt.

Kolosseum (Italien)

Es gibt vielleicht keinen anderen Ort auf der Erde, an dem Grauen und Faszination so nah beieinanderliegen: Das 80 n. Chr. gebaute Kolosseum in Rom, das größte Amphitheater der Antike, war eine architektonische Meisterleistung, aber eben auch Schauplatz blutrünstiger Wettkämpfe. Hier starben Hunderttausende Menschen und Millionen Tiere – genaue Zahlen gibt es nicht, nur Schätzungen – weil andere Menschen Spaß daran hatten, ihnen beim Todeskampf zuzuschauen.

Das Kolosseum wurde 400 Jahre lang für grausame Gladiatorenkämpfe und Tierhetzen genutzt. Dabei kämpften Gladiatoren – das waren speziell ausgebildete Sklaven und Kriegsgefangene – gegeneinander um ihr Leben. Verlierer, die nicht beim Wettkampf getötet worden waren, konnten um Gnade bitten. Dann entschied das Publikum, ob der Gladiator vor ihren Augen abgestochen oder laufen gelassen wurde.

Es wurden auch exotische Tiere aufeinandergehetzt, Löwen, Nashörner, Krokodile oder Bären beispielsweise, die sich gegenseitig zerfleischten. Außerdem wurde im Kolosseum die Todesstrafe vollstreckt. Die Verurteilten wurden in die Arena getrieben und von wilden Tieren getötet.

Für die Menschen im antiken Rom war das eine Art von Unterhaltung – so wie wir heute ins Kino oder ins Theater gehen. Im Kolosseum hatten etwa

50 000 Zuschauer Platz: antike Ingenieurskunst in Vollendung. Vor allem, wenn man bedenkt, dass auch die hochmodernen Fußballstadien kaum mehr Platz bieten. In die neue Allianz-Arena in München zum Beispiel passen rund 69.000 Zuschauer – und die wurde immerhin 2000 Jahre später gebaut. Apropos moderne Stadien: Die Methode, mit der noch heute Zuschauermassen in geregelten Bahnen in die Arena hinein- und später wieder hinausgeführt werden, stammt von den Baumeistern des Kolosseums.

Nach mehreren Erdbeben, Zerstörungen und Steinplünderungen zerfiel das Kolosseum über die Jahrhunderte. Heute ist nur noch die Nordhälfte erhalten. Und die ist nicht nur ein Wahrzeichen der italienischen Hauptstadt Rom, sondern inzwischen auch ein Mahnmal gegen die Todesstrafe: Der Ort, an dem einst so viele Menschen auf grausame Weise starben, ist manchmal zwei Tage lang hell erleuchtet, ohne Unterbrechung. Immer dann nämlich, wenn irgendwo auf der Welt die Todesstrafe abgeschafft oder ein Todeskandidat begnadigt wird, erstrahlt das Kolosseum in fröhlich bunten Farben.

Machu Picchu (Peru)

Fast 400 Jahre lang war die alte Inkastadt Machu Picchu (ausgesprochen: Matschu Pitschu) im Hochgebirge Perus im Dornröschenschlaf versunken.

Zwar nicht wie im Märchen überwuchert von einer Dornenhecke, dafür vom tiefgrünen Gestrüpp des Dschungels. Bis der US-amerikanische Archäologe Hiram Bingham sich 1911 durch das steile und unwegsame Gebirge der Anden führen ließ und auf 2400 Meter Höhe die sagenumwobene Stadt fand. Vor ihm soll bereits 1867 ein Deutscher Machu Picchu entdeckt haben, wie Historiker jetzt durch neue Kartenfunde herausgefunden haben: der Goldsucher Augusto Berns. Viel Aufhebens machte er um seinen Fund nicht – vielleicht, weil er die Stadt geplündert hatte?

Vor Binghams weltweit veröffentlichter Wiederentdeckung waren mehrere Expeditionen gescheitert, vor allem wegen der versteckten Lage: Die Inka hatten Machu Picchu, der Name bedeutet auf Deutsch »Alter Gipfel«, um 1450 auf einer Bergspitze angelegt, eingebettet in ein Schutzschild aus dicht bewachsenem Gebirge. Vom Tal aus war davon nichts zu sehen. Keine Spur, nirgends. Der einzige Pfad hinauf war nach einem Bergrutsch jahrhundertelang versperrt.

Dabei war die »Stadt in den Wolken« kein kleines Lager: Die Inka hatten sie exakt geplant und die einzelnen Stadtviertel mit einem aufwendigen Treppensystem miteinander verbunden. Bis zu 2000 Menschen haben hier vermutlich einmal gelebt. Davon zeugen die über 200 Gebäude aus Stein, darunter Palast, Tempel und Gefängnis. Als Bingham die verlassene Stadt entdeckte, war sie unter der Pflanzendecke fast vollständig erhalten, als hätten die Inka sie gerade erst verlassen. Dabei waren die schon seit 400 Jahren fort, etwa seit der Zeit der Eroberung Perus durch die Spanier 1532. Damals rettete übrigens die versteckte Lage Machu Picchu vor der Zerstörung: Die Eroberer hatten die Stadt schlichtweg nicht gesehen. Auch heute noch ist Machu Picchu schwer zugänglich: Keine Straße führt hinauf, die Touristen fahren mit dem Zug.

Fast ein Weltwunder ...

Ganz knapp vorbeigeschrammt an der Ernennung zum Weltwunder ist Schloss Neuschwanstein, das einzige deutsche Bauwerk, das es bis ins Finale der Abstimmung geschafft hatte. Das vom bayerischen König Ludwig II. bei Füssen gebaute »Märchenschloss« landete auf dem achten Platz. Mit seinen Zinnen, Türmchen und Verzierungen sieht es älter aus, als es tatsächlich ist.

Wer dabei an das Mittelalter denkt, liegt nicht ganz falsch. Und doch daneben: Ludwig II. hatte tatsächlich Ritterburgen im Kopf, als er sich sein Traumschloss auf einem Felsen im Allgäu entwerfen ließ. Aber der Bayern-

könig lebte ja lange nach den Rittern – den Grundstein für Neuschwanstein legte er im Jahr 1869. 17 Jahre lang wurde gebaut, bis zu Ludwigs mysteriösem Tod im Starnberger See 1886. Da war Neuschwanstein längst noch nicht fertig, zumindest nicht in der Form, die dem jungen König vorgeschwebt hatte.

Aber da der pompöse Bau sowieso schon mehr Geld verschlungen hatte, als manchem Minister in Bayern lieb war, wurde nicht alles fertiggestellt. Zu besichtigen gibt es aber dennoch eine Menge: den Thronsaal (ohne Thron), prächtige Prunksäle und kunstvoll verzierte Wohnräume. Außerdem so verspielte Ideen wie eine Grotte mit künstlichem Wasserfall oder das berühmte »Tischleindeckdich«, ein Speiseaufzug, der direkt von der Küche in das Esszimmer des Monarchen führte. Der konnte sein Traumschloss nur kurze Zeit genießen: Ludwig II. residierte bloß 172 Tage auf Neuschwanstein.

❧ Papierflieger »Supergleiter« ❧

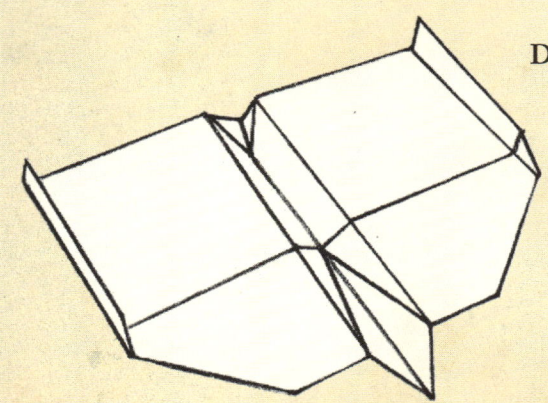

Dieser Papierflieger ist etwas aufwendiger als die schnell zusammengefalteten Flugzeuge für den Einsatz in langweiligen Unterrichtsstunden und bei verschreckten Referendaren. Aber du wirst für die Mehrarbeit am Modell »Supergleiter« mit deutlich besseren Flugeigenschaften belohnt – auch draußen.

1 Lege das Papier (DIN A4) quer vor dich hin. Falte die rechte untere Ecke zur oberen Blattkante und wieder zurück.

2 Drehe das Papier um 180 Grad und falte die linke untere Ecke ebenfalls zur oberen Blattkante und wieder zurück.

3 Drehe das Papier um 90 Grad – das gefaltete Kreuz muss oben liegen. Lege deine Zeigefinger unter die seitlichen Dreiecke und drücke sie nach innen, sodass sie sich in der Mitte berühren.

4 Obenauf ist ein dreieckiges Tütchen entstanden, das du glatt streichst und fest zusammendrückst. Damit hat das Dreieck rechts und links lose Ecken, die sich nach oben anheben lassen.

5 Nimm beide Ecken und falte sie zur Spitze des Dreiecks. So bekommst du ein auf der Spitze stehendes Quadrat.

6 Falte die rechte Ecke des Quadrats zweimal so zur Mitte und wieder zurück, dass zwei sich kreuzende Knickfalten entstehen. Dasselbe machst du mit der linken Ecke.

7 Drücke mit dem rechten Daumen und Zeigefinger die rechte Ecke nach oben zu einer Spitze zusammen. Mit den linken Fingern drückst du die linke Ecke oben zusammen. Falte die beiden Spitzen zur Mitte und dann nach oben. Streiche sie glatt. Diese Spitze wird später die Spitze des Fliegers.

8 Drehe das Papier um. Von der Rückseite aus knickst du die obere Spitze nach hinten.

9 Falte die beiden Flügel entlang der mittleren Knickfalte zusammen.

10 Klappe einen Flügel wieder nach unten, und zwar entlang der unteren gestrichelten Linie. Dasselbe machst du mit der anderen Seite. Knicke die Enden der Flügel an der anderen gestrichelten Linie nach oben, so erhältst du Winglets, das sind abstehende Flügelkanten, die das Flugverhalten deines Fliegers verbessern. Um den Schwanz zu formen, klappe ein kleines Dreieck am Schwanzende nach innen.

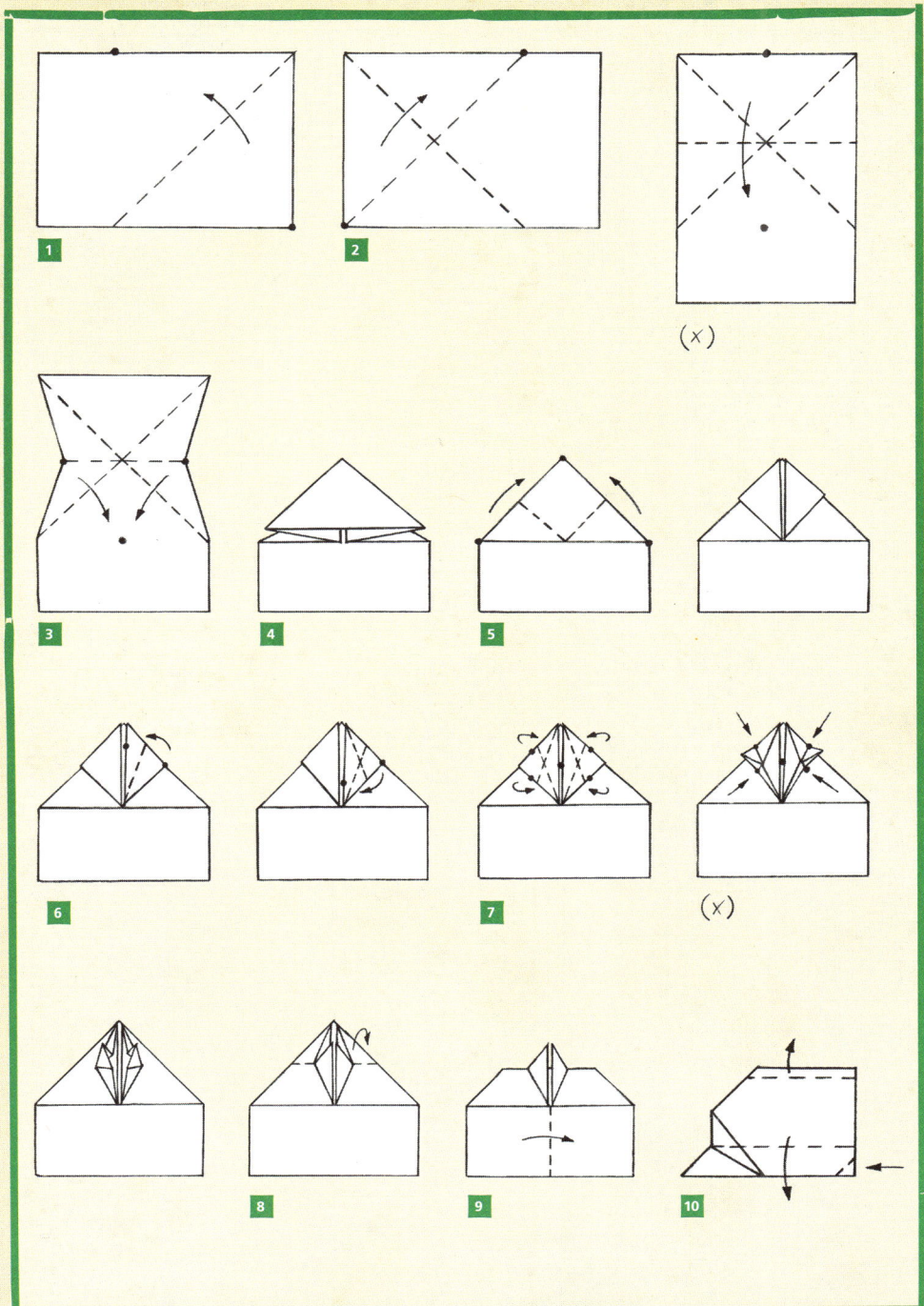

Gedichte für Jungen

———— ◆ ————

Es gibt Gedichte, die jeder Junge kennen sollte. Diese drei gehören dazu – weil sie spannend oder bewegend oder ganz einfach wahr sind.

John Maynard

John Maynard!

»Wer ist John Maynard?«

»John Maynard war unser Steuermann,
Aushielt er bis er das Ufer gewann,

Er hat uns gerettet, er trägt die Kron',
Er starb für uns, unsre Liebe sein Lohn.
    John Maynard.«

       * * *

    Die »Schwalbe« fliegt über den Erie-See,
Gischt schäumt um den Bug wie Flocken von Schnee,
Von Detroit fliegt sie nach Buffalo –
Die Herzen aber sind frei und froh,
Und die Passagiere, mit Kindern und Frau'n
Im Dämmerlicht schon das Ufer schau'n
Und plaudernd an John Maynard heran
Tritt alles: »Wie weit noch, Steuermann?«
Der schaut nach vorn und schaut in die Rund':
»Noch dreißig Minuten … Halbe Stund'.«

    Alle Herzen sind froh, alle Herzen sind frei –
Da klingt's aus dem Schiffsraum her wie Schrei,
»Feuer« war es, was da klang,
Ein Qualm aus Kajütt' und Luke drang,
Ein Qualm, dann Flammen lichterloh,
Und noch zwanzig Minuten bis Buffalo.

    Und die Passagiere, buntgemengt,
Am Bugspriet stehn sie zusammengedrängt,
Am Bugspriet vorn ist noch Luft und Licht,
Am Steuer aber lagert sich's dicht,
Und ein Jammern wird laut: »Wo sind wir? wo?«
Und noch fünfzehn Minuten bis Buffalo.

Der Zugwind wächst, doch die Qualmwolke steht,
Der Kapitän nach dem Steuer späht,
Er sieht nicht mehr seinen Steuermann,
Aber durchs Sprachrohr fragt er an:
»Noch da, John Maynard?«

                    »Ja, Herr. Ich bin.«
»Auf den Strand! In die Brandung!«

                    »Ich halte drauf hin.«
Und das Schiffsvolk jubelt: »Halt aus. Halloh.«
Und noch zehn Minuten bis Buffalo.

»Noch da, John Maynard?« Und Antwort schallt's
Mit ersterbender Stimme: »Ja, Herr, ich halt's!«
Und in die Brandung, was Klippe was Stein,
Jagt er die »Schwalbe« mitten hinein.
Soll Rettung kommen, so kommt sie nur so.
Rettung: der Strand von Buffalo!

           * * *

Das Schiff geborsten. Das Feuer verschweelt.
Gerettet alle. Nur E i n e r fehlt!

           * * *

Alle Glocken gehn; ihre Töne schwell'n
Himmelan aus Kirchen und Kapell'n,

Ein Klingen und Läuten, sonst schweigt die Stadt,
Ein Dienst nur, den sie heute hat:
Zehntausend folgen oder mehr
Und kein Aug' im Zuge, das thränenleer.

Sie lassen den Sarg in Blumen hinab,
Mit Blumen schließen sie das Grab,
Und mit goldner Schrift in den Marmorstein
Schreibt die Stadt ihren Dankspruch ein:
»Hier ruht John Maynard. In Qualm und Brand,
Hielt er das Steuer fest in der Hand,
Er hat uns gerettet, er trägt die Kron',
Er starb für uns, unsre Liebe sein Lohn.
John Maynard.«

Theodor Fontane, 1819–1898

Der schlechte Schüler

Mit dem Kopf sagt er nein
doch er sagt ja mit dem Herzen
er sagt ja zu allem was er liebt
er sagt nein zu seinem Lehrer
er steht aufrecht
man befragt ihn
und alle Aufgaben sind gestellt
als plötzlich
ein tolles Lachen ihn befällt
und er löscht alles aus
die Wörter und Zahlen
die Daten und Namen
die Sätze und die Qualen
und den Drohungen des Lehrers zum Trotz
unter dem Geschrei der Wunderkinder
zeichnet er mit Kreiden in allen Farben
auf die schwarze Tafel des Mißgeschicks
das Angesicht des Glücks.

Jacques Prévert, 1900–1977
Deutsch von Kurt Kusenberg

Mit freundlicher Genehmigung des Rowohlt-Verlages

Erlkönig

Wer reitet so spät durch Nacht und Wind?
Es ist der Vater mit seinem Kind;
Er hat den Knaben wohl in dem Arm,
Er faßt ihn sicher, er hält ihn warm.

Mein Sohn, was birgst du so bang dein Gesicht? –
Siehst, Vater, du den Erlkönig nicht?
Den Erlenkönig mit Kron' und Schweif? –
Mein Sohn, es ist ein Nebelstreif. –

»Du liebes Kind, komm, geh mit mir!
Gar schöne Spiele spiel' ich mit dir;
Manch bunte Blumen sind an dem Strand,
Meine Mutter hat manch gülden Gewand.« –

Mein Vater, mein Vater, und hörest du nicht,
Was Erlenkönig mir leise verspricht? –
Sei ruhig, bleibe ruhig, mein Kind;
In dürren Blättern säuselt der Wind. –

»Willst, feiner Knabe, du mit mir gehn?
Meine Töchter sollen dich warten schön;
Meine Töchter führen den nächtlichen Reihn
Und wiegen und tanzen und singen dich ein.« –

Mein Vater, mein Vater, und siehst du nicht dort
Erlkönigs Töchter am düstern Ort? –
Mein Sohn, mein Sohn, ich seh es genau:
Es scheinen die alten Weiden so grau. –

»Ich liebe dich, mich reizt deine schöne Gestalt;
Und bist du nicht willig, so brauch' ich Gewalt.« –
Mein Vater, mein Vater, jetzt faßt er mich an!
Erlkönig hat mir ein Leids getan! –

Dem Vater grauset's; er reitet geschwind,
Er hält in Armen das ächzende Kind,
Erreicht den Hof mit Mühe und Not;
In seinen Armen das Kind war tot.

Johann Wolfgang von Goethe, 1749–1832

Kartenlesen

Auf den ersten Blick scheinen Wanderkarten ein einziges Durcheinander zu sein – aus Strichen und Kreisen, Punkten und winzigen Zeichen. Und das soll dir helfen, dich zurechtzufinden? Es ist gar nicht schwer, wenn du weißt, was dir die Karte alles verraten kann.

Der Maßstab

Damit du Entfernungen richtig berechnen kannst, musst du den Maßstab deiner Wanderkarte kennen. Bei einer Karte mit dem Maßstab 1:10 000 beispielsweise wurde alles um das 10 000-Fache verkleinert. Das bedeutet: Ein Zentimeter auf der Karte entspricht 10 000 Zentimetern in der Natur, also 100 Metern. Bei anderen Maßstäben ist das entsprechend: Beim Maßstab 1:100 000 stellt ein Zentimeter 1000 Meter dar.

Je größer der Maßstab, desto weniger genau kann die Karte also die Natur abbilden. Bis zu einem Maßstab von 1:50 000 kann man noch gut mit Karten wandern.

Entfernungen kannst du auch ohne Lineal abschätzen: Auf der Karte gibt es meistens eine Maßstabsleiste, auf der Wegstrecken angegeben sind. Nimm einfach deine Finger zu Hilfe!

Höhenlinien

Wenn du dir deine Wanderkarte – besonders im Gebirge – genau anschaust, erkennst du darauf ganz viele Linien, die dicht übereinanderliegen. Sie verlaufen meist nicht gerade, sondern in vielen Bögen und Schleifen. Das sind die Höhenlinien. Für ihre Darstellung wurden alle Punkte verbunden, die die gleiche Höhe über dem Meeresspiegel haben.

Höhenlinien verraten dir, ob der Weg, den du dir ausgesucht hast, bergauf oder bergab verläuft: Standort und Ziel sind von Höhenlinien umgeben, die auch eine Höhenangabe haben. Verfolge die nächstgelegene Höhenlinie – irgendwann stößt du in der Nähe deiner Linie auf eine Zahl. Manchmal musst du etwas suchen; die Angaben sind etwas versteckt, damit die Karte nicht zu unübersichtlich wird. Wenn dein Standort also auf 920 Metern Höhe liegt und dein Ziel auf 1280 Metern, weißt du: Es geht insgesamt bergauf (zwischendurch kann es natürlich noch rauf- und runtergehen).

Zweite wichtige Frage: Verläuft der Weg steil oder flach? Wenn die Höhenlinien dicht beieinanderliegen, ist es an dieser Stelle steil, liegen sie weiter auseinander, ist es flacher. Der Höhenabstand zwischen den einzelnen Linien entspricht meistens zehn Metern (bei Karten mit dem Maßstab 1:25 000) oder zwanzig Metern (beim Maßstab 1:50 000). Diesen Höhenunterschied musst du bewältigen, wenn du von der einen zur anderen Höhenlinie läufst.

Jetzt kommt es noch darauf an, wie dein Weg verläuft. Folgt er den Höhenlinien fast parallel, geht es in flacherem Anstieg

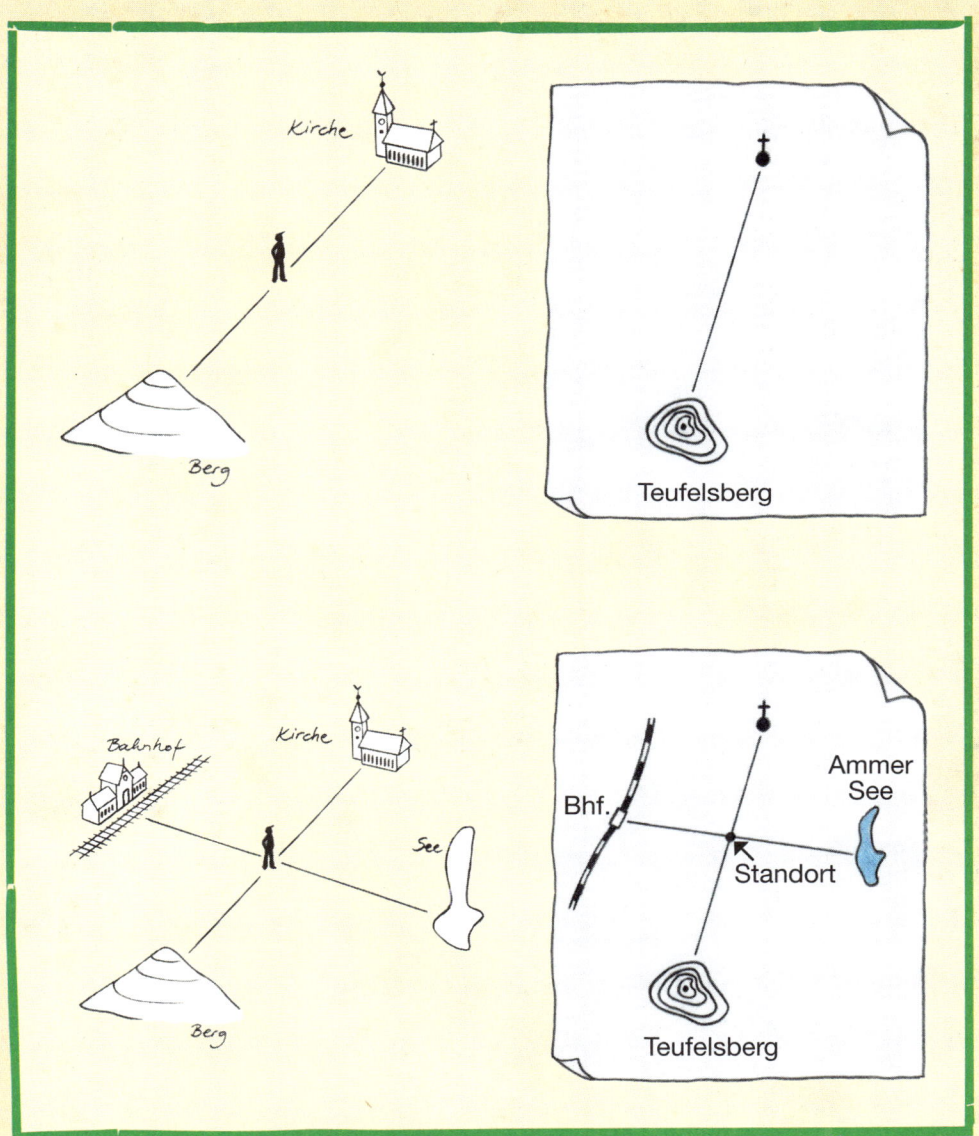

Kirche

Berg

Teufelsberg

Bahnhof

Kirche

See

Berg

Bhf.

Ammer
See

Standort

Teufelsberg

bergauf. Das ist weniger anstrengend, hat aber den Nachteil, dass du langsamer an Höhe gewinnst. Wenn aber dein Weg die Höhenlinien schneidet, womöglich sogar senkrecht zu ihnen verläuft, ist der Weg steil.

Positionsbestimmung

Im Gelände gibt es viele Anhaltspunkte, um sich zurechtzufinden: Straßen, Feldwege, Eisenbahnstrecken, Wälder, Seen, Orte, Kirchen und Kapellen, Hochspan-

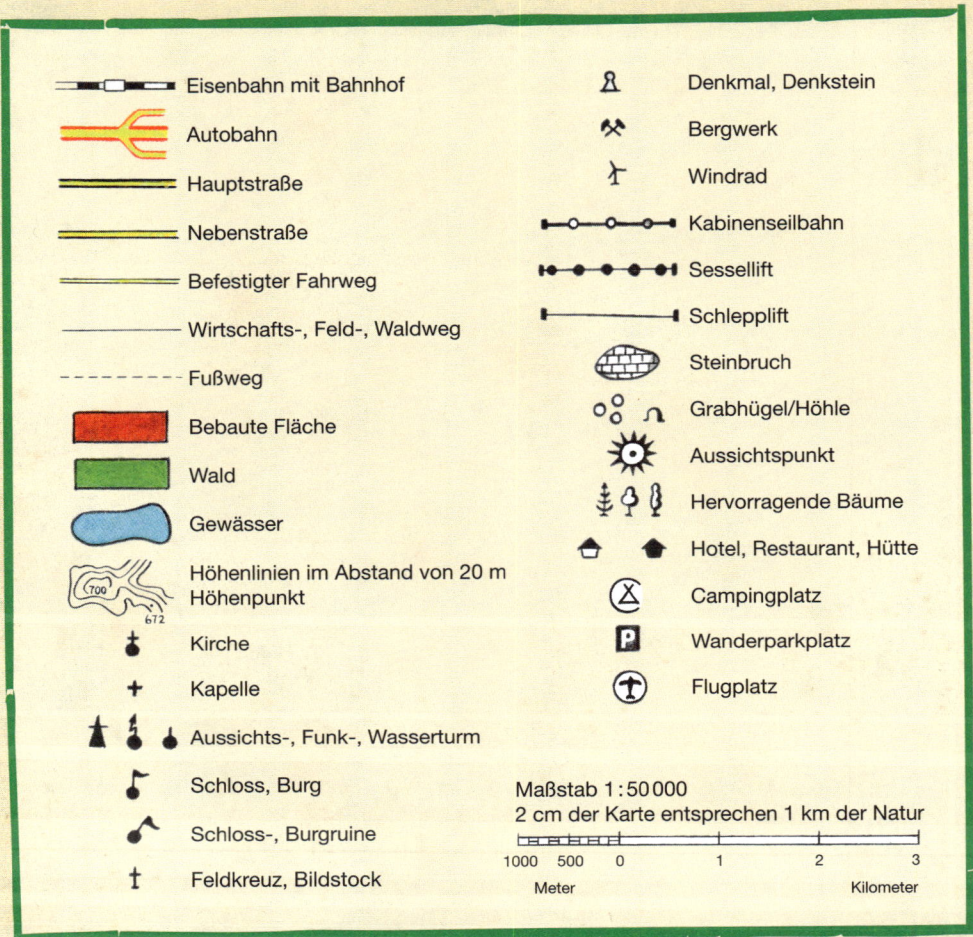

Eisenbahn mit Bahnhof		Denkmal, Denkstein	
Autobahn		Bergwerk	
Hauptstraße		Windrad	
Nebenstraße		Kabinenseilbahn	
Befestigter Fahrweg		Sessellift	
Wirtschafts-, Feld-, Waldweg		Schlepplift	
Fußweg		Steinbruch	
Bebaute Fläche		Grabhügel/Höhle	
Wald		Aussichtspunkt	
Gewässer		Hervorragende Bäume	
Höhenlinien im Abstand von 20 m Höhenpunkt		Hotel, Restaurant, Hütte	
Kirche		Campingplatz	
Kapelle		Wanderparkplatz	
Aussichts-, Funk-, Wasserturm		Flugplatz	
Schloss, Burg			
Schloss-, Burgruine			
Feldkreuz, Bildstock			

Maßstab 1 : 50 000
2 cm der Karte entsprechen 1 km der Natur

1000 500 0   1   2   3
Meter   Kilometer

nungsleitungen, Steinbrüche und Türme. All dies ist auf deiner Karte durch Symbole gekennzeichnet – die Legende erklärt, wie.

Angenommen, du hast eine Karte, kannst aber nicht genau erkennen, wo darauf der Punkt ist, an dem du dich gerade befindest: Du suchst das Gelände nach zwei auffälligen Punkten ab, die von dir aus gesehen einander genau gegenüberliegen (eine Kirche und ein Berg beispielsweise) und die du auf der Karte identifizieren kannst. In Gedanken oder mit einem Grashalm verbindest du darauf diese Punkte durch eine Linie. Dies wiederholst du mit zwei weiteren markanten Punkten, die quer dazu liegen. Auch hier ziehst du eine Verbindungslinie. Genau dort, wo sich die beiden Linien schneiden, ist dein Standort.

Wenn du einen Kompass dabeihast, reichen dir auch zwei markante Punkte zur Positionsbestimmung (siehe Seite 234).

⇥ Um die Ecke geguckt ⇤

Mit einem Periskop kannst du um Ecken gucken oder über hohe Zäune lugen, ohne dich zu verrenken. In U-Booten kommen Periskope zum Einsatz, wenn sich der Kapitän ein Bild von der Situation an der Wasseroberfläche machen will. Dieses leicht zu bastelnde Periskop ist für den Gebrauch an Land vorgesehen. Du kannst es für geheime Erkundungen benutzen, bei denen du lieber ungesehen bleiben willst.

Du brauchst
➤ einen Bogen schwarzen Plakatkarton (Größe: 48 × 68 cm)
➤ großes Lineal (oder Zollstock zum Messen und alte Holzleiste als Anlegekante)
➤ Geodreieck
➤ Bleistift
➤ Alleskleber
➤ zwei einfache Taschenspiegel aus dem Drogeriemarkt (Größe: 5,5 × 8 cm; mit größeren Spiegeln siehst du mehr, sie dürfen aber nicht größer sein als 10 × 14 cm)
➤ Teppichmesser
➤ dicke Pappe zum Unterlegen
➤ beidseitiges Klebeband
➤ Pappe (Größe: etwa 25 × 40 cm)

So geht's

1 Übertrage zuerst die Modellbauvorlage **A** mit den angegebenen Maßen auf den Plakatkarton. Es ist wichtig, dass du dabei exakt arbeitest, damit alles später beim Zusammenbauen auch passt. Das Geodreieck hilft, dass alles im rechten Winkel ist.

2 Die Vorlage für das Periskop schneidest du vorsichtig mit einem Teppichmesser und dem Lineal/der Holzleiste aus. Lege etwas dickere Pappe unter den Plakatkarton, damit du nicht in den Tisch schneidest. Schneide zunächst die Vorlage ringsum aus, dann die Gucklöcher.

3 Die gestrichelten Linien auf der Modellbauvorlage zeigen dir, wo du die Pappe falten musst. Da das mit der starken Pappe etwas schwierig ist, hilfst du dir mit einem Trick: Du präparierst die Kanten, indem du noch einmal mit dem Bleistift über die Falzlinien zeichnest und dabei fest aufdrückst. Du kannst dafür auch vorsichtig die unscharfe Seite des Teppichmessers nehmen. Auf diese Weise kannst du die Falzlinien leichter umknicken.

4 Aus dem Stück Pappe bastelst du zwei Stützen **B**, an denen die Spiegel befestigt werden. Dafür zeichnest du zwei Rechtecke (Größe: 10 × 14 cm) mit Klebefalz (2 cm breit) auf die Pappe und schneidest sie aus. Auch hier kannst du die Falzlinien weicher machen, musst allerdings beachten, dass der eine Falz nach oben geknickt wird und der andere nach hinten. **C**

5 Falte nun das Modell entlang der Falzlinien und klebe das Gehäuse des Periskops an den Klebefalzen zusammen. **D** Ganz wichtig: Den Deckel darfst du noch nicht zukleben. Die beiden Stützen für die Spiegel werden schräg in den Karton geklebt, und zwar jeweils eine auf die dem Guckloch gegenüberliegende Seite. **E** Die Stützen müssen genau im 45-Grad-Winkel an-

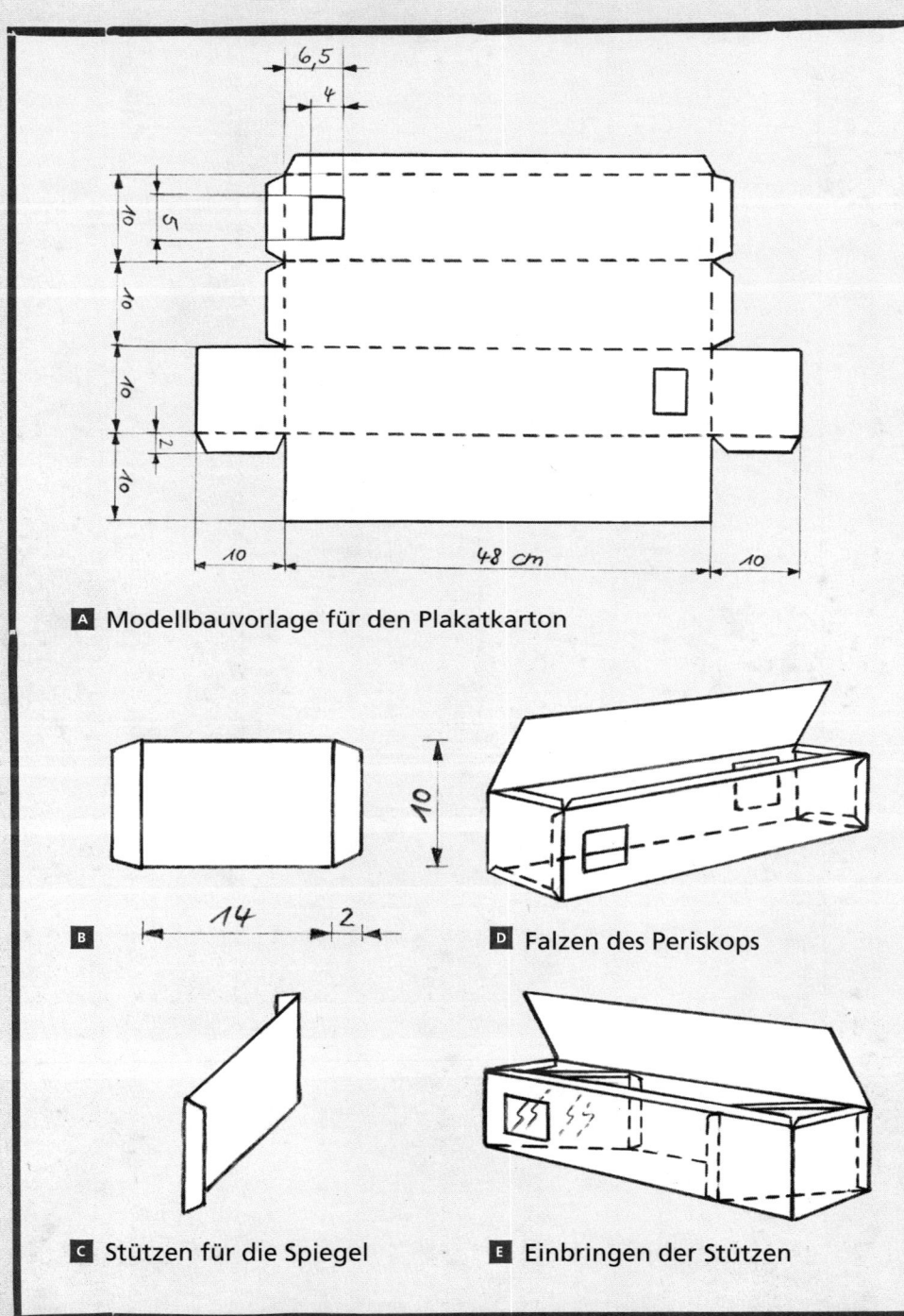

A Modellbauvorlage für den Plakatkarton

B

C Stützen für die Spiegel

D Falzen des Periskops

E Einbringen der Stützen

gebracht werden. (Wenn du dich beim Basteln der Stützen an die Größenangaben gehalten hast, entsteht der automatisch.)

6 Auf die Stützen klebst du mit doppelseitigem Klebeband die Spiegel, die zum Guckloch zeigen müssen. Bringe sie mittig an, mit etwas Abstand nach unten. Wichtig ist, dass das Guckloch durch den Spiegel voll erfasst wird, damit du möglichst viel siehst.

7 Bevor du auch den Deckel zuklebst, solltest du das Periskop ausprobieren. Wenn du damit nicht so gut siehst, kannst du die Spiegel ja noch versetzen. Passt alles, klebst du den Deckel zu, dein Sehrohr ist einsatzbereit.

Was passiert?

Bei einem Periskop wird das Licht zweimal umgeleitet, bevor es auf dein Auge trifft. Das funktioniert mithilfe der beiden Spiegel: Durch das eine Guckloch trifft das Licht im 45-Grad-Winkel (also der Hälfte eines rechten Winkels) auf den Spiegel und wird so im 90-Grad-Winkel senkrecht nach oben reflektiert. Dort trifft das Licht wieder im 45-Grad-Winkel auf den anderen Spiegel und wird im rechten Winkel waagerecht nach außen gelenkt, zu deinem Auge. **F**

Du kannst dir übrigens genauso leicht ein Periskop bauen, mit dem du nach unten schauen kannst, um beispielsweise den Einstieg in dein Baumhaus zu überwachen. Dafür musst du bloß die Gucklöcher übereinander anbringen, auf derselben Seite des Gehäuses. **G**

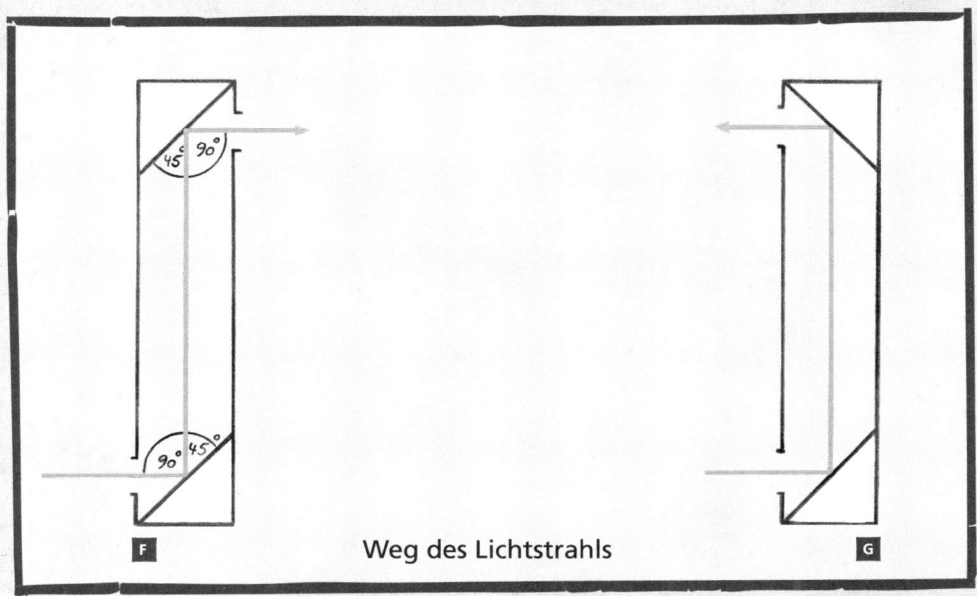

F Weg des Lichtstrahls **G**

Was du noch nicht über Tiere wusstest

Maus, tonnenschwer

Ihr Kopf war größer als der eines Pferdes, sie wog vermutlich über eine Tonne und war größer als ein Stier. Dabei war sie nur dies: eine Maus. Aber was für eine! Längst ausgestorben, lebte die Monster-Maus wahrscheinlich vor zwei bis vier Millionen Jahren in Südamerika.
Erst vor Kurzem fanden Forscher in Uruguay einen Schädel des Riesen-Nagers. Der allein war 53 cm lang – wie groß musste dann erst das gesamte Tier gewesen sein! Die Ausmaße leiteten die Wissenschaftler aus der Schädelgröße ab – und errechneten ein geschätztes Körpergewicht von etwa 1200 Kilogramm. Ganz genau können das die Forscher jedoch nicht sagen, gut möglich, dass die Riesenmaus sogar fast zwei Tonnen schwer war oder bloß 450 Kilogramm auf die Waage brachte.
Das wäre aber noch immer enorm, wenn man bedenkt, dass Mäuse heutzutage noch nicht einmal so viel wiegen wie eine Tafel Schokolade. Auf jeden Fall ist der Schädel der Monster-Maus (Josephoartigasia monesi mit wissenschaftlichem Namen) das größte Fossil eines Nagetieres, das jemals gefunden wurde. Selbst wenn sie heute noch leben würde – ein Raubtier wäre sie wohl nicht: Der urzeitliche Nager war vermutlich Pflanzenfresser.

Ein Affe als Versuchskaninchen

So berühmt wie Hündin »Laika« (siehe Seite 130) ist »Ham« nie geworden, aber immerhin ist er, anders als »Laika«, heil aus dem All zurückgekehrt: »Ham« war der erste Schimpanse, der mit einer Rakete ins Weltall geschossen wurde. Das war am 31. Januar 1961 und »Ham« war gerade mal vier Jahre alt. Der amerikanische Affe war ein Versuchskaninchen. Seine Mission: zu testen, ob ein Lebewesen in der damals neu konstruierten Mercury-Raumkapsel überleben konnte.

Bevor die amerikanische Weltraumbehörde NASA damit Astronauten auf die Reise ins All schickte, musste ein Schimpanse ran – wegen der nahen Verwandtschaft zwischen Affen und Menschen und seiner Intelligenz. Für seine Reise ins Weltall musste »Ham« lernen, Hebel zu bedienen. Er sollte während seines Fluges nämlich Versuche durchführen. Dabei wurde er von einer Kamera beobachtet, sein Zustand durch Sensoren überwacht.

Von Cape Canaveral aus wurde »Ham« an Bord einer Mercury-Redstone-Rakete 250 km hoch in den Himmel geschossen. Er trug einen maßgeschneiderten Raumanzug, in dem eine separate Luftversorgung eingearbeitet war – das rettete dem Schimpansen vermutlich das Leben, denn unerwarteterweise war wegen eines fehlerhaften Ventils der Druck in der Kapsel rapide gesunken. Der Weltraumaffe musste außerdem starke Beschleunigungen aushalten und war länger schwerelos als geplant.

Doch »Ham« schlug sich wacker, er landete 17 Minuten nach dem Start im Atlantik, etwa 700 Kilometer von Cape Canaveral entfernt. Zur Belohnung bekam er einen Apfel und eine Orange.

Vogelklingeln

Seit es sie immer häufiger in die Städte verschlägt, singen manche Vögel Lieder, die sich genau wie das Klingeln eines Handys anhören. Täuschend echt machen Singvögel die Töne einfacher Handy-Melodien nach, haben Experten des Naturschutzbundes beobachtet. Es sei kaum auseinanderzuhalten, ob da nun ein Telefon bimmele oder ein Vogel trillere.

Verwunderlich ist dies nicht: Die Wiedergabe von Tonfolgen gehört bei Vögeln zu den natürlichen Fähigkeiten. Und als große Imitationskünstler haben sie sich schon lange hervorgetan, vor allem Eichelhäher, Dohlen, Stare, aber auch Amseln und Drosseln.

Für sie ist es ganz natürlich, fremde Lieder zu singen, die sie in ihrer Umgebung aufschnappen. Und da es die einst scheuen Waldvögel zunehmend in die Städte treibt, imitieren sie eben das, was sie da zu hören bekommen – das Handyklingeln der Menschen. Damit erweitern sie bloß ihr Repertoire, denn den für ihre Art typischen Gesang verlieren sie dadurch nicht.

Polizeischwein

In den Diensten der Polizei stand mal ein Schwein. Mit allem, was dazugehört: Vom damaligen niedersächsischen Ministerpräsidenten Ernst Albrecht 1985 zur Beamtin auf Lebenszeit ernannt, war Wildschwein »Luise« in Hildesheim in der Drogenfahndung tätig. Dienstgrad: SWS, Spürwildschwein. »Luise« erschnüffelte Rauschgift, Sprengstoff, sogar Leichen.

Für ihren sehr guten Geruchssinn sind Wildschweine seit jeher bekannt. Doch eines von ihnen zum Drogen-Spürschwein auszubilden war anfangs bloß das schelmische Experiment eines Polizeiausbilders, der Hunde trainierte. Kaum ein halbes Jahr alt, büffelte »Luise« an der Seite von Schäferhunden. Sie machte ihre Sache gut, besser als mancher Spürhund. Und so war sie als Polizeischwein bis zur Pensionierung 1987 im Einsatz, wurde für ihre Erfolge sogar hoch dekoriert: Der Internationale Polizei-Verband ernannte sie zur Ehrensau, das Guinness-Buch der Rekorde zum »erfolgreichsten Schwein« aller Zeiten. Ihren Lebensabend verbrachte »Luise« in einem Tierpark, wo sie 1999 starb.

»Luise« könnte übrigens nicht die Letzte gewesen sein, die den Spürhunden Konkurrenz macht: Eine noch feinere Nase haben Bienen und Wespen. Das will ein Unternehmen nutzen, um in ein paar Jahren Geräte mit diesen fliegenden Schnüfflern auf den Markt zu bringen – zur Minensuche und zum Aufspüren von Drogen und Sprengstoff.

Das älteste Tier der Welt

Muscheln und Bäume haben etwas gemeinsam: Man kann ihnen das Alter ansehen. Beide haben Jahresringe, die Bäume im Stamm, die Muscheln auf ihrer Schale. Auf diese Weise wurde kürzlich das älteste lebende Tier der Welt identifiziert. Es war ein Exemplar einer eher unscheinbaren Muschelart: der Islandmuschel, Arctica islandica mit wissenschaftlichem Namen. Das von Wissenschaftlern vor der Nordküste Islands aus dem Meer gezogene Tier war 405 bis 410 Jahre alt.

Andere Wissenschaftler halten ein Exemplar des Riesenschwamms Scolymastra joubini für das älteste Tier der Welt. Paul Dayton hatte den Schwamm vor rund 20 Jahren auf dem Meeresboden in der Antarktis entdeckt, ihn immer wieder vermessen – und aus dem extrem langsamen Wachstum ein Alter von 10 000 Jahren abgeleitet.

Schwanz bleibt, Echse fort

In höchster Not greifen Eidechsen zum letzten Mittel: Sie trennen sich von einem Teil ihres Schwanzes und werfen ihn einfach ab. Immer dann, wenn sie von Feinden verfolgt werden und keine andere Chance mehr sehen. Mit dem verbliebenen Stummel laufen sie weiter, sie bluten noch nicht einmal.

Der geopferte Schwanz ist ein Ablenkungsmanöver: Die Verfolger sollen glauben, bei dem noch (bis zu 20 Minuten) zappelnden Körperteil handele es sich um die ganze Eidechse, und darüber herfallen. Doch die Eidechse nutzt den Vorsprung und läuft davon. Um Angreifer derart zu bluffen, hat die Natur den Schwanz der Eidechsen wie bei Klopapier perforiert; so löst er sich schneller. Diese Fähigkeit der Selbstverstümmelung bei Gefahr heißt »Autotomie«. Der Schwanz wächst wieder nach – wenn auch meist nur als kümmerliche Kopie des Originals.

Hunde zum DNA-Test

Mit einer Gen-Kot-Datenbank wollte vor ein paar Jahren ein Politiker in Dresden all den Hundehaufen auf den Straßen der Stadt beikommen. Dazu hätten

die Vierbeiner massenweise zum DNA-Test antreten und eine Speichelprobe abgeben müssen – in Dresden gibt es etwa 12 000 registrierte Hunde. Ein Häufchen als Corpus Delicti: Was sonst der Polizei bei der Jagd nach Schwerverbrechern hilft, wäre hier bei der Suche nach den Verursachern von Hundekot zum Einsatz gekommen. Von jedem Haufen hätte das Ordnungsamt eine Probe entnehmen müssen, die mit dem genetischen Pfotenabdruck der registrierten Hunde abgeglichen worden wäre. Auf diese Weise sollten die Täter überführt und deren Herrchen oder Frauchen mit einem saftigen Bußgeld bestraft werden. Aus der Idee ist dann doch nichts geworden. Vielleicht, weil niemand so wirklich Lust hatte, in der Hundekacke herumzustochern?

Die 500-Tage-Diät

Die größte Schlange der Welt ist die Anakonda. Sie kann bis zu neun Meter lang und 150 Kilogramm schwer werden – das größte je gewogene Exemplar wog sogar mehr als 200 Kilogramm. Anakondas leben in den Regenwäldern Südamerikas und gehören zu den Würgeschlangen: Sie töten ihre Beute durch Erwürgen und schlingen sie in einem Rutsch hinunter, ohne sie zu zerkauen.

Auf ihrem Speiseplan stehen vor allem Vögel und Nagetiere, manchmal auch Krokodile und Schildkröten, sogar ein Kalb wurde schon von einer Anakonda gefressen. Da verwundert es nicht, dass die Würgeschlange danach lange Zeit ganz ohne Nahrung auskommt. Es wurden schon Anakondas beobachtet, die 500 Tage lang nichts gefressen haben – das sind fast eineinhalb Jahre!

Furzende Fische

Kennst du das lustige Rätselgedicht des frechen Joachim Ringelnatz: »Unter Wasser Bläschen machen«? Dann nämlich weißt du, wie Heringe miteinander sprechen: Sie pupsen. Dadurch erzeugen sie im Wasser Blasen, die andere Heringe sehen. Das dazugehörige Geräusch können sie hören. Biologen vermuten, dass Heringe auf diese Weise miteinander kommunizieren, vor allem nachts. Denn bei Versuchen haben sie festgestellt, dass die Zahl der Pups-Bläschen ansteigt, je mehr Heringe in einem Becken schwimmen – da gibt's eben mehr zu bereden.

15 000 Kilometer am Stück

Mit ganz wenig Aufwand zügig vorankommen – darin ist der Albatros Meister. Der Seevogel mit der enormen Flügelspannweite von bis zu 3,50 Metern kann Tausende von Kilometern zurücklegen, ohne sich anzustrengen. Er schlägt noch nicht einmal mit den Flügeln, das würde zu viel Kraft kosten. Nur so ist es möglich, dass ein Albatros 15 000 Flugkilometer zurücklegen kann, ohne auch nur einmal zu landen.

Das Geheimnis des Meister-Seglers: Er nutzt die Windenergie optimal aus, indem er ständig seine Flügel dem sich verändernden Wind anpasst. Einziger Nachteil: Der Albatros ist dadurch auch extrem vom Wind abhängig. Wenn der nicht mit mindestens 18 Stundenkilometern bläst, kann er nicht aufsteigen. Dann muss der Albatros eine Ruhepause einlegen. Selten jedoch mag er dabei festen Boden unter den Füßen haben – der elegante Segler ist an Land ein eher ungeschickter Vogel

und kreuzt hier nur zum Brüten auf. Weil er aber ein guter Schwimmer ist, wartet er auf dem Wasser auf bessere Windverhältnisse. Zu Hause ist der Albatros auf der Südhalbkugel – über dem Pazifik und dem Südpolarmeer.

Klimakiller Kuh

Dass Autos und Fabriken Kohlendioxid ausstoßen und damit Klimakiller sind, weiß jeder. Doch auch Rinder und Schafe verstärken den Treibhauseffekt – ihre Abgase werden beim Fressen produziert. Als Wiederkäuer würgen sie angedautes Futter wieder hervor, kauen nochmals darauf herum, bis es endgültig in den Verdauungsorganen landet. Während dieses Vorgangs rülpsen und furzen sie – eine Kuh beispielsweise alle 40 Sekunden – und stoßen dabei Methangas aus.

Methan gehört wie Kohlendioxid zu den Treibhausgasen, die die Erderwärmung verstärken. Ein Kilogramm Methan trägt übrigens 25 Mal so viel zum Treibhauseffekt bei wie ein Kilo Kohlendioxid. Und Rinder und Schafe sind als Methanproduzenten nicht zu unterschätzen: Jedes Schaf produziert sieben Kilo Methangas pro Jahr, jedes Rind sogar 114 Kilo. Macht jährlich rund hundert Millionen Tonnen Methangas von allen rülpsenden Wiederkäuern der Erde – ein Würfel von mehr als fünf Kilometern Kantenlänge.

Schlafen bei Tempo 23

Der Mauersegler verbringt fast sein ganzes Leben in der Luft. Der Vogel kommt nur herunter, um zu nisten und seine Jungen zur Welt zu bringen. Ansonsten schießt er am Himmel entlang – im Sturzflug ist er bis zu 200 Stundenkilometer schnell. Trotzdem kann er dabei Insekten fangen und ein paar Tropfen Wasser als Getränk aufschnappen. Mauersegler schlafen sogar in der Luft. Das funktioniert, weil sie auch dabei nicht zur Ruhe kommen – selbst im Schlaf sind sie noch 23 km/h schnell, das ist immerhin das Tempo eines (nicht frisierten) Mofas.

Die Segler meiden den Boden, weil sie nur ganz kurze Beine haben, mit denen sie nicht laufen können. Wenn einer versehentlich auf der Erde landet, kann er aus eigener Kraft nicht wieder abheben: Er braucht als Starthilfe einen Menschen, der ihn in die Luft wirft. Junge Mauersegler kommen übrigens überhaupt nicht vom Himmel herunter: Etwa drei Jahre lang segeln sie ständig durch die Luft. Erst dann beginnen sie mit dem Nestbau und müssen dafür Mauernischen ansteuern, an denen sie sich mit ihren Beinchen festkrallen können.

Der Buckelwal als Hungerkünstler

Obwohl der massige Säuger mit seinen 30 Tonnen Gewicht eine enorme Strecke zwischen seinem Sommer- und Winterquartier zurücklegt, braucht er unterwegs kein bisschen Wegzehrung. Das ist eine Art natürliche Diät: Buckelwale fressen nur im Polarmeer, wo sie die warme Jahreszeit verbringen. Den Winter über zehren sie in den tropischen und subtropischen Gewässern von ihren Fettreserven. So legen Buckelwale ohne Futter rund 6500 Kilometer zurück, um Nahrung zu finden. Einmal im Sommerquartier angekommen, hilft ihnen eine raffinierte Jagd-

technik: Die Buckelwale entladen im Wasser Luftblasen, die sich wie ein Netz um ganze Fischschwärme legen. Die Wale müssen nur noch mit aufgesperrtem Maul hindurchschwimmen.

Medizin aus Krokodilblut

Gut möglich, dass Krokodile einmal vielen Menschen das Leben retten werden: mit ihrem Blut. Daraus könnte Medizin hergestellt werden, die gegen die bisher unheilbare Krankheit Aids hilft – das zumindest hoffen Wissenschaftler. Sie haben herausgefunden, dass im Blut mancher Krokodilarten Antikörper enthalten sind, die sogar HI-Viren abtöten können. Auch Bakterien, gegen die selbst Penicillin nicht ankommt, werden von Crocodilin vernichtet.
Krokodile profitieren davon von Natur aus: Wenn sie mit anderen Krokodilen kämpfen, zerfetzen sie sich beinahe gegenseitig. Doch auch die größten Wunden machen Krokodilen so gut wie nichts aus, sie entzünden sich kaum, Infektionen sind selten. »Wie machen die das bloß?«, fragten sich die Forscher auf der Suche nach den enormen Selbstheilungskräften der Tiere – die Antwort fanden sie in dem starken Immunsystem der Krokodile.

Schwangere Männer

Verkehrte Welt: Schwangerschaft und Geburt – all dies ist bei Seepferdchen Männersache. Ganz ohne Frauen geht es aber trotzdem nicht: Die Weibchen produzieren die Eier, die sie dem Männchen in seinen Brutbeutel legen. Danach suchen sie das Weite.

Im Brutbeutel der Männchen reifen die Eier etwa einen Monat lang heran. Dann zieht es die kleinen Seepferdchen ins Leben – sie ruckeln im Brutbeutel umher, bis ihr Vater sie mit Schwung hinauskatapultiert. Doch mit Kinderaufzucht hat auch der Vater nichts am Hut: Nach der Geburt schwimmt er auf und davon.

Hund, Elefant oder Maus?

Er gehört zu den Neuzugängen im Tierreich: Das »Graugesichtige Rüsselhündchen« haben Forscher erst vor Kurzem in den Wäldern Tansanias in Afrika entdeckt. Seine rüsselartige Nase erinnert an einen Elefanten, doch der Rest des Körpers ist viel kleiner, ähnelt eher einer Maus. Aber schließlich gehört das Rüsselhündchen auch zur Art der Elefantenspitzmäuse. Natürlich gab es den Winzling mit den Knopfaugen schon früher – es hatte nur niemand von seiner Existenz gewusst.

Schwimmende Wespen

Zu den gefährlichsten Tieren der Welt gehören die Seewespen. Die Quallen sind weder mit scharfen Zähnen ausgestattet noch haben sie enorme Kraft. Trotzdem können sie Menschen binnen weniger Minuten töten. Das gelingt ihnen mithilfe eines Giftes, das in ihren Tentakeln steckt. Wenn ein Schwimmer damit in Berührung kommt, verätzt das Gift seine Haut. Die Tentakel können bis zu drei Meter lang sein und genug Gift speichern, um 250 Menschen zu töten. Die Seewespe lebt im Meer vor Australien. Dort wurden inzwischen spezielle Badeanzüge entwickelt, die vor der Seewespe schützen.

⚓ Feuer machen ⚓

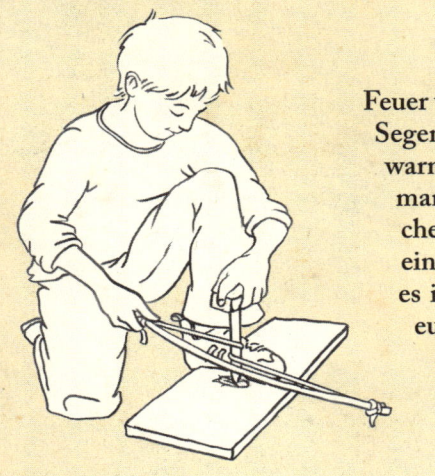

Feuer war in der Geschichte der Menschheit immer Fluch und Segen zugleich. Draußen in der Natur sorgt es für Wärme, warme Mahlzeiten, sauberes Trinkwasser. Im Notfall kann man damit auch Rauchzeichen geben, das hat schon manchen Gestrandeten das Leben gerettet. Aber Feuer hat auch eine enorme zerstörerische Kraft. Gerade im Sommer gibt es immer wieder schlimme Waldbrände, vor allem in Südeuropa und Kalifornien, die selbst Hunderte gut ausgerüsteter Feuerwehrleute nur schwer in den Griff bekommen. Damit du nicht unfreiwillig zum Feuerteufel wirst, musst du ein paar Sicherheitsvorkehrungen treffen.

Die richtige Feuerstelle

Ganz wichtig für deine Feuerstelle ist der richtige Platz: Nicht geeignet sind Böden aus trockenem Gras, Heide oder Moor – hier besteht die Gefahr, dass das Feuer unterirdisch weiterglüht und woanders neu entflammt. Von Bäumen solltest du ausreichend Abstand halten – ein Wald kommt daher als Feuerplatz nicht in Frage.

Der beste Platz für ein Lagerfeuer ist in der Nähe eines Gewässers, auf Kies-, Sand- oder Schotterboden. Oder auf der blanken Erde in freiem Gelände. Dafür musst du notfalls eine Grasnarbe ausstechen und nach dem Löschen des Feuers wieder einsetzen.

Bevor du Feuer machst, räumst du alle brennbaren Stoffe wie Zweige und Laub aus der näheren Umgebung weg. Deine Feuerstelle sicherst du mit einem Kreis aus großen Steinen. Sind keine Steine in der Nähe, gräbst du ein Loch von etwa einem Meter Durchmesser und 15 Zentimeter Tiefe und setzt deine Feuerstelle dort hinein.

Zur Sicherheit

Ein Feuer darfst du nie aus den Augen lassen. Wenn du mit einer Gruppe ein Lagerfeuer für die Nacht machst, muss immer einer von euch Wache schieben. Es ist sinnvoller, ein kleines Feuer anzulegen – das lässt sich besser im Zaum halten. Achte darauf, dass dein Lagerfeuer nicht zu groß wird, wirf also nicht zu viel Brennmaterial auf einmal ins Feuer, sondern lege lieber Stück für Stück nach.

Für alle Fälle sollte immer Wasser oder Sand zum Löschen griffbereit stehen. Bevor du die Feuerstelle verlässt, musst du unbedingt sicherstellen, dass das Feuer auch wirklich aus ist. Nachdem es niedergebrannt ist, löschst du es mit Wasser oder Sand und stocherst mit einem Stock vorsichtig in der Asche, um zu kontrollieren, ob nichts mehr glüht.

Das brauchst du für ein Feuer

Beim Feuermachen unterscheidet man zwischen Zünd- und Brennmaterial. Zündmaterial entzündet sich sehr leicht, brennt aber nicht sehr lange. Der Trick ist, zunächst das Zündmaterial zu entflammen, dann dünnere Äste nachzulegen und die dickeren erst nach und nach, wenn das Feuer gut brennt. Vorher könnten sie das Feuer mit ihrem Gewicht ersticken. Mit diesem Wissen im Hinterkopf gehst du auf Brenn- und Zündstoffsuche.

Als Zunder eignen sich: Pappe oder Papier (ohne Beschichtung), trockene Blätter, trockenes Moos, verdorrtes Gras, Stroh, kleine Zweige. Besonders gut ist Birkenrinde, sogar Kartoffelchips haben sich als hervorragender Zunder bewährt.

Als Brennmaterial sind geeignet: Äste und Zweige, die Zapfen von Nadelbäumen, getrockneter Tierdung. Schlecht für ein Lagerfeuer ist das Holz frisch gefällter Bäume, es brennt nicht gut und verursacht viel Qualm. Einzige Ausnahme ist da die Birke.

Sowohl Zünd- als auch Brennmaterial sollten stets trocken sein. Und bei Regen? Suchst du an geschützten Stellen, unter Büschen und an der Südostseite von Bäumen, dort kommt der Regen nicht so schnell hin. Unter dem Schutz eines Laubhaufens könnten trockene Zweige versteckt sein. Doch auch wenn alles klitschnass ist, gibt es eine letzte Rettung: die Birke. Wegen der darin enthaltenen ätherischen Öle brennen ihre Zweige selbst dann noch, wenn sie nass sind.

locker ein Häufchen Zündmaterial auf. Wichtig ist, dass der Haufen nicht zu stark zusammengepresst wird, sonst kann nicht genug Luft zirkulieren. Und Luft, also Sauerstoff, benötigt jedes Feuer. Um den Zunder herum ordnest du zuerst dünne, dann dickere Zweige und Äste als Brennstoff in der Form eines Indianerzeltes (Tipi) an.

Auf der Windseite deiner Feuerstelle lässt du eine Öffnung frei, damit du noch gut an den Zunder herankommst, um ihn mit einem Streichholz in Brand zu setzen. Feuer werden immer von der Windseite her entzündet. Woher der Wind weht, verrät dir dein mit Spucke befeuchteter Finger, den du in die Luft reckst. Wird der Zunder in Brand gesetzt, entflammt er nach und nach das Brennmaterial. Wenn es auflodert, vorsichtig Holz nachlegen. Dabei aufpassen, dass das Feuer nicht durch zu schweres Brennmaterial erstickt wird.

So entfachst du das Feuer

In der Mitte deiner Feuerstelle, die du mit Steinen eingefasst hast, schichtest du

Kochen über dem Lagerfeuer

Um warme Mahlzeiten mithilfe des Lagerfeuers zuzubereiten, sind dünne Zweige und Äste als Brennmaterial besser geeignet als dicke. Mit einem Topf kannst du auch über der offenen Flamme kochen, allerdings sollten die Flammen nicht zu hoch schlagen. Zum Grillen musst du warten, bis die Flammen komplett verschwunden sind und sich Glut gebildet hat. In der Glut kannst du auch Kartoffeln in Alufolie rösten (das dauert eine Weile) oder angepiekste Eier kochen, die in Moos gewickelt sind (das dauert nur ein paar Minuten). Brot spießt du auf einen Ast und röstest es über der Glut.

Feuer machen ohne Zündholz

> **Du brauchst**
> ➤ ein Brett aus weichem und sehr trockenem Holz (es sollte lang genug sein, damit du dich auch draufknien oder stellen kannst)
> ➤ einen etwa 30 cm langen Stock aus hartem Holz
> ➤ einen biegsamen Ast von etwa 60 cm Länge
> ➤ Seil oder Schnur
> ➤ einen Stein mit Vertiefung, der etwa so groß ist, dass du ihn gut mit deiner Hand umschließen kannst
> ➤ knochentrockenes Zündmaterial (Moos oder verdorrtes Gras)

Zwar solltest du in deinem Überlebenskästchen immer ein paar wasserfeste Streichhölzer dabeihaben, aber für den Ernstfall auch wissen, wie du ganz ohne sie Feuer machen kannst. Das geht mit einer Methode, die Menschen bereits seit Jahrtausenden praktizieren. Wir machen uns dabei die Tatsache zunutze: Durch Reibung entsteht Hitze. Dieses »Feuerbohren« braucht ein wenig Übung, am besten du probierst es aus, bevor du in der freien Natur biwakierst.

So geht's

1 Schneide eine Vertiefung in das Holzbrett. Sie sollte so groß sein, dass sich der Stock darin drehen kann. In diese Mulde legst du etwas Zündmaterial, beispielsweise Moos.

2 Der Stock aus hartem Holz wird an einem Ende stark angespitzt.

3 Aus dem biegsamen Ast und der Schnur baust du einen Bogen. Du darfst die Schnur aber nicht zu stramm an den leicht gebogenen Ast knoten: Du musst nämlich die Sehne des Bogens zweimal um den angespitzten Stock wickeln. Danach sollte sie gespannt sein.

4 Die Spitze des Stocks steckst du in die Mulde des weichen Holzbretts. Den Stein mit der Vertiefung drückst du auf das andere Ende des Stocks. Wenn der Stock darin schwer Halt findet, kannst du ihn leicht anspitzen. Das Holzbrett darf nicht wegrutschen. Du stabilisierst es, indem du dein rechtes Knie darauf legst und dein linkes Bein danebenstellst.

5 Mit der rechten Hand bewegst du nun den Bogen am Stock immer wieder schnell vor und zurück, so als wolltest du sägen. Mit der linken Hand (bei Linkshändern umgekehrt) drückst du von oben als Gegengewicht auf den Stein. Leg dich ruhig ins Zeug, beim Sägen ist Geschwindigkeit gefragt. Auch der Druck auf den Stein darf nicht zu schwach sein. Jetzt bohrt sich der Stock in das Brett. Bei dieser starken Reibung entsteht Hitze. Dadurch beginnt das Moos irgendwann (am Anfang braucht es etwas Geduld), zu rauchen und dann zu glühen.

6 Diese Glut musst du nun entfachen, indem du vorsichtig von der Seite pustest und vorsichtig mehr Zunder nachlegst. Wenn die Glut stark genug glimmt, trägst du sie auf dem Holzbrett zur Feuerstelle.

7 Damit aus der Glut Feuer wird, braucht es mehr Sauerstoff: Puste weiter und lege Zündstoff nach – so lange, bis die ersten Flammen züngeln.

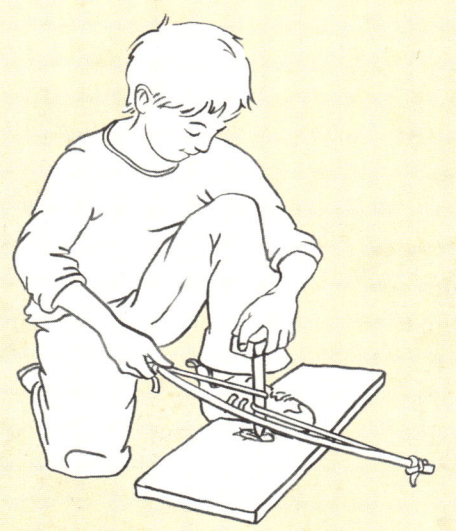

Feuer machen mit dem Brillenglas

Wenn die Sonne vom Himmel brennt, reichen etwas Papier, Lupe, Fernglas oder Brille, um ein Feuer aus dem Sonnenlicht zu erzeugen.

Aber nicht jede Brille taugt dafür: Da so ein Brennglas nur mit einer konvexen Linse funktioniert, müssen es die Brillengläser eines Weitsichtigen sein. Ein Weitsichtiger ist jemand, der weit entfernte Dinge besser sehen kann als das, was er direkt von den Augen hat. Um diese Sehstörung auszugleichen, trägt er eine Brille mit konvexen Gläsern, man nennt sie auch Sammellinsen. Diese Linsen bündeln die Strahlen, sie werden zum Auge hin gebrochen.

Bei einem Kurzsichtigen, also jemandem, der Entferntes schlecht sieht und die Dinge in seiner Nähe ganz gut, ist es genau umgekehrt: Er trägt eine Brille mit konkaven Linsen. Die werden auch Zerstreuungslinsen genannt, weil sie die aus der Ferne kommenden Strahlen zerstreuen, und zwar vom Auge weg. Genau das aber kannst du beim Feuermachen überhaupt nicht brauchen – du willst die Sonnenstrahlen ja einfangen.

Und zwar so: Du setzt dich mit deiner Lupe oder dem Brillenglas in die Sonne, legst ein Stück Papier unter das Glas und wartest. Wichtig ist, dass die Sonnenstrahlen gebündelt werden, deshalb musst du die Lupe mit ruhiger Hand eine Weile auf eine Stelle halten. So lange, bis das Papier zu kokeln und später zu brennen beginnt. Dann kannst du es vorsichtig zur Feuerstelle tragen.

⤙ Nichts für Wackelkandidaten ⤚

Mit diesem Spiel kannst du beweisen, dass du eine ruhige Hand und gute Konzentration hast oder sie mit diesem selbst gebauten Geschicklichkeitstest trainieren. Schummeln geht nicht – der elektrische Strom überführt dich sofort.

Du brauchst

➻ ein mindestens 2 cm dickes Holzbrett (30 × 20 cm oder etwas größer)
➻ eine 4,5-V-Flachbatterie
➻ ein Glühbirnchen mit Fassung
➻ blanken, dicken Draht (am besten aus einem alten Draht-Kleiderbügel ausschneiden)
➻ zwei Drahtkrampen (das sind U-förmige Drahtnägel)
➻ Gewebeband
➻ 1 m dünnes Elektrokabel (wie für die Fahrradbeleuchtung)
➻ Hammer, Abisolierzange, Kombizange

So geht's

1 Biege den dicken Draht mit der Kombizange zu einem Parcours aus Schlaufen, Wellen oder Figuren. Baue ruhig ein paar enge Windungen und scharfe Kurven mit ein, dann wird das Spiel umso spannender. Wenn du einen Kleiderbügel benutzt, stelle vorher sicher, dass der Draht nicht mit einer dünnen Schicht Kunststoff überzogen ist. Diese Isolierung leitet keinen Strom – das Spiel funktioniert damit nicht.

2 Wickele jedes Ende des Draht-Parcours um eine Drahtkrampe, die du anschließend mit dem Hammer in eine Seite des Brettes schlägst. Zur Not funktionieren auch normale Nägel, die du halb einschlägst und dann flach hämmerst.

3 Lege die Batterie flach auf das Holzbrett und klebe sie und die Glühbirnchen-Fassung nebeneinander darauf fest.

4 Zerschneide das dünne Elektrokabel in drei Stücke: 65 cm, 25 cm, 10 cm. Isoliere die Kabelenden jeweils 2 cm weit ab, ein Ende des langen Stücks 5 cm weit. Wenn du keine Abisolierzange hast – auf Seite 49 steht, wie du dir behelfen kannst.

5 Mit dem kürzesten Kabel verbindest du Glühbirnchen und Batterie, mit dem mittleren Kabel die andere Seite der Batterie und das eine Ende deiner Figur. Das lange Kabel befestigst du mit dem kurz abisolierten Ende an der anderen Seite des Glühbirnchens. Mit dem lang abisolierten Ende schlingst du eine Schlaufe um die Drahtfigur, aber so, dass rings um den Draht der Figur etwa 5 mm Luft bleiben. Dein elektrischer Geschicklichkeitsparcours ist fertig.

6 So funktioniert das Spiel: Du führst nun die Schlaufe am Ende des langen Kabels um den Draht-Parcours herum – möglichst, ohne den Draht zu berühren. Wenn du wackelst oder ausrutschst, leuchtet das Lämpchen auf. Fordere deine Freunde zu einem Wett-

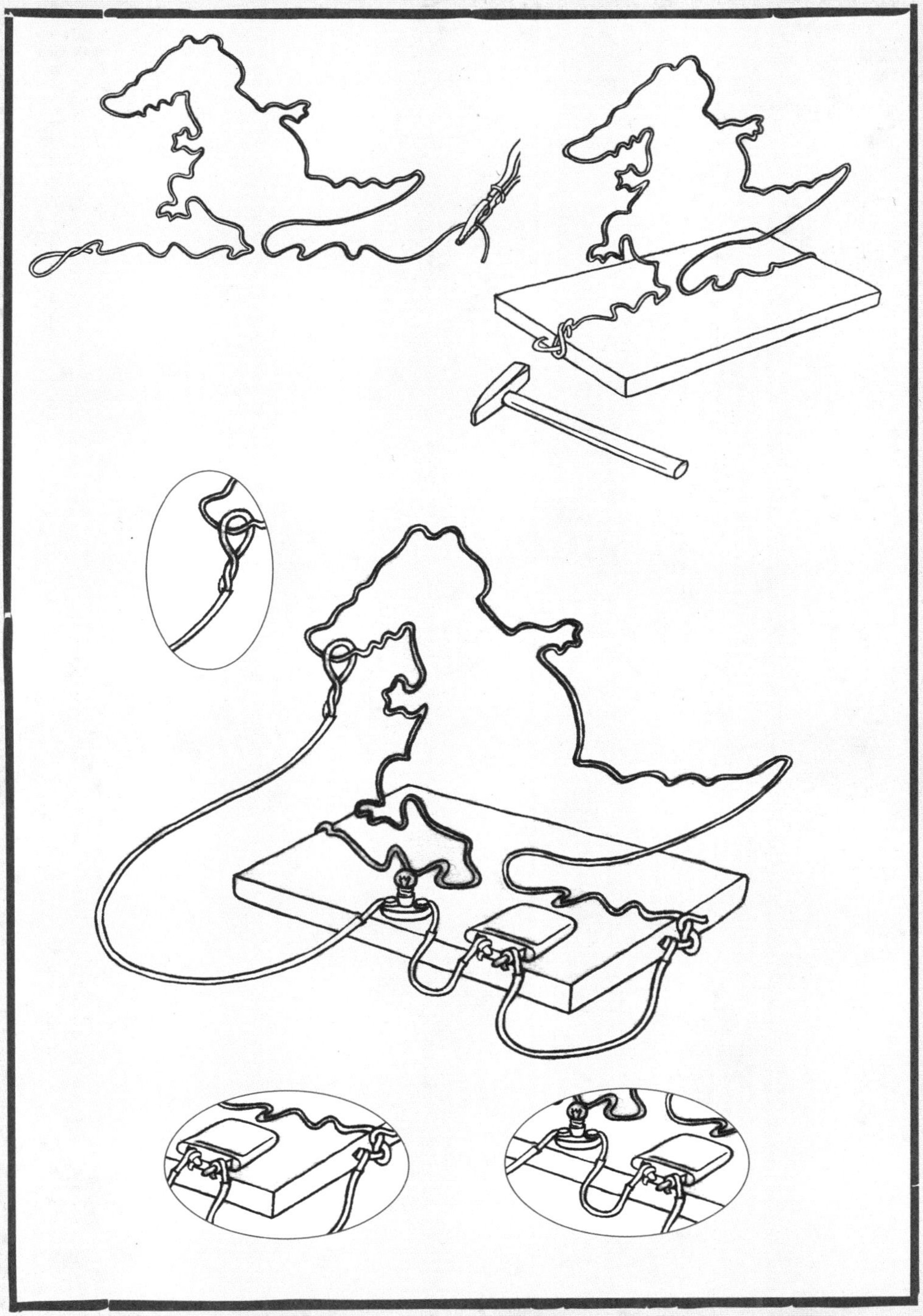

bewerb heraus: Wer mit der Schlaufe am schnellsten den Hindernislauf bewältigen kann, hat gewonnen. Schwieriger wird das Spiel auch, wenn du die ein Auge zuhältst, weil du dann nicht räumlich sehen kannst.

Übrigens: Statt des Glühbirnchens kannst du auch einen Summer in das Spiel einbauen (auf die richtige Polung achten!). Dann ertönt ein Alarmsignal, solltest du aus Versehen die Drahtkonstruktion berühren.

Zaubertrick:
Die magnetische Hand

Du brauchst

Für den Zauberstab besorgst du dir im Baumarkt ein etwa 25 cm langes Rundholz, das du in der Mitte mit schwarzer Farbe und an den Enden mit weißer Farbe bemalst. Statt Farbe kannst du auch schwarze Klebefolie verwenden.

So geht's

1 Bei der Vorstellung des Tricks behauptest du kühn, dass du magnetische Hände besitzt. Mehr noch: dass deren Wirkung derart stark ist, dass du mit deinen Händen sogar Dinge magnetisieren kannst, die eigentlich gar nicht magnetisch sind – deinen Zauberstab aus Holz beispielsweise.

2 Währenddessen musst du viel reden, um die Zuschauer abzulenken. Wichtig ist, dass du ihnen keine Gelegenheit gibst, darüber nachzudenken, was du da eigentlich tust. Deshalb reden auch echte Zauberer manchmal so viel – reines Ablenkungsmanöver!

3 Dann ist es soweit: Du spreizt die Finger einer Hand weit ab – welche, ist egal –, und der Zauberstab scheint in deiner Handfläche zu schweben. Was die Zuschauer nicht sehen können: Mit der anderen Hand stützt du das Gelenk der gespreizten Hand und hältst mit dem Zeigefinger den Zauberstab fest. Sollte einer fragen, warum du die andere Hand zur Hilfe nimmst, kannst du ja sagen, der Magnetismus sei enorm stark und würde sonst die Hand mit dem Zauberstab herunterziehen. Aber besser: so viel reden, dass niemand fragen kann.

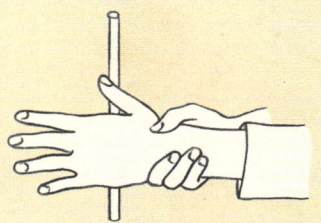

☞ Weitere Zaubertricks findest du auf den Seiten 19, 33, 41, 95, 111, 225 und 277.

So wirst du Conchologe

Als Strandläufer findest du auf Schritt und Tritt prächtige Schätze, die das Meer an Land gespült hat. Das sind vor allem faszinierend gemusterte und aufwendig geformte Muscheln und Schnecken, also die Skelette von Meerestieren mit weichem Körper, sogenannte Mollusken. Doch wenn du sie am Flutsaum aufliest, ist das Fleisch verschwunden, die Tiere leben nicht mehr. Für Muschelsammler die beste Gelegenheit: Sonst bekämen sie die Tiere, die sich meist im Meeresboden eingraben, nie zu Gesicht.

Dabei würde ihnen jede Menge entgehen: Es ist spannend, die große Vielfalt an Muscheln und Schnecken zu entdecken – allein an der deutschen Küste gibt es über 30 verschiedene Arten. Den Unterschied zwischen Muscheln und Schnecken kann man ganz leicht erkennen: Schnecken leben in einer Schale, Muscheln in zweien. Die beiden Schalenklappen werden durch einen Muskel zusammengehalten.

Um aus deinen gesammelten Schätzen eine Muschelsammlung anzulegen, ordnest du die Schalen in einzelne offene Streichholzschachteln, die du in einen größeren, flachen Karton klebst. Was du als Conchologe – so nennt man Muschelkundler – nicht vergessen darfst: den Schachteln einen Zettel beizufügen, auf dem du notierst, um welche Muschel es sich handelt und wo du sie gefunden hast.

Miesmuschel

Blauschwarze Schale von 6 bis 8 cm Länge mit dunkleren, kreisförmigen Streifen, die Innenseite ist mit Perlmutt überzogen. Dreieckige, nach oben gewölbte Form. Diese Muschelart kommt weltweit am häufigsten vor. Auch am Flutsaum von Nord- und Ostsee ist sie öfter zu finden als andere Muscheln. Neben der Auster ist sie die einzige einheimische Muschelart, die in Kolonien auf dem Meeresboden lebt. Nach einer alten Regel soll man sie in den Monaten mit R essen, also nicht von Mai bis August.

Herzmuschel

Herzförmige, bauchige Schale mit ausgeprägten, strahlenförmigen Rippen. Farbe: außen gelblich braun, weiß oder blaugrau, innen weiß. Zweithäufigste Muschel (nach der Miesmuschel) an der Nordsee und der westlichen Ostsee.

Kommt auch im Mittelmeer vor. Ihr Fleisch ist essbar. An der deutschen Küste ist die Herzmuschelfischerei allerdings verboten, weil die Muscheln aus dem Meeresboden gesaugt werden und dabei auch alle anderen Tiere im Umkreis getötet werden.

Plattmuschel

Flache, zarte Schale mit auffällig weiß-farbigem Muster (rot, gelb, blau). Sie ist besonders häufig an der Nord- und der westlichen Ostsee zu finden, außerdem im Atlantik. Plattmuscheln sind etwa so groß wie der Daumennagel eines Erwachsenen und graben sich fingertief im Meeresboden ein. Sauerstoff und Nahrung holen sie sich über einen Siphon (Atemrohr) aus dem Wasser.

Sandklaffmuschel

Längliche, schmutzig weiße oder gelbgraue Schale von bis zu 15 cm Länge – eine der größten Muscheln an Nord- und Ostsee. Die Sandklaffmuschel gräbt sich in bis zu 30 cm Tiefe im Schlick ein und saugt Nahrung und Sauerstoff über einen Siphon (Atemrohr) an. Sie wird von Wattwanderern auch »Pisser« genannt, weil sie winzige Fontänen aus dem Boden schießen lässt, wenn sie den Siphon abrupt zurückzieht. Das Fleisch ist essbar.

Auster

Dicke, raue, graubraune Schale mit tiefen Furchen. Die »Europäische Auster« lebt in Kolonien im Atlantik und im Mittelmeer. Jahrhundertelang wurde die einst »Wattkönigin« genannte Auster, deren Fleisch als teure Delikatesse gilt, auch in der Nordsee gefischt. Seit etwa 1930 ist sie hier jedoch ausgestorben. Inzwischen leben wieder Austern in der Nordsee – allerdings nicht weit draußen auf dem Meeresboden, sondern aufgereiht in Drahtsäcken an der Küste vor List auf Sylt: In der Blidselbucht befindet sich Deutschlands einzige Austernzuchtfarm, in der jedes Jahr rund eine Million Austern für Restaurants gezüchtet werden. Allerdings sind dies »Pazifische Austern«, da diese im Gegensatz zur »Europäischen Auster« auch in der Zuchtstation gedeihen. Ausreißer sind neuerdings auch in Freiheit – an der gesamten Nordseeküste – zu finden.

Amerikanische Bohrmuschel

Wegen ihrer länglichen Form und der weiß-gelben Farbe werden Amerikanische Bohrmuscheln auch »Engelsflügel« genannt. An der Vorderseite haben sie ausgeprägte Schuppen, mit denen sie sich in den Meeresboden, in Holz oder weichen Fels einbohren können. Ihre Spuren hinterlassen sie dabei in Form von runden und fingerdicken Löchern. Die ursprünglich aus Nordamerika stammende Muschel lebt in Nord- und Ostsee, im Atlantik und im Mittelmeer.

Amerikanische Schwertmuschel

Die bis zu 15 cm langen, schmalen Muscheln haben eher die Form eines bräunlichen Taschenmessers als eines stumpfen Schwertes. An der Nordsee, wo die einheimische Schwertmuschel inzwischen sehr selten geworden ist, sind die Amerikanischen Schwertmuscheln ein Neuzugang: Sie sind erst vor etwa 30 Jahren eingewandert, vermutlich im Schlepptau von Containerschiffen aus Nordamerika.

Pilgermuschel (Jakobsmuschel)

Die Muschel mit den tiefen, strahlenförmigen Rippen und den Flügeln an der abgerundeten Spitze ist eine der bekanntesten – auch fern des Meeres: Sie ist das Symbol der Pilger, die sich auf dem Weg nach Santiago de Compostela machen, um am Grab des heiligen Jakob zu beten. Daher auch ihr zweiter Name: Jakobsmuschel. Sie ist mit bis zu 15 cm Länge die größte Muschel im Mittelmeer. Ihr Fleisch gilt als Delikatesse.

Große Pfeffermuschel (Gebänderte Sägemuschel)

Zerbrechliche, sehr flache Muschel mit ovaler Schale, die höchstens 5 cm groß wird. Zu erkennen an der weißen bis gräulichen Oberfläche, auf der die Anwachsstreifen hervortreten. Die Große Pfeffermuschel gräbt sich bis zu 15 cm tief in Sand- und Schlickböden ein und lebt im Flachwasser von Nord- und Ostsee, Mittelmeer und Atlantik.

Trogmuschel (Strahlenkörbchen)

Solange die Trogmuschel lebt, ist ihre dünne Schale meist cremefarbig. Doch wenn die leere Muschel an den Strand gespült wird, hat sie braune bis blauschwarze Ringe dazubekommen – ein Zeichen für eisenhaltige Einlagerungen an der toten Muschel. Die etwa 6 cm große Schale wirkt etwas gescheckt – Sie wird oft an Atlantik-, Nord- und Ostseeküste angeschwemmt.

Venusmuschel

Fächerförmige Muschel, die weltweit in unterschiedlichen Farben und verschiedenen Arten vorkommt. Die »Gemeine Venusmuschel« lebt in der Nord- und Ostsee, im Atlantik und im Mittelmeer. Sie ist an der Außenseite gerippt. Deutlich zu sehen sind feine kreisförmige Anwachsstreifen, die eine Pause im Wachstum der Schale markieren.

Strandschnecke

Das bräunliche oder graue Gehäuse der »Gemeinen Strandschnecke« ist etwa 2,5 cm groß und hat feine Spirallinien an der Außenseite. Sie kommt an Nord- und Ostsee besonders häufig vor, ernährt sich von Algen auf dem Meeresgrund und heftet sich bei Ebbe an Steinen, Booten oder Wellenbrechern fest, um dann mit der Flut ins Meer getrieben zu werden.

Wellhornschnecke

Das gelb-braune, gewundene und spitze Gehäuse ist bis zu 11 cm hoch und gehört damit zur größten Schnecke der Nordsee. Ihren Namen verdankt die Wellhornschnecke ihrem auffälligen Muster: den wellenförmig geschwungenen Wachstumsringen. Der weiche Körper der Schnecke ist weiß mit schwarzen Flecken. Früher war sie ein wichtiges Lebensmittel der Armen; in Korea gilt sie noch heute als Delikatesse. Die Häuser toter Wellhornschnecken bezieht besonders gern der Einsiedlerkrebs.

Zaubertrick: Der einhändige Knoten

Du behauptest, einen Knoten in ein Tuch zaubern zu können – mit nur einer Hand. Dafür benutzt du ein Tuch aus nicht zu dünnem Stoff; ein zartes Seidentuch beispielsweise bewegt sich recht leicht – das macht den Trick schwieriger.

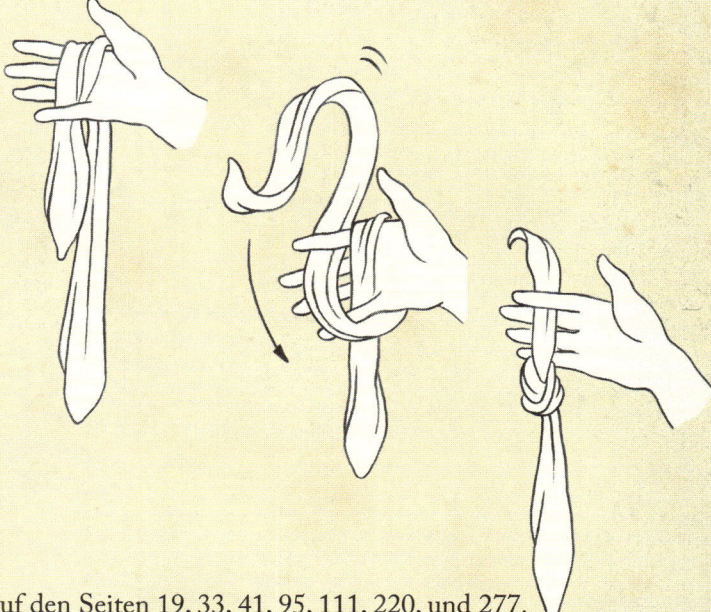

1. Lege das Tuch über die Innenfläche deiner rechten Hand (bei Linkshändern ist es die linke). Ein längeres Stück hältst du zwischen Daumen und Zeigefinger, wobei das Ende über dem Handrücken herabhängt. Das kürzere Ende verläuft zwischen kleinem Finger und Ringfinger.
2. Nun greifst du mit Zeige- und Mittelfinger nach unten zum langen Ende und hältst es fest.
3. Dann lässt du das kurze Ende los und schüttelst das Tuch mit kräftigem Ruck nach unten – auf diese Weise schlingt sich ein Knoten ins Tuch.

☞ Weitere Zaubertricks findest du auf den Seiten 19, 33, 41, 95, 111, 220, und 277.

⊰ Joghurt selbst gemacht ⊱

Mit diesem Rezept erhältst du etwa ein Kilo Joghurt. Im Kühlschrank hält er mindestens eine Woche.

Du brauchst

➤ einen Liter Vollmilch
➤ einen kleinen Becher (150 g) Bio-Joghurt (3,5 Prozent Fett)
➤ Schraubgläser mit großer Öffnung (z. B. zwei Joghurt-Gläser à 500 g)
➤ einen Topf
➤ ein Thermometer
➤ ein warmes Plätzchen (im Bett oder am Ofen)

So geht's

1 Schütte die Milch in den Topf und bring sie auf dem Herd kurz zum Kochen. Zwischendurch ab und zu mit dem Löffel durchrühren, damit die Milch nicht anbrennt. Sobald die Milch kocht, den Topf von der Herdplatte nehmen. Wenn du H-Milch nimmst, brauchst du die Milch nicht abkochen, sondern nur bis zur im nächsten Punkt genannten Temperatur erhitzen – H-Milch ist ja schon sterilisiert.

2 Die Milch nun für etwa 15 Minuten abkühlen lassen. Sie soll danach handwarm sein: zwischen 38 und 43 Grad (messen!). Je wärmer die Milch, desto säuerlicher später der Joghurt. Bei mehr als 43 Grad aber werden die Milchsäurebakterien abgetötet, unter 38 Grad wird der Joghurt nicht fest.

3 Rühre nun vorsichtig den gekauften Joghurt in die Milch ein. Fülle die Mischung in die Gefäße mit Schraubverschluss.

4 Jetzt kommt das Entscheidende: Damit aus deiner Milchmischung auch Joghurt wird, muss die Temperatur möglichst lange gehalten werden. Du bereitest dem Gefäß am besten ein warmes Nest, in deinem Bett beispielsweise. Das ist kein Blödsinn, sondern auf dem Balkan, wo der Joghurt ursprünglich herkommt, seit langer Zeit eine bewährte Methode. Du kannst natürlich auch ein anderes warmes Plätzchen suchen – im Heizungskeller beispielsweise, in den dicken Wollsocken, die dir deine Oma letztes Jahr zu Weihnachten geschenkt hat, oder in einem Karton mit Styropor-Flocken.

5 Wenn du nach etwa acht Stunden nachschaust, hat sich deine Milch verwandelt: Aus ihr ist fester und leicht säuerlich schmeckender Joghurt geworden. Gekühlt schmeckt er am besten. Ein paar Löffel nimmst du, um daraus neuen Joghurt anzusetzen. Das kannst du ungefähr fünfmal machen, danach sind die Joghurtbakterien erschöpft. Für einen neuen Ansatz brauchst du dann wieder etwas gekauften Joghurt.

Was ist geschehen?

In Milch ist Milchzucker enthalten, im Joghurt sind Milchsäurebakterien. Die Bakterien verwandeln den Zucker in Milchsäure. Dadurch schmeckt Joghurt im Vergleich zu Milch leicht säuerlich. Bei Wärme vermehren sich die Bakterien rasend schnell – so wird immer mehr Milchzucker abgebaut, und die Milch wird zu Joghurt.

Alles über Ritter

Die Geschichte der Ritter im Schnelldurchlauf

Die Geschichte der Ritter beginnt nicht mit den Rittern: Auch vor den bewaffneten Reitern in Metall-Uniform gab es in Europa Krieger. Allerdings zogen die noch ohne Pferd in den Kampf. Diese Fußtruppen funktionierten im 8. Jahrhundert nicht mehr: Als muslimische Soldaten aus dem Orient und Nordafrika auf ihren schnellen Pferden im Süden Europas auftauchten, wurden die Fußtruppen im Galopp überrannt. Spanien fiel den Eroberern in die Hände.

Um ihnen etwas entgegensetzen zu können, rüsteten die Herrscher des damaligen »Fränkischen Reichs«, zu dem auch das heutige Deutschland gehörte, auf. Die Fußtruppen bekamen Pferde und eine Rüstung zum Schutz vor Angriffen. Derart ausgerüstet, setzten sie sich erfolgreich gegen Feinde zur Wehr. Das waren die Vorgänger der Ritter, die danach für fünf Jahrhunderte die Geschichte Europas prägen sollten: Sie lebten und kämpften im Mittelalter, zwischen dem 11. und 16. Jahrhundert. Vor allem die Jahre zwischen 1100 und 1250 gelten als Blütezeit des Rittertums in Mitteleuropa.

Aber irgendwann waren auch die Ritter nicht mehr auf der Höhe der Zeit und wurden verdrängt – so wie sie selbst einst die Fußsoldaten verdrängt hatten: Es kamen stärkere Waffen auf, eine neue Art zu kämpfen. Ritter mit ihren Schwertern und Lanzen waren auf den Nahkampf spezialisiert und nicht auf Pfeilstöße über einen halben Kilometer Entfernung und mit enormer Durchschlagkraft, wie sie mit der Entwicklung des englischen Langbogens im 14. Jahrhundert üblich wurden. Später, im 16. Jahrhundert, kamen Feuerwaffen auf – sie versetzten den Rittern endgültig den Todesstoß oder besser: Todesschuss.

Wusstest du, dass …

… es ganz schön teuer war, ein Ritter zu sein?

Allein für ein Kettenpanzerhemd, das im 11. Jahrhundert als Schutz vor Angriffen diente, musste ein Ritter bis zu 100 Ochsen bezahlen. Denn die Anfertigung eines Kettenhemdes dauerte lange: Dafür verband ein Panzerhemdmacher mit einer Zange Stahlösen und Ringe. Als im 12. Jahrhundert die Metall-Rüstungen aufkamen, wurde es sogar noch aufwendiger und teurer – die Ausrüstung kostete fast so viel wie ein ganzer Bauernhof. Außerdem brauchte ein Ritter ja noch drei Pferde: eines für Schlachten und Turniere, ein Reitpferd und ein Packpferd. Wegen der hohen Kosten waren Ritter nur Männer des niederen Adels. Bauern konnten sich das gar nicht leisten.

… Ritter sehr viel büffeln mussten?

Die Ausbildung der Ritter war lang – sie dauerte sogar länger, als Kinder heute in die Schule oder in die Lehre gehen. Mit sieben Jahren begann der spätere Ritter als Page und lernte Reiten, Bogenschießen, Boxen und Schwimmen. Mit 14 wurde aus ihm ein Knappe, der Diener eines Ritters. Er musste seinem Herrn nicht nur beim Anlegen der Rüstung helfen und ihn in den Kampf begleiten. Ihm wurde beigebracht, mit Schwert und Lanze zu kämpfen, mit Greifvögeln zu jagen, aber auch, sich wie ein Edelmann zu betragen. Erst mit 21 Jahren wurde ein Knappe feierlich in den Ritterstand aufgenommen. Aus dem Kind wurde per Ritterschlag ein Mann. In gewisser Weise ist das übrigens noch heute so: In Deutschland ist man zwar mit 18 Jahren volljährig, voll straffähig aber erst mit 21. Und bis 1975 war dies auch das Alter der Volljährigkeit. In manchen afrikanischen oder US-amerikanischen Bundesstaaten sind junge Leute noch immer erst mit 21 Jahren volljährig.

… Ritter stundenlang zum Anziehen brauchten?

Wenn sich Ritter für den Kampf ankleideten, taten sie das nach dem Zwiebelprinzip. Das bedeutet: Sie trugen mehrere Schichten übereinander. Ohne Unterhose, -rock, Beinlinge, Hemd, Kragen, Schlupfkleid und Steppwams hätte die auf der Haut scheuernde Rüstung aus Metall nämlich ziemlich wehgetan. Über all dies kamen Eisenschuhe und der Harnisch – so nannte man ab dem 14. Jahrhundert die Ritterrüstung. Das Anlegen der gesamten Rüstung dauerte Stunden. Ohne die Hilfe eines Knappen ging es gar nicht.

… Ritter fast blind in den Kampf zogen?

Schuld daran waren die Helme. Um das Gesicht so gut wie möglich vor den Angriffen der gegnerischen Lanze zu schützen, waren die Topfhelme ab circa 1220 fast vollständig verschlossen. Mal abgesehen von einer schmalen Sichtöffnung, enger als heutzutage ein Briefkastenschlitz. Manchmal war der Sichtschlitz aus Sicherheitsgründen noch nicht einmal auf Augenhöhe: Beim Froschmaul-Stechhelm beispielsweise war er eher am Haaransatz. Um den Gegner ins Visier nehmen zu können, mussten die Ritter den Kopf vor dem Angriff senken, ihn dann aber wieder heben und im Dunkeln zustoßen.

… erst ein Pferd den Ritter zum Ritter machte?

Ohne seine Pferde war der Ritter kein Ritter. Der Ritterstand war geschaffen worden, um als Reiterarmee in die Schlacht zu ziehen. Daher auch der Name: Ritter ist eine Ableitung vom germanischen Ausdruck »ridare«, das bedeutet »reiten«. Gute Pferde waren sehr wertvoll – und wurden mit einer eigenen Rüstung aus Ketten oder Stahlplatten, dem Rossharnisch, geschützt. Das Pferd war Teil der Ehre des Ritters. Deshalb gehörte es auch zu den ritterlichen Tugenden, sich niemals faul in einem Wagen kutschieren zu lassen, sondern stets zu reiten.

… Ritter lange Haare hatten?

Andere Zeiten, andere Frisuren: Unter ihren Helmen trugen Ritter ihr langes Haar in geflochtenen Zöpfen.

… Ritter sich an ganz schön viele Regeln halten mussten?

Ritter zu sein war mehr als nur ein Beruf. Nach getaner Arbeit hängte der Ritter nicht einfach seine Rüstung an den Nagel. Auch in seiner Freizeit musste er sich ritterlich verhalten, sein ganzes Leben lang. Das hatte er bei der feierlichen Zeremonie des Ritterschlags geschworen, als er den Eid auf den »Ehrenkodex der Ritterlichkeit« ablegte. Dazu gehörten sehr viele Regeln und Tugenden; über die Jahrhunderte kamen immer mehr dazu. So sollte sich der Ritter seinem Dienstherrn gegenüber treu, gehorsam und voller Respekt verhalten. Auch Tapferkeit galt als Tugend. Jeder Ritter sollte ein guter Christ sein und ein gottgefälliges Leben führen. Schutzlosen, Armen und Kranken zu helfen galt als Selbstverständlichkeit, ebenso der Kampf gegen Ungläubige und die Verteidigung christlicher Heiligtümer. Außerdem sollte ein Ritter höflich, großzügig und ehrgeizig sein. Von diesem umfangreichen Tugendsystem stammt die Vorstellung vom edlen Ritter.

… manche Ritter sich gar nicht ritterlich benahmen?

Manchmal missbrauchten Ritter ihre Fertigkeiten, indem sie als Raubritter ihr gefürchtetes Unwesen trieben: vor allem im 14. und 15. Jahrhundert, als es langsam mit dem Rittertum bergab ging und die rechtmäßigen Einnahmen einiger Ritter sanken. Aus dem Hinterhalt überfielen Raubritter Reisende und Händler und plünderten sie aus. Um diese Wegelagerei zu bekämpfen, verhängten viele Landesfürsten hohe Strafen: Wurde ein Ritter als Räuber überführt, ließen sie seine Burg zerstören. Von dieser Art der Strafverfolgung zeugen noch heute ein paar Überreste – in Form von Burgruinen.

… viele Ritter nicht in der Schlacht, sondern an einem Hitzschlag starben?

Unter der Rüstung aus Metall und dem wattierten Wams konnte es im Sommer sehr heiß werden. Besonders während der insgesamt sieben Kreuzzüge zwischen 1096 und 1291 hatten die Ritter unter extremer Hitze zu leiden – denn sie zogen ja von Westeuropa aus gen Süden, nach Jerusalem im damaligen Palästina, dem heutigen Israel. Wie heute war es dort deutlich wärmer als bei uns, und schon auf dem Weg dorthin kamen die Ritter durch heiße Gegenden – Italien, Griechenland und Nordafrika zum Beispiel. Es gibt Berichte von Zeitzeugen, in denen überliefert ist, dass die Ritter reihenweise dem Hitzschlag zum Opfer fielen.

… die Hälfte der Ritter auf den Kreuzzügen starb?

Zuerst mussten sie etwa drei Jahre lang quer durch Europa reiten. Kraft gab ihnen die feste Überzeugung, es sei Gottes Wille, Jerusalem und die anderen heiligen Stätten für die Christen von den Muslimen zurückzuerobern. Dazu hatte Papst Urban II. sie 1095 in seiner Funktion als Stellvertreter Christi auf Erden aufgerufen. Über eine Million Ritter machten sich auf den Weg. Als christliche Fundamentalisten begingen sie unvorstellbare Grausamkeiten. Nur die Hälfte der Ritter kehrte aus den Religionskriegen zurück; jeder zweite starb unterwegs oder in den Schlachten mit muslimischen Kriegern.

… sich auch Kinder an den Kreuzzügen beteiligten?

1212 gab es sogar zwei Kinderkreuzzüge. Zehntausende Jungen und Mädchen aus Deutschland und Frankreich wollten zu Fuß ins Heilige Land pilgern. Allerdings kam kein Kind dort jemals an – die meisten verhungerten, starben bei der Alpenüberquerung oder wurden versklavt. Nur sehr wenige kehrten in ihre Heimat zurück.

… Ritter ihre Spuren in der Bundeswehr hinterlassen haben?

Wenn Soldaten der Bundeswehr salutieren, legen sie die rechte Hand an die Schläfe, die Finger zusammengepresst, der Handrücken weist nach oben. Dieser militärische Gruß ist ein Erbe der Ritter: Immer wenn die sich unterwegs in Rüstung und zu Pferde getroffen haben, konnten sie einander kaum sehen – die Helme waren im Weg. Also haben sie aus Höflichkeit das Visier gehoben, um sich in die Augen zu schauen. Weil die linke Hand die Zügel hielt, nahmen sie dafür die rechte. Daraus hat sich im Laufe der Jahre  der Soldatengruß entwickelt. Übrigens salutieren auch die Soldaten anderer Länder mit der rechten Hand, manchmal nur auf eine andere Art und Weise.

So benutzt du einen Kompass

Zur Orientierung in unbekanntem Gelände ist der Kompass ein hervorragendes Hilfsmittel. Die 2000 Jahre alte Navigationshilfe hat eben auch im Zeitalter von GPS nichts von ihrer Bedeutung verloren. Selbst die größten Schiffe und Tanker sind mit einem Kompass auf den Weltmeeren unterwegs; kein Flugzeug fliegt ohne.

Ein Kompass kann die Himmelsrichtungen anzeigen, weil er mit einem kleinen, drehbaren Magneten ausgestattet ist: der Magnetnadel. Magneten haben die Eigenschaft, sich immer in Nord-Süd-Richtung auszurichten. Dazu treibt sie die Magnetkraft der Erde. Denn im Inneren der Erde befindet sich ein Kern aus flüssigem Eisen, der wie ein Magnet wirkt und ein Magnetfeld aufbaut.

Damit dein Magnet im Kompass nicht abgelenkt wird, solltest du vor dem Gebrauch sicherstellen, dass keine Gegenstände aus Metall (Taschenmesser, Fahrrad, Handy) in der Nähe sind.

Aufbau eines Linealkompasses

Ein guter Linealkompass reicht für deine Zwecke völlig aus – ein teurerer Spiegelkompass vereinfacht das Peilen, ist aber nicht nötig.

Die wichtigsten Bestandteile:
- ❖ Du siehst eine Art drehbares Zifferblatt, das dem einer Armbanduhr ähnelt. Auf dieser sogenannten **Kompassdose** stehen Buchstaben für die Himmelsrichtungen und die entsprechenden Gradzahlen (Norden: 0 bzw. 360°, Osten 90°, Süden 180°, Westen 270°). Die Himmelsrichtungen werden mit ihren Anfangsbuchstaben abgekürzt, Osten meist mit E (von engl. »east«).

- ❖ In der Kompassdose pendelt eine **Magnetnadel**, die auf einer Seite rot markiert ist. Diese Seite zeigt stets auf den magnetischen Nordpol.
- ❖ Fehlt noch der (meist rote) **Kurspfeil**: Er läuft parallel zum Lineal auf der Anlegekante und zeigt dir, in welche Richtung du gehen musst.

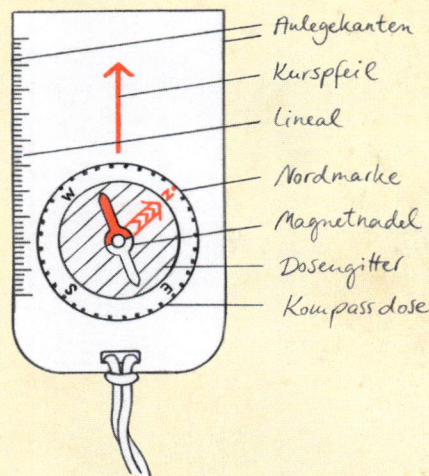

Anlegekanten
Kurspfeil
Lineal
Nordmarke
Magnetnadel
Dosengitter
Kompassdose

Orientierung mit dem Kompass

Ohne Karte

Mithilfe eines Kompasses kannst du immer bestimmen, wo von deinem Standpunkt aus gesehen Norden ist. Alle anderen Himmelsrichtungen leitest du davon ab. Angenommen, du weißt, dass du in Richtung Osten laufen musst, um dein Ziel zu erreichen: Als Erstes drehst du die Kompassdose so, dass der Kurspfeil und das O auf der Kompassdose in dieselbe Richtung zeigen. Dann hältst du den Kompass waagerecht mit ausgestrecktem Arm und drehst dich so lange, bis die rote Spitze der Magnetnadel auf den Buchstaben N (Norden) in der Kompassdose zeigt. Jetzt weist der Kurspfeil genau in die Richtung, die du einschlagen musst, um gen Osten zu laufen.

Da es ziemlich unbequem ist, dauernd mit ausgestrecktem Arm rumzumarschieren, peilst du einen markanten Punkt in der Landschaft an, der auf dem Weg liegt und den du zunächst ansteuerst – so verlierst du dein Ziel nicht aus den Augen. Von dort aus orientierst du dich neu und stellst die weitere Marschrichtung fest. So funktioniert die Orientierung mit Kompass, aber ohne Karte.

Mit Karte

Meistens allerdings wirst du Karte und Kompass dabeihaben. Stell dir vor, du willst von deinem Standort A zum Ziel B kommen. Um die Marschrichtung herauszufinden, musst du die Karte zunächst einnorden. Das geht so: Drehe die Kompassdose so lange, bis der Buchstabe N (und damit das Dosengitter) mit dem Kurspfeil in eine Richtung zeigt. Lege dann den Kompass mit der Anlegekante an eine Nord-Süd-Gitterlinie auf die Karte, und zwar so, dass der Richtungspfeil zum oberen Kartenrand zeigt – dort ist Norden. Drehe nun die Karte mit dem Kompass darauf so lange, bis die Nadel auf N zeigt. Jetzt stimmen die Himmelsrichtungen auf der Karte mit denen in der Natur exakt überein. Du hast die Karte eingenordet.

Standortbestimmung

Willst du auf der Karte deinen Standort finden, suchst du dir zwei auffällige Punkte – das können ein Berg, ein Fels, ein See oder ein Kirchturm sein. Am besten geht das, wenn die Punkte ungefähr im rechten Winkel zueinander liegen. Wichtig ist, dass du diese Punkte sowohl auf der Karte als auch in der Natur leicht erkennen kannst. Wie man eine Karte richtig liest, ist auf Seite 202 erklärt.

Wenn du zwei markante Punkte gefunden hast, peilst du mit dem Kompass den ersten Punkt im Gelände an und drehst die Kompassdose so lange, bis sich der Buchstabe N mit der roten Spitze der Magnetnadel deckt. Ist dies der Fall, legst du den Kompass auf die Karte – und zwar so, dass der Kurspfeil auf den angepeilten Punkt in der Karte zeigt. Dann drehst du den Kompass, bis die rote Magnetnadel auf den oberen Teil der Karte zeigt, denn dort ist auf Karten ja Norden. Entlang der Anlegekante des Kompasses zeichnest du vom Peilpunkt aus eine Linie auf der Karte ein.

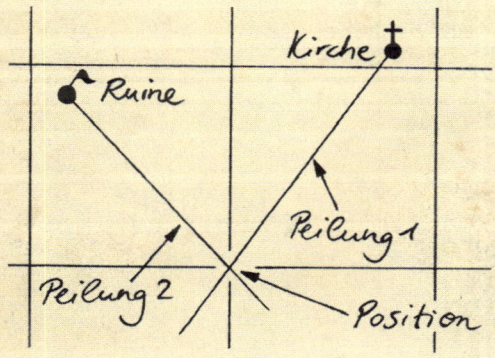

All dies wiederholst du mit dem zweiten auffälligen Punkt in der Landschaft, den du dir ausgesucht hast. Dort, wo sich dann die beiden eingezeichneten Linien auf der

Missweisung

❖ Es gibt eine Abweichung zwischen dem magnetischen Nordpol, der vom Erdmagnetfeld bestimmt wird, und dem geografischen Nordpol, nach dem sich deine Karte richtet.

❖ Beide bezeichnen unterschiedliche Punkte auf der Erdoberfläche. Denn anders als der geografische Nordpol, der fix ist, wandert der magnetische Nordpol, weil sich das flüssige Eisen im Erdinneren bewegt. So kommt es zu der Abweichung, die man Missweisung oder Deklination nennt.

❖ Wie groß die Abweichung ist, hängt davon ab, wo man sich auf der Erdkugel befindet. In Kanada kann der (sich von Jahr zu Jahr ändernde) Wert bei 20 Grad liegen. Bei uns in Mitteleuropa ist die Abweichung relativ gering: Sie beträgt derzeit nur ein paar Grad in westlicher Richtung – du kannst sie vernachlässigen.

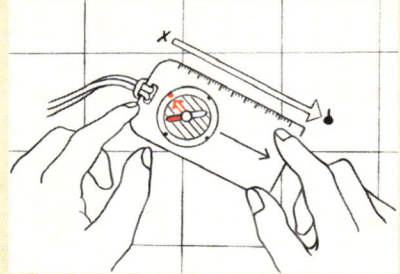

Richte die Kompassdose so aus, dass der Buchstabe N auf den oberen Rand der Karte zeigt, also gen Norden (das Dosengitter ist parallel zu den Nord-Süd-Linien auf der Karte).

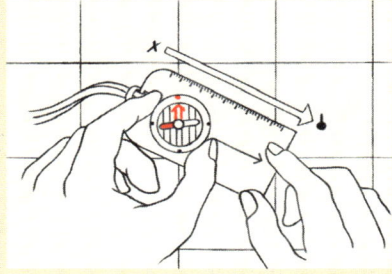

Karte schneiden, befindet sich dein Standort A. Diese Methode der Standortbestimmung heißt Kreuzpeilung. Natürlich kannst du die zweite Peilung und damit die zweite Linie auch durch linienähnliche Wegmarken auf der Karte ersetzen, etwa den Fluss, den du gerade überquert hast, oder die Straße, an der du stehst.

Wenn du dich dann mit dem Kompass in der Hand so drehst, dass Magnetnadel und N in Deckung sind, weist der Kurspfeil zum Ziel.

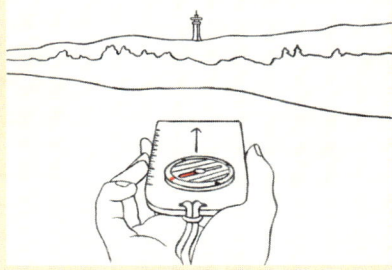

Zielpeilung

Nachdem du deinen Standort A bestimmt hast, suchst du auf der Karte nach deinem Ziel B. Beide verbindest du in Gedanken – oder mit dem Bleistift – durch eine gerade Linie. An diese Linie legst du den Kompass an.

Auch in diesem Fall ist es übrigens hilfreich, wenn du dir markante Punkte in der Landschaft als Zwischenziele suchst, die du anpeilst. Dort angekommen, bestimmst du die weitere Marschrichtung.

❧ Der Umgang mit deinem Messer ❧

Wie du das richtige Messer findest, ist auf Seite 8 erklärt. Hier erfährst du, wie du richtig damit umgehst und was man damit alles machen kann.

Schnitt-Techniken

Lange Schnitte

Wenn du die Rinde von einem Zweig entfernen oder ein Stück Holz abflachen willst, machst du das am besten mit langen, geraden Schnitten. Dafür hältst du das Holz in der linken, das Messer in der rechten Hand (bei Linkshändern ist es umgekehrt). Du legst die Klinge recht flach an das Holz an und schneidest vom Körper weg in langen und kräftigen Schnitten. Wenn du magst, kannst du zusätzlich den Daumen deiner rechten Hand an der stumpfen Seite der Klinge anlegen und damit das Messer leicht nach vorn drücken. Am besten ist es, wenn du das Messer bis zum Ende des Zweiges durchziehst. Damit der Schnitt gerade wird, darfst du den Winkel der Klinge während des Schneidens nicht verändern – das Handgelenk wird also nicht verdreht, sondern bleibt gerade.

Einkerbungen und feine Schnitte

Um eine Einkerbung zu machen (beispielsweise für ein Weidenpfeifchen – siehe Seite 124), umschließt du das Holz mit den vier Fingern deiner linken Hand (au-

ßer dem Daumen). Das Messer ist in der rechten Hand, der Daumen drückt wieder auf die stumpfe Seite der Klinge, also den Messerrücken. Während du nun schneidest, drückt der linke Daumen ebenfalls leicht auf den Messerrücken – oder aber auf den rechten Daumen. Je nachdem, was angenehmer für dich ist und dir ein präzises Schneiden ermöglicht. Wichtig ist bei dieser Schnitt-Technik, dass du mit dem Daumen einen leichten Anpressdruck auf das Messer ausübst.

Anspitzen

Für alle möglichen Dinge ist es nötig, einen Stock anzuspitzen: um Pfeile für einen Bogen herzustellen, Heringe für einen Notunterschlupf oder einen Grillspieß. Das geht so: Messer in der rechten, Stock in der linken Hand, hältst du die Klinge etwas schräg zum Stock – etwa in einem Winkel von 30 Grad. Der rechte Daumen liegt auf dem Messerrücken und drückt die Klinge leicht vom Körper weg. Dabei schneidest du in *kurzen* Schnitten so viel vom Holz weg, bis der Stock vorne ganz spitz ist.

Selbst gemachte Säge

Nicht jedes Taschenmesser hat eine Säge, mit der man einen stärkeren Ast teilen kann. Es ist aber ganz leicht, selbst eine Säge zu basteln. Dafür brauchst du

Gut zu wissen

❖ *Ein Schweizer Taschenmesser öffnest du, indem du mit dem Fingernagel deines Daumens in die Einkerbung greifst und die Klinge herausziehst.* 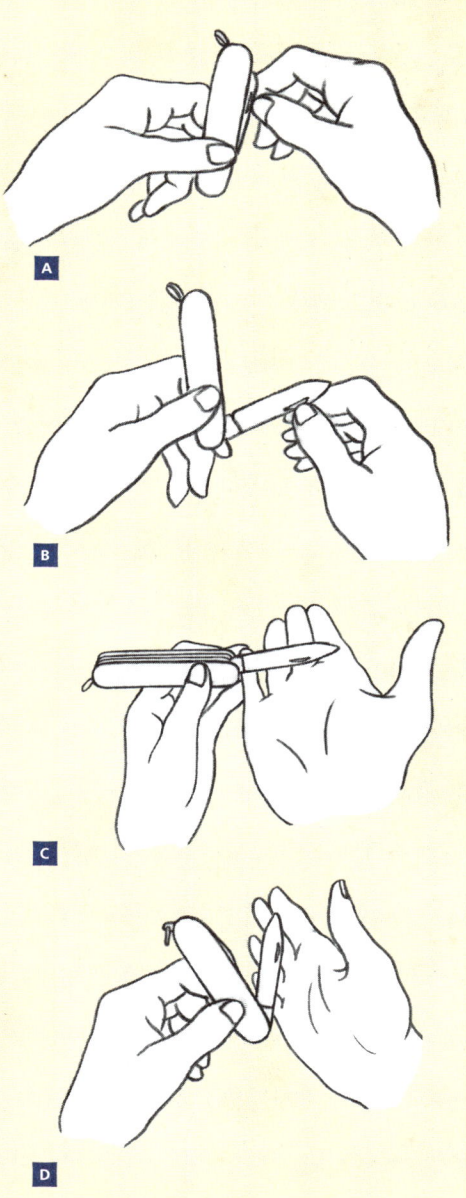 **A** *Du musst die Klinge so weit herausziehen, wie es geht – erst, wenn du hörst, dass sie eingerastet ist, kannst du damit arbeiten.* **B** *Um das Messer zu schließen, drückst du mit den Fingern gegen die stumpfe Seite der Klinge.* **C** *Wenn sie im rechten Winkel zum Griff steht, schnappt sie nach innen. Dabei musst du aufpassen, dass keine Finger eingeklemmt werden.* **D**

❖ *Auch ein Opinel öffnest du, indem du mit deinem Daumennagel die Klinge herausziehst. Beim Opinel rastet die Klinge nicht ein – du musst stattdessen mit dem Daumennagel den Ring zwischen Klinge und Griff verdrehen, bis die Klinge festsitzt.*

❖ *Schneide stets vom Körper weg. Auf diese Weise wirst du nicht verletzt, sollte ein Schnitt mal danebengehen.*

❖ *Verarbeite nur Zweige und Äste, die nicht zu trocken sind. Trockene Äste brechen sehr leicht.*

❖ *Meide die Äste der Kiefer: Darin ist viel klebriger Saft enthalten, den du nur sehr mühsam wieder von Händen und Messer bekommst.*

❖ *Zum Schnitzen besonders gut geeignet sind die Hölzer von Birke, Linde, Eiche, Ahorn, Buche, Apfel- und Kirschbäumen. Wie du diese Bäume erkennst, kannst du auf Seite 76 nachlesen.*

ein dünnes Stück Draht von etwa 50 cm Länge und zwei etwa 10 cm lange, daumendicke Stöcke. Schnitze in beide in der Mitte eine Einkerbung. Um diese Einkerbungen wickelst du jeweils ein Ende des Drahtes und knotest ihn fest. Die beiden Stöcke sind die Griffe deiner Drahtsäge. Um einen Ast am Baum durchzusägen, legst du den Draht über den Ast und hältst mit deinen Händen die Stöcke fest. Bewege damit nun den Draht vor und zurück. Auf diese Weise reibt sich der Draht so lange in das Holz, bis es durchgesägt ist.

Geschnitztes Grillgeschirr

Auch über einem Lagerfeuer (siehe Seite 214, »Feuer machen«) kannst du Würstchen, Fisch, Gemüse oder Marshmallows grillen und Brot toasten.

Das nötige Grillgeschirr schnitzt du dir einfach aus ein paar Ästen. Auf einem Grillspieß kannst du in Stücke geschnittenes Gemüse wie Tomaten, Pilze und Paprika nebeneinanderstecken und über dem offenen Feuer grillen. Um einen Grillspieß herzustellen, suchst du dir einen nicht zu kurzen Ast, entfernst die Rinde dort, wo dein Grillgut aufgespießt werden soll und spitzt das Ende an. Du kannst auch Brot daraufspießen und über der Glut toasten.

Gleich zwei Scheiben Brot haben auf einer doppelten Röstgabel Platz, die du aus einem Y-förmigen Ast schnitzt. Spitze die Enden an und stecke das Brot darauf, fertig ist der Grill-Toaster. Aus einem Y-Ast kannst du mit Alufolie übrigens auch ganz leicht eine Grillpfanne basteln: Du wickelst Alufolie um das »Y« herum und drückst sie fest zusammen.

Worauf du beim Grillbesteck achten musst: Damit Grillbesteck (und Essen!) nicht verbrennen, solltest du warten, bis die Flammen kleiner geworden sind und nur noch heiße Glut glimmt. Und: Für das geschnitzte Grillgeschirr solltest du keine trockenen Äste verwenden, lieber saftige grüne, die nicht so schnell Feuer fangen. Oder du weichst dein Grillbesteck vor dem Gebrauch in Wasser ein.

Dein Messer pflegen

Die wichtigste Form der Pflege ist das Schärfen. Am besten geht das mit einem feinen Wetzstein, den du mit Wasser für das Schärfen vorbereitest.

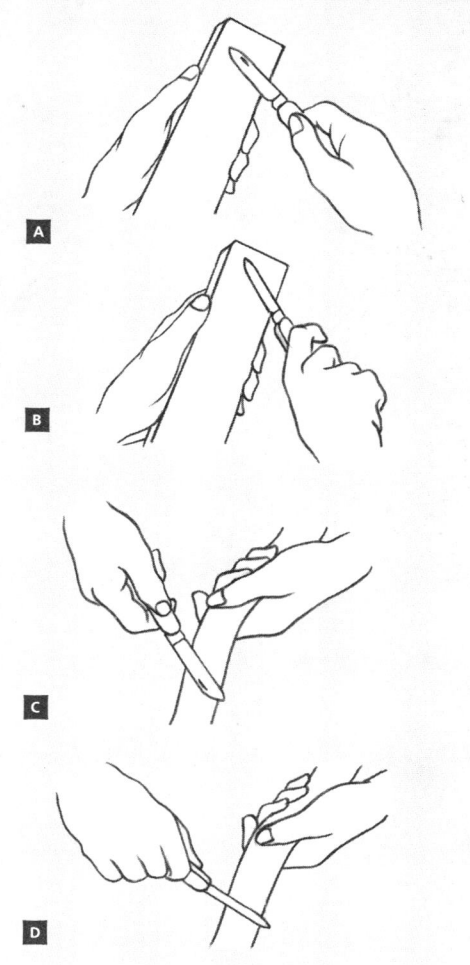

❖ *Drücke die Klinge des Messers gegen den Stein und ziehe sie im Winkel von etwa 20 Grad mit der stumpfen Seite voran über den Wetzstein.* **A** *Dann drehst du das Messer und ziehst das Messer in die andere Richtung.* **B**

❖ *Das wiederholst du in langsamen, gleichmäßigen Bewegungen, bis das Messer ganz scharf ist. Gute Probe: Du kannst mit der senkrecht auf deinen Daumennagel gestellten Klinge den Nagel stumpf kratzen.* **C**

❖ *Anschließend glättest du die Schneide, indem du sie mit demselben Verfahren an der Innenseite deines Gürtels abziehst.* **D**

Opinels aus Kohlenstoffstahl müssen häufiger geschärft werden als Schweizer Messer, allerdings kann man bei ihnen auch mit einer Tonscherbe oder der rauen Unterseite einer Steinguttasse gute Ergebnisse erzielen.

Wichtig: Ein wirklich scharfes Messer macht nicht nur mehr Spaß, sondern ist auch sicherer als ein stumpfes, so merkwürdig das zunächst klingen mag: Stumpfe Messer rutschen viel schneller ab – und das ist wirklich gefährlich.

Außerdem ist es wichtig, dein Taschenmesser gut sauber zu halten. Feiner Sand ist der Feind des Klapp- und Einrastmechanismus – harte Essenskrümel auch. Da ein Schweizer Messer aus rostfreiem Stahl gefertigt ist, kannst du es problemlos mit einer alten Zahnbürste unter fließendem Wasser säubern. Hartnäckigen Schmutz entfernt vielleicht dein Optiker in dem Ultraschallbad, mit dem er sonst auch versteckte Ecken und Winkel von Brillen wieder sauber macht.

Piraten von A bis Z

Abschreckung steckte hinter der Methode, Piraten in aller Öffentlichkeit hinzurichten: In Hamburg beispielsweise war es jahrhundertelang üblich, die aufgespießten Köpfe der enthaupteten Seeräuber auf der Elbinsel Grasbrook auszustellen – als Warnung für vorbeisegelnde Piraten. So erging es auch dem berühmten Klaus Störtebeker, der 1401 auf Grasbrook zusammen mit 69 weiteren seiner Vitalienbrüder (siehe V und Z) vor Publikum mit dem Schwert geköpft wurde.

Auch in England wurden getötete Piraten zur Schau gestellt: Nach der Hinrichtung durch den Strang kam die Leiche am Galgen in einen geschmiedeten Eisenkäfig und wurde mit Teer konserviert. So war das Skelett manchmal noch zwei Jahre lang zu sehen – als abschreckendes Beispiel.

Beruf: Seeräuber. Die Piraterie war nicht nur ein Zeitvertreib für gierige Halunken und gescheiterte Existenzen. Oft waren Piraten verkappte Angestellte der Regierung. Mit ihr hatten sie eine Abmachung, von der beide Seiten profitierten: Der Herrscher, wie die englische Königin Elisabeth I. im 16. Jahrhundert, erlaubte Piratenkapitänen, feind-

liche Schiffe zu kapern und zu plündern, ohne dafür bestraft zu werden.

Die Piraten hatten einen Freibrief (»Kaperbrief«) für ihre Beutezüge und wurden daher auch Freibeuter genannt. Dafür mussten die Piraten ihre Beute mit dem König teilen. Im Fall von Elisabeth I. war dies der Abenteurer Francis Drake. Seine Überfälle auf spanische Schiffe brachten der Königin viel Geld ein. Ähnliche Absprachen gab es bis zum 18. Jahrhundert auch zwischen den Königen und Piraten anderer europäischer Länder.

Cäsar wurde als 24-Jähriger Opfer von Piraten: Die im Altertum gefürchteten Seeräuber aus Kilikien in der heutigen Türkei hatten dem späteren römischen Herrscher im Jahr 78 v. Chr. aufgelauert, als dieser unterwegs nach Rhodos war. Die kilikischen Piraten entführten Julius Cäsar, hielten ihn auf einer kleinen Insel gefangen und forderten Lösegeld. Erst als das nach sechs Wochen eintraf, ließen die Piraten Cäsar frei.

Dampfschiffe ließen die »Herrscher der Meere« mit ihren Segelschiffen ziemlich alt aussehen: Als sie um 1850 erstmals auftauchten, konnten die Piraten mit dieser neuen Erfindung gar nichts anfangen. Aus Unwissenheit hielten sie anfangs die rauchenden Dampfer für brennende Segelschiffe. Gegen die schnelleren und vom Wind unabhängigen Dampfschiffe kamen die Seeräuber nicht an – sie machten immer weniger Beute und verloren im 19. Jahrhundert fürs Erste ihren Schrecken.

1856 wurde gar die Abschaffung der Freibeuter (siehe B) per Vertrag beschlossen: In der Pariser Deklaration über das Seerecht einigten sich fast alle großen See-mächte darauf, dass Schiffe nicht mehr im Regierungsauftrag angegriffen und geplündert werden durften.

Enterkämpfe waren eine besondere Spezialität der Piraten: Weil sie keine Chance gehabt hätten, die riesigen Handelsschiffe der Seemächte aus der Entfernung mit Kanonen anzugreifen, perfektionierten sie den Nahkampf. Die Strategie sah so aus: Mit ihren wendigen Kaperschiffen lauerten die Piraten ihren Opfern auf. Wenn die sich aus Furcht nicht sofort stellten, warfen die Piraten einen spitzen Enterhaken in die Takelage des Schiffes und kletterten an Bord. Dort richteten sie ein Blutbad an, bevor sie sich über die wertvolle Ladung hermachten.

Flaggen nutzten die Piraten als Drohgebärde: Die schwarzen, manchmal blutroten Fahnen sollten der Besatzung eines Handelsschiffes so viel Angst einjagen, dass sie die Ladung kampflos preisgaben. Schließlich zeigten die Flaggen, was den Seeleuten blühte, wenn sie sich mit den Piraten anlegten: Darauf waren Totenköpfe, Skelette oder gekreuzte Knochen zu sehen, außerdem Säbel und Schwerter.

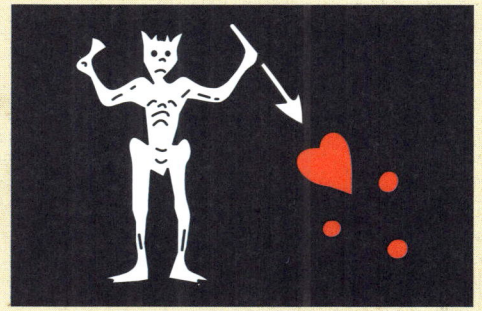

Die Flagge von Blackbeard, die auch Edward Low zunächst benutzte

Gegenwärtig treiben noch immer Piraten auf den Weltmeeren ihr Unwesen – so wie sie dies seit Beginn der Seefahrt tun. Die modernen Seeräuber fahren in kleinen Speed-Booten an größere Schiffe heran und entern diese schwer bewaffnet, wie ihre Vorgänger vor 400 Jahren. Selbst Macheten und Messer gehören noch zu ihrem Waffenarsenal, vor allem aber automatische Gewehre und Raketenwerfer.

Moderne Piraten haben es meist nicht auf die Schiffsladung selbst abgesehen, da Gold und Juwelen heutzutage kaum noch per Schiff transportiert werden. Stattdessen plündern sie den Inhalt von Schiffstresoren. Wertvoll sind für Piraten zudem Besatzungsmitglieder und die Passagiere auf Kreuzfahrtschiffen: Immer wieder werden sie als Geiseln genommen. Lösegeld lässt sich auch mit strategisch wichtiger Fracht wie Öl oder Panzern erpressen.

Als besonders gefährlich gelten heutzutage die Küsten vor Somalia und Nigeria in Afrika, der Indische Ozean zwischen Oman und Indien und die Gewässer rund um Indonesien. Im Jahr 2007 hat eine Organisation, die auf Kriminalität auf See spezialisiert ist – das sogenannte »International Maritime Bureau« –, weltweit 263 Überfälle durch Piraten registriert.

Deswegen hat die internationale Staatengemeinschaft gehandelt und geht gemeinsam, auch mit deutschen Soldaten, gegen Piraten vor der somalischen Küste vor.

Helden oder Verbrecher? Das kam im 17. und 18. Jahrhundert, dem sogenannten »Goldenen Zeitalter« der Piraterie, ganz auf die Perspektive an: Francis Drake zum Beispiel, der englische Seeräuberadmiral, der bis 1596 in der Karibik im Auftrag seiner Königin auf Beutetour war (siehe B), brachte es in seinem Heimatland zu viel Ruhm und Ehre, wurde von Königin Elisabeth I. für seine Taten gar zum Ritter geschlagen. Ein Nationalheld. Das sahen die von ihm ausgeraubten Spanier ganz anders – für sie war er ein blutrünstiger und eiskalter Dieb, der ihre Schiffe plünderte.

Igitt – wirst du dir denken, wenn du vom Lieblingsgetränk des karibischen Seeräuberkapitäns Edward Teach hörst, besser bekannt unter seinem Ganovennamen »Blackbeard« (Schwarzbart): Der auch bei seiner Mannschaft wegen seiner Wutausbrüche gefürchtete Anführer trank am liebsten einen feurigen Cocktail aus starkem Rum und körnigem Schießpulver.

Jamaika war einmal eine Hochburg der Seeräuber in der Karibik. Das war um 1660, als die Hafenstadt Port Royal ein Piratenstaat war. In der britischen Kolonie Jamaika hatte der Engländer Henry Morgan das Sagen. Er war der Anführer der Piraten, aber auch englischer Offizier, vom König wegen seiner Beutezüge gegen die Spanier zum Gouverneur geadelt. Nach seinem Tod 1688 sollte Morgan eigentlich ein Heldengrab in seiner Heimat erhalten. Doch eine Naturkatastrophe kam dazwischen: 1692 ging Port Royal sang- und klanglos unter. Im wahrsten Sinne des Wortes: Der Piratenstaat versank bei einem Tsunami im Meer – und mit ihm der Leichnam von Sir Henry Morgan.

Kanonen gehörten zur Grundausrüstung jedes Piratenschiffs. Mit einem Kanonenschuss auf den Mast des zu kapernden Schiffes begannen die Piraten ih-

ren Angriff. Um eine Kanone abzufeuern, musste das Rohr zunächst mit Schießpulver, Watte und der Kanonenkugel gestopft werden, bevor sie über eine Lunte gezündet wurde.

Low, Edward: So hieß im 18. Jahrhundert ein besonders grausamer Piratenkapitän, angeblich der schlimmste aller Zeiten. Diese Einschätzung stammt von Lows Piraten-Kollegen – selbst auch nicht gerade als Klosterschüler bekannt. Low, der von etwa 1720 an die Karibik unsicher machte, eilte ein schlimmer Ruf voraus. Ob all die Geschichten wahr sind, ist heute nicht mehr zu beurteilen.

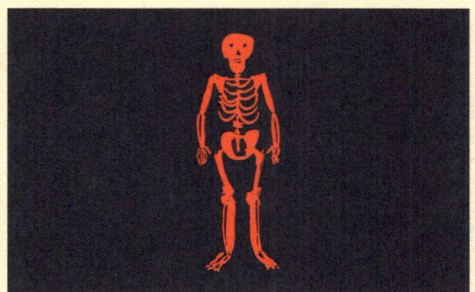

Flagge von Edward Low

Man erzählte sich, dass Low einmal einen Schiffskoch bei lebendigem Leib verbrannt habe, weil ihm das Essen nicht geschmeckt hat. Einem Gefangenen soll er das noch schlagende Herz aus der Brust gerissen und einen anderen gezwungen haben, es zu essen.

Madagaskar vor der Ostküste Afrikas war im 17. und 18. Jahrhundert ein strategisch wichtiges Versteck für Piraten, die im Indischen Ozean kaperten. Sie hatten es auf die mit wertvollen Waren beladenen Handelsschiffe der Ostindienfahrer abgesehen, die zwischen Europa und

Asien pendelten und dabei an der Insel vorbeikamen. Auf der Hinfahrt waren sie mit Gold und Silber beladen, auf dem Rückweg hatten sie Edelsteine, Porzellan und Gewürze an Bord.

Nichtschwimmer gab es auch unter Piraten, obwohl sie die meiste Zeit von Wasser umgeben waren und nicht selten über Bord gingen. Prominentestes Beispiel war im 17. Jahrhundert Bartolomeo Português, kurz: »Der Portugiese«, einer der gefährlichsten Piratenkapitäne der Karibik. Er konnte nicht schwimmen, doch das hielt ihn nicht davon ab, einmal als Gefangener der Spanier von einem Schiff zu fliehen – mit einem aus leeren Flaschen zusammengebauten Schwimmbrett.

Orientierung zu behalten ist gar nicht so einfach, schließlich gab es viele Namen für Piraten – je nachdem, woher sie kamen oder wo sie auf Beutetour gingen. Faustregel: Bukanier kaperten als Seeräuber in der Karibik, Korsaren kamen aus Frankreich und die muslimischen Barbaresken aus Nordafrika.

Piratenschätze soll es angeblich noch immer geben, irgendwo vergraben auf kleinen Inseln in der Karibik. Das zumindest vermuten heutige Schatzsucher. Befeuert werden ihre Hoffnungen durch Legenden wie die vom Piraten Edward Davis, der seinen riesigen Goldschatz – über 730 Barren – auf der Kokosinsel vergraben haben soll. Ob's stimmt, weiß niemand. Der Schatz wurde bislang nicht gefunden. Doch Davis soll stets gut bei Kasse gewesen sein. Als Piraten-Ruheständler auf Jamaika sei er immer wieder mal verreist und mit viel Geld zurückgekehrt, heißt es. Das Geheimnis seiner

Geldquelle nahm er mit, als er 1702 spurlos verschwand.

Qualm als Furcht einflößenden Kopfschmuck benutzte der berühmt-berüchtigte Seeräuberkapitän »Blackbeard«. Bevor er sich mit mehreren Pistolen und Dolch bewaffnet ins Gemetzel stürzte, steckte er sich brennende Lunten unter den Hut. Das sollte seine Gegner einschüchtern. Überhaupt hatte der jähzornige Blackbeard ein paar ziemlich schräge Macken – von einer weiteren erfährst du, wenn du unter dem Buchstaben **I** nachliest.

Robinson Crusoe gab es tatsächlich – und er war Pirat. Allerdings hatte er einen anderen Namen: Alexander Selkirk. Der Schotte arbeitete im Jahr 1704 auf einem Piratenschiff, bis er sich mit den anderen Matrosen zerstritt. Auf hoher See – die Mannschaft war gerade im Südpazifik unterwegs – hielt er es nicht mehr aus: Der 28-Jährige bat den Kapitän, ihn auf einer einsamen Insel auszusetzen. So geschah es.
Die Insel hieß damals Más à Tierra und war etwa 650 Kilometer von der chilenischen Küste entfernt. Dort gab es wilde Katzen, Ziegen und Schweine – aber keine Menschen. Hier lebte Selkirk über vier Jahre lang, bis er 1709 gerettet wurde.
Seine Geschichte inspirierte den englischen Schriftsteller Daniel Defoe zu dem Abenteuerroman »Robinson Crusoe«. Crusoe musste länger auf seine Rettung warten: Er war 28 Jahre auf der Insel, allerdings anders als Selkirk nicht allein – er hatte »Freitag« zum Gefährten. Die chilenische Insel wurde inzwischen nach dem berühmten Roman benannt: Seit 1966 heißt sie Robinson-Crusoe-Insel.

Schmerzensgeld bekamen Piraten, deren Körperteile im Kampf so schwer verletzt worden waren, dass sie amputiert werden mussten. Für den Verlust erhielten sie eine Entschädigung, wenn die Beute unter allen Besatzungsmitgliedern aufgeteilt wurde, so wie dies bei den Piraten üblich war.
Die Höhe des Schmerzensgeldes war exakt geregelt, je nach Schwere der Wunde: Für einen verletzten Finger gab es 100 Piaster (so hieß eine nicht nur in Spanien und Lateinamerika verbreitete spanische Münze), dasselbe galt für Auge, Ohr und eine Hand. Wer im Kampf ein Bein verlor, erhielt 600 Piaster oder 1500 Piaster, wenn beide Beine abgetrennt wurden. Die mit 1800 Piastern höchste Entschädigung erhielten Piraten, denen beide Hände abgehackt worden waren. Von dieser Regelung berichtet zumindest eine Piratenchronik aus dem 17. Jahrhundert.

Tricks hatten die Seeräuber drauf, um ihre Opfer zu täuschen – so segelten sie manchmal unter falscher Flagge, damit die Kapitäne der Handelsschiffe keinen Verdacht schöpften. Erst in letzter Minute wurde die Angst einflößende Piratenflagge gehisst, wenig später enterten die Seeräuber bereits das Schiff.

Ungehorsam wurde hart bestraft: Wenn sich Piraten nicht an die Regeln an Bord hielten, drohte ihnen die »neunschwänzige Katze«. Das war eine besonders schmerzhafte Peitsche mit neun Schnüren, an deren Enden jeweils ein Knoten war. Damit wurden die Übeltäter halbnackt, mit voller Wucht und vor versammelter Mannschaft gezüchtigt. Davon zeugte wochenlang ein blutig zerkratzter Rücken. Um Entzündungen vorzubeugen,

wurden die Wunden nach den Prügeln mit Salz und Essig behandelt, was höllisch schmerzte.

Auf Feigheit stand eine noch schlimmere Strafe: Wer sich vor dem Kampf drücken wollte, wurde aus der Gemeinschaft ausgeschlossen. Bei der nächstbesten Gelegenheit wurde er auf einer einsamen Insel ausgesetzt.

Vitalienbrüder kaperten im 14. und 15. Jahrhundert in der Nord- und Ostsee. Ihr Name bezieht sich auf den Ausdruck »Viktualien«, so nannte man früher Lebensmittel. Damit versorgten sie ab 1389 im Auftrag König Albrechts von Schweden drei Jahre lang die von der dänischen Königin Margarethe belagerte Hauptstadt Stockholm.

In den Jahren danach wurden sie »Likedeeler« (Gleichteiler) genannt, weil sie ihre Beute stets untereinander aufteilten. Sie plünderten die Handelsschiffe der deutschen Hansestädte. Doch die setzten sich mit einer eigenen Streitmacht zur Wehr, fast alle Vitalienbrüder wurden hingerichtet. Zu den bekanntesten Mitgliedern gehörten Klaus Störtebeker und Godeke Michels.

Waffen trugen Seeräuber gleich mehrfach am Gürtel, wenn sie ein Schiff stürmten. Denn mit jeder Pistole konnten sie bloß einen Schuss abgeben, dann mussten sie nachladen. Daher waren sie vor allem für den Nahkampf an Deck gerüstet: Messer und Musketen waren leicht und kurz, um auch im Getümmel damit kämpfen zu können. Das galt auch für Dolch und Beil, mit denen Piraten die Besatzung niedermetzelten. Steinschlosspistolen, die aufwendig geladen wurden, hatten meist einen Knauf aus Metall, den die Piraten

nach dem ersten Schuss als Schlagstock benutzten.

X Y ungelöst – in diese Kategorie gehört das Leben des berühmten Seeräubers Klaus Störtebeker. Zumindest seine Personalien: Während seine Taten als Anführer der Vitalienbrüder (siehe **V**) überliefert sind, gibt es noch viele ungeklärte Fragen. Sein richtiger Name ist unbekannt – Störtebeker (»Sturzbecher«) spielt auf seine Angewohnheit an, einen riesigen Becher mit Alkohol in einem Zug zu leeren –, ebenso seine Herkunft. Sehr wahrscheinlich stammt er von der Insel Rügen, gewiss ist dies aber nicht. Auch Wismar, Hamburg und friesische Orte könnten seine Heimat gewesen sein. Auf Rügen soll Störtebeker auch seinen legendären Piratenschatz versteckt haben, der noch immer nicht gefunden ist.

Zauberei war bei Störtebekers letzter Tat vermutlich nicht im Spiel: Bevor der Piratenchef im Oktober 1401 auf Grasbrook vor Hamburg hingerichtet wurde (siehe **A**), habe er, so geht eine alte Geschichte, mit dem Bürgermeister der Stadt einen Handel ausgekungelt, um seine Mannschaft zu retten. Demnach sollten all diejenigen überleben, an denen Störtebeker nach seiner Enthauptung noch vorübergehen konnte. Ohne Kopf schaffte er elf Männer.

Vielleicht ist dies nur eine Legende. Vielleicht aber auch bloß ein noch immer bekanntes medizinisches Phänomen: Auch nach dem Tod eines Menschen können seine Nerven noch eine Zeit lang funktionieren. Störtebekers Leuten hat dies übrigens nichts genutzt: Sie wurden trotzdem hingerichtet.

⇥ Volle Fahrt voraus: Dein Dampfboot ⇤

Du brauchst

- ein Stück leichtes Holz (besonders gut geeignet ist Balsaholz): gibt's im Baumarkt
- ein Stück weiche Kupfer- oder Messingröhre (Länge ca. 35 cm, Durchmesser ca. 5 mm): gibt's im Baumarkt, oder als Rest in einem Heizungs- und Sanitärbetrieb
- einen Plastikschlauch, den man »spack« über die Röhre ziehen kann: gibt's überall dort, wo Zubehör für Aquarien verkauft wird
- ein Rundholz (Durchmesser ca. 1 cm – z. B. der Stiel eines Kochlöffels)
- ein Teelicht
- Feuerzeug/Streichhölzer
- Klebstoff
- Zahnstocher
- Papier
- Stifte
- eine erwachsene Hilfskraft

So geht's

1 Zuerst musst du die weiche Metallröhre zu einer Spirale formen. Dafür benutzt du am besten einen runden Holzstab als Hilfsmittel, um den du die Metallröhre vorsichtig herumbiegst, sodass keine Dellen entstehen. Denk daran, dass du die Spiralen nicht am Anfang der Röhre brauchst, sondern eher in der Mitte. Behalte also an jedem Ende etwa 10 cm übrig, die du nicht um das Rundholz herum drehst. Jetzt sollte deine Metallröhre so aussehen: Zwei in etwa gleich große Enden führen zu vier Windungen in der Mitte. Vielleicht hast du

schon mal einen Tauchsieder gesehen, mit dem früher Wasser zum Kochen gebracht wurde – deine gebogene Metallröhre sieht so ähnlich aus.

2 Mach dir aus Papier eine Schablone für den Rumpf (Blatt knicken, halbe Bootsform aufzeichnen und ausschneiden – so wird sie garantiert symmetrisch), übertrage den Umriss und säge den Bootskörper aus. Dünnes Balsaholz kannst du sogar mit dem Messer schneiden! Bei dünnem Holz klebst du am besten zwei Rümpfe aufeinander, damit das Boot auch hoch genug wird.

3 Jetzt kommt deine erwachsene Hilfskraft zum Einsatz: Bitte sie, dir schräg zwei Löcher in das Holz zu bohren, sodass die beiden Enden der Metallröhre durchpassen.

4 Zeit, das Boot auszuschmücken: Bastele dir aus Zahnstocher und Papier eine kleine Flagge, die du hinten auf das Holz klebst. Wenn du magst, kannst du die Flagge in den Farben deines Lieblingslandes bemalen.

5 Setze die Spirale ein.

6 Klebe das Teelicht auf das Holz, direkt unter die Spirale. Befestige den Plastikschlauch an einem Ende der Metallröhre und setze das Boot ins Wasser. Nimm das Ende des Plastikschlauchs in den Mund und sauge Wasser in die Spirale. Wenn sie voll ist, ziehst du den Plastikschlauch ab – ohne das Boot aus dem Wasser zu nehmen, das ist wichtig!

7 Zünde die Kerze an. Nach einiger Zeit tuckert dein Dampfboot los. In der Ba-

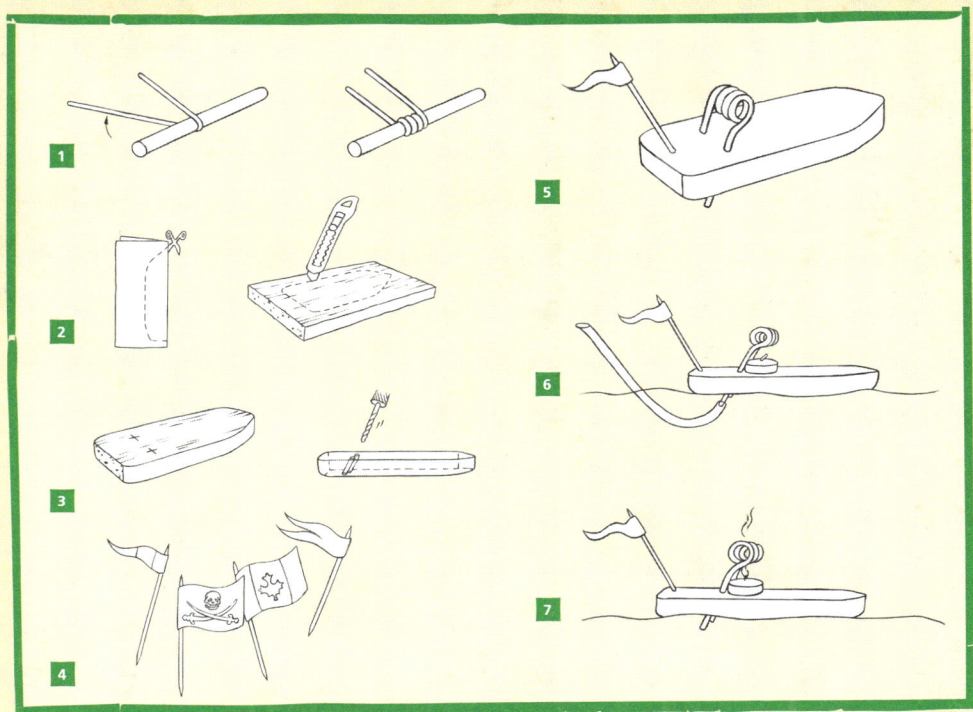

dewanne herrschen ideale Bedingungen: kein Wellengang und kein Wind, der das Teelicht auspusten könnte.

Was passiert?

Durch die Hitze der Kerze wird das Wasser in der Metallröhre erhitzt und langsam zum Kochen gebracht. Die Rundungen der Röhre beschleunigen diesen Vorgang, weil sie wie Heizspiralen wirken. Das kochende Wasser in den Röhren wird zu Dampf. Dieser Dampf nimmt deutlich mehr Raum ein als vorher das Wasser. Um sich Platz zu verschaffen, verdrängt er das Wasser aus dem unteren Teil der Röhre – durch diese Rückstoßkraft fährt das Boot. Und weil immer wieder neu kaltes Wasser eingesaugt und zu Dampf verwandelt wird,

fährt das Boot, solange das Teelicht brennt (und die Badewanne Wasser führt).

Seefahrer-Tipp

Auf internationalen Gewässern gilt die Regel, dass ein Segelschiff immer die Flagge seines Heimatlandes am Heck gehisst hat, also am hinteren Teil des Schiffes. Außerdem flattert auf der Steuerbordseite (das ist in Fahrtrichtung rechts) stets noch eine kleine Fahne im Wind – in den Farben des Landes, in dem man sich gerade befindet. Als Gruß und aus Respekt den Gastgebern gegenüber. Ein Segelboot aus Hamburg beispielsweise, das in Italien unterwegs ist, hat die schwarz-rot-goldene Flagge gehisst, aber auch eine grün-weiß-rote, für Italien.

ᚦ Murmel-Golf ᚦ

Murmeln sind steinalt, im wahrsten Sinne des Wortes: Mit Kugeln aus Stein oder Lehm haben Kinder schon vor 5000 Jahren gespielt – die vermutlich ältesten Klicker der Welt wurden in einem ägyptischen Grab aus der Zeit um 3000 v. Chr. gefunden.

Auch Kaiser Augustus, der römische Herrscher, soll immer ein paar Märbel in der Tasche gehabt haben. Und wenn er Kinder auf der Straße beim Murmelspiel sah, konnte der mächtige Herrscher nicht widerstehen – und schnippte eine Runde mit.

Die bekannteste Spielform: Einfach mit der Ferse eine flache Kuhle in den Erdboden drücken und aus ein paar Schritten Entfernung abwechselnd die Murmeln einlochen. Wer als Erster all seine Klicker ins Loch schnippen konnte, hat gewonnen. Es gibt unzählige Murmelspiele, weil jeder sich leicht ein eigenes Spiel ausdenken kann.

Meist wird draußen geklickert, mit dieser einfachsten Version von Mini-Golf geht es auch drinnen. Das Spiel heißt »Neun Löcher«, nach den neun Löchern beim Golfspiel.

Du brauchst
➥ einen Schuhkarton
➥ Bleistift, schwarzen Stift
➥ Schere
➥ Murmeln

So geht's

1 Entferne den Deckel des Schuhkartons und lege ihn beiseite, für dieses Spiel benötigst du bloß den tiefen Kasten. Stelle ihn verkehrt herum vor dich auf den Tisch, der Boden mit der geschlossenen Seite zeigt dabei nach oben und die lange Seite zu dir. Ein Schuhkarton ist meist etwa 28,5 cm lang – entlang dieser Strecke entstehen die neun Lö-

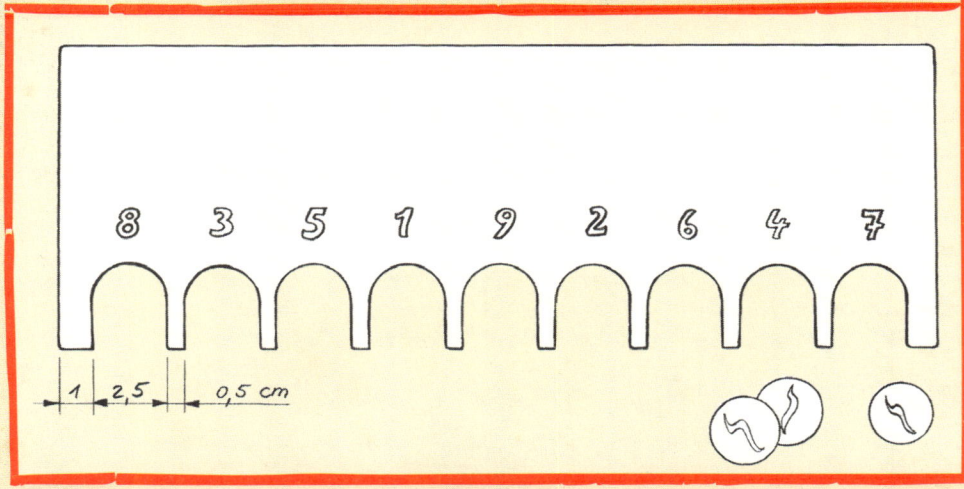

cher, und zwar in der Form von Brückenbögen.

2 Zeichne sie mit dem Bleistift vor. Rechts und links lässt du jeweils etwa einen Zentimeter Abstand zum Rand. Jeder der neun Bögen ist 2,5 cm breit, dazwischen ist ein Abstand von je 0,5 cm. Vergiss nicht, oberhalb der Bögen ein Nummernschild einzuzeichnen.

3 Schneide die Bogengänge mit der Schere aus. Du nummerierst sie mit einem schwarzen Stift: 8–3–5–1–9–2–6–4–7. Deine Mini-Minigolfanlage für die Wohnung ist fertig.

4 Ziel des Spiels »Neun Löcher« ist es, die Murmeln in der richtigen Reihenfolge durch die Bogengänge zu schießen. Also als Erstes durch das Loch mit der Nummer 1, dann 2, 3 usw. Jeder Spieler tritt mit einer Handvoll Murmeln an. Am besten, ihr legt euch mit etwas Abstand zum Schuhkarton auf den Boden und schnippt die Murmeln mit Zeige- oder Mittelfinger vom Daumen weg.

5 Kullert eine Murmel in der falschen Reihenfolge durch ein Loch, so zählt dies nicht, der andere Spieler ist nun dran. Trifft ein Spieler ins richtige Loch, darf er noch einmal schießen. Wer als Erstes seine Murmeln durch alle neun Löcher schnippen konnte, hat gewonnen.

Das Spiel kannst du auch abwandeln: Dabei ist jeder Mitspieler acht Mal am Start und versucht, die meisten Punkte zu erzielen. Für jede versenkte Murmel gibt es so viele Punkte wie die Zahl über dem jeweiligen Bogen. Aufgepasst: Die Bögen sind so nummeriert, dass neben den hohen Zahlen immer die niedrigen liegen – wer zu ehrgeizig ist (oder nicht ganz genau zielt), hat das Nachsehen.

Wusstest Du's?

- *Murmel: leitet sich ursprünglich von Marmor ab, dem Material, aus dem die ersten Spielmurmeln geschliffen wurden. Im Deutschen kennt man für die bunten Klicker fast 200 verschiedene Ausdrücke, wobei sich viele auf das jeweilige Material, die Herstellungsweise oder das Aussehen beziehen.*
- *Katzenaugen: Murmeln mit Farbschlieren*
- *Chinas: Porzellanmurmeln*
- *Glaser: Murmeln aus Glas*
- *Tonschieter: einfache Murmeln aus Lehm bzw. Ton*

Murmeln werden übrigens so schön rund, indem man sie zusammen mit anderen Murmel-Rohlingen viele Stunden in einer Trommel dreht – dann schleifen und polieren sie sich gegenseitig.

Überleben in der Wildnis:
Was man in der Natur essen kann

Wer in der Natur überleben will, muss zuallererst für Wasser sorgen (siehe Seite 10) – ohne Nahrung lässt es sich nämlich verblüffend lange aushalten. Aber natürlich ist es gut zu wissen, was du in und aus der Natur alles essen kannst: für Notfälle oder einfach nur, um Abwechslung in euren Speiseplan zu Hause zu bringen. Wie du dafür Bäume bestimmst, erfährst du ab Seite 76.

❖ **Baumknospen** (besonders von Ahorn, Birke und Buche) schmecken im Frühling am besten.

❖ Junge **Brennnesseln** (mit Handschuhen ernten): Geerntet werden kann von Mai bis September. Am besten die 4 bis 6 oberen Blätter und Triebspitzen nehmen, durch Kochen in einer Brühe aus Wasser, Salz/Pfeffer und Pflanzenöl wird eine Suppe draus (Brennhaare werden dabei zerstört).

❖ **Sauerampfer** ist bis September essbar und schmeckt angenehm säuerlich. Auch eine tolle Ergänzung zu Salat!

❖ **Löwenzahnwurzeln** müssen gewaschen, abgeschabt und kurz gekocht werden. Löwenzahnblätter und die gelben Blüten können so in den Salat wandern.

❖ Im Frühjahr: **Bärlauch** (wächst auf feuchten Hängen am Waldrand): An jedem Blatt vorher schnuppern: Riecht es wie Knoblauch, kannst du es essen; ansonsten lieber die Finger davon lassen, weil Bärlauch leicht mit Maiglöckchen verwechselt wird, und Maiglöckchen sind giftig. Bärlauch kann roh wie Salat gegessen werden.

❖ **Walderdbeeren, Waldhimbeeren, Brombeeren**: In Deutschland wird inzwischen allenthalben vor den Eiern des Fuchsbandwurmes gewarnt – deswegen, meinen die Bedenkenträger, solle man Beeren, die im Wald in Bodennähe wachsen, nicht roh essen, sondern gut abwaschen und mit Wasser kurz aufkochen. Aber das, so der Molekularbiologe Klaus Brehm von der Universität Würzburg, gehört ins Reich der Legenden: Das Streicheln befallener Hunde ist gefährlicher. Also nicht bange machen lassen! Wilde Beeren schmecken einfach am besten.

❖ **Pilze**: nur bekannte! Hier mahnt dieses Buch ausnahmsweise zur Vorsicht – das ist wirklich etwas für Experten.

❖ **Edelkastanie** (Esskastanie, Maroni) – nicht zu verwechseln mit der Rosskastanie, aus der Kastanienmännchen gebaut werden und die giftig ist. Um die Maroni zu schälen, müssen sie an der flachen Seite kreuzweise eingeschnitten und zehn Minuten gekocht oder in der Glut/im Ofen gebacken werden. Nachdem sie abgekühlt sind, lässt sich die Schale leicht lösen.

❖ **Walnüsse** und **Haselnüsse**

❖ **Rohes Gras** ist am unteren saftigen Ende essbar. Runde Gräser kann man vorsichtig herausziehen – das weiße untere Ende schmeckt süß.

❖ **Gänseblümchen** (ganze Pflanze ist essbar, abgesehen von der Wurzel): Zusammen mit Löwenzahn als Salat essen, oder mit Wasser, Salz/Pfeffer und etwas Öl eine Kräutersuppe daraus kochen.

- **Bucheckern** (nicht zu viele roh essen – lieber rösten, damit die Blausäure abgebaut wird): Gibt's nicht nur im Herbst, sondern auch im Winter unterm Schnee (in Depots der Eichhörnchen; sie legen mehr an, als sie brauchen).

- Die **Rinde** von Ahorn, Pappel, Espe und Buche ist essbar (am besten von jungen Bäumen; nur die grüne Außenrinde und die weiße innerste Rinde essen). Kiefernrinde ist sogar sehr gesund, da sie Vitamin C enthält (nur die Innenrinde essen). Auch die Innenrinde von Weiden, Fichten und Tannen kann roh gegessen werden (Vorsicht vor Eiben: Sie sind giftig!). Als Delikatesse gilt die gelbe Innenrinde von jungen Birken: In Streifen geschnitten und gekocht ist sie sehr nahrhaft.
- Junge **Spitzen von Kiefern, Tannen und Fichten**
- Tee aus **Tannennadeln**: Ein paar Hände voll Tannennadeln sammeln und in der Sonne trocknen lassen; kochendes Wasser drübergießen.
- **Samen aus den Zapfen von Tannen und Kiefern**: Zapfen über dem Feuer trocknen und so die Samen herauslösen.
- **Roggen- und Weizenkörner** kann man roh essen.
- Junge **Ahornblätter**: Klein schneiden, aufkochen und nach jeweils fünf Minuten durch neue ersetzen – das Wasser wird mit der Zeit immer süßer. Mit der entsprechenden Ausdauer könntest du es zu Ahornsirup einkochen.
- **Distel**: Der Fruchtknoten im Blütenknopf kann roh gegessen werden; er schmeckt nussähnlich und ist sehr nahrhaft.
- Alle **Vogeleier** sind genießbar, wenn sie frisch gelegt wurden. Frischetest: Eier auf glatter Fläche wie einen Kreisel drehen; drehen sie sich schnell, befinden sich bereits Küken drin; drehen sie sich kaum oder nur sehr träge, sind sie frisch. Frische Eier erkennt man auch daran, dass sie in einem Topf mit Wasser am Boden bleiben und nicht aufsteigen. Eier am besten kochen oder braten.

- **Reifen Mais** kannst du roh essen oder über dem Feuer rösten.
- Aus **Pfefferminzblättern, Kamille** oder **Birkenblättern** kannst du Tee kochen.
- **Sonnenblumenkerne** sind nahrhaft, lecker und gesund.
- Mag ekelig erscheinen, kann aber gefahrlos verzehrt werden: Protein in Gestalt von **Regenwürmern, Schnecken, Spinnen**, gerösteten **Heuschrecken** und **Maikäfern** (ohne Flügel).
- Ohne Angelschein darf man in Deutschland nicht angeln. Was allerdings ohne Angelschein erlaubt ist: **Fische** mit der bloßen Hand zu fangen. Dies braucht aber viel Übung und Geduld: Du musst einen stehenden Fisch im Wasser beobachten, die Hand ganz langsam auf ihn zubewegen und im richtigen Moment zuschnappen.

Erste Hilfe

Das kleine Einmaleins für Notfallhelfer

☞ Ruhe bewahren! In vielen Fällen ist das bereits die erste Hilfsmaßnahme: Du beruhigst den Verletzten, indem du dich besonnen um ihn kümmerst und mit gefasster Stimme zu ihm sprichst. Dadurch zeigst du ihm, dass du die Lage unter Kontrolle hast. Bloß nicht panisch werden. Denn deine Panik überträgt sich auf den Verletzten, und das ist das Letzte, was er braucht. Womöglich steht er durch den Unfall bereits unter Schock – und das ist schlimmer als die meisten äußeren Verletzungen (siehe unten). Zugegeben: Ruhe zu bewahren und angesichts von Blut und Schmerzensschreien nicht den Kopf zu verlieren ist leichter gesagt als getan. Da müssen selbst die härtesten Kerle erst mal schlucken. Aber nur so kannst du wirklich helfen.

☞ Hilfe holen! Deine Erstversorgung ist sehr wichtig und kann das Leben eines Menschen retten, aber sie ersetzt keinen Arzt. Wähle daher die Notrufnummer 112, nachdem du dir ein Bild von der Lage gemacht hast – damit du der Rettungsleitstelle auch sagen kannst, was dem Verletzten fehlt beziehungsweise was für eine Art der Verletzung er hat. Erst dann hilfst du ihm weiter.

☞ Richtige Informationen geben! Für die korrekte Notfallmeldung merkst du dir die fünf Ws: **Wo** ist etwas passiert? **Was** ist passiert? **Wie viele** Verletzte gibt es? **Welche** Verletzungen haben sie? **Warten** auf Rückfragen.

☞ Sprich mit dem Verletzten! Frage ihn, wo es ihm wehtut, wie er heißt, und erwähne seinen Namen immer wieder, wenn du mit ihm redest. Zur Beruhigung sagst du »Keine Angst, ein Arzt ist schon unterwegs« oder »Keine Sorge, es wird alles wieder gut.« Seine Wunden erwähnst du nicht, lenke den Verletzten lieber ab.

Fünferschritt

Wenn du Erste Hilfe leistest, gehst du systematisch vor und erledigst das Wichtigste zuerst. Das ist die Reihenfolge:

1 Du bringst den Verletzten aus der Gefahrenzone.
2 Du prüfst, ob der Verletzte noch bei Bewusstsein ist.
3 Du kontrollierst Atmung und Kreislauf.
4 Du versorgst Blutungen.
5 Du kümmerst dich um den Verletzten unter Schock.

1. Du bringst den Verletzten aus der Gefahrenzone

Manchmal ist es für den Verletzten zu gefährlich, an Ort und Stelle zu bleiben: bei einem Feuer oder Autounfall zum Beispiel, oder bei Gefahr durch ein einstürzendes Haus. Dann musst du ihn vorsichtig in Sicherheit bringen. Bei Leichtverletzten legst du ihren Arm um deine Schulter und

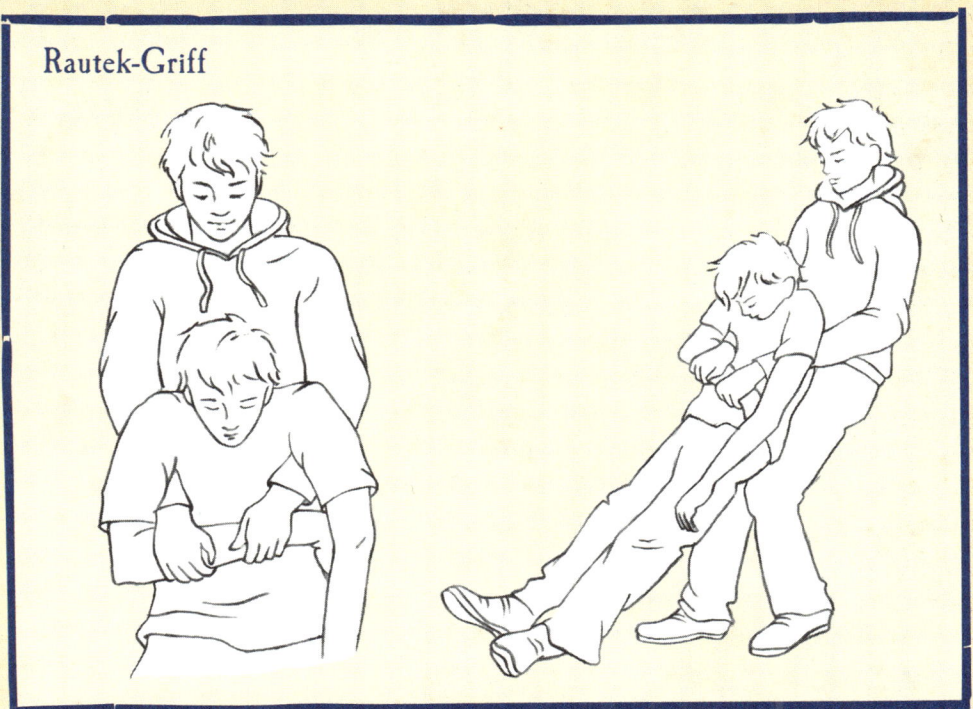

Rautek-Griff

stützt sie. Wenn der Verletzte nicht mehr gehen kann, legst du einen Arm auf seine Brust, fasst mit deinen Armen unter seinen Achseln hindurch den Arm und ziehst ihn vorsichtig aus der Gefahrenzone (Rautek-Griff). Bedenke jedoch, dass du den Verletzten nur bewegen darfst, wenn es unbedingt nötig ist. Wenn du innere Verletzungen befürchtest, solltest du ihn auf keinen Fall bewegen.

2. Du prüfst, ob der Verletzte noch bei Bewusstsein ist

Es ist wichtig, als Erstes zu kontrollieren, ob der Verletzte noch bei Bewusstsein ist. Das findest du heraus, indem du den Verletzten ansprichst und leicht an den Schultern schüttelst. Wenn er nicht reagiert, ist

er bewusstlos. Dann besteht Lebensgefahr, denn der Verletzte könnte an seiner Zunge, Blut oder Erbrochenem ersticken. Öffne seinen Mund und entferne alles, was dort nicht hineingehört. Ist seine Zunge nach hinten in den Rachen gerutscht, klappe sie nach vorne zurück.

3. Du kontrollierst Atmung und Kreislauf

Nachdem du so die Atemwege freigemacht hast, überprüfst du, ob der Verletzte noch atmet. Der Verletzte muss dafür auf dem Rücken liegen: Neige seinen Kopf mit der einen Hand vorsichtig nach hinten in den Nacken, mit der anderen hebst du sein Kinn leicht an. Halte den Kopf in dieser Position.

Die Atmung kannst du auf drei verschiedene Arten kontrollieren: durch Sehen, Hören und Fühlen:

☞ Was du **sehen** kannst: Ob sich der Brustkorb hebt und senkt. Das kannst du auch spüren, wenn du deine Hand leicht auf den Bauch des Verletzten legst.
☞ Was du **hören** kannst: Ob der Verletzte Atemgeräusche von sich gibt. Dafür musst du dein Ohr möglichst dicht an den Mund und die Nase des Verletzten halten.
☞ Was du **fühlen** kannst: Ob der Verletzte einen Luftstrom ausstößt. Halte dafür deine Wange unter seine Nase.

Wenn der Verletzte normal atmet, bringst du ihn in die stabile Seitenlage (siehe Kas-

Mund-zu-Mund-Beatmung

1 *Lege den Verletzten flach auf den Rücken.*
2 *Neige seinen Kopf mit der einen Hand vorsichtig nach hinten in den Nacken, mit der anderen hebst du sein Kinn leicht an.*
3 *Öffne mit der einen Hand leicht den Mund des Verletzten und drücke mit Daumen und Zeigefinger der anderen Hand seine Nase zu, damit keine Luft durch die Nase entweichen kann.*
4 *Lege deine Lippen ganz dicht auf den Mund des Verletzten und blase etwa eine Sekunde lang kräftig Luft hinein.*
5 *Hebe deinen Kopf, um Luft zu schnappen und kontrolliere dabei, ob sich der Brustkorb des Verletzten hebt und wieder senkt.*
6 *Wiederhole die Beatmung noch viermal.*

ten). Atmet er schwer, öffnest du seinen Mund und entfernst alles, was dort nicht hineingehört. Außerdem stellst du sicher, dass seine Zunge nicht in den Rachen gerutscht ist. Bekommt der Verletzte schwer Luft, lockerst du seine Kleidung, indem du die oberen Hemdknöpfe öffnest und Halstuch oder Krawatte abnimmst. Außerdem richtest du seinen Oberkörper auf und lehnst ihn sitzend gegen einen Baum oder einen anderen festen Gegenstand in der Nähe. Wenn du beim Verletzten keine Atmung feststellst, muss er beatmet werden (siehe Kasten).

In allen Fällen wählst du den Notruf, bevor du dem Verletzten weiter hilfst. Kontrolliere auch den Puls, am besten an der Halsschlagader: Dafür drückst du mit deinem Zeige- und Mittelfinger leicht gegen den Hals, und zwar etwa drei Fingerbreit rechts oder links vom Kehlkopf entfernt. Suche die Stelle an deinem eigenen Körper, dann findest du sie im Notfall leichter. Kannst du keinen Puls spüren, muss der Verletzte wiederbelebt werden – mithilfe der Herzdruckmassage (siehe Kasten) oder eines Defibrillators (siehe Kasten).

4. Du versorgst Blutungen

Wenn jemand nach einem Unfall stark blutet, besteht die Gefahr, dass er verblutet. Du versuchst daher, den Blutverlust durch Druck auf die Wunde zu stoppen. Und zwar mit einem Druckverband: Drücke dafür das Verbandmaterial direkt auf die Wunde, ohne sie vorher zu säubern. Hast du keinen Verband zur Hand, nimmst du ein Handtuch oder ein T-Shirt. Das Ganze verbindest du mit einer Mullbinde. Da-

Stabile Seitenlage

Einen Bewusstlosen, der atmet, bringst du in die stabile Seitenlage, damit er nicht ersticken kann. Blut oder Erbrochenes gelangt so nicht in die Atemwege, sondern fließt ab.

1 Nimm einen Arm des Bewusstlosen und lege ihn angewinkelt neben seinen Kopf, die Handinnenfläche zeigt dabei nach oben.

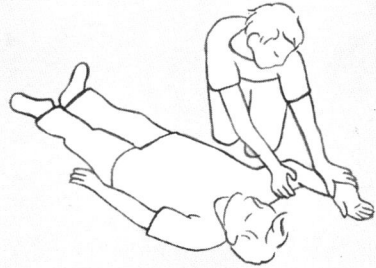

2 Ziehe den anderen Arm vorsichtig über seinen Brustkorb und lege den Handrücken auf die gegenüberliegende Wange.

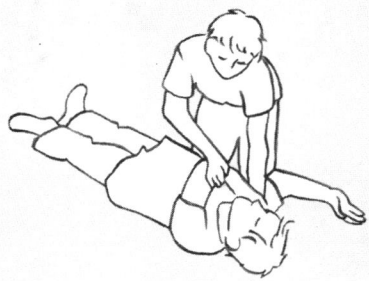

3 Beuge das Knie des Beines, das von dir weiter entfernt liegt, und ziehe den Ver-

letzten zu dir herüber. Das obere Bein soll im rechten Winkel zur Hüfte liegen. Mit der Hand, die an der Wange liegt, kannst du die Lage stabilisieren.

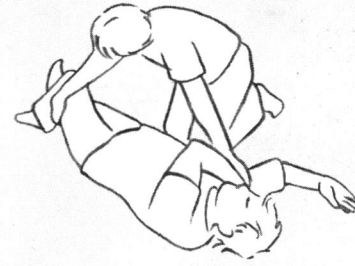

4 Überstrecke den Hals, indem du den Kopf des Verletzten vorsichtig nach hinten neigst. Öffne leicht seinen Mund.

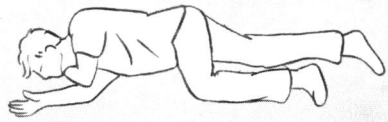

Die stabile Seitenlage so durchzuführen ist neu – und einfacher als die herkömmliche Art und Weise. Vielleicht haben deine Eltern noch die kompliziertere Version gelernt; wundere dich also nicht über ihre Handgriffe, wenn du mit ihnen übst. Dein Weg hat den Vorteil, dass du den Arm des Verletzten nicht mehr unter dem Körper durchschieben musst – was vor allem bei schweren Menschen gar nicht so leicht ist.

bei ist es wichtig, dass der Druck auf die Wunde nicht nachlässt. Während du den Verletzten behandelst, muss er sich hinlegen. Seine Beine solltest du auf einem höheren Stein oder einem Rucksack hochlagern, damit mehr Blut zum Kopf fließt. Ist die Verletzung am Arm, sollte dieser ebenfalls hochgehalten werden.

Herzdruckmassage

Wenn am Verletzten kein Puls mehr zu spüren ist, hat er einen Herzstillstand erlitten und muss dringend wiederbelebt (reanimiert) werden. Bis der Notarzt eintrifft, versuchen Ersthelfer, durch Herzdruckmassage den Kreislauf in Gang zu halten. Denn in dieser Situation zählt jede Minute.

Die Herzdruckmassage ist eine extrem wichtige Erste-Hilfe-Maßnahme, allerdings keine ganz einfache. Optimalerweise wendest du die Herzdruckmassage nur dann an, wenn du sie in einem Erste-Hilfe-Kurs gelernt und an einer Puppe geübt hast. Du darfst sie niemals aus Jux an einem Menschen ausprobieren. Für den Notfall hier die einzelnen Schritte einer Herzdruckmassage – vielleicht musst du sie ja sogar mal einem unkundigen Erwachsenen erklären, der dafür mehr Kraft hat als du. Denn ein starker Druck ist für eine erfolgreiche Herzdruckmassage sehr wichtig:

1 *Überprüfe zuerst, ob das Herz des Bewusstlosen schlägt.*

2 *Wenn nicht, suchst du den richtigen Druckpunkt für die Herzdruckmassage: Ertaste auf der Brust des Bewusstlosen das untere Ende des Brustbeins – das ist da, wo die beiden Rippenbögen zusammenlaufen. Von dort rutschst du zwei Querfingerbreit nach oben und landest beim richtigen Druckpunkt. Lege den Handballen deiner rechten Hand auf diesen Punkt und lege die andere Hand darauf.*

3 *Mit beiden Händen übereinander, drückst du nun mit den Handballen fest und relativ schnell auf die Brust des Patienten. Ist ein Erwachsener kollabiert, solltest du etwa 30 Mal ohne Unterbrechung drücken. Danach sollte er zweimal durch Mund-zu-Mund-Beatmung beatmet werden (siehe oben). Diese Aufgabe übernimmt am besten ein zweiter Ersthelfer, weil beides, die Beatmung und die Herzdruckmassage, für einen allein extrem schwierig ist.*
Wenn es keinen zweiten Helfer gibt, verzichte auf die Beatmung und stecke lieber deine ganze Kraft in die Herzdruckmassage – das hat sich als effektiver erwiesen. Es gibt allerdings eine Ausnahme: Sind Kinder kollabiert und atmen nicht mehr, müssen sie auf jeden Fall auch beatmet werden.

5. Du kümmerst dich um Verletzte unter Schock

Mit einem Schock ist nicht zu spaßen: Er kann dazu führen, dass der Blutkreislauf zusammenbricht – selbst wenn jemand nach einem Unfall äußerlich nicht stark verletzt ist. Das Gehirn wird dann nicht mit ausreichend Sauerstoff versorgt, das Opfer schwebt in Lebensgefahr.

Äußere Anzeichen sind bleiche Gesichtsfarbe, feuchtkalte Haut und Schweißperlen auf der Stirn. Versuche, den Verletz-

Defibrillator

Ein Defibrillator ist ein Elektroschock-gerät, mit dem nach einem Herzstill-stand das Herz durch einen gezielten Stromstoß wieder zum Schlagen ge-bracht werden kann. Es muss allerdings schnell gehen: Wird jemand nach einem Herzinfarkt bewusstlos und innerhalb der ersten Minuten mit einem Elekt-roschock behandelt, sind seine Überle-benschancen sehr groß. Danach sinken sie im Minutentakt. In vielen Groß-städten hängen inzwischen Defibrilla-toren in den U-Bahnhöfen.

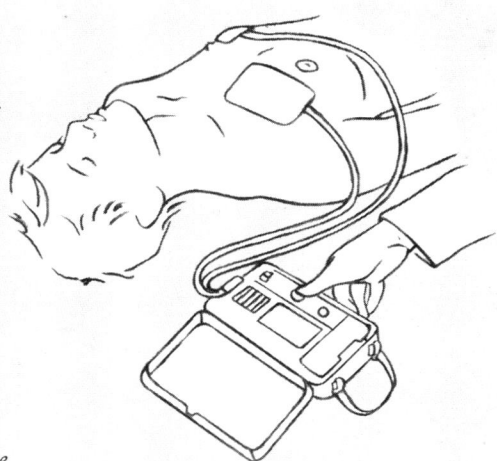

Damit jeder, der Zeuge eines Infarkts wird, sie im Notfall nutzen kann, ist die Bedienung sehr einfach – sämtliche Schrit-te werden in der Regel per Computerstim-me erklärt. Zuerst müssen die Ersthelfer überprüfen, ob die zusammengebrochene Person tatsächlich leblos ist und nicht at-met. Reagiert sie nicht, wenn sie ange-sprochen oder berührt wird, sollte man sie kräftig in die Nasenscheidewand zwicken. *Das tut sehr weh; wer darauf nicht re-agiert, hat vermutlich keinen Herzschlag mehr.*

Damit der Defibrillator zum Einsatz kommen kann, werden dem Erkrank-ten Jacke, Hemd und Pullover ausgezogen oder weit geöffnet. Der Oberkörper muss frei sein, damit die beiden Elektroden des Defibrillators auf die Haut des Brustkorbs geklebt werden können. Eine Elektrode über der rechten Brust, die andere unter-halb der linken Brust. Sofort überprüfen die Elektroden, ob ein Stromstoß nötig ist. Wenn ja, blinkt eine rote Taste. Wird die gedrückt, folgen die Elektroschocks. Wäh-renddessen darf der Patient nicht berührt werden. Durch die automatische Kontrolle ist es nicht möglich, jemandem versehent-lich Stromstöße zu verpassen, der sie gar nicht benötigt.

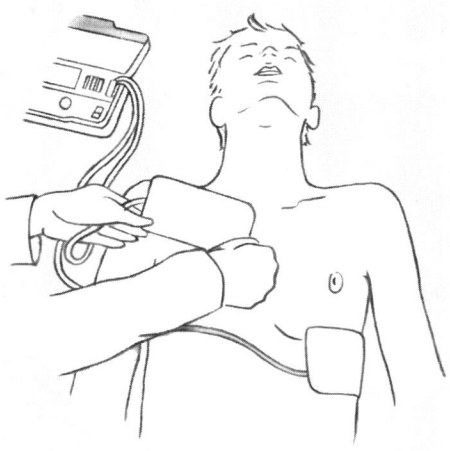

ten durch Zuspruch zu beruhigen, lockere seine Kleidung an Hals und Brust, fächere ihm Luft zu, lege ihn auf die Erde, schütze ihn mit einer Decke oder deiner Jacke vor Kälte und halte seine Beine hoch. Frage ihn, ob ihm übel ist – in dem Fall musst du ihn in die stabile Seitenlage bringen.

Größere und kleinere Katastrophen

Abgetrennte Gliedmaßen

Wurde bei einem Unfall ein Körperteil – ein Finger zum Beispiel – abgetrennt, muss als Erstes die starke Blutung gestoppt werden. Verbinde die verletzte Stelle mit einem Druckverband (siehe oben). Die Wunde darf aber auf keinen Fall abgebunden oder gequetscht werden. Überhaupt solltest du niemals irgendeinen Teil am Körper abbinden. Lege den Verletzten flach auf den Boden und decke ihn warm zu. Der blutende Körperteil sollte hochgehalten werden. Wähle dann die Notrufnummer 112.

Damit der Finger, Zeh oder Hautstücke wieder angenäht werden können, müssen sie in ein trockenes Stück Stoff gewickelt werden. Das kann ein steriles Verbandstuch sein, aber ein Taschentuch oder ein T-Shirt tun es notfalls auch. Das Ganze wird in einer wasserdichten Plastiktüte (Gefrier- oder Frischhaltebeutel) verschlossen. Die wiederum wird in einen zweiten Beutel gesteckt, der mit Eiswürfeln oder kaltem Wasser gefüllt ist. Die Kühlung ist wichtig, um das Absterben der Zellen in dem abgetrennten Körperteil aufzuhalten.

Nasenbluten

Blutet jemand aus der Nase, sollte er den Kopf nach vorne legen – nicht nach hinten! Lege ihm einen kalten Lappen in den Nacken. Selbst nachdem die Blutung gestoppt ist, sollte er noch eine Weile ruhig sitzen bleiben. Der Verletzte muss seinen Kopf nach vorn legen, damit das Blut nicht durch den Rachen in den Magen läuft. Da ist es schon besser, das Blut fließt einfach aus der Nase heraus.

Verlorene Zähne

Auch ausgeschlagene Zähne sind nicht unwiederbringlich verloren: Der Zahnarzt kann sie oftmals wieder einpflanzen. Dafür ist es wichtig, dass der verlorene Zahn sofort nach dem Unfall richtig aufbewahrt und prompt zum Zahnarzt gebracht wird – mitsamt Eigentümer. Auf dem Weg dorthin musst du den Zahn feucht halten, damit die zarte Wurzelhaut nicht austrocknet, mit der der Zahn im Knochen befestigt ist.

Als Flüssigkeit am besten geeignet ist kalte H-Milch. Sie wurde haltbar gemacht, dadurch enthält sie weniger Keime als normale Milch. Wenn du keine Milch zur Hand hast, geht auch einfach nur Spucke, notfalls legst du den Zahn unter deine Zunge. Du solltest nur aufpassen, dass du den Zahn nicht aus Versehen verschluckst. Berühre den Zahn nicht an der abgebrochenen Stelle oder an seiner Wurzel.

All dies gilt auch, wenn nur ein Teil des Zahns abgebrochen ist – den kann der Zahnarzt vielleicht ankleben.

Herausforderungen des Alltags:
Was tun, wenn du einem Bären begegnest?

Im Frühling 2006 wanderte ein Braunbär durch Deutschland. Das war eine Sensation! Denn Braunbären waren bei uns schon seit 170 Jahren nicht mehr gesehen worden. Deshalb waren auch alle aus dem Häuschen, als »Bruno« im Frühling 2006 in den Bergen südlich von München auftauchte.

Sein Name war übrigens keine Erfindung der Medien. Im Trentino, so heißt die Gegend in Oberitalien, wo Bruno herkam, heißen alle Braunbären Bruno. Bruno ist italienisch und bedeutet »braun« – eine Anspielung auf die Farbe seines Fells. Außerdem ist Bruno schöner als der Name, der in seinem Bärenpass steht: »JJ1«. Klingt eher nach R2D2. Aber so haben Wissenschaftler ihn der Einfachheit halber genannt, weil er der erste Sohn des Vaterbären »Joze« und der Mutterbärin »Jurka« war. Aus ihren Anfangsbuchstaben wurde sein offizieller Name.

Als Bruno bei uns unterwegs war, freuten sich die Naturschützer, die Politiker, die Zeitungen, eigentlich jeder. Zumindest am Anfang. Doch leider ging die Geschichte nicht gut aus: Am 26. Juni 2006 wurde Bruno erschossen. Er war zu frech geworden – und damit nach Meinung der Politiker zu gefährlich für die Menschen: Ohne Scheu spazierte er durch kleine Orte, leerte Bienenkörbe, tötete Schafe und Hühner am Wegesrand. Inzwischen steht Bruno ausgestopft in einem Naturkundemuseum in München.

Doch es könnte ja durchaus sein, dass dir irgendwann einmal ein Bär im Wald begegnet – sogar in Deutschland. Allerdings nur tief im Süden, in den Alpen. Nirgends sonst. Das kommt daher, dass die wenigen Braunbären, die es in Europa noch gibt, zumeist in den Bergen leben – in eher unzugänglichen Gebieten ab 1500 Meter Höhe: in Slowenien, Italien und Österreich. Hier werden die prächtigen Tiere sogar wieder angesiedelt, nachdem sie vor fast 200 Jahren gnadenlos gejagt und so gut wie ausgerottet worden waren.

Inzwischen leben wieder einige Braunbären im Trentino. Das ist nur ein Bärensprung entfernt von Österreich und Bayern, denn die Tiere sind gute Langstreckenwanderer. In einer Nacht können sie locker 20 Kilometer zurücklegen. Auf Wanderschaft sind vor allem junge Bären, so wie damals Bruno – Jungtiere müssen das Revier ihrer Mutter verlassen. Flugs sind die Tiere in Österreich und in Bayern. Bärenexperten vermuten, dass es nur eine Frage der Zeit ist, bis wieder mal ein Bruno bei uns auftaucht.

Für diesen Fall solltest du wissen, wie du dich verhalten musst, wenn dir plötzlich ein Braunbär gegenübersteht. Mit dieser Checkliste bist du auf der sicheren Seite:

1 In Gegenden, wo Bären unterwegs sein könnten, die Wanderwege nicht verlassen. Nicht in dichtem Gebüsch umherkrabbeln.

2 Eine kleine Glocke am Rucksack befestigen, so hört dich der Bär schon von Weitem. Bären können nicht nur hervorragend riechen, auch ihr Gehörsinn ist ausgezeichnet. Deshalb singen oder laut reden.

3 Nach einer Pause keine Essensreste im Wald zurücklassen.

4 Lass dich nicht zu Schmusereien hinreißen – auch nicht mit Bärenkindern! Mit ihrem flauschigen Fell und den Knopfaugen sehen Braunbären zwar aus wie putzige Teddys. Das sind sie aber ganz und gar nicht. Bären sind wilde Tiere: Wenn sie in die Enge getrieben werden, können sie sehr gefährlich werden. Dann zeigen die Tiere ihre Bärenkräfte. Und die sind enorm: Bereits ein Prankenhieb eines ausgewachsenen Tiers kann tödlich sein. Wegrennen nützt da wenig – die träge wirkenden Bären können bis zu 50 km pro Stunde schnell flitzen. (Selbst wenn du weniger als 10 Sekunden für 100 m brauchen solltest und damit Olympia ins Visier nehmen könntest – du wärst »nur« 36 Stundenkilometer schnell.)

5 Wenn du einen Bären siehst: Nicht wegrennen. Ruhig bleiben, laut sprechen und die Arme langsam auf und ab bewegen. Dadurch machst du den Bären auf dich aufmerksam. Du darfst nicht vergessen: Über eure Begegnung ist er genauso verdattert wie du. Nun musst du ihm zeigen, dass du keine Beute bist. Andererseits aber auch signalisieren, dass du ihn nicht angreifen und nicht in sein Territorium eindringen willst.

6 Daher auf keinen Fall Steine oder Stöcke nach dem Bären werfen. Ihn nicht mit lautem Geschrei bedrohen.

7 Sollte der Bär dir gegenüberstehen, ihm nicht in die Augen schauen. Das reizt ihn.

8 Den Bären nicht füttern. Auch, wenn die Versuchung groß ist: Kein Foto von dem scheuen Tier schießen – das ist zu gefährlich.

Mitteleuropäischer Braunbär

Amerikanischer Schwarzbär und Grizzlybär

9 Langsam rückwärtsgehen. Dabei weiter sprechen.

10 Wenn der Bär näher kommt, den Rucksack wegwerfen. Das lenkt ihn ab.

11 Wenn der Bär dich angreift, spielst du toter Mann: Dafür legst du dich mit dem Bauch auf den Boden und kreuzt die Hände im Nacken. Auf diese Weise signalisierst du dem Tier, dass du keine Gefahr bist. Irgendwann wird sich der Bär trollen. Allerdings kann das eine Zeit lang dauern …

12 Wenn du in Amerika unterwegs bist, wo es Schwarz- und Grizzlybären gibt, erkundige dich vor Ort: Andere Bären, andere Regeln.

Beruhigend zu wissen

 Bären sind meist nachts auf den Beinen, tagsüber sind sie eher verschlafen und träge.

 Menschen entsprechen gar nicht dem Beuteschema von Bären. Zwar sind sie keine reinen Vegetarier, Appetit auf Fleisch haben sie aber eher selten. Viel lieber lassen sie sich Blätter, Pflanzen und Honig schmecken. Bären sind also keine menschenfressenden Raubtiere.

 Italienische Wissenschaftler haben herausgefunden, dass es so gut wie nie vorkommt, dass ein Bär einen Menschen grundlos angreift. Bären greifen nur dann an, wenn ihr Instinkt sie dazu drängt, sich zu verteidigen. Das ist beispielsweise der Fall, wenn auf sie geschossen wird oder wenn eine Bärenmutter ihr Junges beschützen will. Ansonsten gilt: Bären haben genauso viel Angst vor Menschen wie umgekehrt.

 Du musst keine Angst haben, wenn sich der Bär auf seine Hinterpfoten stellt und zu seiner ganzen Größe aufrichtet. Das ist nicht als Bedrohung oder Einschüchterung gemeint. Damit gleicht der Bär vielmehr seine große Schwäche aus: Er kann nicht besonders gut sehen, dafür umso besser riechen. Wenn er sich aufrichtet, kann er seine Nase in den Wind halten und nimmt sehr viel mehr wahr.

Das Wetter vorhersagen

Wolken

Wolken ziehen in bis zu 13 Kilometern Höhe über uns hinweg. Sie sind nichts anderes als Bündel voller Wassertropfen. Wolken entstehen durch Kondensation – wenn sich hoch über der Erde abkühlender Wasserdampf verflüssigt und Tröpfchen bildet. Sobald es kälter wird, verwandeln sich die Tröpfchen in einem zweiten Schritt zu Eiskristallen.

Wolken sind gute Wetterboten: Sie verändern sich sehr schnell, je nachdem, was in der Atmosphäre vor sich geht. Das kann man ihnen ansehen: Ihre jeweils ganz spezielle Form hängt von Temperatur, Luftdruck, Luftfeuchtigkeit und Windströmung ab. Und weil all dies auch Auswirkungen darauf hat, ob es regnet oder die Sonne scheint, kannst du das Wetter an den Wolken ablesen.

Insgesamt gibt es zehn verschiedene Wolkenformen. Doch es reicht, wenn du die drei Grundformen Cirrus, Cumulus und Stratus erkennst, denn daraus ergeben sich die anderen. Wolken werden nicht nur nach ihrem Aussehen geordnet, sondern auch danach, in welcher Höhe sie am Himmel ziehen. Meteorologen, also Wetterkundler, unterscheiden zwischen hohen Wolken (in 5 bis 13 Kilometern Höhe), mittelhohen Wolken (in 2 bis 7 Kilometern Höhe) und niedrigen Wolken (0 bis 2 Kilometer). Stell dir die Luft unterteilt in mehrere Stockwerke vor: Auf jeder Etage sind verschiedene Wolkenarten, manche gar auf mehreren Stockwerken. Das sind die vertikalen Wolken, die durch alle Höhenlagen ziehen.

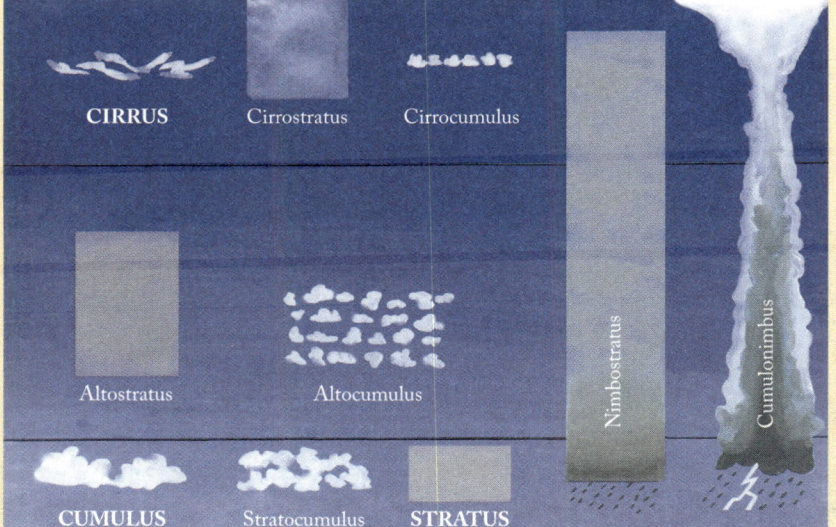

Cirro: hohe Wolken (5 bis 13 km)

CIRRUS · Cirrostratus · Cirrocumulus

Alto: mittelhohe Wolken (2 bis 7 km)

Altostratus · Altocumulus

Strato: tiefe Wolken (0 bis 2 km)

CUMULUS · Stratocumulus · **STRATUS**

Nimbostratus · Cumulonimbus

NIMBO: vertikale Wolken

In luftiger Höhe sind die **Cirruswolken** zu Hause. Andere Wolken scheinen manchmal so nah, dass sie uns zu erdrücken drohen. Cirruswolken hingegen sieht man an, dass sie weit entfernt sind. Cirruswolken, auch Federwolken genannt, wirken, als hätte jemand kurz mit einem in weißer Farbe getränkten Schwamm über den Himmel gewischt. Wenn du sie siehst, weißt du: Innerhalb der nächsten sechs bis 12 Stunden ist schlechtes Wetter im Anmarsch.

Zwei Etagen darunter, im ersten Stock, findest du die **Stratuswolken**. So nennen Meteorologen die dicke Wolkenschicht, von der andere ganz einfach sagen, sie sei ein einziges Grau in Grau. Stratuswolken scheinen manchmal ganz dicht über unseren Köpfen entlangzuziehen. Wenn du sie siehst, weißt du: Es könnte demnächst etwas nieseln. Weil sie aber so tief hängen, besteht auch Hoffnung – oberhalb der Stratuswolken, in den Bergen, kann durchaus die Sonne scheinen.

Im ersten Stock kannst du auch die **Cumuluswolken** antreffen. Diese sogenannten »Haufenwolken« erkennst du daran, dass sie wie ein Wattebausch aussehen. Wenn du sie siehst, weißt du: Es bleibt schön. Vor allem, wenn sie sich abends sogar noch ausbreiten.

Daneben gibt es noch diese Wolkenarten:

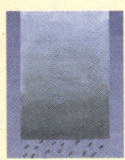

Ob weit oben am Himmel oder tief hängend – **Nimbostratus-Wolken** ziehen sich durch alle Lagen, sie gehören zu den vertikalen Wolken.

So nennt man die Regenwolken, die an ihrer dunkelgrauen Farbe zu erkennen sind.

Türmt sich Wattebausch auf Wattebausch und ist dieses Wolkengebilde unten schwarz und oben heller, handelt es sich um **Cumulonimbus**, eine Gewitterwolke. Sie ist daran zu erkennen, dass sie manchmal wie ein weißer Riesenpilz in den Himmel zu wachsen scheint.

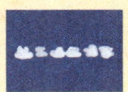

Cirrocumulus: Ähnelt einer Schafherde, sehr weit oben am Himmel.

Cirrostratus: Die Wolken sind nicht bloß ein kurzer Wischer am Himmel, sie sehen eher so aus, als hätte jemand in Schwammtechnik eine Fläche gemalt. Sehr weit oben am Himmel.

Altocumulus und **Altostratus**: In der Zwischenetage gibt es die mittelhohen Wolken. Sie ähneln Cumulus und Stratus, hängen aber nicht so tief. Altocumulus wird auch als Schäfchenwolke bezeichnet, sieht aber eher aus wie eine ganze Schafherde, die über den Himmel zieht. Altostratus ist wieder ein Schlechtwetterbote.

Stratocumulus: Mehrere, miteinander zu einem Band verschmolzene Cumulus-Wolken. Bei uns die häufigste Wolkenform.

Andere Wetterboten

Hinweise auf	
schönes Wetter ☀	schlechtes Wetter ☁
Ist am wolkenlosen Nachthimmel der Mond gut zu erkennen, wird's am nächsten Tag schön	Flimmernde Sterne
Morgens Tau oder Reif (gefrorener Tau)	Morgens im Sommer kein Tau
Frühnebel, der zu Boden fällt und sich schnell auflöst	Aufsteigender Frühnebel
Abendrot	Morgenrot
Wenn sich von großen Wolken kleine Fetzen losreißen, gibt es klares Wetter	Schnell und sehr tief fliegende Wolkenfetzen
Hoch fliegende Schwalben	Tief fliegende Schwalben
Weiter entfernte Berge verschwimmen im Dunst	Klare Sicht auf weiter entfernte Berge, obwohl es zuvor nicht geregnet hat
Tannenzapfen (Kiefern-/Fichtenzapfen) spreizen ihre Schuppen auseinander	Die Schuppen von Tannenzapfen (Kiefern-/Fichtenzapfen) liegen dicht an der Frucht
Quakende Frösche am Abend	Frösche quaken tagsüber
Wind aus Richtung Osten	Wind aus Richtung Westen oder Nordwesten
Grillenzirpen in der Nacht	Viele Schnecken und Regenwürmer
Außerdem: Flimmern in der Luft	Außerdem: Stechende Mücken, die schon frühmorgens angriffslustig sind Im Gebirge verschließen sich Silberdisteln bereits am Tag Feuchtigkeit auf Felswänden und Steinen

All diese Naturphänomene sind kein Zufall, hinter ihnen steckt ein biologischer oder meteorologischer Grund. Bauern kennen die Zusammenhänge seit Jahrhunderten, durch ihre ständige Beobachtung der Natur. Für sie ist dieser Erfahrungsschatz lebensnotwendig, schließlich hängt ihre Ernte davon ab, ob sie das Wetter richtig einschätzen.

Und damit sie sich diese Launen der Natur besser merken konnten, haben sie sich einen Reim darauf gemacht. Wissenschaftler haben gezeigt: In vielen Fällen stimmen die oft ungelenk gereimten Merksätze. Diese hier zum Beispiel:

»Siehst du Schwalben niedrig fliegen,
wirst du Regenwetter kriegen.
Fliegen Schwalben in die Höh'n,
kommt ein Wetter, das ist schön.«

Schwalben fressen Insekten, deshalb fliegen sie dorthin, wo es viele davon gibt. Bei schönem Wetter werden Leichtgewichte wie Mücken und Fliegen in der aufsteigenden Luft mit nach oben gezogen. Die Insekten bekommen ohne ihr Zutun mächtig Auftrieb und werden dadurch wie in einem Fahrstuhl in höhere Gefilde transportiert. Bei schlechtem Wetter fällt der Fahrstuhl mangels Schubkraft aus, die Insekten – und damit auch die Schwalben – bleiben in Bodennähe.

Und auch diese Regel ist wahr, zumindest in den meisten Fällen:

»Abendrot: Gutwetterbot',
Morgenrot mit Regen droht.«

Klingt schräg? Eigentlich ist das ganz einfach: Wenn am Abend der Himmel rot leuchtet, wird es am nächsten Tag schön. Ist dagegen der Himmel morgens rot, droht schlechtes Wetter. Das steckt hinter dieser Wettervorhersage: Wenn du die untergehende Sonne bei ihrem Farbspektakel am Himmel beobachtest, blickst du nach Westen. Und von dort kommt meist auch das Wetter des folgenden Tages: Im Westen gibt es also keine Wolken, die dir den Blick verstellen und am nächsten Tag für schlechtes Wetter sorgen könnten.

Beim Morgenrot ist es umgekehrt. Dabei strahlt die im Osten aufgehende Sonne die Cirruswolken an, die aus Richtung Westen zu uns kommen – mit Regen im Gepäck. Die Wassertröpfchen in der Regenwolke reflektieren das rote Licht, das Morgenrot ist im Osten zu sehen.

Warum dies nicht immer gilt? Weil auch bei uns manchmal Ostwind herrscht. In diesem Fall müsstest du die Regel umdrehen: Dann ist das Abendrot Schlechtwetterbot' und das Morgenrot Zeichen für einen sonnigen Tag.

So wirst du Kryptologe

Kryptologen sind Leute, die sich mit Geheimschriften auskennen: Wissenschaftler, die sich Verfahren zum Verschlüsseln von Texten ausdenken oder verschlüsselte Texte wieder in Klartext verwandeln. Heute greifen sie dafür auf Computer mit ihrer enormen Rechenleistung zurück. Aber auch mit Bleistift und Papier kannst du Texte so verändern, dass deine Nachrichten von unbefugter Seite nicht oder nur mit großer Mühe gelesen werden können.

Die Verschiebemethode

Am einfachsten in der Handhabung sind Verfahren, bei denen jeder Buchstabe durch einen anderen ersetzt wird – zum Beispiel, indem das Alphabet um zwei Buchstaben nach links verschoben wird:

Klartext: ABCDEFGHIJKLMNOPQRSTUVWXYZ
verschlüsselt: CDEFGHIJKLMNOPQRSTUVWXYZAB

Aus »Das Versteck ist entdeckt. Angriff!« wird so
»Fcu Xgtuvgem kuv gpvfgemv. Cpitkhh!«

Um das System noch sicherer zu machen, können der Empfänger und du beispielsweise vereinbaren, dass das erste (oder letzte) Wort eurer Nachrichten nichts bedeuten, aber die Anzahl der Buchstaben dieses Wortes angibt, um wie viele Buchstaben das Alphabet nach links verschoben wird (oder bei Kleinschreibung nach links und bei Großschreibung nach rechts).
Vorteil des Verschiebeverfahrens: Du brauchst dir den obenstehenden Schlüssel nicht aufzuschreiben, sondern kannst die Verschlüsselung zur Not auch im Kopf vornehmen. Allerdings ist dieses Verfahren recht einfach zu durchschauen.
Besser geschützt sind deine Nachrichten, wenn ihr ein (möglichst) langes Wort vereinbart, das zunächst in der Zeile mit verschlüsseltem Text steht. Das schreibt ihr hin, dann folgen die Buchstaben, die noch nicht verwendet worden sind:

Klartext: ABCDEFGHIJKLMNOPQRSTUVWXYZ
verschlüsselt: BLUTRACHEDFGIJKMNOPQSVWXYZ

Allerdings entsprechen so ab dem V die Buchstaben von Klartext und verschlüsseltem Text einander. Am besten, ihr schreibt nach eurem Codewort die Buchstaben in umgekehrt alphabetischer Reihenfolge:

Klartext: ABCDEFGHIJKLMNOPQRSTUVWXYZ
verschlüsselt: BLUTRACHEZYXWVSQPONMKJIGFD

Das Codewort kann bekannt sein, z. B. weil es das aktuelle Passwort für euer Versteck ist. Ihr könnt es aber auch mit der Nachricht übermitteln. So wechselt es mit jeder Nachricht, das ist sicherer. Vereinbart zum Beispiel, dass das erste (oder letzte Wort) eurer Nachricht, verschlüsselt mit einer Verschiebung nach links um die Anzahl seiner Buchstaben, dieses Codewort ist. Wichtig: Wenn das Codewort Buchstaben doppelt enthält, dürft ihr sie nur einmal hinschreiben. Aus dem Codewort »Affenschande« wird so »Afenschd«.

Geheimtexte knacken

Ziemlich raffiniert, dieses Verschiebeverfahren mit Codewort, aber leider doch verhältnismäßig einfach zu knacken: Jeder Buchstabe wird ja in der Geheimschrift stets durch denselben Buchstaben ersetzt. Das bedeutet: Buchstaben, die im Klartext häufig auftauchen (wie E, N, I, S und R) tauchen auch in der Geheimschrift häufig auf. Dasselbe gilt für häufige Buchstabenkombinationen (ER und EN), für den häufigsten Anfangsbuchstaben (D) und den häufigsten Endbuchstaben (N) von Wörtern.
Dieses Beispiel zeigt dir, wie du bei einer abgefangenen Nachricht zum Codebrecher wirst:

`FSD BRTDZRVL ODZ RMZFRVLZ! ZOY EITFR`

`NRASIDVJZ. FRT JIMF, FRT RD IMDRTRM`

`GROMFRM BRTTSZRM JSZ, YIDD NRDZTSGZ ERTFRM.`

`YROM BPTDVJASH: EOT IMZRTUORJRM OJM FRT`

`LOZURAGPAZRT, IY SAARD JRTSIDUIGOMFRM.`

`IMDRTR TSVJR EOTF GIRTVJZRTAOVJ DROM.`

Mach dir zunächst eine Liste, in der du alle Buchstaben aufschreibst und zähle aus, wie oft sie vorkommen. Einsamer Spitzenreiter ist das R mit 34 Nennungen – das muss im Klartext das E sein. Schreib es mit Bleistift jeweils direkt über den Text.
Zehnmal und öfter kommen auch die Buchstaben D, F, I, J, M, O, S, T und Z vor. Das sind wahrscheinlich die Buchstaben N, I, S, R, A, T, D, H und U, denn die sind in dieser Reihenfolge in der deutschen Sprache am häufigsten. Aber wer ist wer?

- Das **M** ist im Text der dritthäufigste Buchstabe, und von den 33 Wörtern enden neun auf **M**. Das muss das N sein. Gleich im Text ergänzen! Das kommt gut hin, denn viele Wörter enden auf EN.
- Als nächsten Schritt versuchst du, die Artikel (der, die, das) und damit den Buchstaben D zu finden. Von den neun Wörtern mit drei Buchstaben fangen vier mit **F** an, zwei stehen am Satzanfang, eines nach dem Komma – das könnte passen. **FRT** (das **R** haben wir ja schon als E entschlüsselt) müsste DER sein, **FSD** wäre dann DAS (in DIE müsste ein E stehen, und das ist mit **R** verschlüsselt).
- Damit wären jetzt schon die verschlüsselten Formen von E, N, D, R, A und S gefunden. Das fünfte Wort des dritten Satzes und das erste Wort des letzten Satzes sind damit auch klar: **I** muss U sein.
- Jetzt geht es Schlag auf Schlag: Das dritte Wort des Textes ist drei Buchstabe lang, der mittlere ist ein S. Ein Vokal muss im Wort sein; E, A und U sind schon vergeben, bleiben also I und O. Sinnvolle Wörter wären damit nur IST und OST. O ist unwahrscheinlich, weil es ein seltener Buchstabe ist, das verschlüsselte **O** aber im Text zwölfmal vorkommt. Außerdem wären so Klar- und Schlüsseltext gleich, und das sechste Wort im dritten Satz funktioniert nicht mit **O**. Also müssen **O** und **Z** I und T sein.
- Dann das Wort **IY** nach dem zweiten Komma in der vorletzten Zeile: U und ein unbekannter Buchstabe. Das kann nur das M sein.
- Damit ist auch klar: **JIMF**, das zweite Wort des zweiten Satzes (hätte HUND oder MUND sein können), beginnt mit einem H.
- Wo ein H ist, ist oft das C nicht weit.

Den Rest kannst du dir leicht selbst erschließen (zur Überprüfung steht der vollständige entschlüsselte Text auf der letzten Seite dieses Buches). Du siehst: Mit ein wenig Tüftelei entschlüsselst du jede abgefangene Nachricht, bei der Buchstaben eins zu eins ersetzt werden.

Die sichere Verschiebemethode

Wenn du das vermeiden willst, musst du deinen Text nach einem anderen Verfahren verschlüsseln: Du schreibst deinen Klartext auf und darunter fortlaufend denselben Zahlencode (hier das Datum des Sturms auf die Bastille, 14. Juli 1789). Die einzelnen Ziffern geben dann an, wie viele Buchstaben du im Alphabet weiterzählen musst. So wird aus dem ersten **M** ein **N**, aus dem **E** ein **I**.

Klartext:	MEINE	NACHRICHT	BLEIBT	GEHEIM
Codezahl:	14071	789140717	891407	178914
verschlüsselt:	NIIUF	UILIVIJJA	JUFMBZ	HLONJQ

Hier hilft dir die Buchstabenverteilung überhaupt nicht weiter, denn der häufigste Buchstabe im verschlüsselten Text, das **I**, steht für vier unterschiedliche Buchstaben im Klartext.

So allerdings ist das Verfahren recht mühsam: Das Abzählen macht bei großen Zahlen viel Arbeit, und der Zahlencode muss erst in Buchstaben überführt werden. Einfacher geht es, wenn man ein Codewort verwendet. Ein **B** im Codewort beispielsweise entspricht als zweiter Buchstabe im Alphabet einer 2 in der Codezahl, das **L** einer 12.

Klartext:	**MEINE NACHRICHT BLEIBT GEHEIM**
Codewort:	**BLUTR ACHEBLUTR ACHEBL UTRACH**
verschlüsselt:	**OQDHW ODKMTUXBL COMNDF BYZFLU**

Das Verschieben geht mit der nebenstehenden Tabelle ganz ohne Abzählen: Von deinem Klartextbuchstaben (erster Buchstabe: **M**) ausgehend fährst

	A	B	C	D	E	F	G	H	I	J	K	L	M	N	O	P	Q	R	S	T	U	V	W	X	Y	Z	→ Klartextzeile
A	A	B	C	D	E	F	G	H	I	J	K	L	M	N	O	P	Q	R	S	T	U	V	W	X	Y	Z	A
B	B	C	D	E	F	G	H	I	J	K	L	M	N	O	P	Q	R	S	T	U	V	W	X	Y	Z	A	B
C	C	D	E	F	G	H	I	J	K	L	M	N	O	P	Q	R	S	T	U	V	W	X	Y	Z	A	B	C
D	D	E	F	G	H	I	J	K	L	M	N	O	P	Q	R	S	T	U	V	W	X	Y	Z	A	B	C	D
E	E	F	G	H	I	J	K	L	M	N	O	P	Q	R	S	T	U	V	W	X	Y	Z	A	B	C	D	E
F	F	G	H	I	J	K	L	M	N	O	P	Q	R	S	T	U	V	W	X	Y	Z	A	B	C	D	E	F
G	G	H	I	J	K	L	M	N	O	P	Q	R	S	T	U	V	W	X	Y	Z	A	B	C	D	E	F	G
H	H	I	J	K	L	M	N	O	P	Q	R	S	T	U	V	W	X	Y	Z	A	B	C	D	E	F	G	H
I	I	J	K	L	M	N	O	P	Q	R	S	T	U	V	W	X	Y	Z	A	B	C	D	E	F	G	H	I
J	J	K	L	M	N	O	P	Q	R	S	T	U	V	W	X	Y	Z	A	B	C	D	E	F	G	H	I	J
K	K	L	M	N	O	P	Q	R	S	T	U	V	W	X	Y	Z	A	B	C	D	E	F	G	H	I	J	K
L	L	M	N	O	P	Q	R	S	T	U	V	W	X	Y	Z	A	B	C	D	E	F	G	H	I	J	K	L
M	M	N	O	P	Q	R	S	T	U	V	W	X	Y	Z	A	B	C	D	E	F	G	H	I	J	K	L	M
N	N	O	P	Q	R	S	T	U	V	W	X	Y	Z	A	B	C	D	E	F	G	H	I	J	K	L	M	N
O	O	P	Q	R	S	T	U	V	W	X	Y	Z	A	B	C	D	E	F	G	H	I	J	K	L	M	N	O
P	P	Q	R	S	T	U	V	W	X	Y	Z	A	B	C	D	E	F	G	H	I	J	K	L	M	N	O	P
Q	Q	R	S	T	U	V	W	X	Y	Z	A	B	C	D	E	F	G	H	I	J	K	L	M	N	O	P	Q
R	R	S	T	U	V	W	X	Y	Z	A	B	C	D	E	F	G	H	I	J	K	L	M	N	O	P	Q	R
S	S	T	U	V	W	X	Y	Z	A	B	C	D	E	F	G	H	I	J	K	L	M	N	O	P	Q	R	S
T	T	U	V	W	X	Y	Z	A	B	C	D	E	F	G	H	I	J	K	L	M	N	O	P	Q	R	S	T
U	U	V	W	X	Y	Z	A	B	C	D	E	F	G	H	I	J	K	L	M	N	O	P	Q	R	S	T	U
V	V	W	X	Y	Z	A	B	C	D	E	F	G	H	I	J	K	L	M	N	O	P	Q	R	S	T	U	V
W	W	X	Y	Z	A	B	C	D	E	F	G	H	I	J	K	L	M	N	O	P	Q	R	S	T	U	V	W
X	X	Y	Z	A	B	C	D	E	F	G	H	I	J	K	L	M	N	O	P	Q	R	S	T	U	V	W	X
Y	Y	Z	A	B	C	D	E	F	G	H	I	J	K	L	M	N	O	P	Q	R	S	T	U	V	W	X	Y
Z	Z	A	B	C	D	E	F	G	H	I	J	K	L	M	N	O	P	Q	R	S	T	U	V	W	X	Y	Z

Schlüsselspalte

du nach unten, bis du in der mit dem Codebuchstaben (**B**) bezeichneten Zeile landest. Im Schnittpunkt beider Linien ist der verschlüsselte Buchstabe (**O**).

Das Entschlüsseln funktioniert genau anders herum: Du gehst vom Codebuchstaben (**B**) in der Schlüsselspalte aus und gehst so lange nach rechts, bis du auf deinen verschlüsselten Buchstaben (**O**) stößt. Die Spalte verfolgst du nach oben, bis du in der Klartextzeile auf deinen Klartextbuchstaben (**M**) stößt.

Wenn du das Codewort zusammen mit der Nachricht übermitteln musst, kannst du dich des oben beschriebenen Verfahrens bedienen. Oder du verwendest die Buchmethode:

Die Buchmethode

Eine ganz andere Möglichkeit, Text zu verschlüsseln: Du und der Empfänger der Botschaft verwenden dasselbe Buch (zum Beispiel dieses; in einer gemeinsam durchlittenen Mathestunde auch das Mathebuch); in der Nachricht gebt ihr an, welche Seite, Zeile und Buchstabe gemeint sind. **131–8–5** wäre in diesem Buch zum Beispiel ein **E**.

Wenn du die Bindestriche weglässt, ist viel schwieriger zu erraten, was für ein Verschlüsselungssystem du verwendest. Ohne Bindestriche würdest du den Buchstaben so verschlüsseln: **1310805**. Die Nullen sind notwendig, weil Bücher mehr als neun Zeilen und mehr als neun Buchstaben pro Zeile haben, die Angaben also auch zwei Stellen haben können. Mit den Nullen ist klar: Jeder Siebener-Block entspricht einem Buchstaben. Um den Empfänger deiner Botschaft noch weiter zu verwirren, kannst du die Nullen durch beliebige Buchstaben ersetzen: **131q8M5**.

Mit der Buchmethode lassen sich auch ganze Wörter übermitteln: Der verschlüsselte Text bezeichnet dann Seite, Zeile und (vollständiges) Wort. Wenn du mit Buchstaben arbeiten willst (zum Beispiel, um das Codewort für die oben beschriebene sichere Verschiebemethode zu übermitteln), wäre **A = 1**, **B = 2** und so weiter. **IBD** wäre also Seite 9, zweite Zeile, viertes Wort. In diesem Buch also »Pakettraeger«. Darauf muss man erst mal kommen.

Und jetzt experimentierst du am besten einfach selbst. Von der Möglichkeit, Leerstellen willkürlich zu setzen statt an den Wortgrenzen, war ja beispielsweise noch gar nicht die Rede. Und dann lässt sich Geheimschrift natürlich bestens mit Geheimtinte (siehe Seite 128) kombinieren …

Bücher für Jungen

Wie wichtig Bücher in einem Jungenleben sind, weißt du – deswegen liest du ja dieses Buch. Auf den nächsten Seiten findest du Jungenbuchklassiker und jüngere Titel, die (noch) keiner kennt. Für die nächste Lesenacht unter der Bettdecke. Übrigens: LED-Taschenlampen werden nicht so heiß und halten länger – »Der Herr der Ringe« ohne Batteriewechsel!

Fünf tolle Bücher für 8- und 9-jährige Jungen

1 Sébastien Joanniez: Ein Zwilling für Leo. Beltz & Gelberg.
Leo, von den Eltern vernachlässigt, sehnt sich nach einem Zwillingsbruder. Er lässt sich viel einfallen und erlebt allerhand, um diesen Zwillingsbruder zu bekommen. Am Ende wird alles ganz anders …
☞ *witzig, geistreich, stimmungsvoll illustriert*

2 Joachim Masannek: Die wilden Fußballkerle. Fabi – der schnellste Rechtsaußen der Welt. dtv.
Ein Band der beliebten Fußballkerle-Reihe. Auf der Hallen-Stadtmeisterschaft wird Fabi von einem Talentscout entdeckt und vom FC Bayern abgeworben. Die Wilden Fußballkerle schließen ihn deshalb als Verräter aus. Im Endspiel treffen dann die Fußballkerle und der FC Bayern aufeinander.
☞ *spannend, flott zu lesen, witzig*

3 Anders Jacobsson: Berts gesammelte Katastrophen. Oetinger.
Bert schreibt Tagebuch – über seine ungewöhnlichen Experimente und sonstige Katastrophen, über seine Eltern, seine Klasse und natürlich über Nadja, eines von seinen »absoluten Lieblingsmädchen«.
☞ *zum Totlachen, kultig, tolle Zeichnungen*

4 Jeff Kinney: Gregs Tagebuch – von Idioten umzingelt. Baumhaus-Verlag.
Schule ist blöd, Eltern und Geschwister ebenso, Computerverbot ist dämlich, Mädchen nerven ausnahmslos. Greg lebt in den Tag hinein, und die Handlung ist, dass andere dabei stören …
☞ *witzig, skurril, mit lustigen Comicbildern*

5 Eoin Colfer: Tim und das Geheimnis von Knolle Murphy. Beltz & Gelberg.
Tims Eltern reicht's: Ihr Sohn nervt ohne Ende. Deshalb werden er und sein Bruder Marty in den Sommerferien dazu verdonnert, in der städtischen Bibliothek Dienst zu tun. Leider ist hier Knolle Murphy, die gestrenge Bi-

bliotheksleiterin, dafür zuständig, für Ruhe und Ordnung zu sorgen. Das kann ja heiter werden.

☞ *urkomisch, temporeich, flotte Zeichnungen*

Fünf tolle Bücher für 10- und 11-jährige Jungen

1 **Joshua Doder: Ein Hund namens Grk. Beltz & Gelberg.**
Dem zwölfjährigen Tim läuft Grk über den Weg, ein treuer, lieber Hund. Tim will Grk zu dessen Besitzern zurückbringen. Das gestaltet sich aber schwierig, denn die sitzen tausend Kilometer entfernt in Stanislawien im Gefängnis, weil sie Opfer eines Staatsstreiches geworden sind. Aber was sich Tim und Grk in den Kopf gesetzt haben, ziehen sie auch durch.

☞ *actionreich, witzig, schräg*

2 **Michael Gerard Bauer: Nennt mich nicht Ismael! Hanser.**
Ismael ist vom Pech verfolgt: Seine Mitschüler auf der Jungenschule verspotten ihn wegen seines Namens, bei seiner Angebeteten kann er nicht landen. Eine peinliche Katastrophe nach der anderen wartet auf ihn. Seltsam, dass er nie wirklich verzweifelt.

☞ *witzig, temporeich, bisweilen geistreich*

3 **Brian Selznick: Die Entdeckung des Hugo Cabret. cbj.**
Ein außergewöhnlich gezeichnetes Bilderbuch für große Jungs und eine ungewöhnliche Story: Der Waisenjunge Hugo lebt in den 30er Jahren allein in den Gemäuern eines Pariser Bahnhofs. Als er den alten Spielwarenhändler und Isabelle kennenlernt, jagt ein rätselhaftes Ereignis das nächste.

☞ *spannend, mystisch, tolle Bilder*

4 **Robert L. Stine: Gänsehaut – Die aufregendsten Gruselschocker. Bassermann.**
Sammelband mit drei Grusel-Kult-Bänden: »Der Spiegel des Schreckens«, »Willkommen im Haus der Toten« und »Das unheimliche Labor«.

☞ *spannend, mystisch, mitreißend*

5 **Bernd Flessner: Geniale Denker und clevere Tüftler. 20 bahnbrechende Erfindungen der Menschheit. Beltz & Gelberg.**
Spannend zu lesende Darstellung der wichtigsten Erfindungen der Menschheit: vom Buchdruck bis zur Glühlampe, von der Dampfmaschine bis zum Auto, vom Fernsehen bis zum Computer. Aufgelockert durch viele Illustrationen, historische Fotos und Lexikonboxen.

☞ *informativ, spannend, anschaulich*

Fünf tolle Bücher für 12- und 13-jährige Jungen

1 **Carl Hiaasen: Fette Fische. Beltz & Gelberg.**
Noahs Vater sitzt im Gefängnis, weil er sich mit dem reichen Kasinobesitzer und Umweltverbrecher Dusty Muleman angelegt hat. Muleman benutzt die schönen Florida Keys als Kloake für die Abwässer seines Kasinoschiffs. Um das zu beweisen, müssen Noah und seine Schwester Abbey viel riskieren.
☞ *spannend, witzig, packender Krimi*

2 **Michael Ende: Die unendliche Geschichte. Thienemann.**
Bastian Balthasar Bux gerät in einem Antiquariat an ein Buch, das ihn auf magische Weise anzieht: »Die unendliche Geschichte«. Er stiehlt es und liest auf dem Schulspeicher vom grenzenlosen Land »Phantásien«. Dort braucht die »Kindliche Kaiserin« einen neuen Namen, um gesund zu werden. Dabei kann ihr nur ein Menschenkind helfen.
☞ *spannend, mit Tiefgang, Fantasy vom Feinsten!*

3 **Louis Sachar: Löcher. Die Geheimnisse von Green Lake. Beltz & Gelberg.**
Stanley Yelnats landet unschuldig in einem Boot-Camp in der texanischen Wüste. Die jugendlichen Straftäter müssen dort jeden Tag ein großes Loch in den knochentrockenen Wüstenboden graben. Stanley, bisher absoluter Pechvogel, findet eines Tages etwas Seltsames …
☞ *spannend, witzig, mit zahlreichen Preisen ausgezeichnet*

4 **Manne Forssberg: For Boys Only. Alles über Sex und Liebe. Beltz & Gelberg.**
Dieses Buch kennt kein Tabuthemen. Alles, was zum Thema Liebe und Sexualität wichtig ist, findet in diesem ungewöhnlich offenen Ratgeber Platz. Und nebenbei kommen noch Jugendliche selbst zu Wort.
☞ *informativ, unterhaltsam, reich bebildert*

5 **Katja Behrens: Hathaway Jones und die schöne Flora Dell. Beltz & Gelberg.**
Hathaway Jones zieht Ende des 19. Jahrhunderts mit seinen Packtieren den Rogue River entlang, von Farm zu Farm, von Hütte zu Hütte. Er versorgt die Goldgräber und Farmer nicht nur mit Post, sondern auch mit Zucker, Salz, Kaffee, Munition – und mit seinen Geschichten. Dabei verliebt er sich in die schöne Flora Dell, die so wunderbar Klavier spielt. Für den Jungen, der täglich mit Intrigen, Mord und Totschlag konfrontiert ist, ein beinahe unfassbares Glück.
☞ *spannend, trocken erzählt*

Fünf tolle Bücher für 14- und 15-jährige Jungen

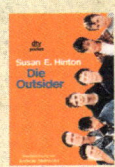

1 Susan E. Hinton: Die Outsider. dtv.

Allein sind sie nichts. Zusammen sind sie alles: Tulsa, Oklahoma, Darrel, Sodapop und Ponyboy wohnen in der Eastside. Sie sind »Greaser«, wegen der Pomade im Haar. In der Westside leben ihre Rivalen, die »Socs«, die Kinder der Reichen. Immer wieder kommt es zu Auseinandersetzungen zwischen beiden Gruppen – und irgendwann gibt es einen Toten.
☞ *dramatisch, mitreißend, temporeich*

2 Andy Behrens: Spritztour. Beltz & Gelberg.

Ian hat es satt, immer nur der »nice boy« zu sein. Als er per Onlinechat Danielle kennenlernt, scheint sich endlich etwas zu drehen: Danielle schlägt ein Treffen vor, und zwischen den Zeilen funkeln eindeutig drei Buchstaben – SEX. Danielle lebt am anderen Ende der USA, doch Ian sattelt seine uralte Karre, packt seine besten Freunde ein und brettert los. Ein Trip, an dessen Ende ihre Freundschaft nicht mehr das ist, was sie einmal war.
☞ *urkomisch, temporeich, schrill*

3 Mats Wahl: Winterbucht. Beltz & Gelberg.

John-John träumt von Luxus und von den schönen, reichen Mädchen auf der anderen Seite der Winterbucht. Auch sein Freund Fighter träumt von einem anderen Leben, von Geld und Unabhängigkeit. John-John geht auf die Schauspielschule und verliebt sich in Elisabeth von der anderen Seite der Winterbucht. Fighter, der eine Ausbildung beginnt, schließt sich einer Bande Rechtsradikaler an. Die Freundschaft der beiden scheint zu zerbrechen.
☞ *mitreißend, spannend, preisgekrönt*

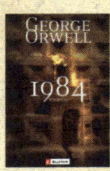

4 George Orwell: 1984. Ullstein.

Winston Smith lebt in einem Überwachungsstaat der Zukunft. Obwohl er für die herrschende Partei arbeitet, ist er in seinem Inneren ein Systemgegner. Er schließt sich der Untergrundbewegung an und verliebt sich in Julia. Beide versuchen, den Klauen von Staat, Partei und dem »Großen Bruder« zu entkommen.
☞ *spannend, aufrüttelnd, SF-Klassiker*

5 William Golding: Herr der Fliegen. Fischer.

Nur eine Gruppe sechs- bis zwölfjähriger englischer Schuljungen überlebt einen Flugzeugabsturz über dem Pazifik und strandet auf einer unbewohnten Insel. Es ist klar, dass sich die Gruppe organisieren muss, um zu überleben und gerettet zu werden. Doch es kommt zu Rivalitäten: Zwei Cliquen bekämpfen sich bis aufs Blut. Und dann ist der erste Junge tot.
☞ *dramatisch, irritierend, sprachlich herausragend*

Zehn zeitlose Jungenbuch-Klassiker

1 Albert Uderzo, Rene Goszinny: Asterix, der Gallier; Der große Graben; Asterix plaudert aus der Schule. Weltbild Buchverlag.
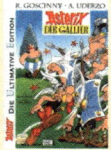
Der Kult-Comic im handlichen Dreierpack. Asterix, der kleine Gallier, sorgt mit seinen Freunden Obelix und Idefix dafür, dass die römischen Besatzer allerlei Probleme haben.
☞ *witzig, geistreich, spannend; ab 7 Jahre*

2 Michael Ende: Jim Knopf und Lukas der Lokomotivführer.

Die spannenden und lustigen Abenteuer von Jim Knopf und Lukas dem Lokomotivführer: mit Scheinriesen, Halbdrachen, Hofbonzen und Seeräubern; unterwegs, um die Prinzessin Li Si aus der Drachenstadt zu befreien.
☞ *spannend, witzig, Kult-Fantasy vom Feinsten; ab 7 Jahre*

3 Ursula Wölfel: Fliegender Stern. Carlsen.

Der kleine Indianerjunge »Fliegender Stern« ist mit seinen sechs Jahren schon sehr mutig. Gemeinsam mit seinem Freund möchte er herausfinden, was die Weißen mit den Büffeln gemacht haben, und versucht, mit ihnen zu verhandeln. Ein schier aussichtsloses Unterfangen.
☞ *spannend, informativ, herzergreifend; ab 8 Jahre*

4 Boy Lornsen: Robbi, Tobbi und das Fliewatüüt. dtv.

Roboter Robbi hat in der Roboterklasse schwierige Aufgaben zu lösen. Da bittet er den Erfinder Tobbi um Hilfe. Tobbi ist auch in der 3. Klasse – und Besitzer des Allzweckfahrzeugs Fliewatüüt. Eine fantastische Reise beginnt.
☞ *witzig, spannend, geistreich; ab 8 Jahre*

5 Mark Twain: Tom Sawyer und Huckleberry Finn. Gondrom.

Echte Freundschaft, Abenteuerlust, die erste Liebe und die Suche nach einem richtigen Schatz: Tom Sawyer und Huckleberry Finn erleben eine Kindheit, um die sie viele beneiden würden – auch wenn sie eines Nachts auf dem Friedhof unfreiwillige Zeugen eines hinterhältigen Mordes werden und von nun an in ständiger Angst vor der Rache von Indianer-Joe leben müssen.
☞ *spannend, humorvoll; ab 10 Jahre*

6 Robert Louis Stevenson: Die Schatzinsel. Omnibus.

Durch Zufall gerät Jim Hawkins in den Besitz einer geheimnisvollen Karte, auf der die sagenhaften Schätze des Piratenkapitäns Flint verzeichnet sind. Gemeinsam mit seinen Freunden bricht Jim auf, die Schatzinsel zu finden. Doch auch einige Piraten aus Flints früherer Mannschaft sind hin-

So schaffst du es, dass dein Vater (mit dir) liest –
Zehn goldene Tipps für Söhne

1. *Zwinge nie deinen Vater, etwas zu lesen.*
2. *Bitte ihn, dir etwas vorzulesen, was er spannend findet.*
3. *Zeige ihm, was er lesen kann: das Bierflaschenetikett, die Betriebsanleitung der neuen Spielkonsole, die TV-Zeitschrift, den Medikamentenzettel, den ausgelesenen Comic von dir.*
4. *Lies ihm selbst ab und zu etwas vor, zum Beispiel dein Zeugnis oder deine Bewerbungsunterlagen zum nächsten Casting.*
5. *Schenke ihm zum Geburtstag ein Buch mit großer Schrift und vielen Bildern zu seinem Lieblingsthema.*
6. *Versprich ihm ein Eis oder einen Besuch seines Lieblingsvereins, wenn er eine halbe Stunde pro Tag liest.*
7. *Lege ihm alle zehn Seiten ein leckeres Steak zwischen die Seiten.*
8. *Lies mit deinem Vater um die Wette: Wer in einer Woche mehr Buchseiten gelesen hat, darf den anderen im Schwimmbad vom 10-Meter-Turm schubsen.*
9. *Sage ihm, dass seine Frau (deine Mutter) das Buch, das er lesen soll, für billigen Schund hält.*
10. *Verzweifle nicht, wenn dein Vater trotz all deiner Bemühungen nicht lesen will. Er wird es überleben. Und du auch.*

ter dem Schatz her, und der finstere Schiffskoch John Silver setzt alles daran, Jim aufzuhalten.

☞ *Abenteuer-Kult, dramatisch, mitreißend; ab 10 Jahre*

7 **Jonathan Swift: Gullivers Reisen. Die Reise nach Lilliput und nach Brobdingnag. Beltz & Gelberg.**
Seine ersten beiden Reisen führen den Wundarzt und Kapitän Lemuel Gulliver ins Land der Zwerge und ins Land der Riesen. Mit den grotesken Schilderungen Gullivers hielt Swift seinen Zeitgenossen schonungslos den Spiegel vor – und deckte gleichzeitig so viel zeitlos Wahres auf, dass sein Buch auch heute, mehr als 250 Jahre nach seinem Tod, noch mit Begeisterung gelesen wird.

☞ *originell, geistreich, spannend; ab 11 Jahre*

8 **J. R. R. Tolkien: Der Herr der Ringe: Die Gefährten. Die zwei Türme. Die Wiederkehr des Königs. Klett-Cotta.**
Romantrilogie der Fantasy-Extraklasse: Es geht um die Vorherrschaft in Mittelerde im dritten Zeitalter und den Kampf um den Besitz eines mächtigen Rings, der seinem Besitzer große Macht verleiht. Der finstere Herrscher Sauron und Frodo, der junge Hobbit, kämpfen um den Ring.

☞ *spannend, kultig, fantastisch; ab 12 Jahre*

9 **Douglas Adams: Per Anhalter durch die Galaxis.**
Aus dem Englischen von Benjamin Schwarz. Heyne.

Der Engländer Arthur Dent muss sein Haus räumen, da die Erde gesprengt werden soll, um einer Hyperraum-Umgehungsstraße Platz zu machen. Was folgt, ist die unglaublichste Odyssee des Weltraums.
☞ *witzig, skurril, spannend; ab 14 Jahre*

10 **Jerome D. Salinger: Der Fänger im Roggen. Rowohlt.**

Der 16-jährige Holden Caulfield fliegt aus dem Internat und flieht in die winterliche Großstadtwelt New Yorks. Was er in drei Tagen erlebt, ist ungewöhnlich, irritierend, bewegend.
☞ *Pflichtlektüre für die Pubertät; ab 14 Jahre*

Zaubertrick: Durch eine Postkarte steigen

Du behauptest, mitten durch eine Postkarte steigen zu können. Eher geht ein Kamel durch ein Nadelöhr? Von wegen: Du brauchst nur eine ganz normale Postkarte und eine Schere, um alle vom Gegenteil zu überzeugen.

1 Zuerst zeigst du den Zuschauern die Postkarte von allen Seiten, damit sie sehen können: Es handelt sich um eine ganz normale Karte.

2 Dann halbierst du die Karte, indem du sie der Länge nach zur Mitte faltest.

3 Nun nimmst du die Schere und versiehst die Karte mit Einschnitten: Du beginnst auf der Seite, wo der Faltbruch ist, etwa einen halben Zentimeter neben dem äußeren Rand. Dort machst du einen geraden Schnitt in Richtung der gegenüberliegenden Seite. Du schneidest allerdings nicht komplett durch, etwa 1 cm vorher hörst du auf. Dann machst du dasselbe auf der gegenüberliegenden Seite – und dann immer abwechselnd. Je dichter deine Einschnitte beieinander liegen, desto mehr Platz hast du später, wenn du durch die Karte schlüpfst. Zu dicht dürfen die Abstände aber auch nicht sein, sonst reißt das Papier. Wenn du bis zum Ende der Karte geschnitten hast, ähnelt sie einem doppelt gezackten Kamm.

4 Jetzt nimmst du dir die Falzseite vor und schneidest die Falze auf. Doch Vorsicht! Den ersten und den letzten Streifen darfst du nicht aufschneiden.

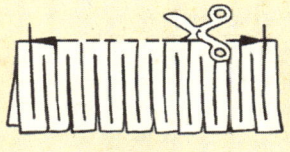

5 Ziehe nun vorsichtig das zurechtgeschnittene Gebilde auseinander – du erhältst: eine große Kette. Durch die kannst du nun klettern und die kettenförmige Karte langsam nach oben ziehen.

Querdenken, sich selbst und andere verblüffen, mit wenig viel anstellen: Deswegen steht dieser Zaubertrick am Ende des Buches.

Register

Bildnachweis

Alle Illustrationen im Buch stammen von Agara Schymocha, Greven, mit Ausnahme der nachfolgend aufgeführten Illustrationen:

Carl Hanser Verlag: S. 272 (zweite Abb.)
Encyclopædia Britannica, 11th Edition: S. 164, 166, 231, 232
Huestis & Craft: S. 199
Le Cire: S. 6 (sechste Abb.), 161 (Wikimedia Commons, Quetzalcoatlus.jpg, Lizenz: Public Domain)
Liebig: S. 5 (vierte Abb.), 25–30, 99, 169 (erschlossen durch den Atlas des Historischen Bildwissens), 7 (fünfte Abb.), 260
Matt Martyniuk: S. 158/159 (Wikimedia Commons, Largestdinosaursbysuborder scale.png, Lizenz: Creative Commons Attribution ShareAlike 3.0)
Meyers Großes Konversations-Lexikon, 4. Auflage: S. 108, 109
Meyers Großes Konversations-Lexikon, 6. Auflage: S. 76, 185
National Aeronautics and Space Administration: S. 53
Open Clip Art Library: S. 241 (Wikimedia Commons, Pirate Flag of Blackbeard (Edward Teach).svg, Lizenz: Public Domain)
Rema Tip Top Nederland B.V.: S. 66
M. Schmitz: S. 6 (zweite Abb.), 110, 153, 243
Usborne Publishing Ltd: S. 77–86 (aus: Spotters' Guide to Trees) sowie S. 7 (zweite Abb.), 221–225 (aus: Spotters' Guide to the Seashore). Alle Bilder: Reproduced by permission of Usborne Publishing, 83–85 Saffron Hill, London EC1N 8RT, UK, Copyright © 1978 Usborne Publishing Ltd.
Arthur Weasley: S. 159, 160 (Wikimedia Commons, Compsognathus BW.jpg, Utahraptor BW.jpg, Lizenz: Creative Commons Attribution 2.5)

Trotz entsprechender Bemühungen ist es nicht in allen Fällen gelungen, den Rechteinhaber ausfindig zu machen. Gegen Nachweis der Rechte zahlt der Verlag die für die Abdruck-erlaubnis angemessene Vergütung.

Der Geheimtext von S. 267 in Klarschrift:

Das Versteck ist entdeckt! Ich wurde belauscht. Der Hund, der es unseren Feinden verraten hat, muss bestraft werden. Mein Vorschlag: Wir unterziehen ihn der Kitzelfolter, um alles herauszufinden. Unsere Rache wird fürchterlich sein.